语法化与语法研究

（四）

吴福祥　崔希亮　主编

商务印书馆
2009年·北京

编 委 会

主编:吴福祥　崔希亮
编委:陈前瑞　程　娟　崔希亮　何宛屏
　　　华学诚　刘丹青　沈家煊　吴福祥

目　录

"着"兼表持续与完成用法的发展 ………………… 陈前瑞 1
现实化:动词重新分析为介词后句法特征的渐变 …… 董秀芳 23
北京话人称代词的虚化 …………………………… 方　梅 36
上海话虚词"咾"所表现的语法化等级链 …………… 冯　力 56
完形认知与"(NP)V得VP"句式A段的话题化与反话题化
……………………………………………………… 洪　波 75
语气副词"并"的语法化 …………………………… 胡　勇 96
从方言和近代汉语看指示代词到名词化标记的语法化
……………………………………………………… 焦妮娜 116
论北方方言中位移终点标记的语法化和句位义的作用
……………………………………………………… 柯理思 145
关于语法化机制研究的几点看法 ………………… 李宗江 188
重新分析的无标化解释 …………………………… 刘丹青 202
从甲骨、金文中看"以"语法化的过程 ……………… 罗　端 229
从方言接触和语法化看新加坡华语里的"跟" …… 潘秋平 247
语法化"扩展"效应及相关理论问题 ……………… 彭　睿 284

从时间状语到虚拟标记
　　——上海话"慢慢叫"、苏州话"晏歇"的功能及语法化
　　·················· 强星娜　唐正大　315
跟语法化机制有关的三对概念 ·················· 沈家煊　333
汉语作格动词的历史演变与动结式的语法化 ········ 宋亚云　347
南方民族语言里若干接触引发的语法化过程 ········ 吴福祥　389
汉语量词的语义和结构演变及语法化 ············ 邢志群　445
"出现句"在近、现代汉语中的语法化 ············ 张伯江　469
试论连词"及其"的词汇化动因、连接方式及指代歧义
　　························· 张谊生　482
后记 ······································ 512

"着"兼表持续与完成用法的发展[*]

陈前瑞

(北京语言大学对外汉语研究中心)

1 引言与文献综述

1.1 现象与问题

蒋绍愚(2005a:6)在讨论汉语史研究与现代汉语方言研究的结合时,再次谈到了汉语史与部分方言中用同一个标记分别表示"持续"与"完成"的现象,如近代汉语的"着"、吴语的"仔"。这是文献中经常提起的复杂而有趣的问题,比如:

(1) 见一人托定金凤盘内放著六般物件。(元《三国志平话》卷上)

(2) 若不实说,便杀著你。(元《三国志平话》卷中)[①]

(3) 吃仔饭哉。(吃了饭了)(苏州方言)

(4) 骑仔马寻马。(骑了马找马/骑着马找马)(苏州方

---

[*] 本文是在蒋绍愚教授指导下完成的。论文曾在第四届汉语语法化问题国际学术讨论会(北京语言大学,2007年8月)上报告并得到吴福祥教授和洪波教授的指点。研究工作得到中国博士后科学基金项目(编号:20060400014)、北京语言大学科研项目(编号:06BY01)及国家社科基金(编号:08BYY050)的支持。谨此致谢!

言)②

例(1)(2)的"着"分别表示"持续"与"完成",反映的是元代白话的语言面貌。例(3)的"仔"相当于普通话的"了",例(4)既可以对应于普通话的"了",也可以大致对应于普通话的"着",反映的是吴语苏州方言的语言面貌。蒋先生接着一连提出了如下几个问题:这些动态助词的历史渊源是什么?为什么吴语的"仔"可以兼表完成与持续?在汉语语法体系中,"完成"和"持续"这两种体貌有什么关系?为什么在有的方言中两者用不同的助词,而在有的方言中两者用同一个助词?本文试着触及以上问题,重点讨论近代汉语中"着"的持续用法与完成用法的发展关系。

1.2 先有完成用法还是先有持续用法

梅祖麟(1988)、杨秀芳(1992)、蒋绍愚(2006)等都认为,持续用法的"着"源于魏晋南北朝时期的"动+着+处所"格式中"在"义的"着",如例(5);而完成用法则源于同时期"动+着+处所"格式中"到"义的"着",如例(6)。

(5) 长文尚小,载箸车中。……文若亦小,坐箸膝前。(《世说新语•德行》)

(6) 负米一斛,送著寺中。(《六度集经》卷一)③

吴福祥(2004)则认为,有关学者对"着"的持续用法源于"着"的"在"义的论证并不有力,主张唐五代出现的动相补语"着"以及宋代出现的持续体标记"着"均源自魏晋南北朝时期的"动+着+处所"格式中"到"义趋向补语"着",而跟该格式中"在"义的"着"没有直接关系。吴文还认为过去所认定的唐五代文献里表示状态持续的"着"是一种高度虚化的动相补语,它的基本语义是表示动作的实现或完成,用在静态动词后有时可以表示实现后所造成的状态继续存在或持续。根据吴文的观点,作为动相补语的"着"似是先有完成用法后有持续用法。

汉语方言界针对某些体标记兼表持续与完成的现象,也提出了富有理论意义的概念。刘丹青(1995:230)指出,由于表示状态的持续实际上是"动作产生的结局",因此这种情况其实是持续体与完成体(结局)的交叉之处,甚至不妨看成持续与完成以外的一种复合体——"成续体"。刘丹青(1996)在讨论苏州方言半虚化体标记"好"时指出,苏州方言持续体的"好"跟"仔"一样,都不是纯粹的持续体,而是完成体的一种引申用法,它们表示的是动作行为完成后留下的状态。钱乃荣(2002)认为体助词"着"在形成后有三个意义:延续、伴随、实现;其中表示动作状态、结果延续的用法进而引出表示"实现"或"完成"义。比较刘文与钱文的看法,两者似乎正好相反,刘文主张从完成引申出持续,而钱文主张从持续引申出完成。可见,在"着"类体标记先有完成用法还是先有持续用法的问题上,历史语法和现代汉语方言研究中都存在着相互对立的观点,尚缺乏一致性的解释。

1.3 体貌类型学的启发

体貌类型学中广泛提及的结果体结构(resultative construction)的意义与"着"的持续与完成用法直接相关。印欧语言中有一种称为结果体的结构(resultative construction),通常由助动词加过去分词构成,结果体的定义为:结果体表示由过去动作所带来的状态。英语中类似于结果体的意义由 be + -ed 构成,如 He is gone,表示状态还存在(他此刻不在这里)。(Bybee、Perkins & Pagliuca 1994:63) Nedjalkov(1988)对结果体进行了类型比较研究,明确指出结果体会进一步发展成完成体(perfect)及完整体

(perfective)，并区分了狭义的结果体和广义的结果体。Nedjalkov & Jaxontov(1988:7)指出，广义的结果体包括状态体(stative)，状态体是指用来表示状态(states)的形式，包括语法性质的动词形式和派生的动词。狭义的结果体则不包含状态体，仅指表示一个结果状态的形式，而且该结果状态蕴涵一个造成该结果的动作。Jaxontov(1988)还把汉语普通话表持续而不是表进行的"着"看成是状态体的标记，认为这些句子中的谓语的结果体大部分时候表示的是一种状态，这种状态很自然地是作为施事动作的结果出现的，但并不强调该动作的发生；而且有的状态与之前的动作完全无关，如"细细的枝条上挂着绿色的柿子"、"一棵树下面蹲着一头白石大狮子"。因此，Jaxontov把这一类传统上表持续的"着"看成状态体或广义结果体的标记是有道理的。

Ebert(1997)指出，包括日语在内的许多亚洲语言的体标记都能够模糊地表示完成体与进行体意义，这并不表示完成体与进行体之间有许多共同的地方。它们常常用同一种形式表达，这一现象在绝大多数情况下可以通过追溯到该形式在早期只具有一种结果体的意义而得到解释。Shirai(1998:680)在概述 Kudo(1989, 1995)的研究时，明确指出，结果体事实上成了进行体与完成体之间的桥梁，并通过这两者的各自延伸，成为未完整体与完整体之间的桥梁。陈前瑞(2003)根据类型学的相关成果，把"着"类体标记兼表完成与持续的用法及发展概括为"着"类结果体语法化的双路径。

类型学对结果体的定义与方言学界的成绩体的概念非常接近，为我们分析汉语普通话的"着"与南方方言的"仔"等提供了理论依据。类型学中结果体一般会发展为完成体，如此看来，从所谓的"持续、成续体"等发展出典型的完成体的用法更符合类型学的一般规律;倒是"着"同时发展出进行体的用法需要作特别的解释。尽管如此,作为动相补语的"着"的持续与完成用法之间的发展关系并未明确,其体貌地位也有待界定。

基于汉语史、汉语方言以及类型学的相关研究所取得的成绩及其存在的问题,本文首先分析唐代之前及初唐语料,考察"着"最初的体貌用法产生前后的状况,以检验相关的理论假设。然后分析《全唐诗》中的"着"的相关用例,从实际用例和用例中出现的动词种类这两个角度对比分析"着"的持续用法与完成用法的发展变化。最后,在语料分析的基础上,试着初步回答蒋绍愚(2005a)所提出的几个问题。关于"着"的用字,本文正文用"着",例句同文献的实际用字,或"着"或"著"等。

2 唐代以前及初唐语料中"着"的分析

2.1 唐代以前"着"的体貌用法的端倪

现有研究大都认为,唐五代"着"兼表持续与完成的体貌用法是从魏晋南北朝时期引进动作处所的"着"发展而来的,"着"后所跟的成分由动作的处所变为普通名词,成为动作的承受者。张赪(2000)指出,现有研究对"何以会发生这一转变以及如何转变的,却关注得很少";进而提出了另一种假设,表持续的"着"直接由表"附着"的"着"语法化而来。张文认为,表持续的"着"由表"附着"的"着"语法化而来,表"附着"的"着"位于连动式第二个动词的位置上,因为不是主要动词,"着"的"附着"义弱化,"V着"后面的名词性成分不再局限于表示附着的主体,"着"就开始语法化了,更进一步,由于各种原因"V 着"后的名词性成分隐去不说,"V 着"中的"着"就不再有"附着"义,完全语法化了。

张赪(2000)举了魏晋南北朝时期的 7 个用例,下面仅转引两例,分别代表"着"语法化的两个阶段。如例(7)的"附着"义还较明显,例(8)的"着"完全没有"附着"义了。

(7) 无量烦恼之所穷困,而为生死、魔王、债主之所缠著。(《百喻经·宝箧镜喻》)

(8) 若便以军临之,吏民羌胡必谓国家不别是非,更使皆相持著,此为虎傅翼也。(《三国志·魏书·张既传》)

隋代阇那崛多译经中的几个例子可以帮助断定"缠著、持著"的性质,特别是例(11)的"相缚相着"可以帮助断定例(8)"相持著"也为并列动词加"相"。

(9) 言有欲者,有结法中之所缚着。言无欲者,能灭结缚。(隋《大威德陀罗尼经》卷五)

(10) 言有顶食者是取著名字。亦如织经迭相缚着。故名为食。(隋《大威德陀罗尼经》卷十五)

(11) 从彼世流转向此世,流转已复转,犹如莎草,犹如芦根相缚相着。(隋《大威德陀罗尼经》卷十五)

笔者虽不认同名词性成分隐去不说的"V 着""完全语法化了"的说法,但认为"V 着"后的名词性成分隐去不说从而促进了"着"的语法化这一点仍是有见识的。下面两条材料早于唐代,其中"V 着"的受事虽不出现,但已明确是对象而不是空间,已经显示了"着"的体貌用法产生的端倪。①

(12) 为身见镜之所惑乱,妄见有我,即便封着,谓是真

实。(《百喻经·宝箧镜喻》)

(13) 仁者善友,我心留在优昙婆罗树上寄着,不持将行。(《佛本行集经》卷三一)

2.2 从初唐语料看"着"的最早体貌用法

由于现有文献研究"着"的体貌用法时,引用的文献大多是中唐以后的。为了进一步考察"着"的持续用法与完成用法的先后关系及其早期用法特点,本节集中考察初唐口语语料中"着"的用法。由于初唐的可靠语料较少,本文的语料仅包括《王梵志诗校注》[⑤],张鷟(660?—740?)的《游仙窟》、《朝野佥载》以及惠能(638—713)的《六祖坛经》。[⑥]

根据考察,初唐语料中"着"的持续用法的例子有:

(14) 得钱自吃用,留著匮裏重。(《王梵志诗》卷二)

(15) 借贷不交通,有酒深藏着。(《王梵志诗》卷二)

(16) 五嫂咏曰:"他家解事在,未肯辄相嗔。径须刚捉著,遮莫造精神。"(《游仙窟》)

(17) 余时把著手子,忍心不得,又咏曰:"千思千肠热,一念一心焦。若为求守得,暂借可怜腰。"(《游仙窟》)

(18) 惠能亦作一偈,又请得一解书人,于西间壁上题著,呈自本心。(《六祖坛经》)

初唐语料中"着"的完成用法的例子有:

(19) 世间乱浩浩,贼多好人少。逢着光火贼,大堡打小堡。(《王梵志诗》卷五)

(20) 父母生男女,没婆可怜许。逢着好饮食,纸裏将来

7

与。(《王梵志诗》卷二)

(21) 前侍御史王景融,瀛州平舒人也。迁父灵柩就洛州,于隧道掘着龙窟,大如瓮口。景融俯而观之,有气如烟直上,冲损其目。遂失明,旬日而暴卒。(《朝野佥载》卷五)

根据以上用例,可以得到以下几点新的认识:

(一)"着"的持续用例5例,完成用例3例,单纯从数量上看,"着"的持续用例多于完成用例。"着"的持续用例中的动词有"留、藏、捉、把、题",计5种;"着"的完成用例中的动词仅有"逢、掘"。从动词种类来看,"着"的持续用法多于完成用法。从动词及所带宾语的语义类型来看,"着"的持续用例的动词中,"留、藏"可概括为存留义动词;"捉、把"可概括为手势义动词,"题"可概括为书写义动词,意义略为抽象。"着"的完成用例的动词有"逢、掘","逢"可概括为遇逢义,而"掘"为手势义动词。比较而言,"着"的持续用法中的动词语义类型比较丰富,也更为抽象。因此,从动词的实际用例、动词种类和语义类型三个方面来看,"着"的持续用法显得发展更早,发展程度更高,跟处所义更密切,从而不支持吴福祥(2004)所提出的"着"的持续用法源于完成用法的观点。

(二)"着"的持续用法中存留义动词的用例中,均可补出相当于"在"义的成分,如"留著匮裹重"可以理解成"钱财留在匮裹里,使得匮裹变得沉重";"有酒深藏着"可以理解成"有酒深藏在家里"或"有酒在家里深藏着"。在这些用例中却很难补出相当于"到"义的成分。这一点也不支持吴福祥(2004)提出的"着"的持续用法与完成用法源于"着"的"到"义而与"在"义无关的观点。但我们也没有充分的理由断言:作为动相补语的"着",其完成用法源于持续用法。因此,就现有的证据而言,作为动相补语的"着",其持续和完成用法之间并没有明确的发展关系。

（三）张赪（2000）指出，如果认为表持续的"着"是由引进处所的"着"而来，那么在表持续的"着"刚出现时，它的前面应该以与处所有关的动词为主，但文献反映的情况并非如此。在其翻检的《敦煌变文校注》一书中，表持续的"着"28例，"着"前与处所有关的动词只有3例。考察学者的文章中所引用的唐五代的例证只有"藏、留、覆、防、盛、帖"6个与处所有关的动词，而六朝时期出现的后面跟有"着L"的有持续义的动词有31个。因而认为表持续的"着"源于引进处所的"着"，从理据上缺乏有力的证明，从文献上也缺乏可信的证据。本文前面的部分初唐语料显示：早期的持续用例的确与处所义有关，如"留着、藏着"在一开始在动词语义中保留着方位论元，只是方位论元不言而喻（如"有酒深藏着"），或因承前省略、蒙后省略（"留著匡裹重"）而没有出现。即使完成义也与方位处所义有关，如"逢着、掘着"，也都是在空间推进过程中遇逢某人或物。比较而言，"着"的持续义保留的处所义成分更直接一些，更显著一些。至于处所义动词的数量不多，我们认为，初期的语法化水平较高的用例数量较少应该是一种常态；且处所存留义的动词本来数量就有限，在有限的语料中自然就比较少。

2.3 从初唐语料看"着"的体貌用法的语法化机制

关于"着"体貌用法语法化的机制，蒋绍愚（2006）指出，隋唐时期"着"的组合关系的变化比较大。如果"着"的性质不变，为什么魏晋南北朝时后面只能跟处所词，而到了隋唐，就可以跟动作的对象呢？这就很难用"类推"、"扩展"来解释，而要另找原因，而其原因就是"着"的性质的变化。蒋绍愚（2006）因而主张用"着"因隐喻而从空间向时间投射来解释。

关于隐喻在语法化过程中的作用,学术界是有争议的。Heine、Claudi & Hünnemeyer(1991)认为,所有的语法化过程都涉及语用推理(pragmatic inference),并将语用推理称为基于语境诱导的重新解释。他们提出,语用推理体现了语法化过程的微观结构,而隐喻体现了语法化过程的宏观结构。[7]另据 Croft(2000:161),决定语法化单向性的因素是语用推理,因为语境的性质通常是从成分的内在性质衍推而来而不是相反;隐喻并不能解释语法化的单向性与渐变性,而只是限制语用推理的类型。根据初唐的语料,我们倾向于认为,"着"的组合关系的变化应该是渐变的,不宜用隐喻的方式来笼统解释。

如前所述,初唐语料中"着"的持续用法中,有的是不带宾语的,如"留著匣裹重""有酒深藏着"。在这些用法中,动词"留、藏"的论元结构中保留处所成分,自身也仍然保留空间运动义。但是由于处所成分不出现,因此,"留着、藏着"的处所不言而喻,不说什么东西(留、藏)在什么地方,只说什么东西(留、藏)着,因此,"着"空间义消隐,而时间义显现。本来,物体在空间存在的同时,必然蕴涵物体在时间上是存在的。因此,时间上的状态存在义是"着"内在的性质,只要语境许可,特别是在空间成分缺省的情况下,"着"内在的时间义经语用推理便会显现出来。而且,当物体具体的存留方式是由动词"留、藏"来表示时,"着"就只能表示物体存在这一抽象的时间属性。正如蒋先生所言,只有"着"具有了一定的时间属性后,才可以与普通名词搭配。但是在最初与普通名词搭配时,仍然需要一定的条件。在"余时把著手子"中,动词为手势动词,仍有空间义,而手势动词的论元为物体的部位,仍然具有一定的空间义。

在初唐时期"着"的完成用法中,"逢着、掘着"都是在空间推进过程中遇逢某人或物,动词仍然保留空间义。在唐以前的用法中,如"负米一斛,送著寺中","着"后为空间目的地;在唐以后,"着"后名词为目标物,该目标物都存在于一定的空间位置中。唐以前,"着"表示行为主体或运送的物体抵达某一目的地,与此同时,"送"类的动作在抵达其空间终结点的同时也达到了其时间的终结点。唐以后,"着"直接表示物体在空间位移中有了意外的结果,同时蕴涵着这一动作本身实现了内在的终结点。可见,"着"的完成用法的发展过程中,也一直有空间义在铺垫。

因此,隐喻决定了"着"从空间意义到时间意义的发展方向,但在虚词"着"的语义虚化中这一隐喻的实现还必须借助特定语法结构中空间意义的消隐、动词空间意义和名词空间意义的铺垫、扩展并通过语用推理来逐步实现。

3 《全唐诗》中"着"的分析

本文不仅关心"着"的持续与完成用法在初唐的情况,以探究两种用法的先后;同时更关心这两种用法在唐五代300多年的发展。《全唐诗》不仅收录了整个唐五代的诗作,而且还有绝大部分作者的小传,为我们提供了难得的材料。[⑧]我们从中检索到"着"表持续与完成以及与此密切相关的用例141例。[⑨]本文根据传统上对唐诗的分期,将唐诗分为初唐、盛唐、中唐、晚唐四个时期;五代时期的典型用例仅3例,为统计方便将五代并入晚唐。

3.1 "着"的持续与完成用法的确定以及歧义的分解

现有研究一般都认为,"着"的持续义与完成义是由"着"前的动词决定的,如袁毓林(2002)、吴福祥(2004)、蒋绍愚(2006)。如果动词是持续动词,如"把着手子",那么"着"表持续;如果动词是非持续的,如"损着府君",那么"着"表完成。笔者在分析《全唐诗》语料时,发现虽然大部分情况是这样的,但是也有不少例外,比如感官动词"看、道、说"等。

(22) 看著墙西日又沈,步廊回合戟门深。(中唐元稹诗)
(23) 看著凤池相继入,都堂那肯滞关营。(晚唐丘上卿诗)
(24) 贼城破后先锋入,看著红妆不敢收。(中唐王建诗)
(25) 莫羡孤生在山者,无人看著拂云枝。(晚唐马戴诗)
(26) 看著四邻花竞发,高楼从此莫垂帘。(晚唐司空图诗)

"看"是持续动词,在例(22)(23)中由于"西日又沈"是一个渐进的过程,"相继入"是一个可重复的动作,因而作持续理解。在例(24)中,由于先锋入城,是在第一眼看到红妆,"不敢收"是第一时间的反应;虽然也可以是"呆呆地看着"。在例(25)中,既可以是"无人看到",也可以是"无人看着",但前者更不值得羡慕。在例(26)中,后句的"高楼从此莫垂帘"使得前句"看着"更倾向于理解为第一时间"看到"。

再如"说、道、闻"都是持续动词,在例(27)中,"说起"相比"说着"而言,可能性更大,更符合远行人对家人的最低期待;例(28)中,在前句"僧家未必全无事"的认知背景下,"道着"比"道起"更能显示僧人的悠闲。例(29)说的是"老马一听到声音,总是(或突然地)抬起头"(志村良志 1984:263)。

(27) 想得家中夜深坐,还应说著远行人。(中唐白居易诗)

(28) 僧家未必全无事,道著访僧心且闲。(晚唐郑谷诗)

(29) 飞龙老马曾教舞,闻著音声总(一作忽)举头。(中唐王建诗)

总之,非持续的动词后面的"着"一般都可以按照完成义理解,如"遇着、逢着、断着、刺着";而持续动词,特别是一些感官动词,如"看、说、道、忆"等,其后的"着"还要根据上下文语境来理解,有的虽然可以有两解,但总有一解是最切合上下文的。这也说明不能简单地把"着"的两解归于动词。由于持续用法与典型的进行体用法难以区分,完成用法与典型的完成体用法难以界定,本文在统计唐诗"着"的用法时,只是笼统地标记持续与完成。

3.2 "着"的持续与完成用法的发展

下面从实际用例与动词种类两个角度分析"着"的持续与完成用法在不同时期的发展。

本文的 2.2 已经发现"着"的持续用法在实际用例与动词种类两个方面都多于完成用法,在《全唐诗》中仅发现 1 例"着"的完成用法,即例(30)。

(30) 忽然逢著贼,骑猪向南趋。(初唐张元一诗)

可见,《全唐诗》中"着"的用法至少在初唐时期还没有充分反映口语中的实际用法。这里将全唐诗与前面对初唐口语语料的分析结果合并计算,得到"着"的持续用法与完成用法在实际用例方面的比例为 5∶4,而动词种类的比例为 5∶2。从实际用例来看,两者只有微弱的差异,但从动词的种类来看,持续用法要明显多于完成用法,完成用法的动词仅限"逢、掘",而持续用法的动词有"留、藏、捉、把、题",语义类型也更加丰富、抽象。

在盛唐时期,"着"的持续与完成用法实际用例为 10∶8,其中动词种类之比为6:7。虽然持续用法的实际用例还略占优势,可是动词种类的比例已经开始逆转,完成用法的动词开始略占优势。持续用法的动词有"看、留(3)、并、倒(3)、锁、钉"(括弧内数字表示该动词出现的次数,下同)。持续用法的动词除了一般的存留义动词"留"外,增加了物体具体存留的方式;如"并、倒、锁、钉",体现出表现功能的细化;另外增加了感官动词"看",如例(31)。

(31) 看著白苹芽欲吐,雪舟相访胜闲行。(盛唐杜甫诗)

盛唐时期完成用法的动词有"吐、逢(2)、醉、打、说、问、梦"。其中"吐、逢、打"典型地表示动作有了结果,而且这些结果都比较实在,如例(32)"打"用于"打着人"表示"打中人";而不是表示"完成或实现"的"打了人"。感官动词"说、问、梦"带"着"也是表示感官活动有了结果,但结果比较虚,如例(33)的"说着"后接"总泪垂",有"一说起(到)"的意思。例(34)的"问着"是"问了过后知道"的意思,也是表示"问"的结果。因此,现有文献把"着"的此类动相补语的用法概括为"完成"有不妥之处,而且容易与真正的完成体用法相混。但例(35)的"醉着"却很接近"醉了"的意思,表示进入一种状态,很接近"完成或实现"的意思,功能上接近句尾"了"的完成体用法。

(32) 衔泥点污琴书内,更接飞虫打著人。(盛唐杜甫诗)

(33) 从来宫女皆相妒,说著瑶台总泪垂。(盛唐韦应物诗)

(34) 紫绂金章左右趋,问著只是苍头奴。(盛唐岑参诗)

(35) 细看只似阳台女,醉著莫许归巫山。(盛唐岑参诗)

中唐时期"着"的持续与完成用法实际用例为24:33,其中动词种类之比为16:20。"着"的完成用法在实际用例与动词种类两方面都超过了持续用法。

这一时期表持续用法的动词有"把、并、堆、放、覆、锴、浸、看(7)、留(2)、睡(2)、锁、踏、听、下、载、枕"。动词的数量虽然也有所增加,但语义类型及用法并无显著性变化。表完成用法的动词有"逢(8)、遇、刺、弹、断、感、惊、道、看(2)、赏、说(3)、闻(2)、问、忆(3)、接、摸、咬、踏、饮、湿"。其中感官动词的种类与用例大量增加,另一方面表示身体动作的"接、摸、咬、饮"等也明显增加;这些动词都是日常口语的动词,说明此时"着"的完成用法较多地进入口语。另外例(36)"湿着书"表示"湿了书",用于结果事件;例(37)的"饮着声闻酒"更接近于"饮了声闻酒",虽然也可以理解为"饮到声闻酒",用于原因事件且"着"后带宾语。这是比较明显的变化,从意义上都是表示广义的因果关系,形式上看其分布位置接近于词尾"了"的早期用法。陈前瑞、张华(2007)发现,词尾"了"早期的用法依然是多用于广义因果关系,功能上仍然接近于完成体。

(36) 雨中溪破无干地,浸著床头湿著书。(中唐王建诗)

(37) 何年饮著声闻酒,直到如今醉未醒。(中唐白居易诗)

晚唐五代时期"着"的持续与完成用法实际用例为 27∶32,其中动词种类之比为 22∶13。"着"的完成用法开始萎缩,虽然实际用例略多,但动词种类明显逊于持续用法。

这一时期表持续用法的动词有"藏、唱、道、钉、读、封、扶、记、看(4)、留(3)、露、拈、飘、忍、剩、数、思、踏、贴、悬、指、敲",其中"唱、读、看、数、踏"动作性比较强,与"着"结合后表示典型的进行体意义。例如:

(38) 唱著右丞征戍词,更闻闰月添相思。(晚唐陈陶诗)

15

(39) 谋将郡印归难遂,读著家书坐欲痴。(晚唐李频诗)
(40) 数著残棋江月晓,一声长啸海山秋。(晚唐吕岩诗)
(41) 峰前野水横官道,踏著秋天三四星。(晚唐李洞诗)
(42) 罗帐四垂红烛背,玉钗敲著枕函声。(晚唐韩偓诗)

这些诗句中"V着"在例(38)(39)(40)中为背景性事件,作为前景事件的伴随状态及触发原因;在例(41)中虽然是用作下句,但表示的是"踏着水中的星星走过官道",仍为背景性的;例(42)中,"玉钗敲著枕函声"是作为作者观察到的动态事件来描写的,如"听到传来玉钗间断地敲著枕函的声音","敲着"是作为前景事件来描写的,标志着"着"的进行体用法从背景状态到前景事件的发展。通过这些用例发现,最早接近于进行体用法的动词都是感官动词和一般动作动词,而不是像"坐、穿、挂"这样一些本身具有状态和动作义的动词。①与此同时,"着"的完成用法的动词种类相对减少,有"弹、逢(6)、话、看(2)、说(3)、闻(4)、问(2)、言、忆(6)、迎、遇(3)、醉、踏"等13种,但语义类型更加集中,主要为遇逢义和感官言说类动词,意义相当于"遇到"或"说起",表示动作有了结果,意义还不是非常地虚。总体看来,晚唐时期"着"的进行体用法开始变得比较典型,而完成用法向完成体方向也有所发展,但用例较少。

初唐语料及《全唐诗》中"着"的持续与完成用法的实际用例及动词种类可以归结为下表。其变化的趋势可以概括为:初唐时期持续用法在实际用例与动词种类两方面的优势逐渐削减,在中唐时期被完成用法全面逆转,在晚唐时期再次出现转变,持续用法在动词种类方面恢复优势。比较而言,动词的种类对这种变化的反应更为敏感,其变化往往先于实际用例的变化。

不同时期"着"持续与完成用法的比较

	初唐	盛唐	中唐	晚唐五代
实际用例	5:4	10:8	24:33	27:32
动词种类	5:2	6:7	16:20	22:13

另据卢烈红(1998:208),"着"的持续与完成用例之比在《祖堂集》中为8:22,在《景德传灯录》中为9:20,在宋本《古尊宿语要》中为7:10。可见,"着"表完成的实际用例在晚唐五代以后相对减少。这种变化的趋势与《全唐诗》中晚唐五代时期开始的完成用法逐渐削减的趋势是一致的。

4 结论

4.1 "着"的持续与完成用法的定性

根据前文的研究,我们认为,在近代汉语和现代汉语方言中"着"兼表持续与完成的用法具有类型学的普遍意义,但需要对相关现象作准确的界定。在初唐时期,"着"后开始从带处所宾语发展出带普通名词宾语的用法,标志着"着"由普通结果补语发展成动相补语,更准确地说,"着"发展出了结果体的用法。虽然,隐喻决定了"着"从空间意义到时间意义的发展方向,但在虚词"着"的语义虚化中,这一隐喻的实现还必须借助特定语法结构中空间意义的消隐、动词空间意义和名词空间意义的铺垫、扩展并通过语用推理来逐步实现。

"着"的结果体用法不同于完结体(completive)表"动作完结"的单一用法,而是包括了两种不同意义的用法:1)表示状态持续(相当于作为动相补语的"持续"用法),该状态可能是由某一动作带来的,但"V着"并不必然强调带来该状态的动作,如"房房下着珠帘睡"(中唐王建诗)的"下着"只是描写状态,而不强调放下珠帘的动作。2)表示动作有了结果或达到了目的(相当于作为动相补语的"完成"用法),简称动作有了结果。表示状态持续的用法比较接近类型学中的状态体,该用法也称为广义结果体,与狭义结果体相对;表示动作有了结果或达到了目的的用法接近类型学中的狭义结果体,但并不强调动作带来的状态,而是侧重于动作有了结果或达到了目的。由于现有的类型学研究对广义结果体与狭义结果体的区分也只是初步的,因此,汉语"着"的两种用法与两种结果体的对应也是初步的,且界限并不十分分明。

比较而言,"着"的广义结果体用法的发展要比其狭义结果体用法略早一步,在初始阶段其实际用例和动词种类都略占优势。但没有充分的理由说明"着"的所谓持续用法是从完成用法发展而来的,也没有理由断言,其所谓的完成用法是从其持续用法发展而来的。

4.2 "着"的结果体用法的进一步语法化

从盛唐开始,表状态持续的结果体用法进一步发展出进行体用法,而且在中晚唐时期个别用法还用于类似于前景事件的用例中。而表动作有了结果或达到了目的的用法也朝着完成体用法发展,个别例子的"着"表示状态的转变或进入某一状态。但是,从实际用例来看,"着"的完成体用法的发展进程还不及其进行体用法。

在"着"的结果体用法进一步语法化的过程中,感官动词起着重要的作用,不仅使得两种结果体用法分别向进行体与完成体发展,而且感官动词由于本身具有持续性和动作性,因而在语境中可以有持续与完成两种理解。也正是因为在同一类动词后面可以有不同的理解,才进一步强化了"着"的歧义性。Carey(1995:95)也指出,英语的结果体发展成为完成体的重要证据就是大量用于感知与交往动词。可见,感官动词在结果体的语法化过程中的桥梁作用具有一定的普遍性。

本文进一步确认并补充了陈前瑞(2003)提出的"着"语法化的双路径,可以概括如下:

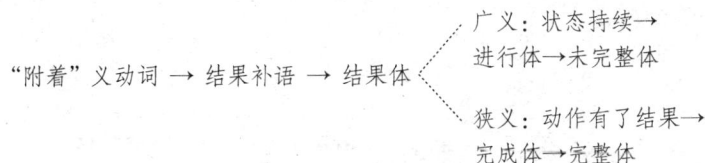

需要说明的是,在上面的路径图中,结果体本身分为广义结果体(持续)和狭义结果体(完成)这两种用法(体现为虚线),反映的是一种共时状态,暂时没有证据显示两者之间存在明确的语法化关系。因此,只有箭头前后的用法才存在语法化关系。

4.3 "着"的语法化双路径对汉语方言研究的启发

在现代汉语中,"着"在北方话中沿着状态持续、进行体的路径演变,并进一步发展出了未完整体的用法,其完成体、完整体用法并没有保留下来。与此相反,在南方的一些方言,如吴方言、湘方言中,"着"或类似的标记主要沿着动作有了结果(狭义)→完成体→完整体的路径发展,其状态持续义虽然也有所发展,但并没有发展出典型的进行体用法。

回过头来再看蒋先生提出的几个问题:这些兼表持续与完成的动态助词的历史渊源是什么?为什么吴语的"仔"可以兼表完成与持续?在汉语语法体系中,"完成"和"持续"这两种体貌有什么关系?为什么在有的方言中两者用不同的助词,而在有的方言中两者用同一个助词？回答这些问题的关键在于这些动态助词都可以追溯到一个结果体阶段，而源于处所义的结果体可以说是一体两面：表状态持续和动作有了结果，而且这两个方面在不同的方言中分别发展，并有所变异，有所侧重。由于体标记有多种不同的来源，因此在许多方言里，这种一体两面的结果体在竞争中并不占优势，使得这种用同一个标记表示不同体貌的现象成了一种相对特殊的案例。

附 注

① 例(1)(2)转引自梅祖麟(1988)。
② 例(3)(4)转引自李小凡(1997)。
③ 例(5)(6)转引自蒋绍愚(2006)。
④ 例(12)转引自张赪(2000:134)，例(13)转引自蒋绍愚(2005b:162)。这一点是蒋绍愚先生指教的。
⑤ 根据项楚《王梵志诗校注》(上海古籍出版社,1991年)的前言及其补记,卷一、卷二、卷三及卷五主要产生于初唐,特别是武则天当政时期。因此,本文仅引用《校注》的卷一、卷二、卷三、卷五作为初唐的语料。
⑥ 《游仙窟》和《六祖坛经》参校刘坚等《近代汉语语法研究资料汇编(唐五代卷)》(商务印书馆,1990年)。《朝野佥载》参校中华书局1979年版。笔者还检索了初唐义净(635—713)的部分译经,从中难以见到"着"的体貌用法。
⑦ 转引自Croft(2000:160)。
⑧ 各个时期的时间为:1)初唐:高祖武德元年(公元618年)—玄宗先天元年(公元712年),约100年。2)盛唐:玄宗开元元年(公元713年)—代宗永泰元年(公元765年),约50年。3)中唐:代宗大历元年(公元766年)—文宗太和末年(公元835年),约70年。4)晚唐五代:文宗开成元年(公元836年)—五代末年(公元960年),约120年。关于唐诗的分期可参见邓新跃《〈唐诗品汇〉与四唐分期说的确立》[《西安电子科技大学学报》(社会科学版)2006年第6期]。
⑨ 《全唐诗》参校中华书局1960年版。部分作者的所处时代根据互联

网检索的相关文献确定。

⑩ Shirai(1998:678)指出,姿势、位置、触摸、穿着等四类动词在日语和韩语里带未完整体标记时,既可以表示动作进行义,也可以表示状态持续义;因而提出:这些动词从跨语言的角度来看成了进行体与结果体的联系。从本文的分析来看,这种联系并未得到汉语历史语料的支持。

参考文献

陈前瑞　2003　汉语体貌系统研究,华中师范大学博士学位论文。
陈前瑞、张　华　2007　从句尾"了"到词尾"了"——《祖堂集》《三朝北盟会编》中"了"用法的发展,《语言教学与研究》第3期。
蒋绍愚　2005a　关于汉语史研究的几个问题,《汉语史学报》第五辑,上海教育出版社。
——　2005b　《近代汉语研究概要》,北京大学出版社。
——　2006　动态助词"着"的形成过程,《周口师范学院学报》第1期。
李小凡　1997　苏州方言中的持续貌,《语言学论丛》第十九辑,商务印书馆。
刘丹青　1995　无锡方言的体助词"则"(仔)和"着"——兼评吴语"仔"源于"着"的观点,《中国语言学报》第六期,商务印书馆。
——　1996　苏州方言的体范畴系统与半虚化体标记,载胡明扬主编《汉语方言体貌论文集》,江苏教育出版社。
卢烈红　1998　《〈古尊宿语要〉代词助词研究》,武汉大学出版社。
梅祖麟　1988　汉语方言里虚词"着"字三种用法的来源,《中国语言学报》第三期;另载《梅祖麟语言学论文集》,商务印书馆。
钱乃荣　2002　进行体、持续体和存续体的比较,《中国语文研究》第1期;另载钱乃荣《现代汉语研究论稿》,学林出版社,2006年。
吴福祥　2004　也谈持续体标记"着"的来源,《汉语史学报》第四辑,上海教育出版社。
杨秀芳　1992　从历史语法的观点论闽南语"着"字持续貌,《汉学研究》第1期。
袁毓林　2002　方位介词"着"及相关的语法现象,《中国语文研究》第2期;另载袁毓林著《汉语语法研究的类型学视野》,商务印书馆。

张 赪 2000 魏晋南北朝时期"著"的用法,《中文学刊》第 2 期。

志村良治 1995 关于动词"著",载《中国中世语法史研究》,中华书局。

Bybee, Joan, Revere Perkins & William Pagliuca 1994 *The Evolution of Grammar: Tense, Aspect, and Modality in the Languages of the World*. Chicago: The University of Chicago Press.

Carey, K. 1995 Subjectification and the development of the English perfect. In Stein & Wright (eds.) *Subjectivity and Subjectivisation: Linguistic Perspectives*. Cambridge; New York: Cambridge University Press. 83-102.

Croft, William 2000 *Explaining Language Change: an Evolutionary Approach*. Harlow, England: Pearson Education.

Eber, Karen 1995 Ambiguous prefect-progressive forms across languages. In Bertinetto, Bianchi, Dahl & Squartini (eds.) *Temporal Reference, Aspect, and Actionality*. 2 volumes. Vol. 2, 185-204. Torino: Rosenberg & Sellier.

Heine, B., U. Claudi & F. Hünnemeyer 1991 *Grammaticalization*. Chicago: The University of Chicago.

Jaxontov, S. 1988 Resultative in Chinese. In P. Nedjalkov (ed.) *Typology of Resultative Constructions*. Amsterdam: John Benjamins. 113-134.

Kudo, Mayumi 1989 Gendai Nihongo no paafekuto o megutte. (On the perfect in modern Japanese) In Gengogaku Kenkyuukai (ed.) *Kotoba no Kagaku 3*, 53-118. Tokyo: Muji Shobo.

——— 1995 *Asupekuto/Tensu Taikei to Tekusuto: Gendai Nihongo no Zikan no Hyoogen*. (*Aspect-Tense System and Text*) Tokyo: Hituzi Syobou.

Nedjalkov, Vladimir P. 1988 *Typology of Resultative Constructions*. Amsterdam: John Benjamins. Translated from original Russian, 1983, English translation edited by Bernard Comrie.

Nedjalkov, Vladimir P. & Sergej Je Jaxontov 1988 The typology of resultative constructions. In Nedjalkov (ed.) 3-62.

Shirai, Yasuhiro 1998 Where the progressive and the resultative meet: imperfective aspect in Japanese, Chinese, Korean and English. *Studies in Language* 22.3, 661-692.

现实化:动词重新分析为介词后句法特征的渐变[*]

董秀芳

(北京大学中文系/北京大学汉语语言学研究中心)

0 引论

汉语的介词是从动词语法化而来的,直到现代汉语中一些词还兼有动词和介词用法。在有些情况下,动词和介词非常难以区分。在现代汉语平面,有些词是动词和介词的兼类词。

从历时的角度看,动词语法化为介词是一种范畴(或说"语类")的重新分析。按照 Langacker(1977)的定义,重新分析是不改变表层显示的对底层结构的改变。

底层结构主要包括以下 5 方面:(1)成分(constituency);(2)层级结构;(3)范畴标示(category lables);(4)语法关系;(5)紧密性(cohesion)[整个语言形式是独立的词还是附着形式(clitic)、词缀、不可分析的词内成分的状态]。这些方面都可以被重新分析从而引起结构的变化。动词语法化为介词改变的是语类标示。

---

[*] 本文得到国家社科基金项目的资助(项目批准号:08CYY022)。

表层显示包括:(1)形态标记,如形态格、一致标记、性等;(2)语序。

重新分析并不是永远不影响表层结构,只是不立刻影响表层结构。在重新分析发生之后,变化了的底层结构会要求表层结构与之一致,旧瓶虽然可以在一定时间仍然用来装新酒,但是新酒也会要求旧瓶换新瓶,这是内容与形式之间的关联与互动的结果。

Timberlake(1977)指出了区分重新分析和"现实化"(actualization)这两个概念的重要性和用处。他把"重新分析"定义为"一套新的底层关系和规则的形成",把"现实化"定义为"重新分析的后果的逐渐展开"。[①]

作了这种区分之后,重新分析就只是底层的改变,是一种顿变,可以在个别例子中实现。比如在那些适宜的可以允许歧解的环境中就可以发生,对于某个特定的例子来讲,其底层结构在一个特定的理解中只能是一个,当选择了与原先不同的底层结构时就可以说重新分析发生了。而"现实化"是表层变化的过程,在重新分析之后,表层结构方面由于底层结构的改变肯定要出现一些相应的调整,这种调整是逐渐实现的,是一个渐变的过程。"现实化"将重新分析的结果展现出来,并将其在外部形式上加以确认。因此,对语法化过程的全面描述应该包括重新分析和现实化这两个部分。[②]

Harris & Campbell(1995)指出,重新分析和现实化是两个过程,这一点可以从以下事实得到证明:在一些语言中,重新分析发生了,但现实化还没有发生或没有彻底完成。如Ga这一语言中发生了这样一个重新分析:伴随动词被重新分析为了并列连词,连接两个并列的名词短语。但是一系列语法规则还没有相应地作用于这个并列结构之上。第一,由于这种语言区分主语代词和宾语代词,正常的预期是当并列结构做主语时,其中的名词短语会使用主语代词,当并列结构做宾语时,其中的名词短语会使用宾语代词。但实际上,不管这个并列结构充当主语还是宾语,并列连词前的名词短语都用主语代词,并列连词后的名词短语都用宾语代词。第二,由于这种语言有数的一致要求,当并列短语充当主语时,正常的期待是使用复数一致标记,但实际却使用单数一致标记,与其复数语义矛盾。从伴随动词变为并列连词,这造成了语义上的变化,从而可以确定发生了重新分析。但是,相应的语法规则并没有完全扩展到这种并列结构上,这表明现实化还没有完成。如果格标记及数的一致标记等的使用完全按照并列结构的要求,就表明现实化完成了。由此可见,语义上的变化先于编码形式上的变化。

在汉语发展史上,动词重新分析为介词之后,也有一个现实化的过程,在这个过程中,介词逐渐获得了一些原本不具备的属于新范畴的句法规则,慢慢去除与动词相同的句法表现。正由于现实化的作用,不同时期的介词的语法化程度不同,有一个与动词的相同之处逐渐减少、相异之处逐渐增多的渐变过程。所以在一个共时平面,有些形式介于动词和介词之间,具有或多或少的介词特征就是很自然的事情了。

本文通过介词的一些与动词相同的句法表现的消失来审视介词从古到今的发展。由此可以看出,一些研究论著中认定的古代汉语中的介词与现代汉语中的相应形式相比,语法化程度还不高,因为它们还带有一些与动词相同的句法表现。我们认为这是动词重新分析为介词之后现实化的过程还没有彻底完成的结果。本文试图从古今介词的对比中总结现实化过程的一些特点。

1 并列删除

在现代汉语中,具有并列关系的两个动词短语中的动词如果相同,后一个短语中的动词在某些情况下可以删除。③但是介宾短语即使处于并列关系中并且介词相同,也不能删除后一个介词。如:

你吃香蕉还是吃苹果?→你吃香蕉还是苹果?④

你坐公交车还是坐出租车上班?→你坐公交车还是出租车上班?⑤

"还是"作为一个选择连词,连接两个动词短语,后一个动词短语中的动词可以被删除。当句子是连动结构时,如上举第二例,动词的并列删除要困难一些,在实际文本中出现的频率也不高,但是从其本质上看,却是可以删除的。

你在家还是在办公室工作?→*你在家还是办公室工作?

上例中"还是"连接的是"在家工作"和"在办公室工作"这样两个包含介词短语的动词短语,可以说介词短语也是处在并列关系之中,但是后一个介词"在"不能删略。

这反映了现代汉语中介词和动词的不同句法表现。⑥介词不允许并列删除,表明介词在并列短语中出现的强制性比较强。一个功能项出现的强制性越强,表明其语法化程度越高(Lehmann 1982,1995;吴福祥 2005)。

古代汉语中被一些论著认定为介词的形式,实际允许进行并列删除,如:

杀人以梃与刃有以异乎?(《孟子·梁惠王上》)

此例中,"以梃与刃"是"以梃与以刃"删除后一个"以"的结果。可见上古汉语中"以"作为介词是允许并列删除的。如果把这个句子译成现代汉语,就不能使用删除形式:

*/??用梃还是刀杀人有区别吗?

用梃还是用刀杀人有区别吗?

现代汉语和古代汉语的相应句子在语序上是不同的:现代汉语的介词短语是在动词前,而古代汉语的介词短语是在动词后,但是这里语序的差异与并列删除的操作应该是没有关系的。如前所述,现代汉语中并列的连动结构中的第一个动词在后一结构中允许删除,而且有前置介词短语修饰的动词短语也可以允许动词的并列删除:

你把花献给小丽还是小红?

古代汉语中类似的介词并列删除的例子还有:

以天为盖,以地为舆,四时为马,阴阳为御,乘云陵霄,与造化者俱。(《淮南子·原道训》)

此例中介词短语处于动词之前,并列的实际不光是介词短语,而且也包括其后的动词短语,也就是说,是"以+NP+VP"结构的并列。以上例子中有四个这样的结构并列出现,前两个结构中"以"出现,后两个结构中"以"被删除了,即"四时为马"当为"以四时为马"的省略,"阴阳为御"当为"以阴阳为御"的省略。

然亮才於治戎为长,奇谋为短。(《三国志·蜀书·诸葛亮传》)

此例中,"奇谋为短"是"於奇谋为短"由于与"於治戎为长"并列而删略"於"的结果。[7]此例中的介词短语也处于动词之前。

把以上例子中的"以"和"於"判定为介词在研究古汉语的论著中基本上没有争议,这样认定的主要根据是:其后带有名词,出现在一个动词性成分的前面,而且不再是主要动词。但在并列删除的特性上,以上例子中的"以"和"於"的表现与动词相同。因此可以说这样的"以"和"於"的介词性不如现代汉语中的相应形式强,其语法化程度相对较低。注意,"以"和"於"可以看做汉语中的老牌介词,早在先秦时期就有介词用例,但即使如此,其语法化程度至少直到中古时期仍与现代汉语中的典型介词有别。

在古汉语中寻找介词的并列删除的用例不是很容易,因为出现并列删除的句法环境并不是很常见。本文的目的不在于对介词的并列删除现象作穷尽性调查,因此举例以能说明问题为限。

介词并列删除消失的确切时间,我们一时还无法确定。但这一点并不影响本文所要论述的主要问题,即通过古今介词的对比来探讨现实化过程所表现出的特点。

2 宾语提前

现代汉语中,动词的宾语可以提前。这又可细分为两种情况,即提前后的宾语有两个可能出现的句法位置。一是出现在句首,做话题;一是出现在主语后、动词前,充当次话题,具有一定的对比意味。如:

　　张三读了这本书。/这本书$_i$,张三读了 ø$_i$。/张三,这本书$_i$,读了 ø$_i$。

但是,介词的宾语却不能提前,不论是提到句首还是提到主语之后。如:

　　张三从北京来。/北京$_i$,张三从 ø$_i$来。/张三,北京$_i$,从 ø$_i$来。

但是,古代汉语中一些被认为是介词的形式却允许宾语提前,如:

日居月诸,东方$_i$自 ø$_i$出。(《诗经·邶风·日月》)

夙兴夜寐,朝夕临政,此$_i$以 ø$_i$知其恤民也。(《左传·襄公二十六年》)

臣闻诸侯无归,礼$_i$以 ø$_i$为归。(《左传·昭公四年》)

旌$_i$以 ø$_i$招大夫,弓$_j$以 ø$_j$招士,皮冠$_k$以 ø$_k$招虞人。(《左传·昭公二十年》)

好生之德,洽于民心,兹$_i$用 ø$_i$不犯于有司。(《尚书·虞书·大禹谟》)

伯夷、叔齐不念旧恶,怨是用 ø$_i$希。(《论语·公冶长》)

仁$_i$以 ø$_i$为己任,不亦重乎?(《论语·泰伯》)

君子贤其贤而亲其亲,小人乐其乐而利其利,此$_i$以 ø$_i$没世不忘也。(《礼记·大学》)

电$_i$以 ø$_i$为鞭策,雷$_j$以 ø$_j$为车轮。(《淮南子·原道训》)

实者何道$_i$;从 ø$_i$来?虚者何道$_j$;从 ø$_j$去?(《素问·调经论》)

需要指出的是:这些提前的介词宾语不是充当话题,而是充当焦点(语义焦点或者话题焦点)。从句法位置上看,提前的介词宾语是位于主语之后、动词之前的,是在 VP 之内的。这在"怨是用希"这个例子中可以看得很清楚。在现代汉语中,当动词宾语提前到主语之后、动词之前的位置上时,也有一点强调意味,也可以看做是一种话题焦点。

在上古汉语中,动词前的位置可以是焦点的位置。而"是""之"等可以作为这种焦点的标记,如:

唯余马首$_i$是瞻 ø$_i$。(《左传·襄公十四年》)

晋居深山,戎狄$_i$之与ø$_i$邻,而远于王室。(《左传·昭公十五年》)

至于庄、宣,皆我$_i$之自ø$_i$立。夏氏之乱,成公播荡,又我$_j$之自ø$_j$入。(《左传·襄公二十五年》)

邾人、莒人愬于晋曰:"鲁朝夕伐我,几亡矣。我之不共,鲁故$_i$之以ø$_i$。"(《左传·昭公十三年》)

昭子曰:"必亡。宴语$_i$之不怀ø$_i$,宠光$_j$之不宣ø$_j$,令德$_k$之不知ø$_k$,同福$_m$之不受ø$_m$,将何以在?"(《左传·昭公十二年》)

将民$_i$之与ø$_i$处而离之,将灾$_j$是备御ø$_j$而召之,则何以经国?(《国语·周语下》)

最后一例中,前一分句是介词"与"的宾语提前,后一分句是动词"备御"的宾语提前,由此可见,上古汉语中的介词和动词在允许宾语提前方面表现是完全相同的,可以平行出现。

根据《古代汉语虚词词典》(中国社会科学院语言研究所古代汉语研究室编,商务印书馆,1999年),"何"做介词宾语,先秦大都在介词前,汉代以后"何"在介词以后的情况逐渐增多。(参看"何"条,196页)虽然这里还涉及另外一条语法规则,即先秦的疑问代词做宾语时应前置,"何"就是疑问代词,符合这条规则;但这并不妨碍说明我们关心的问题:这一事实表明介词的宾语从可以前置到必须后置的变化是始于汉代的。试比较以下句子:

何以赠之?琼瑰玉佩。(《诗经·秦风·渭阳》)

形不可变化,年亦不可增加。以何验之?(《论衡·无形》)

从古到今,介词的宾语从可以前置到不可以前置的变化,表明介词作为一个独立的范畴逐渐摆脱了原先所属范畴的影响。

3 宾语位置出现零形回指

从话语组织的角度看,现代汉语中的动词宾语位置允许出现零形回指以指称上文中出现过的名词性成分,但介词宾语的位置不允许出现零形回指。如:

张三$_i$一进来,李四就看到 ø$_i$ 了。

*张三$_i$一进来,李四就对 ø$_i$ 发火。

但是在古代汉语中,介宾位置上也允许出现零形回指,董秀芳(1998)已对这种现象作了详细论述。举例如下:

及生,有文在手曰"友$_i$",遂以 ø$_i$ 命之。(《左传·闵公二年》)

卒有病疽者$_i$,起为 ø$_i$ 吮之。(《史记·孙子吴起列传》)

李平阳$_i$,秦州子,中夏名士,于时以 ø$_i$ 比王夷甫。(《世说新语·贤媛》)

妻何氏择其中美貌者$_i$ 与 ø$_i$ 交通。(《魏书·岛夷萧道成传》)

到了唐代以后,介宾位置上的零形回指才逐渐消失了。

古汉语中的介词,在其所支配的宾语位置上允许出现零形回指,说明在这一点上仍与动词表现相同。因此与现代汉语的介词相比,语法化程度较低。

古汉语中的介词允许宾语前置和允许零形回指可归结为:古汉语中的介词允许介词悬空(stranding),即介词后可以不出现有形的名词宾语;而介词悬空在现代汉语中是不允许的。[8]

4 结论:现实化的特点

动词语法化为介词包含了一个范畴的重新分析的过程。范畴的改变涉及一个词从某词类中的典型成员变为该词类中的非典型成员并最终变为另一词类的成员的过程。显然,这是一个渐变的过程,表现为重新分析之后的现实化。

Givón(1975)指出,一个动词不太可能在语义、形态和句法的所有标准上都同步地突然发展为介词,形态的和句法的表现可能落后于语义的重新分析。本文的分析也表明,汉语的动词在转变为介词的过程中,句法的表现有不少是滞后的。这就出现了这样的情况:一个词如果从语义的标准看,可以看做介词(具有标示名词与动词的关系的功能,即类似于格标记的功能),但从句法的一些标准看,还类似于动词。我们可以把范畴改变中现实化的这一特征概括为:语义先行,句法滞后。实际上,不仅是介词,其他类别的范畴改变也是这样的。

在汉语史的研究实践中,不少人判断介词的操作标准就是不再做主要动词,其后出现另一个动词性成分,其引介的宾语与其后动词有各种格关系。这一操作标准有句法上的标准(即出现在"X+NP+VP"结构中 X 的位置),而更多的是语义方面的(是否为主要动词[6]以及格关系的认定都是从语义方面着眼的)。马贝加(2002)也主要是从语义特征上判断介词。符合了这一操作标准的词可能在句法方面仍存在一些与动词相同的表现,这是重新分析发生之初的情形。当与动词相同的句法表现逐渐消失以后,现实化的过程才算真正完成,重新分析的结果才完全展现出来。

从汉语介词的现实化过程中可以发现以下一些事实：

(1)同一范畴中的不同成员所经历的现实化的过程可能是不同的。比如介词"在"在其语法化的过程中就没有出现过允许介词悬空用法的阶段，而"与""以"在语法化过程中介词悬空用法则频频出现。

(2)在范畴改变之初即重新分析刚刚发生之后，所具备的属于新范畴的句法特征是在无标记状态下的最显性的成分配列特征，而在一些特殊的句法操作中以及与其他结构共现时的句法表现，则可能还保留其所从出的范畴的特征。"介词＋NP＋VP"的成分配列特征是介词在范畴改变之初就获得的新范畴的句法特点。古汉语的介词宾语提前属于焦点化操作，这是一种特殊的句法操作，不是必须出现的，所以新兴的介词在焦点化中的句法表现还可能在一段时期内保留原范畴即动词的特征。并列删除和话语结构中的零形回指都是在与其他结构共现时才表现出的句法特点，这种特点只有在特定的句法环境下才会出现，而不是经常显现的默认特征，所以经重新分析而来的介词在这些方面的表现也是滞后的，即仍与其所从出的范畴一致。介词在这些特殊的句法操作中以及与其他结构共现时的句法表现，是在现实化的过程中逐渐改变的。

附 注

① Timberlake(1977)对"重新分析"的定义的原文是：the formulation of a novel set of underlying relationships and rules；对"现实化"定义的原文是：the gradual mapping out of the consequences of the reanalysis.

② 笔者认为，语法化一般都要包括重新分析的过程，因此语法化中就总会有一个现实化的过程。

③ 动词的并列删除是有限制的，并不是在任何情况下都可以进行并列

删除,比如,在用"也"连接的动词性并列短语中,就不能进行并列删除。因为"也"是焦点敏感算子,处于焦点域内的动词不能被删除。

④ 用"还是"连接的并列动词短语是测试的合适对象。我们没有选择用并列连词"和"连接的并列动词短语作为测试对象,因为在"他爱吃香蕉和苹果"这个结构中,"香蕉和苹果"可以看做是并列名词做宾语,而不一定看做"吃香蕉"和"吃苹果"并列。

⑤ 有人认为这个句子不能说,但是笔者询问了一些学生,他们认为可以说,即使存在语感差异,但大家普遍认为这样的句子比"你在家还是办公室上班"的可接受度高。

⑥ 当然,现代汉语中介词的语法化程度也不是完全相同的,我们不排除有个别介词在某些情况下也可能允许并列删除。

⑦ 现代汉语中的相应形式是:诸葛亮在治军方面比较擅长,而在奇谋方面不太擅长。其中第二个"在"好像也可以删除,这主要是因为这个句子中还有一个后置词"方面"(也可以用后置词"上"),所以实际上"在……方面"(或"在……上")形成了一个框式介词(刘丹青 2002),这种情况下,删除前置词而仅留后置词问题不大。

⑧ 在大多数语言中介词悬空都是不允许的。英语中的介词在宾语是疑问词时允许介词悬空,如:where are you from? 但通常也不允许介词悬空。

⑨ 主要动词的后面可以加体标记,这是一个形式标准,但是在体标记在汉语中出现之前,这一标准无法使用,只能依靠语义。

参考文献

董秀芳　1998　古汉语中介宾位置上的零形回指及其演变,《当代语言学》第 4 期。

郭　锐　2002　《现代汉语词类研究》,商务印书馆。

刘丹青　2002　汉语中的框式介词,《当代语言学》第 4 期。

———　2004　先秦汉语语序特点的类型学观照,《语言研究》第 1 期。

马贝加　2002　《近代汉语介词》,中华书局。

吴福祥　2005　汉语体标记"了、着"为什么不能强制性使用,《当代语言学》第 3 期。

Givón, T.　1975　Serial verbs and syntactic change: Niger-Congo. In

Charles N. Li (ed.) *Word Order and Word Order Change*. New York: Academic Press. 47-112.

Harris, A. C. & L. Campbell 1995 *Historical Syntax in Cross-Linguistic Perspective*. Cambridge: Cambridge University Press.

Lehmann, C. 1995 [1982] *Thoughts on Grammaticalization*. Munich: Lincom Europa.

Timberlake, A. 1977 Reanalysis and actualization in syntactic change. In Charles N. Li (ed.) *Mechanisms of Syntactic Change*. Austin: University of Texas Press. 141-77.

北京话人称代词的虚化*

方 梅

(中国社会科学院语言研究所)

虽然在近代以后的材料中,人称代词已经发现有某些虚化用法,比如第三人称用作虚指宾语、第二人称用作虚指(参看吕叔湘1985)。但是与当代北京话相比较,这些用法还仅仅是虚化的开始。人称代词在当代北京话里可以不用作指称。同时,功能也从句内扩展至句与句之间;从指称言谈参与者,发展为表现篇章关系。人称代词的虚化因人称不同而呈现出程度差异,指称言谈参与者的代词虚化程度要低于指称非言谈参与者的代词。人称代词的虚化与指示词同属于直指系统,人称代词的虚化与指示词的虚化具有相似性。

本文从下面三个方面讨论人称代词的虚化:

1) 指称功能的扩展;

2) 去指称化;

3) 去指称化与直指系统的对应性。

---

* 本文是国家社科基金资助课题(05AYY003)"动态呈现语法与汉语研究"的一部分,初稿曾经在"东亚语言比较国际研讨会"(2006年12月,上海师范大学)和UCLA Symposium on Corpus and Discourse Approaches to Chinese Linguistics(2007)上宣读

1 指称功能的扩展

人称代词的基本功能有两个方面:1)指语篇前言/前文里的对象或言谈环境中的对象。2)指前言/前文所述命题。第一人称和第二人称代词是直指性的(deictic),指称话语情境(discourse situation)中的人。第三人称代词可以是直指性的,也可以是回指性的。

1.1 指人

1.1.1 "你"的非人称用法(impersonal use)

吕叔湘(1985)曾经指出,"你"有泛指用法,"泛指'人家'或'人们'"。所举的例子除了《老残游记》、《红楼梦》之外,都是当代的用例。[①]如:

(1) 抹搭着眼皮的售货员,**你**上班他也上班,**你**下班他也下班。

我们觉得,这里"你"虽然是泛指,但是仍然具有人物定位的作用,是与实指的"他"相对而言的。

赵元任(1968)曾经讨论过"你"的非人称用法。例如:

(2) 有些问题啊,**你**得想好久才想的出办法来呐。

(3) 那小孩闹得叫**你**不能专心做事。(引自赵元任1968)

这类"你"不确定指某个对象,泛指人。

Biq(1991)认为,这类"你"照相式的生动而直接的表达,作用在于让受话人进入说话人描述的语境(described situation)。

(4) 在中国**他**不像美国,这样一套,**你**1 必须,哦,这个,是吧,多少几百门功课,都都,拉丁文等等,都念通了,**你**2 才有资格当一个医生,比如说**你**3 这个人不会别的,但是会一些很基本的这个卫生知识,会接生,那么**你**4就可以作为一个接生的医生,是不是? **你**5并不需要知道这个心脏病,或者其他的东西,是不是? 所以,所以**你**6要把每一个人都能训练得所有的病都能治,实际上是一种浪费。(引自 Biq 1991)

他:中国的情形

你1/你2:美国医疗体制中的一个人

你3/你4/你5:中国农村医疗赤脚医生体制中的一个人

你6:中国医疗教育体制中的任何一个人

这种"你"人称代词的直指性淡化了,但是保留了说话人视角。

Biq(1991)还指出另一种 dramatic use,即用人称代词构筑一个虚拟角色关系,类似书面语中引号中人物的关系。与话语情境中的指称关系完全不同。这时候的人称代词是非直指性的(non-deictic),失去了言者视角。例如:

(5) 当然这里面有一个问题就是,有人呢他可以觉得反正**我**也得分粮食,他就不好好干活,这个就得靠思想教育,不能靠强迫,也不能靠一种威胁的办法。<u>**你**</u>不好好干活就让<u>**你**</u>穷下去没饭吃,就靠大家自觉。(人物 X:我;人物 Y:你)

Biq 认为上例中的"你"完全从指称框架里游移出去了,以把"你"换成"你们"。这类用法可以表述为:人物 X=说话人;人物 Y=X。

另一种情形是,所指对象相同,但有时用"我",有时用"你"。例如:

(6) 反正我们那,那老老太太就是脾气大,那会儿都,好那会儿都有脾气,不照这会儿工商户似的,好,儿媳妇都随随便便的。那会儿,都脾气大着呢。**我**乍一过门儿的时候儿,什么都不敢说。你要好比是住家去吧,这会儿走时候儿,还得给磕头。**你**要好比结了婚以后哇,住家去了,住家去回头得先得给婆婆磕仨头给你几天是几天。说给你五天,**你**就得五天,**你**就得回来,你要不回来就不成。

这里的"你"指说话人自己,但是不指现实世界中的对象。代词的换用,主要是表现**非现实情态**的需要。

吕叔湘(1985)注意到"你"可以指说话人自己,但仅举两例,没有作进一步分析。一例是引语形式,如(7);不用在引语中的用例,举了一例,如(8):

(7)(贾蓉)又自己问着自己:"婶娘是怎么样待你?你这么没天理,没良心的!"(《红楼梦》68.14)

(8)长得漂亮点又成罪过了,人们围**你**,追你,你心肠好点,和他们亲热些,人们说**你**感情廉价!**你**不理他,他闹情绪了,又说不负责任!难道这一切都怨**我**吗?(邓友梅《在悬崖上》)(前说"你",后说"我")

前一例"自己问着自己"是虚设了一个人物作为说话人自己的对立面;后一例是说话人将自己置身于自己经历的事件之外。上面这两例提示我们,"你"指自己是说话人站在对方或者旁人的立场上说话,实际是一种"移情"用法。既然是"移情",就都是非现实性的。

下面讨论的"你",更虚,仅仅是一个虚设的人物角色。例子中的"你",没有办法与任何现实人物挂上钩,也不用来区分故事中的人物,仅仅是用来虚设一个对象:

(9)就是**我们**单位吧,现在什么,带什么青年工人啊,没有娱乐的。就是什么工作啊工作,连个休息日都没有,就一年三百六十五天吧,就这节假,节假日有休息的,平常没有休息,除非**你**/*你们请假,就刨一天钱,跟退,那临时工一样。

(10) 现在呢,就是这社会呢,大米白面吃着,啊,都是要是比那会儿呢,不是强多了吗?啊。你说这,儿女呢,也都有工作了。我呢,退休了,有劳保了,啊,然后然后一个月给我几十,什么也不干,这不是挺好的事情?你要那会儿,你老了,谁给你钱?你有力气,人用你,人给你钱,不用你,给你什么钱呢?

(11) 我身体不成,你看多瘦!我是肠胃不好,心脏最近又,所以年岁又大,心脏又不好,开车不成。我自己我知道,哎,这东西,你要自己不知道自己的身价呀,你待会儿给领导造成,找麻烦,你开着开着车,你待会儿净给别人找麻烦,出勤率不高,这玩意儿不麻烦吗?哎,这司机这工作啊,不同于咱们其他工作,司机这工作就是精气神儿,差一丁点儿不灵。

上面三例中的"你"指说话人自己的时候,都或与表示假设条件的连词共现,如例(9)的"除非"、(10)和(11)的"要"。"你"用来辅助表现非现实情态。

吕叔湘(1985)曾提到"你"有虚指用法。如(例转引自吕叔湘1985:28):

(12) 任你随情多快乐。(《敦煌变文汇录》光94)

(13) 许来大个东岳神明,他管你甚么肚皮里娃娃。(《元曲选》8.2.5)

我们上面讨论的"你"与吕叔湘(1985)所说的"你"虚指有所不同。吕叔湘(1985)中虚指的"你"与前面的动词结合是高度熟语性的,多数是跟"任、凭、随、饶"这组同义词相连。我们认为,这类"你"应该算作"任指"更好一些,因为其中的指称对象虽然虚化,不再对应于任何言谈或者话语中的角色,但是还是有所指的,即指

"任何人",因而才会有上述搭配上的限制。我们上文讨论的"你"用于非现实情态句,其中的"你"在指称属性上仍然保留了"个体性"意义。因而,它除了用于非现实情态句这一条谓词方面的条件之外,在词汇搭配上并没有特别的限制。

1.1.2 "他"回指类指名词

"他"不是一个实在的第三人称单数代词,"他"的照应成分是一个具有类指(generic)意义的名词短语。此处"他"的作用与典型的第三人称代词所表达的同指关系(co-referential)不同,语义上已经泛化(generalization)。例如:

(14) 你比如说你跟着<u>那种水平不高的英语老师</u>,<u>他</u>根本不知道那个纯正的英语发音,他英语语法也不怎么样,你就全完了。

(15) 你站在大街上总能看见<u>那种不管不顾的人</u>,<u>他</u>看见红灯就跟不认得似的,照直往前骑,你当警察要爱生气得气死。

如果把这两例中的主语"他"换成表示第三人称复数的代词"他们",句子反而不能说了。

"他"的回指对象可以是类指的"那种+名",如(14)、(15);也可以是类指的光杆名词,如(16)。例如:

(16) 马:就是说<u>国产</u><u>他</u>还上门服务,你就不用跑了。

张:对……一年之内,一年之内他是上门服务。国内品牌就是说……现在有时候虽然说……质量好像不是很……说性能不是很稳定,但他售后服务确实要做得要好一些。

"他"指称属性的非个体化是虚化的基础,在现代口语里可以看到"他"不指个体对象的例子,例如:

(17) 张:那里面全是人,西单图书大厦里面全是人。

马:不是……你碰到那种签名的了吗?现在不是有很多名人?他要卖书的话……

郭:哦……(签名售书)

"他"不指个体对象在清末民初的口语材料里已经能看到,可以看做虚化的早期用法。例如:

(18) 再若是一开五金的矿产和煤窑甚么的,所有那无营业的穷民,都可以到矿厂地方儿做工去,就都能挣吃挣穿的了,百姓既有衣食可靠了,他也就知道顾惜体面,爱惜性命,不敢犯法了。(《谈论新编》②)

(19) 这会儿的人都是势利眼,见人穿的阔,那不是个剃头修脚卖水烟的,他也狗颠屁股三儿的,恨不的管人家叫干爸爸,要是穿的不是那们回事,就是他亲爸爸,他也要高扛扛着脸儿瞧不起。(《京语会话》③)

(18)的"百姓"并非个体名词,但是用"他"回指;(19)显然"这会儿的人"是类指,也用了"他"。(18)、(19)的差别在于,前者可以换成"他们",后者不能。

1.2 指命题

(20) A:老大跟老二打起来了。

B:别管他,咱们聊咱们的。(引自袁毓林 2003)

表1 指称功能的扩展

	直指	虚设/非人称/指人	通指/回指/指人	命题/回指/指事
我	+	−	−	−
你	+	+	−	−
他	+	+	+	+

2 去指称化

人称代词的去指称化是指人称代词不指称任何语境中的实体,也不回指篇章中的对象。这类现象有别于上面所说的 dramatic use。"dramatic use"仍然有指称对象,可以用"你们"去替换。另一方面,代词的位置在句首,而不是在动词后,而且不需要专门与某类动词或介词搭配使用,这与近代汉语的情形也很不同。

人称代词不用作指称,有两类情形,一类是与一个名词性成分相关,这里暂且称为"涉名"功能;另一类是与一个小句相关,这里暂且称为"涉句"功能。

2.1 涉名

不指称任何语境中的实体,也不回指篇章中的对象。但是保留了代词的"饰名"特征,类似指示代词的认同用法(re-cognitional use),作用在于激活言谈双方的共享知识。用在句首名词之前,引入一个话题性成分。语音上保留原来的声调。

1) 人称代词的使用并不用于指称,也不用于指别,仅仅用作激活听话人的共享知识。

(21)(讲述者自己就是满族人)<u>这</u>现在呀,就是这样儿,<u>你</u>现在北京里头,<u>他</u>这个满族也还有不少人家儿。

2) 用"你"和"说、像、比如"等一起引介一个新话题。

Biq(1991)认为"你"的这种用法主要是用在一段谈话的开始,作为附加语,引起受话人注意。我们认为,"你"用于引入受话人新信息。

(22)厂子这么多年不景气,我已经没什么收入了。<u>你</u>国家不管我,我找谁去啊。

"你像/比如/好比"引入话题性强的成分。

(23)教育是吧。教育,从我们家里来看,他都是老家庭啊,他都有点儿那个,<u>你说是孔老二的</u>,还是封建的那个,甚至是啊,礼教哇,他都比较是什么。<u>你比如像</u>,哦,出去了,上班走了,下班回来,跟老人,跟家里人打个招呼,是不是啊。什么,"爸爸妈妈,我回来了,我走了"。哎,这都是好像是比较习惯,比较,有这个规矩。从老,从,嗯,从我记事儿以后,上学,父母,就是这样儿习惯了,家里。嗯,另外呢,就是说,这,<u>你像我们老人</u>,年岁这么大了,哈,都九十四了。这应该说现在活到这么大岁数儿是比较少的,是哇,少的。嗯,可大家还都可以,是哇。无论他儿子啦,孙子啦,这对老太太还可以。我觉得这个呢,也和过去这个基础的教育分不开的,啊。<u>你像现在这年轻人</u>将来对老人哪,反正我看,就比较,得,得,得,打点儿折扣了,是哇,打点折扣了,差点儿了就。他没有受到这种程度啊,是哇。现在虽然这么讲文明礼貌,也是五讲四美也好,但它毕竟在这个问题上还是解决不了,这个问题。小的儿对老的儿来讲,那,我个人体会得比过去是差得,差得多了,对不对小的儿比老的儿差多了。哦,所以我呢总这么想,<u>像过去孔老二的一些东西呀</u>,还有必要,去粗取精吧,是不是?有一些好的这个思想还是应该,应该继承,还是应该发扬,应该给青年要灌输这个东西。

"他"用于引入受话人旧信息,或话题性弱的成分。"他"后面的名词性成分作为一个对比项出现。

(24)我现在学生可以这样。就说,我练初级训练跟这电脑约,我练完了初级训练,按道理呢应该在哎……四十天之内完成,<u>他</u>/*你有的确实困难,可能在六十天内完成。

(25) **你**/*他/*我就说那些闹的小孩儿吧,实际上都特别好。

2.2 涉句

形式上看,这些用法的代词语音弱化,一律说成轻声①。一类用在句首,表示对比或转折;另一类用在动词后,也被称为"占位宾语"。

2.2.1 对比或转折

(26) 四爷,您这可是积德行好,赏给他们面吃。可我告诉您,<u>他</u>/*你眼下这路事儿太多了,实在是太多了,咱们管也管不过来。(《茶馆》)

(27) 您瞧我这小辫儿不顺眼,**他**/*你我还不顺心呢!(《茶馆》)

这类不用于指称的人称代词必须轻声,非轻声的形式是同位结构。如例(21)中的"他这个满族"。再如:

(28) 马:签名售书。

张:没有。

马:没有吗?

张:但是……<u>他西单图书大厦</u>现在不是搞全场九折嘛。

同位结构的"人称代词+名"可以将人称代词与名词位置互换,不用于指称的轻声的人称代词不能放在名词后。

2.2.2 非现实情态

当"他"用作动词后的占位宾语的时候,整个谓词部分必须是

45

未然事件。

(29) a. 那老爷子吃了他/你/我三天三夜。("他/你/我"指受损者)

b. 那老爷子吃他/*你/*我三天三夜。(无受损者)

(29) a 句表达已然事件,人称代词都是实有所指的。b 句作未然情态,用"你"、"我"都不可接受,用"他"可接受,但无所指称。当动词为不及物动词时,a 句表已然的不能说,b 句作未然情态可接受。

(30) a. *那老爷子玩了他三天三夜。(无受损者)

b. 那老爷子玩他三天三夜。(无受损者)

"他"非指称用法的较早形式,近代汉语已经存在。在《近代汉语指代词》里吕先生把虚指的"他"分三类,并认为近代汉语产生的虚指的"他"是由指事的"他"引申而来的。这三类是:一、多用作"与"或"给"的宾语,如"给他个闷睡"。二、是指人或指物的"他"的扩展的结果,如"画他几枝"。三、与"他"指事的用法不同,它所指的事物不在前头而在后头,空空洞洞无所称代。如:"凭他甚么为难的事,你自说,我有主意。"(下例转引自吕叔湘 1985:28—29,体例从吕原著)

(31) 我遣汝早去,因何违他期日?(句道兴搜神记 118)

(32) 莫如给他个不说长短,不辨是非。(儿 30.30)

(33) 今夜里弹他几操,博个相逢。(董西厢 138)

(34) 今日歇他一日,明日早下山去。(水 34.4)

吕著说,(31)、(32)中的"他"初一看好像指一个人,而仔细一想,却实在说不出这么个人。这类"他"多用于"与"或"给"后。
(33)、(34)虚指的"他",形式上或许可以解释为双宾语结构,但是要从"他"的作用看,既然无所称代,实际是前面动词的附属物。"他"前面的动词是单音节词,这个"他"可以凑一个音节,这种用法跟古代的"填然鼓之"、"浡然兴之"的"之"可以相比。

2.3 去指称化的句法限制

发生去指称化存在一定的句法限制:一是复数;二是同位指称结构的后位位置。

2.3.1 复数

"-们"系代词在指称上虽有变异,但没有非指称用法。

(35) **我们**认为这样做不够稳妥。(复数代词的单数用法,指说话人自己)

(36)(成年人对小孩)**咱们**都上学了,哪能跟他们小孩儿争玩具呀,是不是?(包括式代词的单向用法,指听话人)

2.3.2 同位指称结构后位

首先,同位指称结构中,没有"人称代词复数+专名"的形式。(参看张爱玲 2006)

名词后位置,要求代词与名词同指;但是名词前位置,代词与名词不一定同指。

(37) a. **我**厂长不能擅离职守啊。(同指,指发话人)

　　b. 厂长**我**不能擅离职守啊。(同指,指发话人)

(38) a. **你**厂长不能擅离职守啊。(同指,指受话人)

　　b. 厂长**你**不能擅离职守啊。(同指,指受话人)

　　c. **你**厂长不能擅离职守啊。(你=?,"厂长"非受话人)

d. 厂长**你**不能擅离职守啊。(同指,非受话人)

(39) a. 他厂长不能擅离职守啊。(同指)

b. 厂长他不能擅离职守啊。(同指)

于是,我们可以看到用在非指人名词前,"我"要对应于言谈角色,"你"和"他"可以不对应于言谈角色。

(40) 你北京现在整个一个"首堵",就这种管理水平怎么办奥运会哪!(受话人不是北京人)

(40′) 我现在学校可以破格录取特长生。(发话人是学校校长)

这里"代词+指人名词"中的代词不具指称性。或者说,人称代词的直指功能多于指称功能,只不过直指功能从现场言谈语境,延伸到了篇章语境。

2.3.3 同位指称名词的描述性

同位结构的前项与后项虽然指称对象是同一个,但是,两者的语用价值是不一样的。如果名词是简单形式,"人称代词+名词"和"名词+人称代词"的指称性差异不大。例如下面例子中的"你国家"和"国家你"。

(41) ……国家最后拿出多少钱来落实政策是不是啊?你国家现在拿出钱来落实政策,你也是一部分,是不是啊?那些过去你抄的那些个值钱的东西,国宝那什么,那现在国家你没,没,没法儿去计算。所以在经济在政治,在各方面的损失,现在都是无可估量的。

黄瓒辉(2003)对人称代词与名词构成的同位结构的考察发

现,"人称代词+名词"是 NP 特征凸显式,用于强调对 NP 的不屑、不满或怀疑情绪,如"<u>他</u>王小波真有那么坏吗?"而"名词+人称代词"是 NP 特征淡化式,用于听说双方熟知的第三者,表达一种随便的语气,如"厅里的事尹玉娥<u>她</u>都知道"。郭圣林(2007)对"NP+我"与"我+NP"这一对同位结构的分析认为,"人称代词+名词"中的名词,除了称谓性之外,还可以提供描述性内容,名词性成分中的修饰语可以提供新信息,具备述谓意义,人称代词与名词之间相当于主谓关系。如"我一个三十多岁的名不见经传的毛头小伙子"中,"一个三十多岁的名不见经传的毛头小伙子"是对代词"我"的描述。而"名词+人称代词"里的名词只具备指称性,不具备描述性。

也正是这个原因,"人称代词+名词"中的名词性成分含有复杂修饰语的时候,人称代词进一步虚化受到了限制。我们对非指称性代词的考察发现,如果同位性指称名词具备描述性,前面的代词就不会出现非指称用法,如"**他**一个三十多岁的名不见经传的毛头小伙子"中的"他"。

3 去指称化与直指系统的对应性

3.1 去指称化与言谈角色的对应性

去指称化与言谈角色的关系可以从两方面来考察:

1) 角色关系与篇章功能

(a) 言谈角色 → 篇章角色(对比性话题、对比性命题)

(b) 现场角色(你)→ 句际

   非现场角色(他)→ 句内

2) 语用角色的投射

我：指个体对象

你：指个体对象 → 指虚设对象

　　　　　　　→ 导入一个话题

他：指个体对象 → 指虚设对象

　　回指个体 → 回指类别 → 回指命题

　　导入一个话题 → 导入一个命题

"你"、"我"、"他"三身代词功能扩展的程度不同，"我"最保守，"他"的用途最广泛，"你"介于两者之间。"你"虚化，但是都作用于名词，没有超出与名词相关的范围。"他"虚化，不仅作用于名词，还作用于小句。

表2　北京话人称代词的功能扩展

	句内	句际
第一人称	＋	－
第二人称	＋	－
第三人称	＋	＋

3.2　与直指系统的对应性

3.2.1　指示词的虚化

"这"在篇章中的功能和浮现语法与"那"的差别十分明显（详见方梅 2002）。可以归纳为：

表3　"这"与"那"的对比

	话题标记	名词化	定冠词	连词
这	＋	＋	＋	－
那	＋	（＋）	－	＋

例如：

　　（42）<u>这</u>也想买，<u>那</u>也想要。（认同用）

(43)——听说你揍过她？

　　——揍,<u>这</u>你也听说啦?(回指,指命题)

(44)——其实这菜并没有什么了不起,叫蚂蚁上树,上树啊。

　　——<u>这</u>上树是怎么回事?(回指,指话题标记)

(45)她<u>这</u>不吃午饭有一年多了,也不完全为了减肥。(名词化)

(46)——就听"扑通"。

　　——深。

　　——就冲<u>这</u>深……

　　——跳。

　　——不跳!(定冠词)

"那"的功能:1)指称个体,如(47)。2)回指命题,如(48)。

(47)<u>这</u>也不喜欢,<u>那</u>也不喜欢,你到底想干什么啊!

(48)这御厨一想啊,呦,这个老佛爷要吃这个窝头啊,<u>那</u>可得小心点儿,不能乱做。

3)"那"用作连词是新的用法。根据《现代汉语词典》(第5版),"那"有两个词性,那1:指示代词,那2:连词,跟"那么3"相同。如:"你不拿走,<u>那</u>你不要啦?""那"表示结果、判断,可以与"那么"换着用。例如:

(49)那么:这样做既然不行,<u>那/那么</u>你打算怎么办呢?

　　　如果你认为可以,<u>那/那么</u>咱们就赶紧办吧。

归纳起来看,北京话指示词的虚化有这样一个倾向:

近指代词 ＞ 涉名

远指代词 ＞ 系句

3.2.2 虚化路径的共性

指示词与人称代词的虚化的共性在于,距离言谈中心越远,其

51

功能拓展越宽。

就人称代词而言,称代言谈参与者的代词,功能虚化后,仍然是在句子内部;称代言谈参与者之外的人的代词,虚化后功能扩展到超越了小句的范围,扩大到句与句之间。

言谈参与者代词 ＞ 句内功能

非言谈参与者代词 ＞ 句际功能

从推理关系的角度看,指称言谈者自身的代词"我",只用来表现现实情态,言谈者之外的其他指称可以用来表现非现实情态。这也是对直指关系的隐喻,可以概括为:

言谈者自身 ＞ 现实情态

言谈者之外 ＞ 非现实情态

再看指示词。

单个的"这"和"那"在指称功能上是不对称的,话语中用"这"表现"相关性"。表现在三个方面:1)新的谈论对象第一次被引入谈话作为话题时倾向于用"这"。2)保持话题的连续性时倾向于用"这"。3)引入对比性话题,着意表现"不同"的时候用"那",不用"这"。表现"相关性"的功能也是"这"定冠词用法的基础。(详见方梅 2002)

同样是用作回指,并非可以自由换着说。比如:"A:听说你揍过他。B:揍**这**你也听说啦?""要是闹出人命来,**那**可不是闹着玩儿的。"(方梅 2002)前一例的"这"就不能换成"那";后一例的"那"不能换成"这"。用"这"倾向于回指现实性陈述,包括惯常行为。而用"那"的回指往往是有条件的,用于指虚拟性假设或主观意愿,而非事实。更多统计分析可参看杨玉玲(2006)。这样,我们也就可以理解为什么"那"发展出了连词的用法,而"这"却没有。

因此,从指称对象的扩展看,存在对空间关系的隐喻:

<blockquote>空间距离的"近/远" ＞ 指称关联性的"近/远"</blockquote>

指示词一方面是区分空间距离的"近"与"远",同时,也是直指系统中用来区分言谈现场的对象"可见"与"不可见"的手段。而这种关系投射到指称对象,则表现为对所指对象的现实性程度的区分。即:

<blockquote>空间关系的"可见/不可见" ＞ 回指对象的"现实/非现实"</blockquote>

就指示词功能的扩展而言,近指代词的功能仅仅限于与名词相关的范畴,远指代词的功能扩展到系连句与句的关系。实际体现了,距离言谈中心近的词恪守指称性范畴,距离言谈中心远的词,功能扩展到推理性范畴。

<blockquote>空间的近/可见 ＞ 　指称关系
空间的远/不可见 ＞ 推理关系</blockquote>

Siewierska(2004)曾指出,跨语言看,人称的指称泛化,即指称对象扩大到原来的指称范围以外或者衍生出其他功能,多发生在复数人称(Siewierska 2004:210—211)。不过,她所列举的现象多为那些存在句法一致关系的语言。而我们对北京化的考察发现,复数和单数人称代词都有泛化现象;复数虽然指称对象扩大,但是仍旧在"指人"的范畴之内。而单数的泛化则走得更远,可以不指称人,其虚化路径与指示代词具有更多的相通之处,反映出直指系统的某些共性。

附　注

① 吴福祥(1995)对敦煌变文的考察发现,"你"在变文中有"活用",有三种类型:A."你"转指第三人称,用在引语里,指称对象不在说话的情境之

中。B. 泛指"人们"、"人家"。C. 虚指,用在"饶你"、"任你"这样的环境下。

② 《谈论新编》是清光绪年间的汉语教科书。"书序":"且言语一科,圣门与德行并重,谓非难能之一端乎,然而从未闻以言授受者也,自五洲互市,聘问往来,则言语之授受起焉,而学语之书亦出焉,《语言自迩集》首传于世,学者宗之,未尝非启发学者之一助,逮至今日,时事屡见更新,语言亦因之变易,金公卓菴晓英文,娴辞令,博学多识,於授话一道尤为擅长,去岁文部省聘请东来充外国语学校教习,于夏日余暇同参谋本部平岩道知君合著《谈论新编》百章,穷数旬之久,始告厥成,余观览回环,见其事皆日今要务,阅其辞皆通时语言,较诸《自迩集》全部亦有过而无不及焉,善学者苟能简练揣摩,触类旁通,施措于官商之际,则博雅善谈之名将不难播于海内也,有志华言者,宜铸金事之。光绪戊成(戌)秋八月张廷彦序于江户喜晴楼。"

③ 鲜文大学校中韩翻译文献研究所印的《京语会话》是清末民初的汉语教科书。据鲜文大学中文系朴在渊《关于〈京语会话〉的几点说明》介绍,《京语会话》"大约成书于20世纪第二个十年中期至20年代之间",辛亥革命以后1920年前后写成的一部中国语会话书,由121组对话构成,分情景会话和主题会话两类。这本书原来在中国,是为中国人而作的,后来传到韩国。另可参看张美兰(2006)。

④ 以往讨论虚化所带来的轻音,无论是在词的层面还是短语结构的层面,都没看到前附的。林焘先生《现代汉语轻音和句法结构的关系》一文里说:"结构轻音绝对不能放在句首,语调轻音则可以放在句首",而这里句首的"他"属于结构轻音。感谢张伯江教授提示这一点。

参考文献

陈　辉、陈国华　2001　人称指示视点的选择及其原则,《当代语言学》第3期。

方　梅　2002　指示词"这"和"那"在北京话中的语法化,《中国语文》第4期。

郭圣林　2007　"NP＋我"与"我＋NP"的语用考察,《南京师大学报》(社会科学版)第4期。

黄瓒辉　2003　人称代词"他"的紧邻回指和紧邻预指,《语法研究和探索》(十二),商务印书馆。

林焘 1962 现代汉语轻音和句法结构的关系,《中国语文》第 7 期。

吕叔湘 1985 《近代汉语指代词》,江蓝生补,学林出版社。

吴福祥 1995 敦煌变文人称代词初探,《青海师范大学学报》(社会科学版)第 2 期。

杨玉玲 2006 单个"这"和"那"的篇章不对称研究,《世界汉语教学》第 4 期。

袁毓林 2003 无指代词"他"的句法语义功能,《语法研究和探索》(十二),商务印书馆。

张爱玲 2006 "人称代词+专有名词"及其表达效果,《长春师范学院学报》(哲学社会科学版)第 25 卷第 2 期。

张美兰 2006 清末民初北京口语中的话题标记——以 100 多年前几部域外汉语教材为例,《世界汉语教学》第 2 期。

Biq, Yung-O. 1990 The Chinese third-person pronoun in spoken discourse. *CLS 26*, *Proceedings of the 26th Annual Meeting of the Chicago Linguistic Society*.

—— 1991 The multiple uses of the second person singular pronoun in conversational Mandarin. *Journal of Pragmatics* 16.

Fillmore, Charles J. 1997 *Lecture on Deixis*. CSLI Publications. Center for the Study of Language and Information, Stanford: California.

Himmelmann, Nikolaus P. 1996 Demonstratives in narrative discourse: a taxonomy of universal uses. In Barbara A. Fox (ed.) *Study in Anaphora*. John Benjamins.

Huang, Shuan-fan 1999 The emergence of a grammatical category definite article in spoken Chinese. *Journal of Pragmatics*. Vol. 31, No. 1.

Siewierska, Anna 2004 *Person*. Cambridge University Press.

Tao, Hongyin 1999 The grammar of demonstratives in Mandarin conversational discourse: a case study. *Journal of Chinese Linguistics*. Vol. 27.

Teng, Shou-hsin 1981 Deixis, anaphora, and demonstratives in Chinese. *Cahiers de Linguistique-Asie Orientale*. No. 10.

Xu, Yulong 1987 A study of referential function of demonstratives in Chinese discourse. *Journal of Chinese Linguistics*. Vol. 15.

上海话虚词"唠"所表现的语法化等级链

冯 力

（法国国立东方语言文化学院中文系/
法国社科院东亚语言研究所）

0 引言

在老派上海话中有一个多功能、多用途的虚词"唠"[lə]。在北部吴语其他方言里也有这个虚词，如苏州话中读[ləʔ]，一般写作"勒"或"了"。钱乃荣（2003）对此有较详尽的描写。刘丹青（2003）也从它的后置词性质的角度进行了较深入的分析。但对于"唠"的这些不同语法功能的来源，以及它们之间的发展层次关系尚未有系统的研究。本文试图勾画出这些不同的用法之间的关系和演变途径，进而指出这些语法功能不同的"唠"的虚化程度有高低之别，处于语法化等级链的不同层次上。也就是说，这些共时平面上的不同用法，正是其历时发展变化的反映。

1 明末吴语作品《山歌》中的"唠"

明末吴语作品《山歌》中，这个虚词直接写作"了"。可归为五种用法：

1.1 连续事件句前一小句(即背景句)的句末助词的用法,例如：

(1) a. 偶然看着子介本春画了满身酥。

　　b. 小阿姐儿吃个听弗过了捉个情郎一脚踢觉子。

此形式来自于晚唐五代的"VO了,V",如"辞父娘了入妻房"(敦煌变文)的句式。我们赞同杨永龙(2001)对"VO了,V"的分析:VO表示一个事件,该格式的意思是,前一事件出现之后接着出现后一事件。"了"后通常有停顿,构成连贯性复句。根据梅祖麟(1981)的结论:"(S)VO了"源自"(主谓)谓"结构,"了"本是一个"完结"义动词,充当中心谓语,其前的"(S)VO"是话题性主语。"了"在这个位置上虚化为表完成的时态助词,只表示前面的小句中事件的先时性。

1.2 用在动词结构状语的末尾：

(2) a. 捣腰凸肚立了掼。(……站着甩)

　　b. 姐儿生来紫糖色了像面筋。

　　c. 辫子了困,勾子了眠。

这是由于前一小句表达的是后一小句动作的方式而致。虽然它们的来源是先有前一小句表达方式或状态的动作,才有后一小句表达的动作或事件,但是当这种先后关系不被突出,而是强调后一动作是在前一状态的伴随下发生的时候,前一分句的句法结构层次从并列成分降低到修饰性附属成分,其后的"了"也从分句层次标记降低到句子成分标记的地位。它具有将前一成分与后面的成分断开的提顿作用。此种用法非常常见,形成了"了"后附于描摹性状语后缀"冉"(恁)(义为"这样,那般")的常用结构：

(3) a. 狭港里撑船冉了有介多呵推。

b. 衬里布衫冉了能着肉。(如衬里布衫般那么贴肉)

1.3 因果关系复句中原因从句的句末助词：

(4) a. 没要因奴黄子了贱相看。(别因我人老珠黄而看不起我)

b. 小人是乡下麦嘴弗知世事了撞子个样无头祸。

这是由于表原因的事件和表结果的事件之间可视为先有因后有果的时间顺序关系。这类用法在当时及以后的复句类例句中最为多见。除了一部分带"了"的原因从句前面再用"因、因为、为之"等连词之外，众多的原因从句只有后接的"了"，这正如刘丹青（2003）指出的："咾(/了)"本身只表示两个 VP 之间有相承关系，具体的关系类型是由特定词语在语境中实现的。吴福祥（2004）发现在《朱子语类辑略》中，另一种常见的情形是，"了"用于因果复句中的原因分句之后，肯定该分句所叙事件已成为现实，后一分句则说明由于该事件的存在而产生的某种结果。他举出的例子有："……他是无了，所以人竞趋他之学。""伊川不在了，如何不看！"

1.4 表动作重复的动词重叠式"V 了 V"：

(5) a. 在上游了游。

b. 出来张了看。(＝又张望又看)

这显然是由于重复的动作有先后关系。相当于普通话的"V 了又 V"。有时两个动词可以是同义关系，而并非同一个词（如例 5 b）。

1.5 用于两个时间名词之间：

(6) 能介有多呵今日了明朝？(为何有那么多的今日复

明日?)

但这两个名词不是并列的关系,而是含有先后时间关系的,义为"……以后还有……",即"今日复明日"之义。真正的并列关系的连词用法,要到19世纪的上海话语料里才出现。

2 19世纪传教士撰写的上海话资料里的"咾"

在19世纪传教士撰写的上海话资料里,上述用法继续存在,一般记作"咾",并且有了一些新的用法。我们从下面的分析中可以看出,"咾"的这些新的功能都是由最初的小句或从句句末助词进一步虚化而来的。

2.1 介词结构的末尾标记。这个用法与动词结构状语末尾标记(见1.2)的来源是一致的,因为介词结构为原前一动词结构虚化而成。这个介词结构标记正是原分句句末助词留下的痕迹,在此起提顿作用:

(7) a. 炮要对仔伊拉咾打。(Macgowan)

b. 因为伊有拉个身孕,是从圣灵咾来个。(《上海土话新约》)

c. 衣裳个样子要照第件咾做。(Macgowan)

2.2 用在时间名词状语的后面:

(8) a. 担拉个物事,我月底咾总算。(《土话指南》)

b. 明朝早晨头咾,原旧放拉箱子里。(《土话指南》)

这种用法应有两个来源:一是从状语末尾标记发展出来的。如果是用于时间状语,时间词本身含有"到了这个时间才有后面的动词表达的动作出现"的谓词意义,因此可以单用。二是介词结构末尾标记的遗留。如果这是表时间的介词结构"拉(在)……(的时候)"(例9),当介词"拉"被省略时,就只剩下时间名词后接"咾"。

(9) 我想……<u>拉</u>月头上<u>咾</u>,好算点。(《土话指南》)

2.3 假设条件从句句末助词。这个用法较少见。因为"咾"一般用于原因从句标记(见1.3),而上海话的假设条件从句的标记词一般是"末(/么)"。如:

(10) a. 若使有人寻<u>末</u>,拨信我。(《土话指南》)

(若是有人找,告诉我)

b. 买好之<u>末</u>,早点转来。(Morrison)

"咾"偶尔也用于条件从句末:

(11) 刷布刷得勿好<u>咾</u>,做起布来,纱正断个。(Morrison)

这可能是因为表示条件的事件在说话人预设的时间顺序上也是先于表结果的事件:

(12) a. 下回来起来<u>咾</u>,担来末者。(《土话指南》)

(下次来的话,拿来就是了)

b. 等伊再用心点<u>咾</u>,望神父赏一尊圣像拉伊。(Morrison)

在说话人心目中,"下回来起来"、"等伊再用心点"是尚未发生的假设前提中的事件。但它们在时间上必先于主句"担来"、"神父赏一尊圣像拉伊"所表达的事件。在这种有先后时间顺序的逻辑推导下,受因果句的影响,条件从句也可用"咾"来标记。试比较下列两个语义相似的例句。例(13 a)在条件从句后用"末",例(13 b)则用"咾":

(13) a. 终要请郎中来,吃帖把补药,安心调养调养<u>末</u>,好拉献。(《土话指南》)

(……安心调养调养,就好了)

　　b. 什介能总要教郎中来看个看咾,好拉献。(《土话指南》)

(……教大夫来看看,就好了)

　　杨永龙(2001)和吴福祥(2004)都指出早在《朱子语类》中就有"了"用于表示假设/条件的分句之后。"了"的作用是假设该分句所述事件已发生(或实现)了某种变化,后一分句则说明基于这一假设的条件或前提将会出现什么样的情况。他们举的例子有:"若一边软了,便一步也进不得。""知得分明了,方能谨独涵养。"这说明这种用法至迟在宋代已经相当广泛。但我们在明末作品《山歌》中没有发现"了"出现在条件分句后的用例。可能是受书面文献材料的限制,而在当时的实际语言中应已存在。

　　2.4 主语标记。上海话的主语标记主要是用"末(/么)"(例14 a),但也时常用"咾"(例14 b):

　　(14) a. 人末,信用失勿得。(《中日会话集》)

　　b. 人咾,有仔病请道士解星安土。(Macgowan)

　　这个用法有两个语义来源:1)主语一般是句子的话题,也就是叙述的前提条件。在语义上,一个假设条件从句往往是已知的话题,因而很容易成为句子的主语(或话题)。(参见 Haiman 1978)这表现在汉语里源自条件复句的紧缩句的主语部分,尤其是当条件从句发生名物化以后,或者说简化成一个词时,如"贱末要买,贵末勿要买"(Edkins),正如上文所示,"咾"获得了与"末"相同的假设条件从句标记的功能,因此也可用作主语后的提顿标记:

　　(15) 外行咾,做起来勿见得好。(Morrison)

2)主语通常表示的是对话者已知的事物,也就是使话题得以展开的旧信息。"咾"的基本语义是标示两个动作中前一个已经发生的动作或事件,因此用它来标示主语也就包含了提示听话人一件已知的事件,好像北方官话中的"NP 是不是(/是吧),VP"或"NP 啊(/呢/吧),VP",其中 NP 为主语:

(16) a. 花咾长者要摘脱点正头,花头咾勿多,正头也可以勿要去摘脱伊。(Morrison)

(花是吧,长了以后要摘去些花苞,花朵头呢,要是不多也可以不用去摘它)

b. 床咾若是不好担,可以拆脱。(《土话指南》)

(床吧,要是不好搬,可以拆掉)

c. 哑子咾勿会话。(Morrison)

(哑巴呢,当然不会说话)

江蓝生(2003)曾指出在中古汉语中来自时间范畴假设助词的"时"和"後"在名词性主语后面虚化成起语气停顿作用的主语或话题标记,正是经历了在已知的条件下的推论和承认既成事实的让步转折这一过程。这与"咾"有相通之处。

2.5 并列从句句末助词。前后两个分句不一定是顺接发生的事件,可以是并列的两个事件(例 17 a、b),也可以是意义相对的正反句(例 17 c、d)。当然此类分句之间常常能看出时间上先后排序的语义来源,但是这种先后关系已被忽略,只剩下叙述顺序上的先后:

(17) a. 霍乱吐泻个病,好就好咾,死就死个。(Morrison)

b. 再者,我等垃屋里咾,侬去买。(Macgowan)

c. 吃酒个人末大多数是大量个咾,吃鸦片烟个人末小气个。(Bourgeois)

d. 上头人勿想铜钱咾,下头人还要贪财个末,看来还有个否。(《土话指南》)

2.6 后置性连词。"咾"用作连接词,既可以连接两个名词(例 18 a),也可以连接两个动词(例 18 b),而且还能连接两个形容词(例 18 c):

(18) a. 水车咾旱车,齐要抹一抹油。(《土话指南》)

b. 常庄到花园里去跑跑路咾散散心。(Bourgeois)

c. 一则因为长咾大个保镖气力来得大。(Bourgeois)

(一是因为又高又大的保镖力气大)

"咾"也常常用于连接短语结构。这些短语结构既有名词性的(例 19 a),也有谓词性的,包括动词性的(例 19 b)和形容词性的(例 19 c):

(19) a. 坟墓周围种个树木咾筑个篱笆。(《上海土话新约》)

b. 拉个个地方,将要大哭咾,咬牙切齿。(《上海土话新约》)

c. 大多数齐是年纪轻咾性子暴躁个。(Bourgeois)

刘丹青(2003)认为上海话的"咾"相当于英语的 and,对应于普通话的"和"、"也"、"又"或"而且"等。而且他认为"咾"首先具有列举性停顿标记的作用。这跟普通话的"NP1 也好,NP2 也好"以及"NP1/VP1 啦,NP2/VP2 啦"有异曲同工之效。但它们之间最大的差别是"也好"和"啦"必须出现在每个列举项的后面,而"咾"只需出现在前后列举项之间。钱乃荣和刘丹青指出的更为重要的一点,是"咾"的后置性,也就是说当这两个并列成分当中有语气停顿时,只能断在"咾"的后面,而不能断在"咾"的前面。这是与普通话前置性连词"和"的最大差别。我们认为这正是由于"咾"的连词功能来自于并列从句前句末助词和两个表连续事件的动词之间的标记。如果并列从句名物化或简缩为一个名词,"咾"就成了连接两个名词的连词。同样,如果原来表两个连续动作的"VP1 咾 VP2"结构用来表示同时发生的动作或不再强调动作的先后关系,"咾"就被当成罗列并举动作的连词。

2.7 表强调义的句末语气词。它的来源是原因从句的后置或结果主句的省略(钱乃荣 2003;刘丹青 2003)。在"咾"所连接的复句中,因果关系获得凸显的地位,已成为"咾"的一个专门化和语法化的意义。如果出现在溯因句中,常用"因为……咾"(例20 a、b)表示,"咾"就出现在全句末尾。在一些情况下,前置连词"因为、为之(/仔)"并不出现(例20 c、d):

(20) a. 勿见得好收,因为天黑勿过咾。(Morrison)

b. 总之因为货色少之咾。(《土话指南》)

c. 失败几趟勿怕,伊决心大咾。(《土话指南》)

d. ——哪能个一时,常远勿看见者?

——我一向归拉屋里咾。(《土话指南》)

(那是因为我一直待在家里呗)

又因为后置的或独立的原因从句起强调造成已有事实的原因的作用,句末的"咾"就具有了强调事实或理由的语气。钱乃荣认为它具有"指明现状的语气"。他举了当代上海话的例子:"我又呒没办法咾。"(我有什么办法!)句末的"咾"相当于普通话的"嘛、呗……不是"等用于指出明摆着的事实的语气词:

(21) a. 侬眼睛瞎拉个咾。(《土话指南》)

b. 格末钟走来慢之点者咾。(《土话指南》)

(那是因为钟走得慢了呗)

c. 下昼到存吉斋古玩店里,打灯谜去之咾。(《土话指南》)

d. 侬现在先转去咾。(《土话指南》)

(那你就先回去嘛)

2.8 状语或副词的后缀。"咾"经常用在表行为方式或状态的动词性状语的后面"V1〔Adv.〕咾 V2"。(见 1.2)这里的 V1〔Adv.〕一般是表示一个与 V2 表示的动作一起发生的伴随性动作。在大多数情况下 V1 后有一个表持续的体助词"之"(也常写作"子"或"仔"),相当于普通话的"V1 着 V2":

(22) a. 各人坐之车子咾动身者。(Morrison)

b. 牵之马咾立拉。(《土话指南》)

c. 等伊再勿用心末,告伊跪之咾画。(Morrison)

在不少情况下,V1 并非动作性很强的动词,而是一个表状态的动词或形容词,如:

(23) a. 就动气咾对耶稣说:……(《上海土话新约》)

(就生气地对耶稣说……)

b. 吹个辰光,众颁行大之声音咾喊末,城墙会坍下来。(《上海土话新约》)

(吹的时候,众颁行大声地喊么,城墙就会坍下来的)

这时的"咾"已经很接近普通话状语词缀"-地"的用法。在动词"话"(义为"说")前,表示说话的方式或伴随动作的状动结构"……咾话"(……地说/V 着说)中,这种特征更加突出。这种结构也较为常见：

  (24) a. 有人个声音喊咾话：……(《上海土话新约》)

    (有一个人的声音喊着说道：……)

   b. 财主听见之，燶火咾话：……(《土话指南》)

    (财主听见了，就发火地说：……)

   c. 客人乃末勿快活咾话：……(《土话指南》)

    (客人就不高兴地说：……)

在下面的例子中，"咾"用在纯粹的副词后面。例(25 a)中"着实"是一个程度副词。例(25 b)中"慢"义为"且慢"，是一个方式副词。例(25 c)中"后来"为纯副词。这里的"咾"更像是一个副词后缀：

  (25) a. 着实咾勿含糊者。(《土话指南》)

    (确实不含糊的)

   b. 等一等，慢咾话。(《土话指南》)

    (且慢着说)

   c. 今朝刚刚无得拉，后来咾拨侬末者。(Morrison)

    (今天正好没有，以后给你就是了)

这让我们联想到上文提到的做时间状语的名词后接"咾"的情况(见 2.2)。由此可见，"咾"是一个比普通话的"地"用法更广泛的状语后缀，可用于表方式、状态、程度和时间等意义的状语及副词之后。同时，我们也看到正如汉语中其他的后缀那样，"咾"并没有完全发展成真正意义上的词缀，也就是说没有达到强制性范畴的使用程度。它只是在有必要区别一个词的形容词用法和副词用法时才使用。(例 25 a、b)因此只能算是标示性附置词。

  2.9 成为词内语素，即构词成分。"咾"由于跟一些词经常连在一起用，久而久之就与之形成了一个词，不可分开，也就是说它

们经历了一个词汇化的过程。这有以下几种情况:

2.9.1 "咾啥":其中"啥"是虚指性代词,义为"什么(的)"。"咾"本是其前面词语的后置并列连词(见 2.6),它后面的并列词语由不定指的"啥"来代替。然后"咾"与前面的结构脱离,而与"啥"紧密相连成词,相当于普通话的"……什么的"、"……等等"。"咾"与"啥"之间不能有停顿,反而是"咾啥"与其前的词语之间可以有停顿:

(26) a. 傢生咾啥,齐拉化个。(《土话指南》)

(家具什么的,都在)

b. 因此缘故我想叫个短工,拉热天色帮伊汏汏咾啥。(Bourgeois)

(……大热天帮他洗洗弄弄什么的)

2.9.2 "格咾",也写作"盖咾、介咾":其中"格"是指示代词,义为"这,这样"。"咾"原本为原因从句的句末助词,当原因从句因上文已有交代,而由代词"格"来代替时,"格"与后面的"咾"紧密结合成词,义为"因此,这样一来"(例 27 a、b)。同样的情况还有"为子咾"(或写作"为之咾"、"为止咾"),其原型为"为子……咾",如:"为子义气咾受别人逼迫个人,有福气。"(《上海土话新约》)当表原因义词句被省略后,"咾"直接附在"为子"之后,成为类似词缀的成分,义为"因此,为此"(例 27 c):

(27) a. 格咾我跟来拉个。(《土话指南》)

b. 人犯仔罪,盖咾要生病咾遭难。(《上海土话新约》)

c. 为止咾,典当亦倒下来者。(《土话指南》)

2.9.3 与一些用于状语位置,问方式、原因的疑问词结合成词,如"为啥咾"、"做啥咾"(常简略成"啥咾")和"那能咾"(义为"怎

么")。它的来源明显是状语结构后接助词"咾"。在这些位于状语位置的疑问词中,"咾"已用作专问原因或专问方式的词尾:

(28) a. 为啥咾吃之生鸦片咾死个呢?(《土话指南》)
  b. 做啥咾又到苏州去个呢?(《土话指南》)
  c. 那能咾勿得归来呢?(《土话指南》)
  d. 个只猫,啥咾总勿肯管事个?(《土话指南》)

3 "咾"所反映的语法化历时演变

纵观上述"咾"的十多种语法功能,我们看出它在共时平面上多姿多彩的表现正是其历时发展不同阶段的遗留。它形成了一条层级完整的语法化等级链。Hopper & Traugott(1993)在对不同的语言进行综合考察后,提出了如下具有普遍意义的语法化等级斜坡:

实义词(content item) > 语法词(grammatical word) > 附着词(clitic) > 屈折词缀(inflectional affix)

吴福祥(2003)根据汉语的特点,将这一语法化斜坡改写为:

实义词 > 语法词/附着词 > 词内语素

上海话"咾"的语法化演变正是经历了如上的几个阶段,而且具有其特性。这主要表现在两方面:一是在语法词/附着词阶段,还经历了由分句(/从句)句末助词到句子成分附着词(/标记),再到句子成分内部的词之间的连接词等不同层次阶段;二是它同时经历了一个主观话题化的语法化过程。这后一点,我们将在第 4 节专门讨论。

下面我们逐一讨论"咾"的语法化等级链:

等级 O:实义动词阶段,表完结义动词"了",充当中心谓语。

等级 I:语法词/附着词阶段,此阶段又可分为三个句法层次:

I1. 复杂句中分句(/从句)的句末助词

这表现在由完结义动词虚化而来的连续事件句前一小句(即背景句)的句末助词(见1.1),及由此而致的原因从句句末助词(见1.3)、动词性状语从句末尾标记(见1.2)、并列从句句末助词(见2.5),和受条件从句标记"末"影响而产生的假设条件从句句末助词(见2.3)。

I2. 句子成分的附着词或提顿标记

这表现在由假设条件从句助词发展而来的主语标记或话题提顿标记(见2.4)、由动词性状语从句的时间性引申而来的时间名词状语标记(见2.2),以及状语副词和做状语的疑问词的后缀(/后置词)(见2.8),另外还有从连续事件句前一小句句末助词发展出的前置介词结构末尾标记(见2.1)。

I3. 一个句子成分内部的词语之间的连接词

当并列从句中的成分简化为一个词,如名词,或动词,或形容词时,这些罗列并举事物的词语构成句子的一个句法成分,或主语,或谓语,或宾语,抑或状语、定语等。本来连接从句的"咾"就成为组成句子成分的两个词语之间的连接词了(见2.6)。从语法层次的角度来看,I3层面的语法化程度要深于I1和I2层面。

等级 II:词内语素

此链中的"咾"已成为一个构词的语素,与其前后成分紧密结合,构成新词(见2.9)。

4 "咾"的语法化演变中的主观化和语用化过程

"咾"的主观化和语用化表现在两个方面：句末语气词的形成，以及从话题标记发展为话语标记。

4.1 如上文所述，"咾"用于句末表示强调是源自原因从句句末助词的用法（见 2.7）。它本来是标示一个客观存在的或说话双方已知的原因或理由。但当结果和后果是不言而喻的事实时，表结果的主句被省略了，"咾"出现在全句末尾，所要表明的是说话人对现状，即已成事实的强调，意在说服听话人或者引起听话人的注意。（参见例 21 a、b、c、d）在这个过程中间，经历了原因从句后置即溯因句的阶段。溯因句式往往是说话人故意将原因从句后置，以起到凸显原因因素的作用。如果说溯因句是主观上强调还带有客观性的原因的话，那么不带前因后果义的句子末尾的纯语气词"咾"则表达了说话人的言语态度（attitude expressed）。

根据 Traugott 对"主观化"的定义，主观化指的是"意义变得越来越基于说话人对命题内容的主观信念和态度"。"咾"的主观化过程也是从较为主观化发展到更加主观化的：

> 客观原因的叙述标记 ＞ 强调客观原因的助词 ＞ 表示说服或引起对方注意的语气词

4.2 在第 2.4 节中我们提出主语/话题标记"咾"有两个来源，一是受源于假设条件从句句末助词的主语标记"末"的影响；二是因为"咾"总是表示已发生的过去的动作或状态，也就是对话双方共知的旧信息。这就容易成为句子的主语或开头话题的标记。许多语言学者都提出汉语句子的主语后常常有一个起提顿作用的语气助词,如普通话的"吧、呢、啊、是不是"等。方梅(2005)对话语标记"是不是"有很深入的分析,指出"是不是"用以确认自己的认识或征询对方的态度,已不具备疑问或询问的功能,其陈述内容对言者来说是已知的,或无须回答的,表示言者对听话人的肯定性的或者与言者态度一致的一种期待。"是不是"句在叙事语体中具有以下功能:1)激活共有知识,2)凸显言谈的重点,唤起听话人的注意,3)延续谈话。

在对英语里的话语标记(discourse marker)或语用标记(pragmatic marker)的研究中,不少学者经常提到一些词,如 then (因此,这样)(Schiffrin 1987)、well(那么,好)、after all(总之)(Traugott 1997)。这些词都是从句内副词发展成全句副词,最后成为话语标记性助词的。其目的在于显示说话人的言语策略(speaker's discourse strategy),即凸显说话人的态度和保持句子或句群的连贯性。

上海话的"咾"大量用于主语之后,是说话者用已知的话题唤起听话者的注意,以进一步展开述题。"咾"也经常出现在一个被前置于句首的话题性的结构成分之后,意在指示谈话的中心,并告知听者后面是围绕这个中心话题展开的叙述,或是在这个前提下发生的行为。其作用有如 Schiffrin 命名的 deictic discourse marker(指称性话语标记):

(29) a. 急病咾,看齐来勿及个。(Morrison)

（急病,看也都来不及了）

b. 来年咾,若是报青末……(《土话指南》)

c. 我个牛咾,壮个中牲杀个哉。(《上海土话新约》)

（我的牛呢，壮的已杀掉了）

  d. 无啥吃咾咸菜饭。(Morrison)

例29 d中"无啥吃咾"是摆出一个事实作为话题："没什么吃的"，后面的"咸菜饭"是用来说明这个话题的名词性谓语，意为"(只有)咸菜饭(吃)"。

当"咾"出现在句子的最前端以引出全句时，就以"格咾"、"为止/子咾"的面貌出现。这是因为"咾"与大多数汉语助词一样，是一个后置性的助词，所以它总是跟在一个词或短语的后面。"格"(这)是一个复指代词，"为止"即"为此"，也是一个复指代词为中心词的虚位结构。它们在这里的作用非常接近英语中的 then、well 和 after all，起到了连接子句的作用(clause connectives, Hopper & Traugott 1993)：

  (30) a. 格咾我跟来拉个。(《土话指南》)

    b. 为止咾，典当亦倒下来者。(《土话指南》)

有时"咾"出现在连续的几个分句中的第一个分句之后，它并不标示因果或条件关系，而是在标示此为领先的动作或状态之外，还提示听话人话还没说完，还有后续分句，如：

  (31) 恐怕皮袋裂开咾，酒要漏出来，连皮袋也坏脱哉。(《上海土话新约》)

上例中，"皮袋裂开"与"酒要漏出来"固然有前后关系或因果关系，但这里它们与其后的"连皮袋也坏脱"为一连串被担心"恐怕"会发生的事情。因此"咾"前的第一个分句传达的虽然也是一个新信息，但它是作为一个背景性的前提信息，实际上为后面的结果性说明部分传达主要新信息提供了一个出发点。这个出发点被"咾"点明，起到了一个话语起头的作用。这个功用又进一步发展出"咾"更靠前、被置于开头的第一个连词或介词之后的用法，如：

(32) a. 万一咾有个一个蚊子拨伊飞进来之,我可以射一射杀蚊虫药水。(Bourgeois)

b. 所以咾,我老爷十分相信自伊咾拿一总事体齐信托垃自伊。(《土话指南》)

这时的"咾"已经完全成了一个提醒对方注意话语已开始的语用标记。同时也强调这段话展开的前提,如假设(例 32 a),或归结(例 32 b)。在说话时,重音一般落在"咾"前面的句子开头词语上。

5 结语

老派上海话的助词"咾"在语法功能和句法位置上纷呈出了多种多样的面貌。这是它的语法化历时演变在共时平面上的投影。本文根据历史语料,将这些不同的用法按照语法化程度的深浅,梳理出了一条较为完整的语法化链。可以看出它是按照跨语言的一般语法化规律发展的,遵循从实义词到语法词,再进一步虚化为词内语素的单向性发展原则。本文指出了"咾"的语法化发展的另一条线索,即主观化过程:从表达比较客观的事件先后关系和因果或条件关系,到表示说话人的主观意图和语气,并成为纯粹表达言语策略的语用标记。

参考文献

方　梅　2005　疑问标记"是不是"的虚化 ——从疑问标记到话语-语用标

记,《语法化与语法研究》(二),商务印书馆。

江蓝生　2003　时间词"时"和"後"的语法化,《语法化与语法研究》(一),商务印书馆。

刘丹青　2003　《语序类型学与介词理论》,商务印书馆。

梅祖麟　1981　现代汉语完成貌句式和词尾的来源,《语言研究》创刊号。

钱乃荣　2003　《北部吴语研究》,上海大学出版社。

吴福祥　2003　关于语法化的单向性问题,《当代语言学》第4期。

——　2004　《〈朱子语类辑略〉语法研究》,河南大学出版社。

杨永龙　2001　《〈朱子语类〉完成体研究》,河南大学出版社。

Anonymous 1908《土话指南》,上海土山湾慈母堂。

Bourgeois, A. 1939 *Leçon sur le Dialecte de Changhai*. Imprimerie de T'ou-sè-wè.

Edkins, J. 1868 *A Grammar of Colloquial Chinese as Exhibited in the Shanghai Dialect*. Shanghai: Presbyterian Mission Press.

Haiman, J. 1978 Conditionals are topics. *Language* 54.3.

Hopper, P. & E. C. Traugott 1993 *Grammaticalization*. Cambridge: Cambridge University Press.

Macgowan, J. 1862 *A Collection of Phrases in the Shanghai Dialect*. Shanghai: Presbyterian Mission Press.

Morrison, G. E. 1883 *Leçons ou Exercices de Langue Chinois Dialecte de Song-Kiang*（松江话课本）. Zi-Ka-Wei, L'orphelinat de T'ou-sè-wè.

Schiffrin, D. 1987 *Discourse Markers*. Cambridge: Cambridge University Press.

Traugott, E. C. 1997 The discourse connective after all: a historical pragmatic account. Paper prepared for ICL, Paris, July 1997.

完形认知与"(NP)V得VP"句式 A段的话题化与反话题化*

洪 波

(南开大学文学院)

1 从现代汉语说起

1.1 现代汉语有两类"(NP)V得VP"结构:

(1) 吃得下三碗饭。

(2) 跑得汗流浃背。

本文的研究对象是(2)类,记为"(NP)V得VP",为了下文的表述方便,我们把这个述补结构分为两段,"V得"记为A段,"VP"记为B段。

1.2 "(NP)V得VP"在国内一般都处理成述补结构,称之为状态述补结构,B段为状态补语(参见朱德熙1982),而赵元任在其《中国话的文法》里则称之为谓式补语。赵元任这样分析,是折中地接受了李方桂给他的一个建议,李氏建议他把A段也看做

---

* 本文的研究工作获国家社科基金("完形认知与汉语语法化问题研究" BYY05034)的资助。文章修改过程中吴福祥曾提出宝贵意见,谨致谢忱。

一个主语,而把 B 段看做谓语。(赵元任 1980:186—187)李方桂的建议是有道理的,现代汉语"(NP)V 得 VP"句式中的 B 段确实具有述谓性,其显著的表现有以下几个方面:

拥有句子的常规重音。

独立拥有情态:你唱得实在是好。

可以扩展:他跑得气喘吁吁,汗流浃背,鞋子也掉了一只……

可以单独否定:你说得不对。

可以构成"VP 不 VP"式疑问形式:我唱得好不好?

汉语的述谓功能是和话题功能相对的,"(NP)V 得 VP"句式的 B 段具有述谓功能,则意味着它前面的成分也就是 A 段具有话题性,李方桂给赵元任的建议正是这样看的(赵元任 1980:186—187)。"(NP)V 得 VP"句式 A 段的话题性在形式上有如下表现:

句首位置:跑得我汗流浃背。

后面可停顿:你唱得,真的是很好哎。

后面可加话题标记"啊""吧""呢"等:你这事做得吧,有点儿不够意思。

后面可以延音:你盯得——可够紧的。

可以有两个或者两个以上的"V 得"并列使用:她唱得、跳得都不错。

可以省略:你批评得很对,但( )不够婉转。

排斥句子的常规语调重音。

以上数种表现中"句首位置"不是绝对的,当"V 得"前出现 NP 时,"V 得"不在句首,但 NP 常常可以挪到 B 段,此时"V 得"一般出现在句首;"后面可以延音"即将"得"字的韵母拉长;"可以省略"指出现两个或两个以上 B 段时,第二个及以下 B 段前的 A 段可以省略,如例句所示;"排斥句子的常规语调重音"是因为这种句式的常规语调重音总是落在 B 段。除了以上各种表现之外,还有重要的一点,A 段一般都是表达旧信息或可推知信息的,在对话语体中尤其如此。例如:

(3) 马五爷 有什么事好好地说,干吗动不动地就讲打?

二德子 嗻!您说得对!我到后头坐坐去。李三,这儿的茶钱我候啦!(老舍《茶馆》第一幕)

(4) 王利发 怎么样啊?六爷!又打得紧吗?

巡　警 紧!紧得厉害!仗打得不紧,怎能够有这么多难民呢!……(老舍《茶馆》第二幕)

例(3)"说得"承马五爷的话"有什么事好好地说,干吗动不动地就讲打?"而来,例(4)副词"又"显示了"打得"是双方共享信息,而下文"紧得厉害"直接承"打得紧"而来,显已为旧信息。

根据以上情况,现代汉语"(NP)V 得 VP"句式似乎确实可以如李方桂所认为的那样,将 A 段都分析为话题,将 B 段分析为述题(谓语)。不过,实际情况并非如此简单,比如,下面的句子就很难作这样的分析:

(5) 我把他给气得脸都绿了。

(6) 他被我给气得脸都绿了。

虽然也有人说"把 NP""被 NP"也具有话题性(参见袁毓林 2002:82—115),但要把句中的"给气得"也分析为一个话题性的成分恐怕需要勇气。

此外,虽然 B 段可以独立拥有情态,但有时句子的情态成分则是可以游移的。例如:

(7) 你说得倒轻巧。

(8) 你倒说得轻巧。

这种情况则明显显示出"V得"仍然具有述谓性。

至于像"V得慌""V得很",在现代汉语里一般都不把它们处理成状态述补结构,但在它们产生的初期则也属于状态补语结构。这两个结构中的"V得"则显然没有话题化,我们把这类情形称为"V得"的反话题化。

1.3 鉴于以上情况,我们认为现代汉语里"(NP)V得VP"句式的A段大多数已经具有显著的话题化倾向,但还没有成为一个纯粹的话题性成分。因此本文将围绕以下几个问题展开:

(一)A段的话题化过程。

(二)A段的反话题化现象。

(三)A段的话题化和反话题化的机制。

在以上三个问题中,第三个问题是本文的主要写作动机。

2 "(NP)V得VP"句式A段的话题化

2.1 "(NP)V得VP"最早见于唐代文献(参见岳俊发1984;杨平1991),在《敦煌变文》和《敦煌变文新书》里这个结构还是一个地道的述补结构。从"(NP)V得"角度看,在《敦煌变文》和《敦煌变文新书》里"(NP)V得"不具有话题性,一个明显的证据是,在话题链中,"(NP)V得"既不能充当总话题,也不能充当某一总话题之下的次级话题。例如:

(9) 生时百骨自开张,诳得浑家手脚忙。(《敦煌变文·父母恩重经讲经文》)

(10) 男女病来声喘喘,父娘啼得泪汪汪。(《敦煌变文·故圆鉴大师二十四孝押座文》)

(11) 见伊莺鹉语分明,不惜功夫养得成。(《敦煌变文新书·长兴四年中兴殿应圣节讲经文》)

(12) 金翅鸟,力无偕,搦得高山碎若灰。(《敦煌变文新书·维摩诘经讲经文》)

从B段角度看,《敦煌变文》"(NP)V得VP"里的B段不能独立拥有情态,也不能单独否定。

到五代时期的《祖堂集》,"(NP)V得VP"句式的情况即发生了变化,主要体现在两个方面:从A段看,A段可以成为复现话题。例如:

(13) 若体会不尽,则转他一切事不去;若体会得妙,则转他一切事向背后为僮仆者。(《祖堂集》卷八)

从B段看,已经可以单独否定。例如:

(14) 座主云:"若不与摩道,争招得不肯?"(《祖堂集》卷七)

因此我们可以说,"(NP)V得VP"句式A段的话题化是很早的,至迟在五代时期就已经开始。

2.2 宋代是"(NP)V得VP"句式A段话题化的重要时期,《朱子语类》即充分展现了"(NP)V得VP"句式A段话题化的许多重要表现。根据我们对《朱子语类》第二十至二十九卷的调查,其中"(NP)V得VP"句式A段的话题化在A段和B段两个方面都呈现得相当突出了。就A段而言,其话题化突出表现在以下几个方面:

(一)"V得"常在话题链中做对比性主话题或次级话题。例如:

(15) 见得渐渐分晓,行得渐渐熟,便说。(卷二十)

(16) 下面知得小,上面知得较大;下面行得小,上面又行得较大。(卷二十三)

(17) "朝闻道",则生得是,死便也死得是。若不闻道,则生得不是,死便也恁地。(卷二十六)

(18) 曾子只是曾经历得多,所以告他;子贡是识得多,所以告他。(卷二十七)

(二)后续成分顺承"V得"展开,"V得"成为主话题。例如:

(19) 看此语,程先生说得也未尽。只说无为,还当无为而治,无为而不治?(卷二十三)

(20) 天下道理皆看得透,无一理之不知,无一事之不明,何器之有?(卷二十四)

(21) 惟是那"君子谋道不谋食。学也,禄在其中;耕也,馁在其中"一章说得最反覆周全。如云"君子谋道不谋食",是将一句统说了,中央又分两脚说:"学也,禄在其中;耕也,馁在其中。"又似教人谋道以求食底意思。下面却说"忧道不忧贫",便和根斩了。(卷二十四)

(22) 已前闻先生言,借学者之事以明之,甚疑"忠恕"对"一以贯之"不过。今日忽然看得来对得极过。"一以贯之",即"忠恕";"忠恕"即"一以贯之"。(卷二十七)

(三)后续成分逆接"V得"展开。例如:

(23) 游氏说得虽好,取正文便较迂曲些。(卷二十)

(24) 语尚未终,先生曰:"下面说得支离了。圣人本意重处在上面,言弟子之职须当如此。下面言余力则学文。大凡看文字,须认圣人语脉,不可分毫走作。若说支离,将来又生

出病。"(卷二十一)

(25)友不如己者,自是人一个病。周恭叔看得太过了。上焉者,吾师之;下焉者,若是好人,吾教之;中焉者,胜己则友之,不及者亦不拒也,但不亲之耳。若便佞者,须却之方可。(卷二十一)

(26)今之学者先知得甚高,但著实行处全然欠阙了。(卷二十二)

(四)后续句承"V得"省略话题。例如:

(27)问:"仁者,天下之正理。"曰:"说得自好,只是太宽。"(卷二十五)

(28)横渠言"好仁、恶不仁,只是一人",说得亦好,但不合。(卷二十六)

(29)文振看得文字平正,又浃洽。(卷二十八)

(27)"太宽"前承前省略了"说得",(28)"不合"前承前省略了"说得",(29)"浃洽"前承前省略了"看得"。

就B段而言,有以下几种表现反衬"V得"的话题化:

(一)单独否定。例如:

(30)大意固如此,然说得未明。(卷二十)

(31)某记少时与人讲论此等道理,见得未真,又不敢断定。(卷二十)

(32)弓弩之制,被神宗改得不好。(卷二十)

(二)独立拥有情态性成分。例如:

(33)见得渐渐分晓,行得渐渐熟,便说。(卷二十五)

(34)伊川说得太远,横渠说较近傍。(卷二十二)

(35)这只是平心恁地看,看得十分是如此。(卷二十四)

(36)这里见得直是分晓,方可去做。(卷二十八)

(三)有些关联性词语和时间副词甚至范围副词也可以出现在B段的前面。例如:

(37)游氏说得虽好,取正文便较迂曲些。(卷二十)

(38)切磋琢磨两句,说得来也无精采。(卷二十二)

(39)盖曾子平日於事上都积累做得来已周密,皆精察力行过了,只是未透。(卷二十七)

(40)问:"'以约失之者鲜'。凡人须要检束,令入规矩准绳,便有所据守,方少过失。或是侈然自肆,未有不差错。"曰:"说得皆分明。"(卷二十七)

(41)此是三十岁以前书,大概也是,然说得不似,而今看得又较别。(卷二十七)

不过,尽管《朱子语类》里"(NP)V得VP"句式A段的话题化从A段和B段看都已有突出的表现,但也有一些情况表明A段的话题化程度还不高,比如:

(一)有不少例子中的"V得"前仍有情态成分。例如:

(42)上蔡这处最说得好:"为物揜之谓欲,故常屈於万物之下。"今人才要贪这一件物事,便被这物事压得头低了。(卷二十八)

(43)如祖公年纪自是大如爷,爷年纪自是大如我,只计较得来也无益。(卷二十九)

(44)颜子是真个见得彻头彻尾。(卷二十八)

(45)盖"一贯"自是难说得分明,惟曾子将"忠恕"形容得极好。(卷二十七)

(二)在话题链中,"V得"既不充当主话题,也不充当次级话题。例如：

(46) 十五志于学,三十守得定,四十见得精详无疑,五十知天命。(卷二十三)

例中"守得定""见得精详无疑"与上下文之"志于学""知天命"并列,故其中的"守得""见得"既不是主话题,也不是次级话题。

2.3 "(NP)V得VP"句式在元明以后,A段的话题化较宋代又有了进一步的增强,到清代中叶的《红楼梦》里,就基本上跟现代汉语里此类句式差不多了。

首先,从元明时期开始,该句式中的"得"渐渐转写成"的"。例如：

(47) 饿的肝肠碎。(《元刊杂剧三十种·薛仁贵衣锦还乡》)

(48) 土雨溅的日无光。(《元刊杂剧三十种·关张双赴西蜀梦》)

(49) 那吴典恩慌的磕头如捣蒜。(《金瓶梅》第三十回)

到清代中叶的《红楼梦》里,写成"的"字的反而占了绝对优势,"得"差不多只出现在一些固化的词语当中了。例如：

(50) 雨村不觉看的呆了。(第一回)

(51) 贾母素知秦氏是个极妥当的人,生的袅娜纤巧。(第五回)

(52) 一见了宝玉,便笑道:"嗳哟,我来的不巧了!"(第八回)

赵元任(1980:187)引胡适的一项调查说《水浒传》中谓式补语前是"得"都写成"的",《红楼梦》里除了相当少数的例外也都写成"的",胡适对《水浒传》的调查不确切,但对《红楼梦》的调查则基本上符合事实。"得"转写成"的",意味着什么呢？我们知道"得"由表结果达成的补语"得"演化而来。在该句式产生的初期,"得"字并不是一个完全虚化的"结构助词",而是一个表示结果达成的动相补语,其时,"得"字后面出现 NP 成分更为常见,出现 VP 成分是少见的。直到《朱子语类》里,尽管"得"字后接 VP 成分的用例大幅增长,但是"得"字后接 NP 成分的用例也仍然很常见,以"见得"为例,第 29 卷共有"见得"27 例,其中后接 NP 的就有 11 例。例如：

(53) 只见得他后来事。

(54) 这道理只为人不见得全体,所以都自狭小了。

而且"见得"还可以裸用,即后面不出现其他成分。例如：

(55) 亦是他心里自见得,故愿欲如此。

再如"说得",也有后接 NP 的用例,只是不如"见得"那么多。例如：

(56) "仁"字最难言,故孔子罕言仁。仁自在那里,夫子却不曾说,只是教人非礼勿视听言动与"居处恭,执事敬,与人忠",便是说得仁前面话；"仁者其言也讱"、"仁者先难而后获"、"仁者乐山"之类,便是说得仁后面话。(《朱子语类》卷二十)

"V 得"可以后接 NP 成分,还可以裸用,说明"得"字的补语性质还在,其表示结果达成的动相意义也没有丧失。把"(NP)V 得 VP"句式中的"得"字一体看,恐怕也是如此。从这个意义上说,元代以后北方方言文献里将该句式中的"得"转写成"的",就不能简单地看做文字的问题,它表明"得"字表示结果达成的动相意义进一步销蚀,在实际话语中人们使用此类句式时已经不能唤起"结果达成"的概念意象,更不能唤起与"获得"义动词"得"之间的语义联想。这样看来,"得"转写成"的",可以看做"得"字进一步语法化的标志,它标志着"得"字的"达成"义乃至"获得"义的语义滞留已经销蚀殆尽,"得(的)"已经成为一个纯粹的附着性标记成分,也就是我们今天所说的"结构助词"。

"得"字转写成"的"标志着它从动相补语语法化为"结构助词",这为"V得"的进一步话题化扫清了语义障碍,甚至可以使"V得"从一个述谓性成分向自指性的名词性成分转化。典型的例子就是"生得(的)"和"长得(的)",它们在语境中实际上都可以理解为"模样"。例如:

(57) 打紧这座山生的险峻,又没别路上去。(《水浒传》第十七回)

(58) 那俩更夫一个生的顶高细长,叫作"杉槁尖子张三";一个生得壮大黑粗,叫作"压油墩子李四"。(《儿女英雄传》第四回)

(59) 想那出京时节,好歹已是十五六个年头,丹桂长得美丽非凡。(《二刻拍案惊奇》卷三)

"生得(的)""长得(的)"由于各自在不同的历史时期都曾高频使用,因此都出现了不同程度的词汇化倾向,其他形式的"V得(的)"并不都具有它们这样的条件,但我们透过这两个典型案例也多少可以看出元代以后"V得(的)"话题化程度的增强趋势。

其次,从B段来看,元明以后该句式中的B段由原来的单纯表示"V得"的结果状态逐渐呈现出语义多样性,B段与A段的语义关系逐渐松散,从而使得A段看上去更像个话题。像上面提到的"生得(的)""长得(的)",其B段虽然都具有描述性,但却很难看出是A段所产生的结果状态。再如前引例(47)至(49),例(47)

中"肝肠碎"是"饿的"的结果状态,例(48)"日无光"是"溅的"的结果状态,但例(49)"磕头如捣蒜"就显然不是"慌的"的结果状态。像(47)这样的例子,A段似乎只是一个引子,一个"话头"。在《红楼梦》里我们可以看到很多这样的例子,例如:

(60) 他这个病得的也奇。(第十一回)

(61) 吓的众人一拥争去拾玉。贾母急的搂了宝玉道:"孽障! 你生气,要打骂人容易,何苦摔那命根子!"(第三回)

(62) 喜的王夫人忙带了女媳人等,接出大厅,将薛姨妈等接了进去。(第四回)

(63) 不是这话,他生的腼腆,没见过大阵仗儿。(第七回)

(64) 你家住的远,或有一时寒热饥饱不便,只管住在这里,不必限定了。(第八回)

3 "(NP)V得VP"句式A段的反话题化现象

3.1 "(NP)V得VP"句式自产生之日起,句子的常规焦点就落在B段上,至今这种状况也没有发生根本的改变。但是在这种句式演化的过程中,也产生了少数例外。其情形是句子的常规焦点由B段转移到A段上。典型的案例是"V得(的)慌",在近代汉语里还有"V得(的)紧"。这里选择"V得(的)慌"来讨论。

3.2 在北京话里,"V得(的)慌"是常见的说法,该句式的常规重音总是落在V上,以至于不仅"得(的)"的语音发生弱化,连"慌"的语音也发生了严重弱化。实际上,"得(的)慌"已经发生融合,成为一个后缀性的成分黏附在了V上(关键2007)。例如:

(65) ……上面什么也不盖;底下热得好多了,可是上边

又飘得慌。(老舍《牛天赐传》)

(66)"虱子皮袄",还得穿它,又咬得慌。(汪曾祺《云致秋行状》)

关键(2007)考察了"V得(的)慌"的历史演化过程,根据她的研究,"V得(的)慌"产生于元代前后,在早期"V得(的)慌"属于一般所谓的状态补语结构,句子的常规重音在"慌"字上,"慌"也不限于光杆形式,可以是一个短语,可以是复音形式"慌张",还可以重叠。例如:

(67)我这里走的慌,他可也赶的凶。(《全元杂剧·单鞭夺槊》)

(68)小生害得眼花,搂得慌了些儿,不知是谁,望乞恕罪。(《全元杂剧·西厢记》)

(69)爹爹,我饿的慌口乐。(《全元杂剧·黄粱梦》)

(70)我出城来,见一人走的慌张,敢是那人?(《全元杂剧·金凤钗》)

(71)你看这厮走的慌慌张张的,你是什么人?(《全元杂剧·金钱记》)

关键(2007)指出,"V得(的)慌"句式常规焦点的转移也是从元代就开始了,经历明代到清代初年已基本完成了这种转移,与此同时"得(的)慌"也完成了融合过程和语法化过程,成为一个类词缀性质的成分。她举了四方面的句法表现:其一是它开始出现在感觉动词的宾语从句中,甚至直接充当感觉动词的宾语。例如:

(72)他还嫌那扶嘴闲得慌,将那日晁夫人分付的话,捎带的银珠尺头,一五一十向着珍哥晁大舍学个不了。(《醒世

姻缘传》第八回)

(73) 那海会师傅他有头发,不害晒的慌。(《醒世姻缘传》第八回)

其二是"V得(的)慌"结构前开始出现体认类情态副词。例如:

(74) 小的实是穷的慌了,应承了他。(《醒世姻缘传》第四十七回)

其三是"V得(的)慌"结构开始出现否定形式,而且否定词"不"出现在V前而不是"慌"字之前。例如:

(75) 晁夫人说:"真个,倒不诧异的慌了!"(《醒世姻缘传》第四十六回)

其四是"V得(的)慌"可以进入紧缩的正反选择句中。例如:

(76) 有活我情愿自己做,使的慌不使的慌,你别要管我。(《醒世姻缘传》第五十四回)

通过关键的考察,我们可以看到,"V得(的)慌"句式与其他"V得VP"句式的演化方向是相反的,它不是A段的话题化,而是A段述谓化程度的增强,最终演化成为唯谓成分,而整个结构也发生了重新分析,"得(的)慌"发生跨层融合并逐渐凝固成一个成分,最终语法化为一个类词缀性成分。所以我们把这种句式的演化称为A段的反话题化。

4 "(NP)V得VP"句式A段话题化与反话题化的完形认知机制

4.1 在讨论完形认知与"(NP)V得VP"句式A段的话题化和反话题化的关系之前,先简单介绍一下完形认知方式及其在语言认知中的作用。

根据完形心理学的研究,完形(gestalt)是人类视觉认知(visual perception)的一种普遍法则。完形就是将视觉对象处理成前景(figure)和背景(ground)两部分,当且仅当视觉对象被处理成前景和背景两部分时,才能感知到具体的事物,也就是说,才能"认出"具体的事物(参见傅统先 1937;黎炜 1999;Dember,W. 1963)。

人类感知客观世界事物的途径除视觉之外,还有听觉、味觉、嗅觉和触觉等。其中视觉和听觉是两种最主要的感知途径,而在这两种感知途径中,视觉感知又是更为基本的感知途径,听觉感知汲取(或者说依傍)视觉感知的方式,因此,完形就不仅是视觉感知的方式,也是听觉感知的方式。语言认知属于听觉认知,Leonard Talmy(1978)、Talmy Givón(1979)和 Paul J. Hopper(1979)较早将完形认知引入语言研究,揭示了完形认知在语言认知中的实际存在。沈家煊(1999)在讨论汉语"差不多""差点儿"等现象时引入"背衬衍推""前突衍推"两个概念,并指出:"这种'前突衍推'和'背衬衍推'互相交替的现象好比认知心理学中'图象'(Figure)和'背景'(Ground)的关系……"(83页)这实际上就是在揭示汉语语句认知过程中的完形认知机制。

根据学者们的研究,我们知道,我们感知并理解语言,实际上是要把语言中不同层级的语言单位处理成不同层级上的前景和背景,也就是处理成完形单位,而后才能感知和理解语言。在日常话语交际中,句子就是最基本的完形单位,因此每个独立的句子都要经过前景化和背景化处理,这种处理不仅仅是听话人感知并理解话语过程中的一种自觉或者潜意识行为,也是说话人为了使听话人更好地感知并快速地理解话语而采取的自觉或潜意识策略,自然语言通过重音等手段来区分出语句的焦点与非焦点,其根本的动因就在于这种自觉或潜意识策略的具体实施。

4.2 了解了完形认知原理,回过头来看汉语史上"(NP)V得VP"句式中A段的话题化和反话题化现象,我们很容易觉察到它们与完形认知的关系,而事实上,也正是完形机制促发了该句式A段的话题化和个别案例的反话题化进程。

首先看"(NP)V得VP"句式中A段的话题化现象。前文已经指出,"(NP)V得VP"句式自产生之日起,其B段就是句子的常规焦点所在,也就是说,该句式从产生之日起,其B段就是句子的认知前景部分。在初期阶段,由于B段在语义上是"V得"的结果状态,而"V得"则是B段语义上的致因,同时也由于"得"前的V是句子的结构核心,因此"V得"被从语义上纳入B段的焦点域,从而在结构上形成述补结构,与句子主语(话题)部分相对。但是这种句法结构注定是不会稳固的,因为它与这种句式的信息结构不相匹配。从句子的信息结构角度看,B段是句子的常规焦点所在,因而是句子信息结构的核心部分。以V与B段的紧密语义关系,它本可以与B段结合在一起共同成为句子的信息结构核心,像普通动结式的动词和结果补语那样。但是一来由于"V得"在实际话语过程中常常表达旧信息或可推知信息,与话题所表达的信息相同或相近;二来由于虚化动词"得"字(在句法上是动相补语)出现在V与B段之间,成为一个天然屏障,将句子的结构核心V与句子的信息核心B段分隔开来,造成句子的结构核心与信息核心分离不统一的局面。以上两方面情况反映在句子的语调上,就是很难把被虚化动词"得"隔开的V纳入B段的重音调域当中,从而造成V及其附着成分"得"在句子完形处理上和完形感知上的游离状态：一方面，它是句子的结构核心，而另一方面，它又被排斥在句子信息核心的重音调域之外。正是这种游离状态使得"V得"被向句子的背景部分挤压，从而引发了"V得"向句子的真正背景成分——话题——的方向靠拢，即该句式A段的话题化。

虽然文献的观察中，要到《祖堂集》里才能看到A段话题化的迹象，但实际上，它的话题化应该是从该句式出现的时候就已经开始了。不过，从该句式A段话题化的实际历史进程来看，该句式的句法语义结构对信息结构的这种完形处理的反作用力也是很强大的，经历了一千多年的演进，直到今天，该句式A段的话题化程度仍然是不太高的，这就是我们在第1节中所说的，它只是具有显著的话题化倾向，但还很难把它与那些真正的名词性话题相提并论。

下面再来看"(NP)V得VP"句式A段的反话题化现象。"V得（的）慌"这个案例中A段的反话题化以及与此相关的语法化及词汇化现象，实际也是完形认知机制的产物。完形心理学告诉我们，完形认知的核心是区分前景和背景，那么这两者又是如何区分出来的呢？本质上说，前景背景的区分是通过视觉聚焦（在语言感知中则是听觉聚焦）实现的，聚焦所在即为前景，其余则皆成为背景。故而同一视觉/听觉对象因聚焦不同而可以得到不同的图形。聚焦选择不是规定的，是认知主体（人）和认知客体（视觉对象）互动的产物。在主体角度，人的认知动机、认知情感等多种因素会对其聚焦选择产生影响。在客体角度，视觉对象中的特征、功用等因素也会对主体的聚焦选择产生影响。兰盖克（Langacker 1987）强调运动的物体最易成为认知前景。动态与静态就是视觉对象的两种特征。完形心理学的一项研究成果（Peterson et al. 1994）表明:认知主体所熟悉的感知元素在完形认知过程中发挥重要作用,这样的元素会成为聚焦选择的提示。所以感知对象的熟稔性也是聚焦选择的一种重要参数。视觉认知如此,语言等听觉认知也是如此。就"V得(的)慌"这个具体案例而言,在早期,它与其他"(NP)V得VP"句式一样,常规焦点在B段"慌"字上,即句子的前景是"慌"。由于"慌"字的高频使用,它的熟稔度和可预期度都得到大幅度提升,从而影响到人们在使用"V得(的)慌"这个具体句式时的聚焦选择,逐渐把焦点对象从熟稔度和可预期度都很高的"慌"字挪到词汇选择具有开放性从而其熟稔度和可预期度都极低的V上,导致句子前景成分的转移,由原来的"慌"转移到V上,其标志就是句子的常规语调重音从"慌"字转移到V上。失去语调重音的"慌"出现在语调重音成分之后,且紧邻于弱化成分"得(的)"字之后,加上持续的高频使用,由此造成其语义的弱化和与语义弱化相伴随的语音弱化。由于两个弱化成分难以长久地相邻而各自独立,于是逐渐发生融合,最终导致原结构的重新分析,"得(的)慌"成为一个类词缀性成分黏附在一个动词或形容词谓语之后,表达一种不如意感受的认识情态意义。需要指出的是,语言中这种熟稔度对聚焦选择的影响与一般视觉认知中认知对象的熟稔度对聚焦选择的影响是不同的。在视觉认知过程中,认知对象的熟稔度越高,被聚焦的可能性越大;而语言由于是传递信息的,新信息才是首要聚焦选择,而熟稔度高可预期度高的成分则表明其信息量小,因此熟稔度越高的语言成分被聚焦的可能性反而越小。

4.3 汉语"(NP)V得VP"句式产生于唐代,它将两个述谓性成分捆绑在一起,却又被一个虚化的附着性"得"字隔开,这种现象即便在汉语这种所谓的孤立性语言里也是比较奇特的,因此它在迄今为止一千多年的时间里,表现得相当不稳定。两个述谓性成分在句法形式上不亲和是其不稳定的根源。本文所讨论的 A 段的话题化和"V 得(的)慌"结构中 A 段的反话题化,看上去是两种相互矛盾的演化现象,但实际上,从完形的角度来认识,就一点也不奇怪。由于一个句子只能有一个焦点,也就是一个前景成分,这势必造成 A 段与 B 段的竞争,打一开始就形成的不平等竞争使得 A 段被向话题(背景)方向挤压,而 A 段所拥有的句法语义核心地位又使得它顽强地坚守着自己的阵地,一俟时机便进行反攻,"V 得(的)慌"的重新分析就是 A 段咸鱼翻身的一个个案。随着时间的推移,这种个案还会一个接一个地出现,比如近代汉语里的"V 得(的)紧"、现代汉语里的"V 得很",等等。此外,随着狭义处置式和含使役义被动式的产生和发展,"(NP)V 得 VP"句式"意外地"与这两种句式产生了极强的亲和力,并带来了该句式的另一种演化走向,这实际上也是该句式不稳定的又一种表现。总之,"(NP)V 得 VP"句式的历史演化是一个很值得关注的现象,有不少问题值得研究,这些问题大多都贯穿着一个认知机制——完形。[1]

附 注

[1] 本文杀青之际,收到江蓝生先生惠赐大著《近代汉语研究新论》,其中所收她与杨永龙合写的《句式省缩与相关的逆语法化倾向——以"S+把+你这 NP"和"S+V+补语标记"为例》一文讨论到近代汉语和一些现代汉语方言里状态补语省略而能单独成句的现象,他们已明确注意到这种现象与完形直接相关。

参考文献

曹秀玲 2005 "得"字的语法化和"得"字补语,《延边大学学报》第 3 期,82—85。
关 键 2007 "V/A 得慌"的语法化和词汇化,第 15 届国际中国语言学学会学术年会论文,纽约,哥伦比亚大学。

洪　波、董正存　2004　"非 X 不可"格式的历史演化和语法化,《中国语文》第 4 期。

洪　波、王丹霞　2007　命令标记"与我""给我"的语法化及词汇化,《语法化与语法研究》(三),商务印书馆,55—64。

黄锦君　2002　二程语录中的"得",《古汉语研究》第 4 期,59—65。

江蓝生、杨永龙　2006　句式省缩与相关的逆语法化倾向——以"S+把+你这 NP"和"S+V+补语标记"为例,载《山高水长:丁邦新先生七秩寿庆论文集》(上册);另载《语言暨语言学》专刊外编之六,台北:中研院语言研究所。

〔德〕库尔特·考夫卡　1937　《格式塔心理学原理》,傅统先译,商务印书馆。

——　1999　《格式塔心理学原理》,黎炜译,浙江教育出版社。

沈家煊　1999　《不对称与标记论》,江西教育出版社。

吴福祥　1996　《敦煌变文语法研究》,岳麓书社。

徐烈炯、刘丹青　1998　《话题的结构与功能》,上海教育出版社。

杨　平　1990　带"得"述补结构的产生和发展,《古汉语研究》第 1 期,56—63。

袁毓林　2002　汉语话题的语法地位和语法化程度——基于真实自然口语的共时和历时考量,载《语言学论丛》第二十五辑,商务印书馆,82—115。

岳俊发　1984　得字句的产生和演变,《语言研究》第 2 期。

张美兰　2003　《〈祖堂集〉语法研究》,商务印书馆。

赵日新　2001　形容词带程度补语结构的分析,《语言教学与研究》第 6 期。

赵元任　1980　《中国话的文法》,丁邦新译,香港中文大学出版社。

朱德熙　1982　《语法讲义》,商务印书馆。

Bernd Heine et al. 1991 *Grammaticalization—a Conceptual Framework*. The University of Chicago Press.

Dember, William 1963 *The Psychology of Perception*. New York: Holt, Rinehart.

Leonard Talmy 1978 Figure and ground in complex sentences. In: Joseph H. Greenberg (ed.) *Universals of Human Language* (Vol. 4): *Syntax*. Stanford, Calif.: Stanford University Press.

—— 2000 *Toward a Cognitive Semantics*. The MIT Press.

Paul J. Hopper 1979 Aspect and foregrounding in discourse. In Talmy Givón (ed.) *Syntax and Semantics* (*Vol. 12*): *Discourse and Syntax*. Academic Press.

Paul J. Hopper & Elizabeth C. Traugott 2003 *Grammaticalization*. Second edition. Cambridge University Press.

Peterson, M. A. & Gibson B. S. 1994 Must figure-ground organization precede object recognition? An assumption in peril. *Psychological Science*. Vol. 5, 253-259.

Ronald W. Langacker 1987 *Foundations of Cognitive Grammar*. Vol. 1. Stanford University Press.

Talmy Givón 1979 *On Understanding Grammar*. London: Academic Press.

语气副词"并"的语法化

胡 勇

(北京语言大学人文学院)

0 引言

"并"在现代汉语中主要有副词和连词两种功能,在历史上还存在过介词用法。当前对"并"的研究主要集中在对其在现代汉语中作为语气副词的用法的讨论。(参看彭小川 1999;马真 2001;王明华 2001;胡勇 2008)研究视角主要是共时的。学者们普遍认为将语气副词"并"的作用概括为"加强否定语气"不够确切,需要进一步细化。

马真(2001)从对外汉语教学的角度强调了阐明词语使用的语义背景的重要性,将"并"的意义界定为"加强否定语气,强调说明事实不是对方所说的、或一般人所想的、或自己原先所认为的那样"。由于界定中使用的"事实"一词通常指客观情况,而不包括主观看法,因此对"一加一并不等于二"、"太阳并不一定从东方升起"等阐述与客观情况相悖的主观看法的用例缺乏概括力。

王明华(2001)认为"并""不是表语气的,其作用是对某一预设或逻辑前提进行否定"。正如该文作者指出的,上述概括实际上是

"并+否定词"的作用,而非"并"本身的作用。另外,认为"并"不表语气的观点也与各家相左,值得商榷。

彭小川(1999)指出"并"的语法功能是加强对语境预设的否定,其意义是"强调事实或看法不是所认为的或可能会推想的那样"。这是较为准确的一种概括。胡勇(2008)在区分了预设与先设的基础上,指出"语气副词'并'的主要功能是激活否定句的先设,并将其置于否定词的辖域之中。否定词对被激活的先设加以否定,使得整个句子带上了反驳的色彩"。但是,"并"是怎样获得激活否定句的先设这一功能的?在现代汉语中,语气副词"并"为什么只用于否定句,而不用于肯定句?这些问题仍有待解答。

语气副词"并"是从古代汉语中的动词语法化而来的,要准确认识其功能和意义必须将共时研究和历时研究结合起来。因此,本文旨在理清语气副词"并"语法化的脉络,并且希望通过这种历时的梳理,能够为"并"在共时平面上的不同用法提供一些合理的解释。

1 "并"从动词到副词的语法化

现代汉语中的"并"是对历史上的"并、併、並"进行合并而得到的代表字。其中,"并"是"并"的新字形;"併"是"併"的新字形;"並"亦作"竝",是"竝"的今字。(参看《汉语大词典》)本文在讨论时,不再对"并、併、並"三者加以区分。

"并"的甲骨文字形"丼"为二人并排立在地上,意思是"平排,并行,并列",是不及物动词。早期的用例如:

(1) 礼之可以为国也久矣,与天地并。(《左传·昭公二十

六年》)

(2) 诸御鞅言於公曰:"陈、阚不可并也,君其择焉!"(《左传·哀公十四年》)

(3) 故事与时并,名与功偕。(《礼记·乐记》)

在古代汉语中,像上面三例一样做动词用的"并"数量很少,多数"并"都用作副词。就文献中的用法来看,"并"在春秋战国时期已经语法化为副词。《尚书》、《周易》、《诗经》、《左传》中的"并"多半用作副词。例如:

(4) 钦四邻,庶顽谗说,若不在时,侯以明之,挞以记之;书用识哉,欲并生哉。(《尚书·虞书·益稷》)

(5) 尔万方百姓,罹其凶害,弗忍荼毒,并告无辜于上下神祇。(《尚书·商书·汤诰》)

(6) 井渫不食,为我心恻,可用汲。王明,并受其福。(《周易·井》)

(7) 既见君子,并坐鼓瑟。……既见君子,并坐鼓簧。(《诗经·秦风·车邻》)

(8) 并驱从两肩兮,揖我谓我儇兮。……并驱从两牡兮,揖我谓我好兮。……并驱从两狼兮,揖我谓我臧兮。(《诗经·齐风·还》)

(9) 德、刑不立,奸、轨并至,臣请行。(《左传·成公十七年》)

(10) 乱狱滋丰,贿赂并行。(《左传·昭公六年》)

与(1)、(2)、(3)中独自做谓语中心的用法不同,(4)至(10)中的"并"都用在动词之前,在和其后动词竞争谓语中心的过程中"并"败下阵来,从而由动词演化为副词。这种演变发生得很早,在先秦已经完成,但是我们仍然可以从语义上拟测出语法化渐变的轨迹。动词"并"的意义"平排,并行,并列"表示的是具体的动作,虚化以后,由表示具体动作变为表示动作的一种方式,意思是"一齐,一起,同时"。在句法上,"并"向副词演变时,首先应当出现在连动式首动词的位置上,做动词用,后来被重新分析为副词,表示后面一个动作的方式。如(7)中的"并坐"虽然主要应该理解为状中关系的"并排地坐下"、"一齐坐下",但是也未尝不能作连动关系的"并排坐下"讲。可见(7)是处在"并"由动词虚化为方式副词这一过程中中晚期的一个例证。(8)和(7)的情况相同,其中"并驱"今天主要解释为"共同追赶",是状中结构,但是,从中也可以看出连动结构的痕迹,如理解成"并排追赶"。

(11)皦日既没,继以朗月,同乘并载,以游后园,舆轮徐动,宾从无声,清风夜起,悲笳微吟,乐往哀来,凄然伤怀。(曹丕《与吴质书》)

(12)高祖镇晋阳,子如时往谒见,待之甚厚,并坐同食,从旦达暮,及其当还,高祖及武明后俱有赉遗,率以为常。(《北齐书》卷十八)

古汉语中经常使用对举格式,该格式往往由两个结构相同的成分组成。上例中的"同乘并载"和"并坐同食"很可能在当时就被看做是对举格式。由于"同乘"、"同食"是明显的状中结构,因而使人们认为"并载"、"并坐"也是状中结构。不仅如此,此处的"并"和"同"在语义上也十分接近,都是"同时,一同"的意思。语义上的接近也会使人们认为它们充当的句法成分相同。因此,在这样的对举格式里使用,会使"并"的副词用法进一步凝固下来。

可见,从时间上看,动词"并"首先虚化为方式副词,义为"一齐,一起,同时"。

2 副词"并"的语义演变

语法化是个连续的渐变的过程,"并"在由实词向虚词演化的过程中经历了多个连续的阶段,相邻两个阶段的意思只有细微的差别。同时,当"并"由 A 义转变为 B 义时,一般总是可以找出一个既有 A 义又有 B 义的中间阶段,如(7)中的"并"既可以表示动作,也可以表示动作的方式。

"并"在古代汉语和近现代汉语中的主要用法都是修饰句子的谓语,做副词。区别在于"并"在古代汉语中主要做方式副词和范围副词,而在近现代汉语中则主要做语气副词。下面我们具体分析副词"并"语义演变的各个阶段。

2.1 "并"从方式副词向范围副词的语法化

2.1.1 动词"并"是具体动作动词(指表示有位移的动作的动词),最初在后面跟它连用构成连动结构的动词也应当是具体动作动词,而不太可能是抽象动词,如"思、恨"等。受汉语 V_1V_2 式连动结构焦点在后,以及状语处于谓语之前的语法规律的影响,整个连动结构被重新分析为状中结构,结构中的"并"逐渐丧失了动词特性,变成了副词。

当副词"并"修饰具体动作动词时,由于动作具体可见,动作的方式也就随之比较具体,此时"并"宜作"一齐,一起,同时"解。如(7)中的"坐"是具体动作动词,修饰它的"并"当作"一齐"解。下面的例(13)、(14)中"并"用在范围副词"皆"之后、动作动词"烹"、"逮捕"之前,显然是方式副词。

(13) 是日,烹阿大夫,及左右尝誉者皆并烹之。(《史记·田敬仲完世家》)

(14) 於是上皆并逮捕赵王、贯高等。(《史记·张耳陈馀列传》)

王景萍(1999)指出,下列用例中的"并"是范围副词,表示"皆、都"义。

(15) 既醉而出,并受其福。(《诗经·小雅·宾之初筵》)

(16) 遂班军而还,一郡并获全。(《世说新语·德行》)

(17) 姊妹三人总一般,端正丑陋结因缘,并是大王亲骨肉,愿王一纳赐恩怜。(《敦煌变文集·丑女缘起》)

我们认为促使"并"由方式副词向范围副词演变的动因之一,是在类推(analogy)作用下,"并"所修饰的动词从具体动作动词扩展为抽象动词。时间性是动词的重要特征,具体动作动词的特点之一是所表示的动作在时间上的起始点很明显,容易被观察和感知得到。修饰具体动作动词的"并"宜理解为"一齐,一起,同时",这主要是从动作的时间起始点上强调两个或多个动作同时发生、进行。与此相反,抽象动词[如例(17)中的"是"]所表示的动作的时间起始点不明显,不容易被观察和感知得到,因而修饰抽象动词的"并"就不容易被理解为强调动作的时间起始点相同了,转而被看做是总括动作的某一论元,如例(16)、(17)都是总括动作的当事(分别为"一郡"和"姊妹三人")。表明这些当事的相同之处是都经历了一个相同的事件,或者都具备相同的性质。

例(17)中的"并"只能理解成范围副词,可以看做"并"从方式副词向范围副词演变的终点。而例(9)、(10)中的"并"则可以看做演变过程的初始阶段。孤立地看,例(9)中的"至"和例(10)中的

"行"似乎是具体动作动词,但是由于句子的主语是无生命的,所以在这两个用例中"至"和"行"表示的动作是抽象的、没有位移的。因此,这两个例句中的方式副词"并"已经开始具有了范围副词的色彩。

至于在名词性谓语句中做状语的"并",就更是只能表示范围,而非方式。如:

(18) 凡此二家,并岱宗实迹也。(《文心雕龙·封禅》)

2.1.2 除了所修饰的动词的性质变化以外,促使方式副词"并"向范围副词演变的第二个动因是"并"所在小句的谓语的某一个论元(通常为主语位置上自控度较弱的广义施事论元,如当事)所表示的个体数量从两个变为大于两个。例如:

(19) 天生五材,民并用之,废一不可,谁能去兵?(《左传·襄公二十七年》)

(20) 天降祸于周,俾我兄弟并有乱心,以为伯父忧。(《左传·昭公三十二年》)

例(19)中的"并"总括的是动词"用"的受事论元"之"。"之"指代"五材",在数量上大于二。句子描述的情况是百姓把金、木、水、火、土五种材料全都使用上了,而不大可能是同时使用上的。例(20)中的"并"总括的是当事"兄弟",这里"兄弟"指的不是兄弟二人,而是多人,在数量上也大于二。句子描述的情况更可能是周天子的兄弟们先后起了乱心,而不太可能是一齐起了乱心,因此句中的"并"当为"都"义。(15)—(17)中"并"后动词的广义施事论元也都表示数量大于二的多个个体。

为什么论元在数量方面的特征会引起"并"的语义演变呢?这与"并"和"二"这个数量含义之间的联系有关。看下面的例句:

(21)并后、匹嫡、两政、耦国,乱之本也。(《左传·桓公十八年》)

(22)内宠并后,外宠二政,嬖子配嫡,大都耦国,乱之本也。(《左传·闵公二年》)

在上面两例中,"并"分别和"匹、两、耦"以及"二"出现在相同的句法位置上,对举着使用,而后面这些词语明显包含着"二"的意思,说明当时的"并"也与"二"的含义高度相关。

动词"并"义为"平排,并行,并列"。而最简单也是最典型的并列是两个成分的并列,这就是"并"的甲骨文字形为二人并排立在地上的原因。这种常识反映在句法中,造成的结果是不及物动词"并"的唯一论元在数量上多为二。如例(2)中小句的唯一论元是主语位置上的当事"陈、阙",例(3)中为"事与时"。例(1)中的相关论元是"礼与天地",也可以看做是两个成分。

"并"虚化为方式副词后,其所修饰的动词的某个论元在数量上也常常为双数。如例(9)、(10)小句的主语分别是当事"奸、轨"和"贿赂",数量都为二。

从现代汉语范围副词"都"的用法可知,其总括的成分数大于二的用例远远多于等于二的用例。这说明两种情况相比,前者是范围副词发挥作用的典型语境。

从概率上看,两个人同时做一件事的可能性要大于三个人同时做一件事的可能性。抽奖的时候,二选一抽中的可能性是50%,三选一抽中的可能性就下降为33%了。把这种常识应用到对"并"的理解上,当相关论元的数量特征为二时,它们同时做某件事的概率较大,所以"并"被理解成"一齐,一起,同时"的可能性也大;当相关论元的数量特征大于二时,它们同时做某件事的概率较小,所以"并"被理解成"一齐,一起,同时"的可能性也小,从而引发了"并"向范围副词的演变。例(19)中,百姓在做某件事时同时用上金、木、水、火、土五种材料的概率较小,而应该是先后用上的,所以句中的"并"会被重新分析为"都",而非"一齐,一起,同时"。例(20)情况与此相同。

总之,相关论元的数量特征从等于二变为大于二,引起了此消("并"作方式副词理解越来越讲不通)彼长("并"作范围副词理解越来越恰当)的效应,促动了"并"的语法化。

2.1.3 在语法化过程中,词语逐渐丧失了旧的、实在的意义,获得了新的、抽象的意义,这被称为语义弱化(semantic weakening, semantic bleaching)。

方式副词"并"义为"一齐,一起,同时",这个意义衍推(entail)"都"这个后起的范围副词的意思。对衍推关系成立的证明是,如果"X 和 Y 一齐坐下来"为真,那么"X 和 Y 都坐下来"也为真;反之则不然,虽然"X 和 Y 都坐下来"为真,但是"X 和 Y 一齐坐下来"不一定为真。如果 A 衍推 B,那么 A 的信息量大于 B。例如,"白马"衍推"马","白马"的信息量大于"马"。"并"从方式副词变为范围副词,传达的语义信息变少了,自然是语义弱化了。

在语法化过程中,和语义弱化相伴随的,是词语适用语境范围的扩大。

举例说,当我们看到 X 和 Y 坐在椅子上,不论他们是不是同时坐下的,我们都可以说"X 和 Y 都坐下了",但是,只有在 X 和 Y 是同时坐下的语境中,我们才能说"X 和 Y 一齐坐下了"。可见,"都"比"一齐,一起,同时"适用的语境范围更大。

综上,"并"在由方式副词变为范围副词的过程中,伴随着语义弱化和适用语境范围的扩大,是一种典型的语法化。

2.2 "并"从范围副词向语气副词的语法化

2.2.1 现代汉语中,副词"并"主要是用来表示语气的。放在"不、没(有)、未、无、非"等前边。常用于表示转折的句子中,有否定某种看法、说明真实情况的意味。(参看《现代汉语八百词》)因此,考察一下古代汉语否定句中"并"的用法,可以帮助我们比较清楚地确定语气副词"并"的来源。

上古汉语中副词"并"所在小句多为肯定句。早期用于否定句的例子如:

(23)凡物不并盛,阴阳是也。(《韩非子·解老》)

(24)日月不并出,狐不二雄。(《淮南子·说林训》)

(25)今天下之相与也不并灭,有而案兵而后起,寄怨而诛不直,微用兵而寄于义,则亡天下可蹻足而须也。(《战国策·齐策五》)

(26)俱以圣才,并不幸偶。(《论衡·幸偶》)

(27)深谋明术,深浅不能并行,明暗不能并知。(《论衡·答佞》)

(28)七八年间,而复货年七十者,且七十奴婢及癃疾残病,并非可售之物,而鬻之于市,此皆事之难解。(《三国志·魏书·三少帝纪》)

历史上副词"并"用于否定句的特点是,否定词在"并"前的用法先出现,否定词在"并"后的用法后出现。否定词在"并"前,"并"为方式副词,如例(23)、(24)、(25)、(27);否定词在"并"后,"并"为范围副词,如例(26)、(28)。[①]

因为语气副词"并"用在否定词之前,所以,可以断定语气副词

"并"是从范围副词用法演变出来的。

2.2.2 范围副词的功能是总括句中的名词性论元。如现代汉语范围副词"都"用于总括全部。除问话以外,所总括的对象必须放在"都"前。(参看《现代汉语八百词》)范围副词"并"的早期用例除极个别情况外[如例(19),"并"所总括的对象"之"在后],所总括的对象也必须在"并"前。如例(15)、(16)、(17)、(18)、(20)、(26)、(28)。

至宋代,在否定句中"并"前的论元越来越多地表示单一的个体,迫使"并"不得不转而总括其后的表示多个个体的论元。如:

(29) 我不会禅,并无一法可示於人。(《五灯会元》卷三)

(30) 昔有老宿,畜一童子,并不知轨则。(《五灯会元》卷六)

这两例和例(19)一样,由于"并"前的论元表示单一个体,所以"并"只能理解成总括后面的有可能具有复数性质的论元。(29)中的"一法"是任指,勉强可以看成复数;(30)中的"轨则"也可以理解为多条轨则,是复数意义。但是例(19)的谓语动词"用"具有处置性,在理解时,可以对应于处置式,即"把五种材料都用上"。相当于把"民并用之"理解成"民将之并用"。"并"总括的对象可以被介词"将"提到"并"前,符合范围副词使用的典型语境,因而句中的"并"还保留着一些范围副词的色彩。但是例(29)、(30)中的谓语动词分别是"无"和"知",都没有处置性,不能变换为处置式。此时,由于总括的对象在副词之后,不是总括功能发挥作用的典型语境,再将"并"作为范围副词理解就显得不够恰当了。更恰当的理解是"完全,根本"。"完全"主要是语气副词,同时略含一点表示范围的意味,但是"根本"就是纯粹的语气副词了。按照张谊生(2000)对副词的分类,"根本"和"并"都是评注性副词,用于传信,再具体说就是用来加强否定。可见,在例(29)、(30)这样的语境中,"并"开始了由范围副词向语气副词的演变。

2.2.3 根据上文的论述,当"并"总括其前面的复数性论元时,它是典型的范围副词。当"并"总括其后面的复数性论元时,它开始褪去典型的范围副词的身份,并向语气副词演变。而当"并"所在小句的论元都为单一个体时,"并"在句法上丧失了总括的对象,它就完全变成了语气副词。(参看葛佳才 2005:181—189)如:

(31) 张生并不曾人家做女婿,都是郑恒谎,等他两个对证。(《西厢记》)

(32) 婆子并不争论,欢欢喜喜的道:"怎地便不枉了人。"(《喻世明言·蒋兴哥重会珍珠衫》)

(33) 学生并无儿子。(《警世通言·苏知县罗衫再合》)

拙文(2008)将语气副词"并"的主要功能概括为"激活否定句的先设,并将其置于否定词的辖域之中"。下面我们分析一下"并"是怎样发展出这一功能的。当句中的所有论元在数量上都为单数时,"并"在句中就没有可以总括的对象了。根据语法化的渐变原则,"并"不会突然放弃原来的范围副词功能,转而衍生出新的语气副词的功能。"并"原有的总括功能会竭力寻找可以概括的对象。由于任何一个否定句都预先假设了一个相应的肯定句,即其先设,否定句和其先设一起构成了一个可以被总括的复数集合,"并"的总括对象就成了否定句及其先设。我们区分预设和先设的好处是,肯定句和否定句都有预设,但只有否定句先设相应的肯定命题,肯定句则不先设相应的否定命题。这也就是为什么只有否定句里的范围副词"并"演变成了语气副词的原因。

随着否定句中的"并"越来越多地演变为语气副词,原有的范围副词"并"的适用语境相应地缩小了,只能在肯定句中发挥总括功能,这使其在与其他范围副词(如"都")的竞争中处于下风,最终退出了历史舞台。

例(31)—(33)中"并"的用法与现代汉语语气副词"并"的用法已无区别。范围副词"并"原本总括的对象是所在小句中的复数性论元,为小句内成分。虚化之后"并"总括的是否定句及其先设。先设可以出现在上文中,也可以不出现,表现为常识,或者说话人原有的想法,为小句外成分。"并"的功能从总括句内成分到总括/激活句外成分,这既是语法化也是主观化。

语气副词"并"获得激活所在否定句的先设的功能是语义渐变的结果。作为演变源头的总括意义不会突然消失,而是努力寻找继续生存下去的土壤,从而使得否定句本身及其先设成为被概括/激活的对象,"并"的总括功能在语气副词身上也得以部分地保留。我们这种推理还能够解释语气副词"并"为什么只用于否定句。

下面我们用现代汉语的例句来构拟一下这个渐变的过程。

(34) 我们并不认识他。[范围副词]　　　　　[如例(26)]
(35) 我们并不认识他们。[范围副词][语气副词][如例(28)]
(36) 我并不认识他们。[范围副词][**语气副词**][如例(30)]
(37) 我并不认识他。　　　　　[**语气副词**][如例(32)]

例(34)中的"并"是总括它前面的复数性论元的范围副词。例(35)中动词的两个论元都是复数性的,若"并"被理解成总括后面的论元,它就会带上一点语气副词的色彩,但是主要功能还是总括。例(36)中的"并"只能总括后面的复数性论元,像例(29)、(30)一样,它主要是语气副词,只保留了一点范围副词的痕迹。例(37)和例

(31)、(32)、(33)一样,"并"就是语气副词。

3 语气副词"并"与"都"

例(34)—(37)是用现代汉语构拟古代汉语,若按现代汉语理解,这四例"并"都是语气副词,因此和古代汉语语义差别最大的一句是(34)。(34)中"并"前面有一个复数性论元,这本是范围副词适用的典型语境,但是在现代汉语中,此"并"只能作语气副词理解,不能当范围副词讲。这显然是语义泛化的结果。历史上"并"首先在像例(37)一样的论元都为单数的否定句中演变出明确的语气副词用法,又因为否定句及其先设能够为"并"原有的总括义提供一个总括的对象,根据语法化的保持原则(参看沈家煊1994),"并"的语气副词用法就首先在否定句中泛化开来。由于现代汉语语气副词"并"还保留着总括否定句及其先设的功能,具有一些实在的意义,因而按照现代汉语理解的例(34)—(37)中的"并"通常都要重读,不能轻读。

副词"都"在历史上也由范围副词功能演变出了语气副词功能,促发演变的句法条件与"并"相似,但是演变的结果却和"并"大不相同。试比较现代汉语例句:

(34′) 我们都不认识他。　　　　　　[范围副词]

(35′) 我们都不认识他们。　　　　　[范围副词] [语气副词]

(36′) 我都不认识他们。　　　　　　[范围副词] [语气副词]

(37′) 我都不认识他。/他我都认识。　　　　　[语气副词]

(38) 都谁认识他?

(39) 这房子也是我们单位刚分的我,过去没家都。(王朔

《刘慧芳》)

现代汉语副词"并"和"都"存在以下几个方面的差异:第一,"并"不再具有独立的范围副词的功能,主要做语气副词使用,"都"既有独立的范围副词用法又有独立的语气副词用法。第二,语气副词"并"只能用于否定句,语气副词"都"则不受此限制。第三,语气副词"并"可以重读,语气副词"都"不能重读,如(36′)、(37′)、(38)、(39),范围副词"都"可以重读,如(34′)、(35′)。第四,语气副词"并"只能用在句中,做状语,不能出现在句首或句末;语气副词"都"主要用于句中,但也能用于句首和句末。

结合上文的分析,我们对这四点差异作如下解释:第一,范围副词"并"向语气副词"并"的演变只是在否定句中实现了,这种肯定否定不对称的演变导致范围副词"并"被排挤出了历史舞台,只剩下语气副词"并";"都"的演变不存在这种肯定否定不对称,因而其范围副词和语气副词的用法都延续了下来。第二,如2.1.2小节所述,"并"和"二"这个双数概念有天然的关联,而否定句及其先设恰好构成了一个双数的对象让"并"来总括,因此根据语法化的保持原则,"并"的语气副词用法就首先在否定句中泛化开来;范围副词"都"只是和与单数义对立的复数义对象有关联,因而没有形成和否定句及其先设这一双数对象之间的固定关联,其语气副词用法在肯定句和否定句中都适用。第三,语气副词"并"还保留着一点总括的功能,具有一些实在的意义,所以能够重读;语气副词"都"仅表示语气,不具有实在意义,所以不能重读,而表义更为实在的范围副词"都"才能重读。第四,语气副词"并"的语法化程度还不高,还能够承载句子重音,其主观化程度也不高,只能出现在小句内部,以小句谓语为自己的辖域,以小句主语为自己的主语;

语气副词"都"的语法化程度和主观化程度都高于语气副词"并"，它不能承载句子重音，却能够出现在小句的外围，以整个小句为自己的辖域，以说话人为自己的主语，表达说话人对整个命题的态度和认识。

综上所述，我们可以预测，如果语气副词"并"和"都"能共现的话，"都"应前置于"并"。我们在北京大学 CCL 语料库中确实检索到了这样的例句：

（40）对于一个象郁达夫这样的比较有影响的作家，决不应该只有一本二本研究著作，特别象我们这样的大国，有五本六本，甚至十本八本都并不算多。

（41）舞台上的戏曲常有很大的假定性，对于景、时间和空间的变化，观众都并不要求它和真实情况一样。

（42）直到今天想到这些时候，我都并不害臊。

上述例句中的"都"要轻读，"并"则可以重读。

4 结语

语气副词"并"的语法化路径为"动词＞方式副词＞范围副词＞语气副词"。作为动词的"并"在语义上和"二"这个双数概念关系密切，这使得"并"首先在否定句中演变为语气副词，因为否定句及其先设构成了一个双数对象，既使原有的范围副词的总括功能有所依附，又便于新的语气副词功能的产生。正是由于缺乏与双数概念的这种联系，"都"在由范围副词向语气副词演变时才走了一条不同的道路，在肯定句和否定句中同时产生了表达语气的功能。

关于现代汉语中语气副词"并"的作用,我们借用彭小川(1999)一文中的例句再来辨析一下:

(43) a——这事你告诉小红了吗?

b₁——我没有告诉她,怕她知道后承受不了这突如其来的打击。

b₂——*我并没有告诉她,怕她知道后承受不了这突如其来的打击。

(44)(主动告诉对方一个情况)

a₁——这事我没有告诉小红,怕她知道后承受不了这突如其来的打击。

a₂——*这事我并没有告诉小红,怕她知道后承受不了这突如其来的打击。

(45) a——这事是你告诉小红的吗?

b₁——我没有告诉她。

b₂——我并没有告诉她呀!

(46) a——这事你为什么要告诉小红?

b₁——?我没有告诉她。

b₂——我并没有告诉她呀!

提到否定句,我们首先想到其作用是否定相应的肯定命题,即其先设。但是我们不应忽视,否定句还可以像肯定句一样,发挥陈述事实的功能。(43a)是一个有疑而问的是非问句,没有为下文提供一个预设,[②]因而回答时应用(43b₁)陈述一个事实,而不能用(43b₂)否定上文中不存在的预设。(44a₁)作为始发句,其功能显然是陈述事实,同样,由于上文中不存在相应的预设,(44a₂)的否定功能无从发挥,而它又不具有陈述功能,所以不成立。可见,一个普通的否定句加上语气副词"并"以后,就丧失了陈述功能,只能用来否定,这说明"并"确实具有加强否定语气的作用。(45a)是一个倾向于得到肯定回答的是非问句,它预设"有人把这事告诉了小红",并且说话人还认为"是你(听话人)把这事告诉了小红"为真的可能性超过了50%,因此听话人可以用(45b₁)和(45b₂)来否定和反驳。(46a)直接预设"你把这事告诉了小红",疑问代词"为什么"的使用又加重了疑问语气,因此用(46b₁)回答就显得语气不足,而用加强了否定语气的(46b₂)回答则恰到好处。(46b₂)的否定语气明显强过(46b₁),除了是因为(46b₂)带有语气词"呀"以外,第二个原因就是它还使用了语气副词"并"。

综上所述,我们可以在带/不带语气副词"并"的否定句[3]和陈述与否定功能之间建立如下扭曲关系:

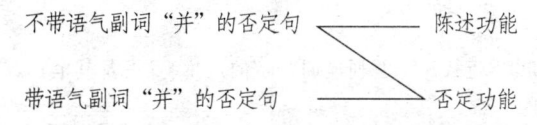

不带语气副词"并"的否定句 ——— 陈述功能

带语气副词"并"的否定句 ——— 否定功能

语气副词"并"的功能是激活所在否定句的先设,将其置于否定词的辖域之中。然后由否定词对该先设加以否定,从而使整个小句成为对其先设的反驳。由于"并"对否定句先设的激活,使得该否定句总是针对其先设而言,从而不再能够陈述事实,因而其否定语气也加重了。

附 注

① 张谊生(2000:217)将各类副词连用时从前到后的共现顺序排列如下:评注性副词>关联副词>时间副词>频率副词>范围副词>程度副词>否定副词>协同副词>重复副词>描摹性副词。方式副词属于描摹性副词,后置于否定副词,范围副词前置于否定副词,语气副词属于评注性副词,排在

最前面。可为佐证。

② 根据逻辑-语义预设的一条基本假设:指别短语有所指,(43a)可以预设:"这事"发生过,"你"是听话人,有个人叫"小红"。但是(43a)没有提供关于这三种所指之间关系的任何预设。我们所说的(43a)没有为下文提供预设,指的就是这种意义上的预设。研究中,人们也使用"语用预设"这一术语来区别于逻辑-语义预设。语用预设是一个复杂的课题,目前研究者对语用预设的基本特征达成了一些共识,但语用预设和其他预设之间的边界如何,尚无定论。因此,我们对本文所使用的预设和语用预设之间的对应关系问题暂予回避。需要指出的是,本文所说的预设和先设有一脉相承之处,只是由于(43a)、(45a)、(46a)是疑问句,不便使用"先设"这一术语,才换成了"预设"。

③ 我们这里关注的主要是否定句中语气副词"并"的有和无,不言而喻,该否定句中也不能含有其他影响否定句表达功能的词语,如和"并"功能相近的语气副词"绝、根本"等。

参考文献

曹 炜 2003 近代汉语并列连词"并"的产生、发展及其消亡,《语文研究》第4期。

—— 2006 近代汉语中被忽视的"和"类虚词成员"并"——以《金瓶梅话》中"并"的用法及分布为例,《古汉语研究》第4期。

冯春田 2000 《近代汉语语法研究》,山东教育出版社。

葛佳才 2005 《东汉副词系统研究》,岳麓书社。

郭 齐 2000 连词"并"的产生和发展,《汉语史研究集刊》第三辑。

胡晓萍、史金生 2007 "连"类介词的语法化,载沈家煊等主编《语法化与语法研究》(三),商务印书馆。

胡 勇 2008 语气副词"并"的语法功能与否定,《语法研究和探索》(十四),商务印书馆。

吕叔湘主编 1999 《现代汉语八百词》(增订本),商务印书馆。

马 真 2001 表加强否定语气的"并"和"又",《世界汉语教学》第3期。

彭小川 1999 副词"并"、"又"用于否定形式的语义语用差异,《华中师范大学学报》第2期。

彭小川、赵　敏　2004　连词"并"用法考察,《暨南学报》(哲学社会科学版)第 1 期。
沈家煊　1994　"语法化"研究综观,《外语教学与研究》第 4 期。
——　1999　《不对称和标记论》,江西教育出版社。
——　2004　语用原则、语用推理和语义演变,《外语教学与研究》第 4 期。
索振羽　2000　《语用学教程》,北京大学出版社。
王景萍　1999　"并"的语义分析及其与"并且、而且"的异同,《福建师范大学学报》(哲学社会科学版)第 3 期。
王明华　2001　用在否定词前面的"并"与转折,《世界汉语教学》第 3 期。
于　江　1996　虚词"与、及、并、和"的历史发展,《上海大学学报》(社会科学版)第 1 期。
张谊生　2000　《现代汉语副词研究》,学林出版社。
——　2004　《现代汉语副词探索》,学林出版社。
张玉金　2002　《甲骨卜辞语法研究》,广东高等教育出版社。
赵载华　1999　《古汉语实词虚化源流考》,文心出版社。
中国社会科学院语言研究所词典编辑室编　2005　《现代汉语词典》,商务印书馆。

从方言和近代汉语看指示代词到名词化标记的语法化[*]

焦妮娜

(香港大学语言学系)

0 引言

名词化标记[①],据朱德熙(1980),是"出现在名词、动词、形容词(状态形容词除外)、人称代词以及各类词组之后构成名词性词组的'的'",它实际指称的是用于定中结构之间的"的"以及名词性的字短语中的"的"。虽然"名词化标记"与"结构助词"的术语体系并不一致,但为方便起见,本文将同时采用这两个术语来指称我们需要指称的对象。另外,山西方言"名词性的字短语"中的"的"语音上形式各异,甚至相差甚巨,有[tə]、[tiə]、[le]、[liə]、[nai]、[niɐ]等几种不同的读音,但本文仍统一用"名词性的字短语"称之。

---

[*] 本文在写作过程中得到了香港科技大学孙景涛、张敏、朱晓农和香港大学陆镜光等老师的悉心指导,在参加第四届汉语语法化问题国际学术讨论会(北京语言大学,2007年8月)时,与会的吴福祥、马贝加等老师也提出了许多宝贵的意见,谨在此表示最诚挚的谢意! 另外,本文还要特别感谢山东大学的张树铮老师将尚未发表的文章借给我参阅,从中得到了许多有益的启示。文中所有的错误均由本人负责。

本文主要从山西方言的角度来考察指示代词到名词化标记的语法化。由于山东寿光方言名词化标记的现状有助于说明从指示代词到名词化标记的语法化的一个具体步骤，所以我们也采用了该方言的相关语言事实。本文所用材料基本上是本人于 2005 年在山西师范大学对母语为山西某地方言、18 岁之前基本一直居住在山西某地的大学生进行调查的结果。山西临猗和武乡的材料来自他人已发表的文章，山东寿光方言的材料来自张树铮（2006）的未刊稿。

山西方言名词化标记的语音形式可简略地归纳为下表：

类型	定中结构之间	名词性的字短语中	方言举例				
			东南区	南区	中区	西区	北区
一	[tiɐ]/[niɐ]	[tiɐ]/[niɐ] [nɛ̃]	晋城				
二	[tə]	[tə]	长子、壶关、襄垣、武乡		交城、孝义、清徐、太古		隰县
二	[tiə]	[tiə]		洪洞	平遥	大宁	大同、浑源、定襄
二	[ti]	[ti]		襄汾			五寨
二	[tiɐ]	[tiɐ]					代县
三	[tə]	[tə]/[tər] [liə]	潞城				
四	[le]	[le]			和顺		朔州
四	[liə]	[liə]					五台
四	[li]	[li]		平陆			

续表

类型	定中结构之间	名词性的字短语中	方言举例				
			东南区	南区	中区	西区	北区
五	[niə]	[niə] [tə]/[tər]	屯留				
	[nai]	[nai] [ti]		万荣、闻喜			
	[lai]	[lai] [li]		临猗			

山西方言名词化标记的来源,我们已经分别在《晋城话的结构助词"这"和"那"》(2006)和《山西方言名词化标记的来源》(2008)二文中进行了详细的论述。基本观点是:山西方言的材料显示名词化标记同时从近指代词和远指代词发展而来,逐渐采用一种语音形式,且随着语法化程度的增加语音形式逐渐弱化。晋城话中的名词化标记"这。"和"那。"分别来自该方言中的指示代词"这"和"那",这可以从以下两点看出。首先,晋城话的名词化标记与晋城话单用的指示代词的语音形式除了前者语调轻弱以外完全一致;其次,名词化标记"这。"和"那。"的使用像指示代词"这"和"那"一样存在二元对立。屯留、洪洞、万荣、闻喜、临猗等声母为 n 或 l 的名词化标记[2]来自本方言中与其语音形式基本一致的远指代词;而潞城等声母为 t 的名词化标记则来自本方言中与其语音形式基本相同的近指代词。此外,多种方言中的名词化标记的语音形式与该方言中的指示代词的语音形式不同但相近,声母为 n 或 l 的应来自本方言中的远指代词,声母为 t 的应来自本方言中的近指代词。来自近指代词的名词化标记与近指代词语音形式不一致的原因是从近指代词语法化而来的名词化标记保留了最初的语音形

式,而近指代词的语音形式却发生了[ti-]→[tɕi-]→[tʂ-]/[ts-]以及[ti-]→[tə]的一系列的变化。来自远指代词的名词化标记与远指代词语音形式不一样的原因则是它从远指代词语法化而来之后不断弱化,声母从 n 到 l,韵母也发生了许多变化,而远指代词本身的语音形式则没有太多的改变。③至于具体到某种方言中,名词化标记是从近指代词还是从远指代词而来,则取决于在该方言中哪个指示代词是无标记形式。

本文主要论述两个问题,第一是指示代词语法化为名词化标记的具体环境与步骤;第二是名词化标记前边成分的性质对名词化标记语法化进程的影响。

1 指示代词语法化为名词化标记的具体环境与步骤

指示代词到名词化标记的语法化过程大概可以分为四个阶段:

第一阶段:"这、那"的指示用法阶段。

"这、那"具有两个最基本的功能,一是指示,二是称代。作为称代用法的"这、那",后边没有任何名词性成分,不具有发展成为名词化标记的可能性。只有作为指示用法而存在的"这、那",由于其后有名词性成分,才具有进一步发展成为名词化标记的潜能。学者们常将这种用法的指示代词称作"修饰性的指示代词"。"这、那"在汉语史上刚开始出现时,据梅祖麟(1987),主要是以指示的功能出现的。

从近代汉语和山西方言来看,修饰性的指示代词"这、那"后边常跟的词或短语主要有四种类型。下文中,关于近代汉语"这、那"的例句和部分描述,我们取自吕叔湘(1985),山西方言中相应类型的例子,主要取自山西晋城话。

（一）这/那＋名词。据吕叔湘，在近代汉语里，指示代词跟名词之间以加用"个"或别的单位词为常例。"这、那"后直接加名词的用法，尤其在较晚的例子中，很可能有把口头说着的"个"或别的量词在笔底下省去了的。近代汉语中"这、那"直接加在名词前面的例子有：

(1) **者**汉大痴，好不自知。(《敦煌变文集》250)

(2) **遮**野狐精！出去！(《景德传灯录》5.22)

(3) 莫令**那**人知。(《安禄山事迹》卷中)

(4) **那**女娘道罢万福，顿开喉音便唱。(《水浒》38)

晋城话也有"这、那＋名词"的用法，不过，在这个结构中，重音放在名词上，"这、那"必须轻读，"这、那＋名词"表示某一类事物，是泛指。例如：

(5) **那**₁④电脑有甚好研究呢？

(6) **这**₁面包有一个甚吃头？

（二）这/那＋(一)＋个＋名词，"一"可以出现也可以不出现。在近代汉语中，"个"前加"一"的形式是后出现的。这种结构的例子有：

(7) 不是**者**个道理。(《洞山悟本禅师语录》511b)

(8) 道**这**个老人，来也不曾通名，去也不曾道字。(《庐山远公话》170)

(9) 师云："**那**个人还吃不？"(《祖堂集》5.97)

(10) 与我将**那**个铜瓶来。(《景德传灯录》7.7)

晋城话"这/那＋个＋名词"和"这/那＋一＋个＋名词"的表现形式一样，都是"这₃/那₃＋名词"，例如：

(11) **这**₃⑤小孩儿真正聪明。

(12) **那**₃苹果<u>越发</u>更大。

（三）这/那＋一＋其他量词＋名词。"一"可以出现也可以不出现。不过，跟（二）相反，在"个"以外的量词（及名词）的前头，加"一"的形式是早期通行的唯一形式。不加"一"的形式反而是后出现的。这种结构的例子有：

(13) 森罗万象总在**遮**一碗茶里。（《景德传灯录》20.8）

(14) 尔一生只作这个见解，辜负**这**一双眼。（《临济慧照禅师语录》499b）

(15) 莫轻这一粒，百千粒尽从**这**一粒生。（《沩山灵佑禅师语录》578a）

(16) 路十终须与他**那**一位也。（《太平广记》188.6）

晋城话中，"这/那＋一＋量词＋名词"和"这/那＋量词＋名词"的表现形式是一样的，都是"这$_4$/那$_4$＋量词＋名词"，例如：

(17) 你**这**$_4$⑥ 挂$_{量词}$自行车不错呀。

(18) 我**那**$_4$本书是不是借给你兰$_了$？

（四）这/那＋其他数词＋量词＋名词。吕叔湘没有举这种结构的例子。晋城话中，这种结构的表现形式是"这$_2$/那$_2$＋其他数词＋量词＋名词"，例如：

(19) **这**$_2$⑦ 两本书都已经有人借兰$_了$。

(20) **那**$_2$几个人都可赖能呢$_{着呢}$。

第二阶段："这、那"与其他定语共用的阶段。

当名词前头兼有指示代词"这、那"和其他定语时，从近代汉语来看，"这、那"可以出现在其他定语的前头，也可以出现在其他定语的后头，这取决于定语的类别。⑧ 当其他定语和"这、那"同用时，我们认为，当且仅当"这、那"用在其他定语的后边，"这、那"才有可能发展成为名词化标记。因此我们在下文只举一些"这、那"

与其他定语同用,且置于其他定语之后的例子。

(一)其他定语+这/那+名词。近代汉语中的例子有:

(21) 偏你**这**耳朵尖,听的真!(《红楼梦》63.17)

(22) 你知道的,愚兄**这**学问儿本就有限。(《儿女英雄传》32.23)

(23) 前面是我**那**旧主人张员外宅里。(《京本通俗小说》13.9)

(24) 记得年时沽酒**那**人家……(《乐府雅词》105b)

晋城话中的例子有:

(25) 我**那**旧书俺妈早就都给我卖兰了。

(26) 买肥料**那**钱还没有呢,谁有钱给你买书包?

(二)其他定语+这/那+一+个+名词,"一"可以出现也可以不出现。近代汉语中的例子有:

(27) 间壁**这**个雌儿是谁的老小?(《水浒》24.34)

(28) 你先进去把玻璃上**那**个挡儿拉开,得点亮儿。(《儿女英雄传》29.10)

晋城话的例子有:

(29) 你**这**₃这个书包还不错。⑤

(30) 骂你**那**₃那个人早就跑兰了。

(三)其他定语+这/那+一+其他量词+名词。"一"可以出现也可以不出现。近代汉语中的例子有:

(31) 他属你**那**一科管。(老舍《面子问题》14)

(32) 前儿**那**一包碎金子,共是一百五十三两六钱七分。(《红楼梦》53.3)

(33) 来帮着我拧他**这**张嘴。(《红楼梦》62.29)

(34) 也罢,且将我**这**件衬袄脱下给他。(《三侠五义》57.2)

晋城话的例子有:

(35) 俺姐姐**那**₄挂_量词_自行车去哪儿_哪儿_兰_了_?

(36) 夜儿_昨天_买**那**₄些儿菜兰_了_?

(四)其他定语+这/那+其他数词+量词+名词。近代汉语中的例子有:

(37) 则我**这**两条腿打折般疼。(《元曲选》33.2.1)

晋城话的例子有:

(38) 我**那**₂几本书都看完兰_了_。

(39) 夜儿_昨天_买**那**₂俩西瓜都不熟。

我们在上文讲过,当且仅当"这、那"用在其他定语的后边时,"这、那"才有可能发展成为名词化标记。然而这并不是充分条件。事实上,在上述的四种结构中,只有第一种结构中的"这、那"能够发展成为名词化标记。其他三种结构中的"这、那",它们虽然也置于另一定语之后、中心语之前,但由于这三种结构中的"这、那"都带有量词或者数量词,它们和前面的"这、那"一起,构成指量结构,或者指数量结构,强化了"这、那"的指示代词的身份,使得这些结构中的"这、那"不容易转化成为名词化标记。而第一种结构"定语+这/那+名词"中,"这、那"直接和名词结合,它们之间没有强化"这、那"身份的数词或量词,和"定语+结构助词+名词"具有相当高的相似性。"定语+(这/那+名词)"这种结构就很容易被重新分析成为"(定语+这/那)+名词","这、那"先与其前面的定语结合,然后再来修饰后面的名词。一旦这种情况出现,"这/那"就发展到了从指示代词到结构助词的第三阶段。

第三阶段:"X+这/那"结构的出现。

第二阶段中的"这、那"是一个过渡阶段,一旦"这、那"先与其前面的定语结合,"这、那"就进入了从指示代词发展到名词化标记过程中的第三阶段。在这个阶段中,"这、那"已经成为名词化标记,除了语音停顿从"这、那"之前转到了"这、那"之后以外,"X+这/那"这种结构的出现也标志着"这、那"从指示代词到名词化标记身份的确立。从目前的研究成果来看,近代汉语中没有"这、那"的这种用法的例子。因此,近代汉语中的"这、那"只是具有了发展成为名词化标记的可能性,但还没有进一步发展成为独立成熟的名词化标记。山西方言中的"这、那"则在近代汉语"这、那"第二阶段用法的基础上,进一步发展出了"定语+这/那"的用法,"这、那"也发展成了名词化标记。在这一阶段中的"这、那"可以同时作为名词化标记来使用,且由于其指示代词的来源,因而带有距离说话人远近的附加意义,但这只是"这、那"的结构助词用法上所附加的一种来源义,作为名词化标记而存在的"这、那"不具有指示的意义。晋城话的结构助词"这、那"就是如此,例如:

(40) 这₃是我这₀。来语气词。(这一个是我的)

(41) 还是买那₀好吃。(还是买的好吃)

(42) 这₁是夜儿昨天那₀来语气词?(这是昨天的)

(43) 今年这₀不错。(今年的不错)

例(40)是说话人指着某物说的,该物距离说话人近,所以"我"后用"这₀";例(41)中,"买的东西"不在说话人面前,所以"买"后用"那₀";例(42)中,"昨天的东西"在今天说起来心理距离上远,所以"夜儿"后用"那₀";(43)中的"今年的东西"在说话者心理距离上近,所以"今年"后用"这₀"。距离的远近是相对的,是当事人心理的感觉,距离的远近没有一个绝对的标准。

第四阶段,名词化标记"这、那"的附加意义消失,只保留一种语音形式,或者"这",或者"那",并在此基础上,语音形式进一步弱化。

山西方言中的屯留、万荣、洪洞、临猗等方言中的名词化标记来自远指代词,语音形式和该方言中的远指代词基本相同。而和顺、朔州、五台、平陆等方言中的名词化标记也是来自远指代词,不过,它们名词化标记的语音形式已经进一步弱化。而以潞城话为代表的其他一些山西方言中的名词化标记则来自近指代词,目前名词化标记的语音形式与近指代词的语音形式基本一致,而洪洞等方言中来自近指代词的名词化标记的语音形式与近指代词的语音形式有较大不同,因为来自近指代词的名词化标记的语音形式虽没有太大的变化,但近指代词的语音形式却发生了很大的变化。例如:

(44) 万荣:这些东西都是谁奈。[naiº]?

(45) 和顺:这一特_{现在}来。[leiº]世道都乱成甚兰了。

(46) 潞城:夜儿个_{昨天}这。[təº]电影可是比今个_{今天}这。[təº]好。

(47) 洪洞:这铅笔是我地。[tiəº]。

2 名词化标记前边成分的性质对新名词化标记语法化进程的影响

定中结构根据充任定语的词语的性质可以分为关系从句结构[11]和非关系从句结构两种。其中,关系从句结构中的定语由动词短语或主谓短语充当,比如"做的菜"、"昨天买的酒"、"自己种的树"以及"色泽鲜艳的衣服"等。而非关系从句结构中的定语主要由代词短语、名词短语、形容词短语以及数量短语等充当。

非关系从句结构还可以根据定语和中心语之间的语义关系将其再分为领属结构和属性结构两类。领属结构指的是定语和中心语之间具有领属和被领属关系的非关系从句性定中结构。广义的领属关系大致可以包括以下几类:领有关系,如"我的书"、"他的钱包"等;隶属关系及整体部分关系,如"孩子的手"、"松树的叶子"等;归属关系,如"飞机的速度"等;某些时间空间关系等,如"今天的报纸"、"院子的外边"等。属性结构指的是定语和中心语之间具有修饰与被修饰关系的非关系从句性定中结构,如"漂亮的姑娘"、"木头房子"、"男人"等。

综上所述,简单地说,定中结构根据充任定语的词语的性质可以首先分为关系从句结构和非关系从句结构两种。而非关系从句结构根据定语和中心语之间的语义关系又可以再次分为领属结构和属性结构[12]两类。

对应于定中结构,名词性的字短语也可以分为关系从句性的和非关系从句性的两种类型。关系从句性的的字短语指的是整个的字短语指称一种或一类事物,"的"前边的成分由动词短语或主谓短语充当,如"昨天买的已经吃光了"中的"昨天买的","还是自己种的吃着方便"中的"自己种的";非关系从句性的的字短语也是整体指称一种或一类事物,但"的"前边的成分由代词短语、名词短语、形容词短语或数量短语等充当。

非关系从句性的的字短语根据"的"前边的词语与整个的字短语所指事物构成的语义关系又可以分为领属性的字短语和属性的字短语两类。领属性的字短语指的是"的"前边的词语和整个的字短语所指称的事物具有领属和被领属关系的名词性短语,如"我的"、"昨天的"、"柜子上的"等。属性的字短语指的是"的"前边的词语和整个的字短语所指称的事物具有修饰和被修饰关系的名词性短语,如"漂亮的"、"红的"、"男的"等。

山西大部分方言中,定中结构和的字短语中的名词化标记都采用的是一种语音形式,声母或者为 t,或者为 n 或 l。但在我们调查的方言中,也有几种方言,它们名词化标记的语音形式呈现比较复杂的格局,可以反映出名词化标记前边成分的性质对指示代词语法化为名词化标记进程的影响。

山西临猗、屯留、万荣、闻喜等几个地方的字短语中的"的"都有两种以上的语音形式,这两种不同的语音形式不是可以任意互换的,它们呈现出有规律的分布,如表所示:

地点	结构性质	定中结构中的"的"	名词性的字短语中的"的"
临猗	领属性的	奈。[lai]	奈。[lai]
	关系从句性的	奈。[lai]	奈。[lai]
	属性的	奈。[lai]	哩。[li]
屯留	领属性的	那。[niə]	那。[niə]
	关系从句性的	那。[niə]	那。[niə]
	属性的	那。[niə]	的。[tə]/的儿[tər][13]
万荣	领属性的	奈。[nai]	奈。[nai]
	关系从句性的	奈。[nai]	奈。[nai]
	属性的	奈。[nai]	地。[ti]
闻喜	领属性的	奈。[nai]	奈。[nai]
	关系从句性的	奈。[nai]	奈。[nai]
	属性的	奈。[nai]	地。[ti]

从上表可以看出,从山西的临猗、屯留、万荣和闻喜话来看,就

的字短语而言,绝大部分领属性和关系从句性的的字短语中的"的"大致采用一种语音形式,而绝大部分属性的字短语中的"的"则采用另一种形式,[13]例如:

(1) 临猗:领属性的字短语:　　这是我**奈**。,兀是他**奈**。

关系从句性的的字短语:这是他种下**奈**。

属性的字短语:　　　　白**哩**。好还是红**哩**。好?

(2) 屯留:领属性的字短语:　　这个包不是小王**那**。

夜来_{昨天}**那**。电影比今日**那**。好。

快把外头**那**。收回来。

关系从句性的的字短语:将头儿_{刚才}买**那**。放哪哈儿_{哪儿}啦?

属性的字短语:　　　　这个衣裳有俩颜色来呢,红的_儿[tər]和绿的_儿[tər],你要哪个来呢?

我不要太瘦**的**。

(3) 万荣:领属性的字短语:　　这一个包包不是小王**奈**。

夜个_{昨天}**奈**。电影比今个_{今天}**奈**。好。

快角_将外头**奈**。收进来。

关系从句性的的字短语:将将_{刚才}买下**奈**。在哪哩?

属性的字短语:　　　　没想到给你买了一个坏**地**。

他给我做**唠**了一个木头**地**。

(4) 闻喜：领属性的字短语： 这不是我**奈**。

夜个昨天**奈**电影比**这个**今天**奈**好。

赶紧拿把屋外**奈**收回来。

关系从句性的的字短语： **将将**刚才买**奈**在**哪塔**哪儿啦？

属性的字短语： 真不知道给你买一个坏**地**。

他给我做一个木头**地**。

上述山西方言中,属性的字短语中的"的"在语音形式上不仅区别于领属性的和关系从句性的,与本方言中用于定中结构之间的"的"也不相同。由于由指示代词语法化而来的名词化标记首先出现在定中短语之间,然后才出现在的字短语中名词化标记的位置,因此,我们认为上述方言中属性的字短语中的"的"与属性定中结构中的不同形式的"的"相比,是旧有的名词化标记形式,它早于从指示代词语法化而来的新的名词化标记而存在,在三种性质的的字短语中,也是最难以被替换和取代的一个,是新的名词化标记最后取代的位置。因此,我们可以说在三种性质的的字短语中,新的名词化标记容易先占有领属性和关系从句性的的字短语中"的"的位置,最后才出现在属性的字短语中"的"的位置。当然鉴于山西大部分方言属性名词化短语中的"的"与其他的字短语中的"的"语音形式一致,因此我们说旧有的属性的字短语中的"的"

最终还是会被取代的。另外，从指示代词语法化而来的新的名词化标记已经在定中结构中全部完成，而在的字短语上的语法化尚未全部完成，说明了从指示代词到名词化标记的语法化过程在定中结构中的发生要早于的字短语中的发生。由指示代词语法化而来的新的名词化标记相对于的字短语而言，容易占领定中结构之间"的"的位置。

再来看一下山西晋城话和山东寿光话中名词化标记的存在状况，它们可以为我们就名词化标记的语法化过程提供一些别的有益启示。晋城话和寿光话名词化标记的使用状况可简单归纳为下表：

地点	结构 性质	定中结构	的字短语
寿光[①] （山东）	领属性的	那。	那。
	关系从句性的	的。+那。	的。+那。
	属性的	的。+那。	的。+那。
晋城	领属性的	这。[tiɐ]/那。[niɐ]	这。[tiɐ]/那。[niɐ]
	关系从句性的	这。[tiɐ]/那。[niɐ]	这。[tiɐ]/那。[niɐ]
	属性的	能[nɛ]+这。[tiɐ]/那。[niɐ]或者这。[tiɐ]/那。[niɐ]	能[nɛ]或者 能。+这。/那。

晋城话名词化标记的主要形式是"这。"和"那。"，它在的字短语中出现时，对于领属性和关系从句性的的字短语而言，名词化标记"的"都体现为"这。"或"那。"，但就属性的字短语中的"的"来说，如果"的"前边的词语是性质形容词，"的"可以有两种表现形式，或者单用一个"能。"或者用"能。+这。/那。"，比如例（5）、（6）。如果

"的"前边的词语是状态形容词,那么"的"也可以有两种表现形式,但是与性质形容词不完全相同,或者单用"这₀"或"那₀",或者采用"能+这₀/那₀"的形式,比如例(7)、(8)。

(5) 白能₀/白能₀那₀不好吃。

(6) 木头能₀/木头能₀那₀结实。

(7) 七不得得_非常好看_那₀/能那₀早都结婚兰_了_。

(8) 早把那₄些儿烂不查查_非常烂_那₀/能那₀扔兰_了_。

不仅如此,在晋城话的定中短语中,领属性和关系从句性定中结构中,名词化标记采用"这₀"或"那₀"的形式。但在属性定中短语中,却也存在着较为复杂的情况,属性定语表示性质,在它和中心语之间有时可以单用"那₀",例如(9),有时在"那₀"之前必须加"能",例如(10),也有的既可以单用"那₀",也可以采用"能₀+那₀"的形式,例如(11)。属性定语表示状态的,在它和定语之间既可以单用"那₀",也可以采用"能+那₀"的形式,例如(12)、(13)。

(9) 好看那₀闺女好找对象。

(10) 红能₀那₀花是玫瑰花。

(11) 巧克力味儿那₀/能₀爆米花儿好吃。

(12) 局绿_机灵_些儿那₀/能₂⑯那₀闺女谁都闸得_喜欢_。

(13) 白不唧唧_非常白_那₀/能₂那₀脸,红圪丢丢_非常红_那₀/能₂那₀嘴,看能_看上去_巷_和_一个鬼样_一样_。

这也同样可以证明由指示代词语法化而来的新的名词化标记容易占有领属性和关系从句性定中结构和的字短语中名词化标记的位置,而最后才出现在属性定中结构和的字短语中。

朱德熙(1961)通过比较不带"的"的语法单位跟加上"的"之后的格式在语法功能上的差别,将北京话中的"的"分为了"的₁"、

131

"的$_2$"和"的$_3$"三个。后来他在另一文章(1980)中用方言事实证明了这一论断的正确性。三个"的"各自的功能分别是:

"的$_1$:副词词尾,出现在部分双音节副词词干(忽然、格外、渐渐)之后构成副词;

"的$_2$:状态形容词词尾,出现在状态形容词词干(红红、干干净净、红彤彤)之后构成状态形容词;

"的$_3$:名词化标记(nominalizing marker),出现在名词、动词、形容词(状态形容词除外)、人称代词以及各类词组之后构成名词性词组。"

朱德熙(1961)认为"X 的$_2$"还具有修饰名词性成分、做定语的功能。但实际上并不存在"X 的$_2$"修饰名词性成分这样的结构。他(1993)后来通过考察大量的方言事实指出:

"定语位置上的状态形容词全都名词化了。名词化的方式有两种:一种是在'的$_2$'后头加'的$_3$',组成'状态形容词＋的$_2$＋的$_3$＋名词';另一种是把'的$_2$'换成'的$_3$',组成'状态形容词＋的$_3$＋名词'。前者的'的$_2$'和'的$_3$'是加合关系,后者是置换关系。……在我们考察的十种方言里,包括福州话在内,定语位置上的状态形容词都必须名词化,而且名词化时全是兼用加合和置换两种方式的。"

因此,准确地说,不存在"状态形容词(短语)＋的$_2$＋名词"这样的结构,存在的只是"状态形容词(短语)＋的$_2$＋的$_3$＋名词"或者"状态形容词(短语)＋的$_3$＋名词"这样的结构,不可以把修饰名词看做是"状态形容词(短语)＋的$_2$"的功能,修饰名词应该是"状态形容词(短语)＋的$_2$＋的$_3$"或者说"状态形容词(短语)＋的$_3$"这样的结构的功能。

在晋城话中,"白能"、"男能"中的"能"除了做名词化标记(本文把做名词化标记的"能"表示为"能₀",朱用"的₃"来表示)以外,还可以作为状态形容词词缀,即朱德熙的"的₂",我们在此表示为"能₂","状态形容词+能₂"可以做谓语(14、15)和补语(16、17)等,例如:

(14) 这₄锅门门馒头香喷喷能₂。

(15) 他那梁袜袜子臭烘烘能₂。

(16) 他吃能得肥噔噔能₂。

(17) 他打扮能得妖里妖气能₂。

从例(12)、(13)来看,朱德熙的理论可以很好地解释晋城话中状态形容词做定语,在它和中心语之间可以仅出现"这₀"或"那₀",也可以出现"能+这₀/那₀"的形式。根据朱德熙的理论,(12)、(13)中的"能"就是北京话中的"的₂",是状态形容词词尾,而"这₀/那₀"是"的₃",是名词化标记,晋城话的状态形容词修饰中心语,也是既可以采用置换的方式,也可以采用叠加的方式,与朱德熙状态形容词修饰名词需要名词化的理论正好相符。甚至,虽然朱德熙的理论是针对定中结构说的,但这个理论也同样适用于晋城话的的字短语,比如例(7)、(8)中的"七不得得非常好看那₀/能₂那₀"和"烂不查查非常烂那₀/能₂那₀"。

根据朱德熙的理论,晋城话的"状态形容词+能₂"不能直接充当主语或宾语,不是一个名词性短语,它如果要成为一个名词性短语,必须在其后添加名词化标记"这₀"或"那₀",否则,只能充当谓语和补语,是一个谓词性短语。"七不得得非常好看那₀/能那₀"和"烂不查查非常烂那₀/能那₀"无论是单独作为的字短语出现,还是作为定中结构中的中心语前边的一部分出现,"能"毫无疑问都应被看做"能₂"。

但是朱德熙的理论却不能解释晋城话例(5)、(6)中的"白能₀/白能₀那₀"和"木头能₀/木头能₀那₀"以及例(10)、(11)中"红能那₀"和"巧克力味儿那₀/能₀那₀"中的"能₀"和"这₀/那₀"连用的情况。例(5)、(6)中的"白能₀"和"木头能₀"本身已是名词性短语,"这₀/那₀"不起使前面含"能"的短语名词化的作用,却为何还要在含"能"的短语后出现呢?同样,"红能₀"和"巧克力味儿能₀"已经是名词性的了,也不需要用"这₀"或"那₀"使前面含"能"的短语名词化,却为何在它们修饰中心语的时候,中间还要加另一个名词化标记"这₀"或"那₀"呢?

从上面的论述可以看出,"白能那₀"、"木头能那₀"等和"七不得得能那₀"、"烂不查查能那₀"中的"能"的性质似乎并不相同,"白能那₀"、"木头能那₀"中的"能"似乎是"能₀",是一个名词化标记;而"七不得得能那₀"、"烂不查查能那₀"中的"能"似乎是"能₂",是状态形容词词尾。但尽管如此,同样是"能"和"这₀"或"那₀"的连用,说在"性质形容词+能+这₀/那₀"和"状态形容词+能+这₀/那₀"中的"能"具有不同的来源好像又不可能。

朱德熙的理论也不适用于解释山东寿光话中的结构助词连用的情况。张树铮(2006)对山东寿光话的结构助词作过详细的研究,上表中所总结的规律是借助于他对结构助词的描述而得出的。从上表中可以看出山东寿光话领属性定中结构之间和领属性的字短语中所用的结构助词是"那",比如"你那₀书"、"他爸爸那₀车子"、"俺那₀"、"对里那₀"等,"那"是一个名词化标记。寿光话也可以说"黄的"、"瘦的"、"好的"、"皮的"等,说明"的"也是一个名词化标记。寿光话在属性定中结构和属性名词性短语中也

134

是像晋城话一样,采用两个结构助词的连用形式,即"的那",它也是不仅可以放在性质形容词(18)、(20)之后,也可以放在状态形容词(20)之后,其中,(18)、(19)是属性定中结构,而(20)是属性的字短语。比如:

(18) 我愿意吃韭菜**的那**包子。

(19) 很好**的那**事儿找他耽误嘞了。

(20) 白**的那**是我的,黄**的那**是你的。

朱德熙的理论可以很好地解释(19)中的情况,但同样不适用于解释(18)、(20)中的结构助词连用的情况,"韭菜的那"、"白的那"、"黄的那"中的"的"应该不是状态形容词词尾,因此后面的"那"不起使前面含"的"的短语名词化的作用。那么,到底应该如何解释这种情况中的结构助词连用呢?

在寿光话中,"的那"的连用形式不仅出现在属性定中结构和的字短语中,关系从句性定中结构(21、22)和关系从句性的的字短语中(23、24)也以出现"的那"为常,例如:

(21) 吃下去**的那**东西儿吐也吐不出来嘞了!

(22) 往济南去**的那**汽车早走了。

(23) 他蒸**的那**好吃,我蒸**的那**不好吃。

(24) 没卖完**的那**就别卖了,自家吃了罢。

朱德熙的理论也不适用于解释这些"的那"连用的情况,上面这些句子中的"的"不可能是状态形容词词尾,只能是名词化标记,为何存在两个名词化标记的连用形式呢?

综上所述,晋城话中的"能"与"这。/那。"的连用形式不仅可以出现在性质形容词的后边,也可以出现在状态形容词的后边;而山东寿光方言中的"的"与"那"的连用形式更是不仅可以出现在上述的两种情况中,还可以出现在关系从句性定中结构之间和的字短语中,但是,朱德熙的理论只适合于解释状态形容词后边连用两个不同结构助词的情况,其他的情况则不可以解释。虽然我们说在不同结构中的两个连用的结构助词的性质的确不同,比如晋城话中的"红能$_0$那$_0$花"中,"能$_0$"和"那$_0$"都是名词化标记,"红圪丢丢能$_2$那$_0$胭脂"中,"能$_2$"是一个状态形容词词尾,而"那$_0$"也是一个名词化标记,但是,两个连用的助词却都处在相同的句法位置上,都可以出现在定中短语之间,也可以出现在名词性的的字短语中,因此我们很难说同一方言中的这些连用的结构助词,尤其是前一个结构助词具有不同的来源。那么,为什么在类似的结构中连用结构助词的性质,主要是前一结构助词的性质,会有那么大的不同?这些连用的结构助词究竟是如何形成的呢?

我们认为在山西方言,包括山东的寿光方言中,存在两次指示代词到名词化标记的语法化,山西方言以及山东寿光方言中的"这$_0$"、"那$_0$"和"奈$_0$"等是第二次指示代词语法化为名词化标记的产物。而这些方言中的普遍存在于属性的字短语中的"能"和"的"等则是第一次从指示代词语法化为名词化标记的结果。新产生的名词化标记和旧有的名词化标记不可能同时存在,二者势必发生一系列的冲突,而且这个冲突必须解决,解决的方式则不外乎新的替换旧的及新的和旧的共存两种。在新的和旧的共存的过程中,由于旧的名词化标记是老资格,而新的名词化标记则往往很可能还不是特别成熟,还带有指示代词的影子,甚至本身还可以分析为指示代词,因此新的名词化标记一定是出现在旧的名词化标记后面的。比如寿光方言中的"的那","的"是旧有的,"那"是新产生的,"那"放在"的"的后面。

从山东寿光方言来看,新产生的名词化标记"那"已基本上完全取代了领属性定中结构和的字短语中旧有的名词化标记"的",而在关系从句性的定中结构和的字短语以及属性定中结构和的字短语中,则是和旧有名词化标记并存,形成了现在的双标记连用,即"的那"连用的状况。而从晋城话来看,新产生的名词化标记则是完全取代了领属性和关系从句性定中结构和的字短语中旧有的名词化标记,而在属性定中结构和名词性的字短语中则存在不稳定的状态,有时既可以用新产生的名词化标记完全替代旧有的形式,也可以采用新旧形式共存的方式,比如"黑洞洞那。天"和"黑洞洞能那。天";有时则只能采用替换的方式,比如"勤谨那。人";而有的又只能采用新旧形式连用的方式,比如"青能那。苹果"[①]。

在新的名词化标记产生之后,由于状态形容词本身具有的描述性,因此在长期的使用中,整个"状态形容词+旧名词化标记"在人们的感觉中具有了描述性,"旧名词化标记"就又在其自身具有的功能的基础上发展出一个状态形容词词尾的功能,只不过这个功能的体现有个条件限制,即它必须出现在状态形容词后边。那么,既然"状态形容词+旧名词化标记形式(实质已为状态形容词词尾)"用来描述一个事物,具有了谓词性,那么使整个"状态形容词+旧名词化标记形式(实质已为状态形容词词尾)"结构名词化的重任就自然而然地落在了新生的名词化标记的身上,"状态形容词+旧名词化标记+新名词化标记"就逐渐被人们重新分析为"状态形容词+状态形容词词尾+新名词化标记"。举例来说,我们认为"能"是晋城话旧有的名词化标记,状态形容词做定语的定中结构表示为"状态形容词+能+中心语",比如"丑滑滑_{非常丑}能小孩"。受到"丑滑滑_{非常丑}"状态形容词具有强烈描述性性质的影响,整个

"丑滑滑_非常丑_能"也逐渐具有了描述性,"能"便逐渐转变成一个"状态形容词词尾",新的名词化标记"这。/那。"产生之后,使整个"丑滑滑_非常丑_能"名词化的任务就转移到了"这。/那。"身上。而由于由性质形容词充当"的"前边成分的属性的字短语中的"的"是最难被取代的,因此当新的名词化标记产生时,它虽然大量取代了其他位置的旧有的名词化标记,但却仍然没有取代由性质形容词充当"的"前边成分的属性的字短语中的"的"的位置,因此还存有大量的"性质形容词+旧名词化标记"的形式,但同时在"状态形容词+状态形容词词尾(形式仍为旧名词化标记)+新名词化标记"这一结构类推的影响下又新产生了一些"性质形容词+旧名词化标记+新名词化标记"的形式。由于性质形容词本身不具有描述性,"性质形容词+旧名词化标记"中的"旧名词化标记"仍然是实实在在的名词化标记的身份,受其影响,"性质形容词+旧名词化标记+新名词化标记"中的旧名词化标记仍然保有清晰的名词化标记的身份,而不存在被误认为是"状态形容词词尾"的可能。比如,晋城话中的"红能、黄能、木头能、难能"等"能字短语"中的"能"是最难被新的名词化标记取代的,因此当新、旧名词化标记连用产生"红能那、黄能那、木头能那、难能那"等短语时,"红能那"等短语由于受到"红能"等短语的影响,"能"只可能被重新分析为名词化标记。山东寿光方言中的"动词短语或主谓短语"也不具有描述性,因此也不具有使其后面的旧的名词化标记具有描述性功能的可能,因此在"动词短语或主谓短语+旧名词化标记+新名词化标记+中心语"中,旧有的名词化标记也仍然是实实在在的名词化标记的身份。

重新回到晋城话和寿光话的三种定中结构和三种的字短语上

来。从晋城话来看，由指示代词而来的新的名词化标记已经完全取代了领属性和关系从句性的定中结构和的字短语中的旧有的名词化标记，而尚未取代属性定中结构和的字短语中的旧的名词化标记，属性定中结构和的字短语要么完全保留了旧有的名词化标记，要么在旧的名词化标记的后面同时添加了新的名词化标记。而从寿光方言来看，由指示代词而来的新的名词化标记已经完全取代了领属性定中结构和的字短语中的旧有的名词化标记，而尚未取代关系从句性和属性定中结构和关系从句性和属性的字短语中的旧的名词化标记，关系从句性和属性定中结构与关系从句性和属性的字短语要么完全保留旧有的名词化标记，要么在旧的名词化标记的后面同时添加新的名词化标记。

归纳上述方言的语言事实，我们可以比较稳妥地得到这样的结论，指示代词语法化为新的名词化标记这一过程倾向于首先在领属性定中结构和的字短语中发生，其次是关系从句性的，最后是属性的。另外，从山西的临猗、屯留、万荣以及闻喜方言来看，相对于同一属性的定中结构和的字短语而言，新的名词化标记易于先出现在定中结构之间，后占领的字短语中"的"的位置。用公式可以简单地表示为：

定中结构中的名词化标记＞的字短语中的名词化标记（"＞"表示早于）；

领属性结构中的名词化标记＞关系从句性结构中的名词化标记＞属性结构中的名词化标记

石毓智（1998）认为中古时期的"底"是由在此之前的指示代词"底"发展而来的，山西方言是支持这样的结论的。但他还认为"底"是在"动词短语＋底＋中心语"这样的具体环境中首先发展出来的。山东寿光方言似乎不支持这样的结论。寿光方言更支持名词化标记是从"领属性名词+指示代词+中心语"这样的结构中的"指示代词"进一步语法化而来的看法。

而且,从近代汉语来看,据吕叔湘(1985),当名词前头兼有指示代词"这、那"和其他定语时,会发生词序问题。"这、那"出现在其他定语的前头还是后头主要取决于定语的类别。"这、那"和领属性词语,包括时间、地点词语,一起做定语时,"这、那"总是在领属性词语的后边,而且领属性定语和"这、那"之间大多不加"的"字。描写性词语与"这、那"同做定语时,"这、那"的位置则大多在前,它们的使用频率差不多。含有动词的定语可以分为动词短语和主谓短语两类。与动词短语同用,"这、那"都有两种位置。与主谓短语同用,"这、那"通例在后,用"那"的比用"这"的多得多。

吕叔湘关于近代汉语"这、那"的描述有助于解释我们在调查山西方言以及参考山东寿光方言的基础上得出来的指示代词语法化为名词化标记的进程的结果。正是由于"这、那"和领属性词语一起做定语时,"这/那"总是在领属性词语的后边;含有动词的定语与"这/那"同时一起做定语时,"这/那"则有前有后;而描写性词语与"这/那"同做定语时,"这/那"则大多在前,因此虽然近代汉语中"这/那"还是指示代词,但却不难理解,"这/那"与其他定语的相对位置关系造成了领属性定中结构之间的"这/那"最容易也最先语法化,其次则是包含动词的定语和中心语之间,即我们所说的关系从句性定中结构,而最后则是描写性词语充当的定语与中心语之间,即我们所说的属性定中结构。

而且,吕叔湘还观察到,描写性定语和含有动词的定语与"这、那"同用,且"这、那"在后时,这两种定语和"这、那"之间常常加

"的"字。这也从某种程度上证明了我们关于"助词连用"的解释,新的名词化标记前的"助词"是旧的名词化标记,而并非状态形容词词尾,"这/那"在从指示代词语法化为新的名词化标记,并最终取代旧有的名词化标记之前,有一个叠加使用的过程。

附 注

① 虽然就指称范围而言,名词化标记这一术语存在一定的问题,比如,我们可以说"红的"、"昨天卖的"中的"的"是名词化标记,因为它将前面的非名词的谓词性词语名词化了,但是"我的"、"昨天的"中的"我"和"昨天"本来就都是名词,名词不需要也不可能再被名词化,我们再将这两个短语中的"的"命名为名词化标记显然有些不合适。但是由于我们找不到更合适的术语来指称用于定中结构之间的结构助词以及"名词性的字短语"中的"的",比如"结构助词"的指称范围还包括状中结构以及述补结构之间的结构助词,用它来指称本文研究的对象也是不合适的,因此本文为方便起见,还是沿用名词化标记这一术语。

② 有的方言中的名词化标记的声母在语流中常常脱落,比如临猗话的[lai⁰]在语流中常常脱落声母读为[ai⁰](史秀菊 2003)。

③ 山西有些方言远指代词的语音形式为[ue]、[uə]、[ɐn]、[u]、[eiə]等,一般写作"兀",比如五台、平陆等,而这些方言中的名词化标记的语音形式则为[liə]、[li]等。我们认为这些方言中的名词化标记也是来自该方言中的远指代词,当然其中的过程更为复杂,限于篇幅,我们在此不多作解释,详细论述请参看焦妮娜(2008)。

④ 晋城话的指示代词系统非常复杂,包括六对语音形式、意义和功能不同的"这"和"那",我们分别用"这₁、那₁","这₂、那₂","这₃、那₃","这₄、那₄","这₅、那₅"以及"这₆、那₆"来表示。具体的语音形式、意义和功能,《晋城话的结构助词"这"和"那"》中有详细论述。简单来说,"这₁、那₁"一般单用或用在后面跟光杆名词的情况下。

⑤ "这₃"和"那₃"是"这个"和"那个"或"这一个"和"那一个"的合音形式。

⑥ "这₄"和"那₄"是"这一"和"那一"的合音形式。

⑦ "这$_2$"和"那$_2$"用在非一的数词前边。

⑧ 在第2节末尾会有较为详细的论述。

⑨ 意思是你有很多书包,这个书包不错,暗含着别的书包不太好的意思。

⑩ 晋城话的名词化标记与该方言中其中一对指示代词语音形式基本相同,我们确认它们来自指示代词,而且该方言中,除了指示代词以外,我们找不到与名词化标记语音形式一致或基本一致的同音字,因此我们选用"这$_0$"和"那$_0$"来表示晋城话中的名词化标记。后文中提到的其他方言中的名词化标记我们也采用某字加"0"下标的方式表示。

⑪ 之所以采用"关系从句结构"这个术语,是因为英语中这些短语多是用关系从句的形式来表示的,比如,"昨天买的酒"为"the wine that was bought yesterday","自己种的树"为"the tree that I planted by myself",所以我们把它们暂称作关系从句结构。

⑫ 本文中像"色泽鲜艳的衣服"这样的短语,虽然定语和中心语之间具有修饰和被修饰的关系,但由于该短语的定语是由主谓短语充当的,所以我们将其归入关系从句结构一类,而不是属性结构。

⑬ "的$_儿$"是"的"的儿化形式,在分布上与"的"没有太大的区别。《山西方言名词化标记的来源》(焦妮娜 2008)一文对其有较为详细的解释,本文不再作更多的描述。

⑭ 比较少的情况下也有混用的情况,"的字短语"中的"的"是从新的指示代词发展而来的新的结构助词最后替代的一个位置,处于新旧结构助词替代过程中的"的"自然处于不稳定的状态,会有小比例的混用状况。

⑮ 寿光方言中名词化标记的使用状况非常复杂,我们在这里将其简单化了,详情请看张树铮《山东寿光方言的助词"那"及其语法化过程》一文。

⑯ 为什么写作"能$_2$"下文会有解释。

⑰ 也可以干脆说"青苹果"。

参考文献

陈治文 1964 近指指示词"这"的来源,《中国语文》第6期。

储泽祥 2000 "底"由方位词向结构助词的转化,《语言教学与研究》第1期。

丁喜霞　2000　《歧路灯》助词"哩"之考察,《古汉语研究》第 4 期。
傅书灵、邓小红　1999　《歧路灯》句中助词"哩"及其来源,《殷都学刊》第 2 期。
侯精一、温端政　1993　《山西方言调查研究报告》,山西高校联合出版社。
黄伯荣等　1996　《汉语方言语法类编》,青岛出版社。
江蓝生　2000　处所词的领格用法与结构助词"底"的由来,载《近代汉语探源》,商务印书馆;另载《中国语文》1999 年第 2 期。
焦妮娜　2008　山西方言名词化标记的来源,载《第三届汉语方言语法论文集》,暨南大学出版社。
———　(未刊)　晋城话的结构助词"这"和"那"。
李　讷、石毓智　1998　指示代词与结构助词的共性及其历史渊源,*Journal of the Chinese Language Teachers Association* 33.2.
刘丹青　2005　汉语关系从句标记类型初探,《中国语文》第 1 期。
吕叔湘　1943　论底、地之辨及底字的由来,《中国文化研究会刊》第 3 期;另载《汉语语法论文集》,商务印书馆,1984 年。
———　1985　《近代汉语指代词》,江蓝生补,学林出版社。
梅祖麟　1986　关于近代汉语指代词,《中国语文》第 6 期。
———　1987　唐、五代"这"、"那"不单作主语,《中国语文》第 3 期。
石毓智　2002　量词、指示代词和结构助词的关系,《方言》第 2 期。
石毓智、李　讷　1998a　汉语发展史上结构助词的兴替,《中国社会科学》第 6 期。
———　1998b　论助词"之"、"者"和"底(的)"的兴替,《中国社会科学》第 6 期。
史素芬　2001　山西武乡方言的虚词"的",《北京大学学报》(国内访问学者、进修教师论文专刊)。
史秀菊　2003　临猗方言的结构助词"奈"与"哩",《语文研究》第 1 期。
孙玉卿　1999　怀仁方言中的结构助词"的",《山西大学学报》第 3 期。
田希诚、吴建生　1995　山西晋语区的助词"的",《山西大学学报》第 3 期。
吴建生　1990　万荣方言的人称代词和指示代词,载《语言学论文集》,山西人民出版社。
项梦冰　2001　关于东南方言结构助词的比较研究,《语言研究》第 2 期。
杨增武　1982　山阴方言的人称代词和指示代词,《语文研究》第 2 期。
余霭芹　1995　广东开平方言的"的"字结构——从"者"、"之"分工谈到语法类型分布,《中国语文》第 4 期。

袁　宾、徐时仪、史佩信、陈年高　2001　《二十世纪的近代汉语研究》,书海出版社。

张惠英　2001　《汉语方言代词研究》,语文出版社。

张　敏　2003　从类型学看上古汉语定语标记"之"语法化的来源,《语法化与语法研究》(一),商务印书馆。

张树铮　(未刊)　山东寿光方言的助词"那"及其语法化过程。

张维佳　2005　山西晋语指示代词三分系统的来源,《中国语文》第5期。

张谊生　2003　从量词到助词——量词"个"语法化过程的个案分析,《当代语言学》第3期。

志村良治　1995　"这"和"那"——中世新的指示词系统,载《中国中世语法史研究》,中华书局。

朱德熙　1961　说"的",《中国语文》第12期;另载《朱德熙文集》(第二卷),商务印书馆,1999年。

——　1966　关于《说"的"》,《中国语文》第1期;另载《朱德熙文集》(第二卷),商务印书馆,1999年。

——　1980　北京话、广州话、文水话和福州话里的"的"字,《方言》第3期;另载《朱德熙文集》(第二卷),商务印书馆,1999年。

——　1985　《语法讲义》,商务印书馆。

——　1993　从方言和历史看状态形容词的名词化兼论汉语同位元性偏正结构,《方言》第3期;另载《朱德熙文集》(第三卷),商务印书馆,1999年。

Heine, Bernd & Tania Kuteva 2002 *World Lexicon of Grammaticalization*. Cambridge: Cambridge University Press.

Hopper, P. J. & E. C. Traugott 1993 *Grammaticalization*. Cambridge: Cambridge University Press.

Wu, Yunji 2005 A hypothesis of the development of attributive particles in the Hunan dialects. In Pang-Hsin Ting & Anne O. Yue (eds.) *Essays in Chinese Historical Linguistics: Festschrift in Memory of Professor Fang-Kuei Li on His Centennial Birthday*. Taipei: Institute of Linguistics, Academia Sinica; Seattle: University of Washington.

Yue, Anne O. 1993 *Comparative Chinese Dialectal Grammar: Handbook for Investigators*. Paris: Ecole des Hautes Etudes en Sciences Sociales, Centrede Recherches Linguistics sur l'Asie Orientale.

论北方方言中位移终点标记的
语法化和句位义的作用[*]

柯理思(Christine Lamarre)

(日本东京大学语言信息科学系)

0 引言

在现代汉语(共同语)里,标注位移终点最典型的标记(goal marker)是动词之后的"到"和"在"。本文讨论的不是"到"语法化为表达非空间语义范畴的过程,而是汉语北方方言中表达空间位移终点的标记的范畴化问题,以及标记本身所负载的语法意义和构式义的相互作用关系。位移终点标记在汉语各方言中与体标记一样,显示出相当大的出入。以往的研究(江蓝生 1994,2000;袁毓林 2002)在讨论[V+X+处所词]格式时有以下两种明显的倾向:

(a) 主要关注引介位移终点的成分本身,即出现在[V+X+

---

[*] 本文是在第四届汉语语法化问题国际学术讨论会(北京语言大学,2007 年 8 月)上宣读的论文的基础上修改而成的。会上会下承蒙无数同行提出有益意见,谨表谢忱。在方言调查过程中我们也得到了很多朋友的帮助,在此一并致谢。本文获日本学术振兴会科学研究费补助金"从音韵与句法界面对汉语的类型学特征的再探讨"(课题号:19520360)的资助。

处所词]格式中的 X 成分的词汇意义和历史渊源,较少讨论处所词的语义角色。

(b) 把 X 成分看做是"方位介词"。这大概是受普通话[V+在+处所词]格式的影响,因为"在"既可以出现在做状语的介词短语中(比如"在院子里玩儿呢"),又能出现在动词后引进位移终点(比如"笔掉在地上了")。加上"到北京去"的"到"在某些语法书里被分析为介词,结果也容易把动词后的"到"看做介词,很少和趋向补语一类成分放在一起讨论。①

不过,普通话以外的多数方言的实际情况表明,处所名词在空间位移事件中的语义角色并不完全取决于所谓"方位介词"的词汇意义。汉语方言的终点标记可以按照动词和终点标记的融合程度以及标记本身有无"到达"类词汇意义这两个标准初步分成下面几类:②

① 终点标记已完全消失,用"零形式"来引进位移终点,动词不变。(北京话等)

② 终点标记虽已失去独立音节的身份,但在动词音节上留下了某种痕迹,如变调、变韵、儿化、韵母拉长等音变形式。(分布在河北、山东、山西、河南、陕西等)

③ 终点标记与动词词根的界限比较明显,也占一个音段,但无法和本方言里明确表达到"终点"意义(比如表到达意义)的词汇形式联系起来。这包括因为语音弱化已无法确定其来源和词义的成分(北京话的"的"等),以及在本方言中具有充当体标记或者动相补语等功能但本身却没有空间位移或者"到达"义的形式(如晋方言的"得",冀鲁官话的"唠/喽"等)。这一类的标记往往因其来源不明而引起争论,在现阶段是一个杂类。

④ 终点标记为"到"、"着"等具有"到达"、"附着"意义的词汇

形式。我们采用吕叔湘(1980)和刘月华(1998)的看法,认为普通话出现在动词后的"到"("搬到二楼去")是趋向动词,不是介词;"到哪儿去了"中的"到"同样也是趋向动词,不是介词。因为本文的目的是讨论终点标记本身的词汇意义和构式义这两个因素在构成终点意义上的相互作用,所以只得把表示到达义的趋向动词"到"与其他趋向动词区分开来,另外分类。

⑤ 用典型的介词(即可以充当状语的介词短语的介词)来引进位移终点,比如普通话的"在"。其实,在北方方言中,用"在"来引进动词后的处所词的方言并不多。在普通话(书面语)中动词后的介词还包括引进起点("来自北京")、无界的方向("开往北京")的成分。这个模式在南方方言中也很常见。

⑥ 终点标记为"到"以外的趋向动词,即词汇意义(路径意义)与"到达"不同。有的方言用"上"类趋向补语来引进终点,比如"跑回家"(普通话、粤语、某些晋方言)。粤、闽方言还可以用复合趋向动词("上来"类趋向补语)或者单独用指示性动词"来/去"来引进终点。趋向补语不一定只引进终点,也可以引进表示起点等语义角色的处所词(如"跳下炕")。

前三种模式的位移句中,处所名词短语的语义角色不是终点标记本身所赋予的,因为类型①根本没有标记,类型②和③的标记的词汇意义与空间位移无关,语法意义最多是模糊的"有界化"意义,往往兼表完成体和持续体,有时还可以引出各种补语成分等等。这两种类型虽然地理分布相当广,但目前在语法学界对其语法功能的描述和分析才刚刚起步。模式④在北方方言和中部方言(吴、湘)中都常用。⑤在普通话和吴语里都存在,被认为是最典型的标记(所谓"方位介词"),但实际上在北方方言里不见得那么普遍。⑥的分布比较复杂,主要在南方,又包括几个次类。由此可以看出,从⑥到①的[V+X+处所词]格式中的X成分的词义由实到虚(甚至到零),同时似乎形成一个由南到北的连续体。

我们的初步假设是,在北方方言里,位于动词后的(狭义的)处所词(一般带方位词)的语义角色(终点=GOAL)取决于构式义,因此不需要借助任何"到达"类标记的具体词汇意义,标记即使隐去也只能解释为终点。也就是说,动词后的处所词的默认值就是"位移终点",其终点意义大部分是句法位置所赋予的,可以叫做"句位义"(参考张国宪 2006)。③从标记本身的语法化的角度看,以上从⑥至①的模式中终点标记的词汇意义越来越淡薄,语法功能的确定性也越来越弱,在北京话里甚至连强制性都消失了。前一个倾向符合语法化的特点,后一个倾向却不太符合语法化现象的一般趋势,语法化程度高的形式应该强制性也高。我们认为这一点也只有从句位义的角度去解释才能说得通。

本文先分别介绍这6种类型的例子,然后在第7节里讨论"终点角色"是由哪个因素来赋予的,进而探讨位移终点标记的词汇意义和结果构式的构式义这两个因素在"终点角色"形成中的相互作用关系。

1 用零形式来引进位移终点:
[V+X+处所词]中 X 脱落(北京话)

1.1 北京话的[V+零形式+处所词]格式及其分析

朱德熙(1982:114)提到,北京话经常用"的"来引进处所词,而且"在更土的北京话里,连这个 de 也消失了,很多动词可以直接带狭义处所词宾语"。目前讨论这个零形式的使用条件及语体特点等问题的论著颇多[贝罗贝(Peyraube)1980:134—147；郭熙1986；徐丹1994等]。Chirkova & Lamarre(2005)调查了2000年前后北京话口语里出现在动词后引进位移终点的形式,表1介绍了其中的13个常用及物动词和终点标记的组配状况,动词为"搁、放、挂、埋、扔、停、写、贴、装、摆、堆、躲、锁"[①]。可见老派北京话中零形式还是主流。表2的统计数字进一步说明,在老派的口语中,"外来"的普通话动词"放"往往带介词"在",而零形式和"的"多数出现在北京话口语动词"搁"后边。该文还考察了[V＋X＋处所词]格式的语法意义,结论是这个格式主要表示位置变化,比如语料库中107个含[及物动词＋在/到/的/零形式＋处所词]格式的句子中,只有两句表示静态位置,标记用"在"(动词为"挂"和"摆")。正因为这个构式的核心意义是表示位置变化,其中的处所词表示变化后的位置(终点),因此X成分不需要区分"在"和"到",也就可以由词汇意义模糊的"的"来充当,甚至可以完全消失。[表1和表2是笔者根据Chirkova & Lamarre(2005)的几个表格改成的]

表1 北京话口语里出现在及物动词后的位移终点标记(105个位置变化句)

13个及物动词		
	老派	新派
在 -zai	13	16
到 -dao	2	2
的 -de	29	5
ø(零形式)	32	6
总数 105	76	29

表2　北京话口语里"搁"和"放"后的标记

	搁 老派	搁 新派	放 老派	放 新派
在 -zai	4	5	5	6
到 -dao	2	ø	ø	1
的 -de	17	1	ø	ø
ø（零形式）	25	3	1	ø
总数 70	48	9	6	7

调查结果显示，类似"搁桌上"、"贴墙上"、"把它泡水里"这类形式只出现在口语中。对于这类[V+处所词]里动词和处所名词的句法组合的性质，史有为(1997)和王占华(1999)都曾作过专门讨论，并且一致认为不应该把"贴墙上"一类格式看成述宾结构，而应该看做是语流音变的结果，是脱落了介词的述补结构，其中的名词短语表示位移的终点。即使介词脱落，动词和处所词之间的组合关系也不能看做是动宾关系。史文指出，北京话的终点标记也可以完全脱落，但有时还能听到"音渡"，即动词韵尾部分拉长等现象（如"放 ŋ 桌儿上"，"寄 r 家里"等）。史有为(1997:85—87)还举了吴方言的例子作为旁证，指出吴语里介词是不能省略的：

(1) a. [北京话]丢 ø 路上了。　→[常州话]落勒路酿连。
　　b. [北京话]把这块儿木板拖 ø 院儿里去。
　　→[常州话]拿至块木板拖到院子里向去。

笔者同意这个观点（脱落的成分是否应该分析成"介词"是另外一个问题）。

至于北京话类型的方言在北方方言中的分布有多广，现在还不清楚。尹世超(2003:157—161)在将东北官话的介词与北京话和普通话的介词进行比较后指出,东北官话中动词后的形式限于"在"和"待"的轻声形式,也用零形式。据聂志平(2003),黑龙江口语里零形式最常用。吴继章(2007)指出河北南部的魏县方言(一个中原官话方言)中的终点标记"到"(或[.lau])也可以隐去(魏县方言在动词后不用"在")。这个分布也许与不发生轻声字前变调的方言的分布有一定的对应关系。北京话中也没有轻声音节前变调的现象,动词后的轻声音节脱落也不会留下痕迹。

1.2　北京话的[V＋零形式＋处所词]格式产生的动因问题

引出终点的语法成分为什么会隐没呢? 江蓝生(2000)曾经指出过[V＋X＋处所词]格式的X成分之所以会不断地弱化甚至消失,原因之一是这个结构的"凝固性":"人们只要听清动词后面有处所词,就会习惯地把这个处所词理解为处所补语,不仅X成分是'在'义还是'到'义不重要,甚至连有没有X成分作为中介也无关紧要。"我们同意这个观点,而且认为所谓"凝固性"和我们所说的句位义非常接近。

江蓝生(2000)使用"处所词"这一概念,我们也认为这是一个非常重要的前提。对于"贴墙上"一类格式的名词带有方位词这一问题,史有为(1997:98)曾指出过,由动词和不带方位词的宾语构成的动宾格式("逛商店、跑码头"等)在语义和用法上和述补式有别,前者往往表示事类,容易熟语化,信息倾向于整体,后者则表示事例,信息焦点在后部。两位前辈的敏锐洞察给我们提供了一个线索:汉语的狭义的处所词(本身具有处所意义的词以及带方位词的名词)和一般名词的区别也给终点标记的隐没创造了条件。方位词不仅表达位移路径的一部分("里外"等意义),同时还显示出动词和位于动词后的名词短语的句法组合的性质(动宾组合还是述补组合),只要是述补结构,处所词的语义角色就是终点。

鉴于此,我们暂时把决定名词短语的终点义的"句位原则"概括如下:

[句位义原则★] 在现代汉语里,出现在补语位置上的处所词的语义角色的默认值是"终点"。

这个句位义原则与汉语表示处所的名词短语的位置所经历的历史演变相重合,动词后确实是终点处所词的典型位置(张赫 2002:251),也是动词的论元的位置(Djamouri & Paul 1997)。可是现代汉语的书面语情况相当复杂,[V+X+处所词]中的处所词不见得都表达位移终点。"来自北京"一类的句子也许可以解释为文言成分的遗留,其中的处所词虽出现在动词后但并非补语成分(详见下文第 5 节)。这种处理符合朱德熙(1987)所倡导的程序:研究现代汉语语法应该区分不同语体。不过还有一种常用的格式则颇成问题:"走出教室"、"跳下炕"一类结果构式的名词短语也位于动词后,但其语义角色却是位移的起点,"游过河"的"河"是位移的途径,不是终点,这似乎违反了上述的原则(详见下文第 6 节)。无论是讨论终点标记的语法化的江蓝生(1994,2000)、提出时间顺序原则的戴浩一(Tai 1985),还是重视介词短语的位置和结果构式的关系的石毓智(2002),都没有对这些例外作过交代。我们接下来先对终点标记的其他类型进行简单的描述和分析。

2 终点标记因语音磨损失去了独立音节的形式,但在动词上留下了痕迹

下面我们先在2.1~2.4节中分别介绍这种类型的几个次类：②-a痕迹模式、②-b变韵模式、②-c儿化模式和合音变调模式,以及②-d即所谓"拉长"、"零音节"或者"拖音"现象。应该注意的是属于这个类型的方言的终点标记虽然不是一个完整的音节,但终点的标注一般是强制性的(比如河北冀州、陕西永寿、河南浚县、山东平邑等)。继而在2.5和2.6节中讨论上述几个次类之间的区别以及特殊的可能式的问题。

2.1　②-a痕迹模式

在具有轻声字前变调的方言中,轻声音节即使弱化到完全消失的阶段,仍然在动词上留下痕迹,动词的变调形式与本调形式对立。终点标记已经消失,但留下了痕迹。请看河北衡水市冀州方言的情况。柯理思(2003)讨论河北冀州话的[V＋唠＋处所词]结构时提到,有一部分调查合作人在动词后可以不用任何形式,但终点标记消失后留下痕迹,与北京话的零形式有别。变调的规律如下：

表3　河北冀州话的变调(冀鲁官话,依据刘淑学1993和笔者调查)

动词本调	阴平213	阳平53	上声55	去声31
动词后有显性·隐性的轻声虚词时变为	去声21	上声55	阴平213	阳平53

比如,冀州话的"拿"(阳平调)原调为53,动词后如果有轻读的虚词,比如动词带完成体标记"唠"[.cɑl]或[.cl](来源于"了"),

都必须变调为 55。位移终点标记"唠"和完成体标记同形,但往往弱化。无论终点标记"唠"保持原来的完整的音节还是隐没,动词必须一律变调,下面以"拿到屋里去"一句为例,根据地区或说话人习惯的不同,表现出以下 i～iii 几种弱化阶段,而动词不变调的句子(iv)则一律不能接受。

(2) i. 拿$^{53-55}$ [.lɑɔ] 屋里去。/ ii. 拿$^{53-55}$ [.ɔ] 屋里去。/ iii. 拿$^{53-55}$ 屋里去。(iv. * 拿^{53} 屋里去)

其他官话方言也能见到类似冀州的(2-iii)的变调现象,比如山东西南部的平邑话(中原官话方言)。例句(3)的 a 和 b 构成最小对比对,引自孟子敏(2000:196)。

(3) a. nɑ^{53}　　lə$^{44-214}$.tɔ.tɕia　　b. nɑ$^{53-44}$　　lə$^{44-214}$.tɔ.tɕia
　　　拿^{53}　　耳朵　　间　　　　拿$^{53-44}$　　耳朵　　间
　意义:拿某物时拿它的　　　将东西拿到耳朵旁
　　　耳朵旁(对象)　　　　　(位移终点)

山东平邑方言中的动词变调同时也可以标注动词的完成体,即动词词尾"了₁"一般隐没留下痕迹,与终点标记同形。山东的宁津方言(冀鲁官话方言,见曹延杰 2002:242—243)可以用轻声的[.ta]或[.tə]来引出终点,也可以不用任何标记,条件是动词发生变调,变调类型正是轻声字前所发生的类型(曹延杰 2002:63—64)。比如在下边的例句里动词"跑"[pʰɔ^{44}](上声)在轻声的终点标记前要念阴平调(调值为 324,如例句 4a),例句(4b)显示终点标记脱落后仍然保留轻声字前变调的调值(例句根据曹延杰 2002 的说明加上部分标音)。

(4) a. 跑[pʰɔ$^{44-324}$]打[.ta]城里去[唠]。/跑[pʰɔ$^{44-324}$]得[.tə]城里去[唠]。

b. 跑[pʰɔ⁴⁴⁻³²⁴]城里去[啊]。

2.2 ②-b 变韵模式

终点标记在语流中没有占独立的音段,被融合到动词里,引起动词音节的音变,动词的音变形式与基本形式相对立,构成语音交替形式(phonetic alternation)。比如在河南的郑州荥阳(王森 1998)、浚县(辛永芬 2006a,2006b)、获嘉(贺巍 1989:69)、淇县、滑县、延津和卫辉(辛永芬 2006b:84、258)等方言中,终点标记不是以一个独立的音段而是以动词的变韵形式来体现,[V^D+处所名词]相当于[V+到+位移终点](V^D 指动词的变韵形式)。并且同一个变韵形式也可以标注动词的完成体(带宾语时)。

表4 河南浚县话的动词变韵(笔者依据辛 2006a:46—7 整理,本韵 49>变韵 25)

ɛ/iɛ/uɛ/yɛ 不变	ə/ər/uə/yə/ɿə/ɥə 不变		a/ia/ua 不变
ei/ai/ən>ɛ	au/ou/əŋ>o	ɿ>ɿə	an/æ aŋ>æŋ
i/in>iɛ	iau/iou/iəŋ>io	ɿ>ɿə	ian>iæ iaŋ>iæŋ
uai/uei/uən>uɛ	uəŋ>uo	u>uə	uan>uæ uaŋ>uæŋ
y/yən/yɛ	yəŋ>yo	ɥ>ɥə	yan>yæ

例(5)、(6)是"书放在桌子上了"和"把他送到火车站了"的意思,变韵是强制性的(辛 2006a:51)。

(5) 书放^D 桌上了。 "放"[faŋ²¹³]必须变韵念[fæŋ²¹³]

(6) 给他送^D 火车站了。 "送"[suəŋ²¹³]必须念成[suo²¹³](辛 2006a:47)

浚县方言在动词和终点处所词之间不能插入任何标记,动词必须变韵。从这一点看,终点标记的语法化程度极高,是强制性成分,不能处理为"语流中音变"。

2.3 ②-c 儿化模式和合音变调模式

河北昌黎方言的终点标记除用"得"[.ti]外附于动词上(河北省 1960:145),还可以由儿化韵来表达,构成[V+儿+处所词]格式(河北省 1960:27),比如"扇子搁儿哪儿咧?"意思是"扇子搁到(/在)哪儿了?"这种情况在山东也常见,钱曾怡(2000:290)提到[V+儿+处所词]多见于东莱区的威海、荣成、文登、海阳、烟台和牟平方言;孔昭琪(1989)在描写牟平话的类似情况时也指出一般要用儿化,但对动词的声调没有详细的记录。张占山等(2007)考察了山东烟台几个市区的方言(莱山、龙口、栖霞、牟平、海阳、莱阳、招远)用儿化来引进终点的具体表现,指出这些方言也用儿化来表达完成体。儿化的动词的声调不发生变化,比如:

(7) 把桌子搬儿([pær^{112}])二楼。(="搬到二楼",112 为平声调)[5]

在山东其他地区还存在儿化和变调结合起来的现象。比如李仕春等(2008)指出山东莒县方言的终点标记由一种"合音变调"来表达,指的是在[V+了/到+终点处所词]格式中,终点标记除了由独立音节"了"或者"到"来表示外(即本文的类型③和④),终点标记还可以隐去,"失去音节身份和所有音段"。这个方言属于轻声字前发生变调的方言,所以终点标记前动词要发生变调,而终点标记隐去后动词仍然变调,这一点与类型②-a 相同。但与②-a 不同的是,原来的轻声音节的调型和动词的调型合音造成新的调型,因此叫做"合音变调"。这种变调的情况除了终点标记外也发生在带完成体助词"了"、持续体助词"着"等助词的动词上。比如在例(8)里,动词"掉"的本调为 31(去声),轻声字前变到 55,"掉到"读[tiɔ$^{31\text{-}55}$ tɔ^4],动词遵守轻声字前的变调规律,"到"轻读。

(8) 被子掉[tiɔ³¹⁻⁵⁵]到[tɔ⁴]楼下了。

更常用的说法是"到"（或者"了"[.lə]，不用"在"）隐去后，原来轻声的调型和动词的调型融合在一起，动词读551调，如下：

(9) 被子掉[tiɔ³¹⁻⁵⁵¹]楼下去了。

这种现象类似于王福堂（2005:186—187）所描述的运城方言的"子变"，王文把它叫做"两个语素声调的加合"："子变的调值实际上等于两音节连读变调中前字调值和后字轻声之合。"

刘翠香（2007）也描述了山东东莱片14个方言点的[V+儿+处所词]格式，主要分析栖霞方言"儿"的词性和几个相关的句式。她的结论是"儿"是结果补语"了"的弱化形式（山东很多方言用与完成体标记"了"同音的形式来引进终点，见下文第3节）。

2.4 ②-d 所谓"拉长"、"零音节"或者"拖音"现象

所谓"拉长"现象是指在音长方面还占一定的音段，但终点标记已失去了声母，韵母被动词的韵母同化了，不构成一个独立的音节，可以看做是类型③和②的过渡阶段。类型②-d在山东很普遍，比如临清方言中（张鸿魁1990:165）可以用"唠"也可以用零音节，终点标记如果省去，动词的音节就得读得长一点或者重一点。平度方言也是一般省略终点标记，也发生类似的现象（于克仁1992:231）。

根据王军虎（2007），凤翔话（陕西西府，中原官话）的终点标记是"着"[.tʂɔ]，相当于"到"，"着"可以弱化为[.ɔ]，也可以省去，省去后动词的音节拖长（王文认为是一种变韵），阳平字不变调，阴平、上声和去声字同时还要变调。例如（例句中的"D"指所谓D变韵）：

(10) 笔跌ᴰ地下了。（笔跌到地下了）

157

孙立新(2007:192—193)也报告西安话中有类似的音变,即"到"省去后动词发生变调、韵母拉长或者两种音变同时发生(上声字不变调)。笔者调查的岐山方言(陕西)也显示出类似的特点,以音变为常。

钱曾怡(1993:14)把山东博山方言(冀鲁官话)的种种附着在动词或名词上的虚词记作[.ə],同时指出其实际发音受前一音节韵母的影响而稍有不同。陈宁(2006)认为这实际上和一般所说的"变韵"性质相同,采取长音符号来标注。博山方言里动词后出现位移终点就要变韵,同时也要变调,比如:

(11) 鸟飞[D]树上咧。(鸟飞到树上了)

"飞"变韵前为[fei^{33}],在例(11)里则为[feːi^{12}]。这应该看做"变韵"的一种,还是视为终点标记语音弱化为[.ə]以后和动词词根融合在一起受到动词韵尾的同化呢?这两种不同的分析方式都有一定的合理性,很值得我们继续讨论。

2.5 模式①和②-a/c/d的主要区别

②-a 和②-b 的主要区别在于,②-a 的痕迹模式没有自身的语法意义,终点标记由独立的音节来表达时动词也变调,隐没后同样变调。在具有轻声字前变调现象的方言中终点标记隐没后留下痕迹,而在没有这些语音现象的方言中(如北京话),终点标记隐没后不留下任何痕迹(即①类)。而②-b 模式是经过动词的基本式和动词的变韵式两种形态的对立来表达终点标记等语法意义,形态化(morphologization)的程度更高,而且终点标记这一语素的变体非常多,这也是高度语法化的表现。Bybee et al. (1994:110)讨论语法化和语法词语音弱化的关系时,除了语法标记的融合(fusion)外还提出了语素变体的数量(the number of allomorphs of the gram),变体越多,语法语素的语法化越高。Lehmann(1995:137)指出语法语素的不同变体(allomorphy)经常来源于语法词和词根的融合。②-c(动词儿化)和动词韵尾的拉长也是变体相当多的两个类型,按动词的韵尾不同会由不同的语音形式来表现。

从共同语形成过程的角度看,像北方方言那样复杂的音变(变调、变韵等)不适合共同语的交际功能,加上这些音变无法用汉字标出来,作为"民族共同语"基础方言的北京话选择了简单的、不留下痕迹的零形式①。当然,这个变化(标记隐没)还有一个前提,即格式本身的含义是"位置变化",动词后的处所词限于终点。

讨论北方方言上述音变的论文中在涉及这些音变所发生的句法环境时有一部分使用了"终点(格)"的概念,比如辛永芬(2006a)、张占山等(2007)、李仕春等(2008)。但有的论文没有提到动词后的处所词的语义角色,而是把讨论的重点放在动词后的X形式的性质(是否介词)等问题上(如刘翠香2008)。音变的类型错综复杂,我们概括为②类的不同次类也可以结合起来构成许多小类。况且,那些方言材料不一定都经过严谨的语音处理,所谓"拉长"的实际语音表现难以比较。⑥

2.6 高度的形态化所造成的一种破格的可能式:[V+X+不+终点处所词]

从语法化的角度看,主要问题大概是判断这些音变是否已经"形态化"(morphologization)。语流中音变如果只是发生在说话速度极快的环境下,一说慢就可以恢复到"原来"的独立音节的话,就可以看做是一种临时的现象。但是在某些北方方言里,与动词词根"融合"的终点标记已无法拆开,结果与[V+X+处所词]相应的可能式(否定式)不是[V不X+处所词]而是[V+X+不+处所词]。提到[动词＋终点标记＋不＋处所词]一类可能式的研究包括王森(1998)、辛永芬(2006)(以上是动词变韵的方言,[⑰]处在河南省北部的中原官话区和晋语区的边界上)和刘翠香(2007,动词儿化的方言)。比如荥阳话(王森 1998:279):

(12) 东西放[D]不顶上。(东西放不到顶上)

"放"基本式为[faŋ³¹],但在例(12)中为[fɔ³¹]。辛永芬(2006b:52)也以同样的例句说明,浚县方言里"放"的基本式为[faŋ²¹³],在表示无法达到终点的句子里用变韵式[fæŋ²¹³]。刘翠香(2007)举了一系列的例句指出栖霞方言因为"不"必须位于"V 儿"和处所词之间,"不"和处所词之间不能出现任何成分,所以"已经不是典型的可能补语的否定形式",比如:

(13) 老人年纪太大,一个人都走儿不门口。(……一个人走不到门口儿)

我们认为在存在这类可能式的方言中,可以判断终点标记已经形态化了。

3 终点标记构成独立的音节,但没有表达位移终点的词汇意义

3.1 北方方言的 [. tə]/[. təʔ]/[. ti]/[. lɑə]等终点标记及其其他语法功能

属于模式③的一部分标记可以叫做"语音弱化模式"或者"来历不明"模式。在北方方言里,动词后引出位移终点的成分一般轻读,在语流中容易发生音段(segment)的进一步弱化,比如北京话"的"的韵母央化变成一个中性元音[ə],黑龙江口语里除了零形

式①和"到"外还能出现几个弱化形式[.tə]和[.tsə](聂志平2003),山东宁津方言(曹延杰 2002:242—243)可以用轻声的[.ta]或[.tə]来引出终点。有关北京话"的"的来源("到"、"在"两者的混合形式还是"着")争论颇多,江蓝生(1994,2000)认为"的"以及博山方言的[.ə](钱曾怡1993)同样来源于"着",声母变为舌头音或者完全脱落。我们将在第7节里继续讨论这个问题。

冀鲁官话不少方言(分布在河北和山东)多用和本方言完成体标记"了"同音的形式。河北冀州话的"唠"[.lɔ]/[.lə]既可以做完成体标记又可以引进位移终点(刘淑学1996;柯理思2003)。山东很多方言和冀州方言一样,终点标记和完成体标记同音,比如钱曾怡(2001:289)提到龙口话和潍坊话的[.lə]、临清话和郓城话的[.lɔ]、聊城话的[.ləu]等都兼任完成体和终点标记。这些形式虽然不能排除是由"到"弱化而衍生出来的这一可能性,由塞音声母弱化到同发音部位的边音,但其语音形式和各地的完成体标记同音这一现象也说明它在本方言内经过了一种"整化"过程。⑧

这些标记不能出现在动词前与处所词构成介词短语,只能出现在动词后,其语音形式很可能因为韵律上的原因(附着在前边的单音节动词上)经历了一定程度的语音弱化。这些标记的来源往往找不到确凿的证据。比如晋语区不少方言使用的终点标记和"得"同音。邢向东(2002:596)介绍了神木话中引进终点的"得",音[təʔ⁴],有时轻读,例如:

(14)你咋坐得当炕了?(你怎么坐到炕中间了?)

江蓝生(1994,2000)和徐丹(1994)根据不少晋方言的终点标记和持续标记同音,声母也是 t-这一现象,推测其来源是在中古汉语里具有终点标记功能的"着"。但是邢向东(2002:598—599)根据神木方言其他虚词的功能以及"得"的其他功能等几方面的理由认为终点标记功能完全可以与近代汉语的"得"连接起来。笔者同意这个观点,因为还有一点容易被大家忽视,就是终点标记在不少方言中与出现在[V+X+来/去]类述趋式中的 X 成分同形。邢向东(2002:587—590)注意到神木方言的这一点,也指出近代汉语里存在[V+得+来/去]。不只是"得",冀州方言的"唠"也具有这两个功能(柯理思、刘淑学 2001;柯理思 2003)。出现在动词和"来/去"之间的这个成分与本方言的动相补语有密切关系(柯理思 2002,2003),如果想要和近代汉语的虚词系统连接起来,用"得"和"了"的方言正好能找到平行的用法。在近代汉语文献里[V+了+来/去]取代了[V 得+来/去],"得"分布在保守一点的晋语区,"了/唠/喽"分布在冀鲁官话区,是比较符合历史演变的前后关系的。(参看柯理思 2002 等)神木话是陕北地区的晋方言,但山西省的晋方言也有类似的用法,比如晋源话的[təʔ²](与"得/的"同音)既可以做终点标记又可以出现在动词和"来/去"之间,比如:

(15) 跌的地下咧。(掉到地上了)(王文卿 2007:245)

tiəʔ²⁻²¹ təʔ² ti³⁵⁻⁵³ xa³⁵ lie¹¹

(16) 你到地勒剜的一拔葱儿来!(你到地里剜一点葱来)(王文卿 2007:254)

n̩⁴² tau³⁵ ti³⁵ ləʔ² vaŋ⁴² təʔ² iəʔ²⁻²¹ paʔ⁴³ tsʰuŋ¹¹ æ¹¹ lai¹¹

还有的方言终点标记为舒声[. ti],如河北昌黎(河北省 1960:145)、献县(耶稣会传教士 Wieger 编的语法书)、河北深泽为[. li](吴继章 2007:358)。这个问题将在第 7 节进一步讨论。表 5 比较了几个北方方言的终点标记和插在动词和趋向补语"来/

去"之间的标记,表明两者都由本方言里很活跃的动相补语来充当。

表5 出现在有关空间位移的两种格式中的标记及其平行关系

	终点标记[V+X+处所词]的 X	[V+X+来/去]的 X
陕西神木方言	[təʔ⁴]"得"	[təʔ⁴]"得"
山西晋源方言	[təʔ²]"得/的"	[təʔ²]"得/的"
陕西永寿方言	[.tɑo]/[.ə]"到"	[.tɑo]/[.ə]"到"
河南浚县方言	动词变韵	动词变韵
河北冀州方言	[.lɑɔ]/[.lɔ]"唠"	[.lɑɔ]/[.lɔ]"唠"

3.2 中部、南方地区的标记

上文说明,类型③的标记颇多,考察这些终点标记的来源有一定的难度,学者们往往有不同的意见。在南方方言里也能找到不直接表示空间上的到达义,却兼表体貌的标记。这些终点标记有时也可以与介词共现,比如长沙的"得"(Wu 2005:295)、客家话的"阿"等。从构式义来说,[V+X+处所词]往往是既可以表达位置变化又可以叙述某物在位置变化后的持续状态,这两点与北方方言有一定的差异。因为篇幅有限,我们不准备举更多的实例,可以参看刘丹青(2001)对"完全附着于动词的虚化方所标记"的描述。南方方言的这类终点标记的来源问题也会引起争论。比如长沙话的[.tə]/[tɤ²⁴](Wu 2005:231—248;张小克 2002 等)只能用在动词后,既可以做体标记,又可以插在动词和趋向补语之间,伍云姬(Wu 2005:247)根据跨方言的考察认为它来源于"得"。客家方言(梅县)的"啊"[a](去声)也具有短时貌标记的功能(侯复生 2002;柯理思 2006),但是否与动量词"下"有关,还需要进一步考察。

总的来说,这类标记和本方言常用的其他虚词往往同形,但是对这些语法功能之间的语法化链问题还没有调查清楚。

4 用"到"或"着"一类具有"到达"或者"附着"意义的词语

"到"是典型的终点标记,是趋向动词中只能引进终点的形式。终点标记用"到"的方言颇多,分布很广,比如山西除了用与"得"同音的形式之外,也有使用"到"的方言,如万荣、阳泉、蒲县、长治、临县、沁县、晋城等(田希诚等 1995 以及笔者调查⑨)。陕西的合阳、户县、富平(笔者调查)、永寿(Tang & Lamarre 2007)、西安(孙立新 2007:192)、河北的魏县(吴继章 2007)、河南的鹤壁、濮阳、内黄(辛永芬 2006b:86,258)等也用轻读的"到"。吴方言也用"到",见例句(1)和下文的 5.2 节。北方方言中"到"往往可以与语音弱化形式自由变换。比如据孙立新(2007:192)的描写,陕西西安话可以用"到",但"到"省略时按调类的不同产生不同的音变,包括变调或拖音等类型②、③的音变。与西安话很接近的陕西永寿话中有 3 个终点标记:[. tə](来源于"到"[tə⁴⁴])、[. tʂuə](与持续标记"着"[. tʂuə]同音)和一个弱化形式 [. ə]。这些形式是自由变体,表达相同的语法意义,但不接受零形式,动词和处所词之间必须加其中一个形式(Tang & Lamarre 2007),比如:

(17) 车开 *(到/着/ə)山下岸来咧。(车开到山下来了)

根据王军虎(2007),凤翔话(陕西,中原官话)的终点标记是"着"[tʂɔ],相当于"到","着"可以弱化为 [ɔ⁰],也可以省去(见上文 2.4 节)。根据有关分布在西安以西的官话方言的报告,甘肃兰州方言、宁夏银川和同心方言等官话方言用与"着"同音的形式。

从④到②的语音演变让我们想起王洪君(1999:201、214)分析儿化和 Z 变等构词法手段时所提出来的"二合一"式合音构词法。终点标记在不同方言中的表达方式(或者在同一个方言中的不同变种)可以表示如下：

   ⑥⑤④   ⑤④③   ②-d
两个正常音节 ＞ 一个正常音节＋轻声音节 ＞ 一个长音节 ＞
   ②a～c
一个模式特殊、长度正常的音节

从语素和音节的关系来看，②类属于"合音字"，即一个单音节与两个意义结合，在汉语中算是例外现象。上述现象中有一部分是属于"语流中音变"，④类的两个音节和②类的一个音节(包括一个长音节)在同一个方言的共时平面上并存，比如陕西永寿话。但有的方言只用融合形式(比如浚县方言的动词变韵)。

5 用介词来引进终点

5.1 在普通话里除了终点标记"在"以外，动词后的介词都属于书面语体

这里所说的"介词"指的是可以和名词构成介词短语位于动词前做状语的成分(不包括"到"，见引言部分)。朱德熙(1982:175)把"来自中国各地"的"自"、"走向胜利"的"向"等出现在动词后的介词看做"从文言来"的成分，与处所词所构成的介词短语做连谓结构的后一个直接成分，和动词后的"到/在"不同，不分析成"补语"。我们认为这样的处理方式才符合述补结构的核心语义及其

句法特征。但是最近以认知语言学的框架来分析[V＋介词＋处所词]格式的几篇论文都没有考虑到语体问题(比如王小溪 2004、崔希亮 2006、邵敬敏等 2008)。方言不仅是语言的一个地理变种,从语体来看它反映的还是口语语体,所以这些存古格式一般都不存在。在我们调查的北方方言中"往"都不能放在动词后(河北冀州话、陕西岐山话为笔者调查;陕西永寿话参看 Tang & Lamarre 2007;山东商河话参看张虹 2006)。中部方言也如此,比如刘丹青(2003:274)指出吴方言中动词后只能出现"到"和相当于"在"的形式,"开往北京"不说。"往"(或者"望")引进无界的路径,与结果构式的有界性相抵触。双峰方言也不能把"向"放在动词后,只能用"到"。(邓凌云 2004)这说明这些方言(口语)在动词后的位置倾向于排除引进终点以外的形式。像"我们走在大路上"一类歌词也是限于书面语(宋玉柱 1995),我们不准备讨论。

5.2 为什么很多方言没必要区别动词后的"在"和"到"

在普通话里引进终点的典型介词是"在"。刘丹青(2001:18)指出,"在"和"到"的句法表现不同,"到"更接近一个补语成分,可以构成可能式,而"在"不能。这一点也是朱德熙(1982:132、175)处理方式的弱点,普通话的"在"实在不好处理。但是根据我们现在手边的材料,北方方言动词后可以用"在"的方言不多,在多数方言中出现在表示静态位置的"在"类介词不出现在动词后[如河南林州(陈鹏飞 2007:221)、河南浚县、山东莒县、河北冀州等等]。尤其是本方言里用得最多的固有形式的"在"义介词是不出现在动词后的,比如东北官话虽然动词后可以用"在",但是在动词前最常用的介词"搁"是不能出现在动词后的(尹世超 2003:157)。为什么这些方言不需要区别"到"类和"在"类终点标记呢?

在普通话中句式[V+到+处所词(+去/来)]只能表达一个动态的位置变化,但[动词+在+处所词]却有另一个解释:可以叙述某物在位移后的状态持续(即表达静态的位置)。柯理思(2003)指出许多北方方言的[V+X+处所词]构式只有前一种解释:"躺X炕上"只能用于"你躺到炕上!"一类的命令句或者在"他早就躺到炕上了"一类叙述已然的位置变化句。因此我们可以把位置变化义视为这个构式的核心意义,把变化后的状态持续义看做是扩张义。正因为[V+X+处所词]构式只有位置变化义,这些方言不需要以不同的标记来辨别动态义和静态义。构式义和普通话最接近的大概是吴方言:苏州话、上海话可以用相当于"在"的形式"勒海"[ləʔhᴇ]/[lʌ¹²lʌ²³]也可以用"到";用前者,[V+X+处所词]就有两种含义,用"到"则只有位置变化义(徐烈炯、邵敬敏 1998:5—9)。笔者(Lamarre 2003；Chirkova & Lamarre 2005)根据河北、陕西和山西多数方言的语言事实以及对清末北京话文献的调查推测,普通话的[V+X+处所词]构式的这两种意义是共同语形成过程中(koineization)发生的方言接触的结果,因为北方方言(包括老北京话在内)的[V+X+处所词]一般没有发展出叙述变化后的静态位置的用法。请比较:

表6　构式[V+X+处所词]的X成分和构式义的关系

在构式[动词+X+处所词]中	普通话	上海话	北方方言模式
X="在"义终点标记 → 有位置变化后的静态位置义	+	+	无
X="在"义终点标记 → 有位置变化义	+	+	无
X="到"义终点标记 → 位置变化义	+	+	+

6 使用位于补语位置的趋向动词来引介位移终点:普通话、东南部方言的策略

6.1 普通话的模式⑥在北方方言中不一定普遍

刘丹青(2003:274—6,2000)指出,吴方言不能用趋向动词来引进处所词,如不能说"小偷躲进了卫生间"或者"有几个观众跳上了舞台"。他认为,普通话这些格式中的趋向补语经过语法化获得了与介词类似的句法功能。可是根据我们在河北(冀州)和陕西、山西十几个方言点的调查,普通话的这些句式在北方方言里不一定存在(详见 Tang & Lamarre 2007;柯理思 2007)。在不能使用趋向补语来引进处所词的方言里,充当位移终点以外的语义角色的处所词不能出现在动词后。换句话说,动词后这个句法位置是终点(GOAL)名词短语专用的位置。这为类型①②③的产生创造了句法上的条件,同时也解释了为什么终点标记可以隐没,出现在动词后的处所名词的默认值为什么是位移终点这一问题。表 7 梳理了普通话(书面语)和河北冀州、陕西永寿方言中引出处所名词的形式与其语义角色的对应关系(表 7 主要根据柯理思 2007,略有改动)。

表 7 [V+X+处所词]构式中 X 成分与处所词语义角色的对应关系

动词和处所名词之间的成分 X 为	X 在普通话(书面语)里为	X 在冀州、永寿等北方方言里为	处所名词的语义角色为
除"到"以外的趋向补语⑥"跑出房间"	出、下	/	源点 SOURCE
	过、上、下、进、出	/	途径 ROUTE
	回、进、上、下	/	终点 GOAL

续表

动词和处所名词之间的成分 X 为	X 在普通话（书面语）里为	X 在冀州、永寿等北方方言里为	处所名词的语义角色为
"到"类成分 ②③④ "扔到外边儿(去)"	到	到、[.lə]、[.tə]、[.ə]、变调等	终点 GOAL（位置变化）
介词 ⑤ "放在桌子上"	在	/	终点 GOAL（位置变化/静态位置）
介词 ⑤ "来自北京/开往上海"	自	/	源点 SOURCE
	/	/	途径 ROUTE
	往、向	/	方向 DIRECTION

6.2 用趋向补语来引出处所名词可能是南方方言的模式

在粤方言中,不仅可以用"上"类趋向动词来引进位移终点(模式⑥-a),"来"(嚟)和"去"(模式⑥-b)或者复合趋向补语也经常充当终点标记(模式⑥-c)。例(18)使用的是⑥-a 模式,与普通话相同(引自张洪年 1972:112—117)。

(18) 我一行出大会堂,就即刻搭的士翻屋企。（我一走出大会堂,就……）

李海鸥(1999)讨论粤语和普通话的差别时指出,在广州话里,普通话的"走下楼来"和"买回上海去"要说成"行落嚟地下"、"买翻去上海",属于模式⑥-c。李文还列举了潮州话(闽方言)的对应说法,基本词序与广州话相同。

与此相反,据我们了解,香港粤语的"到"没有虚化成广泛意义的终点标记,出现在其他动词后引进处所名词时还保留着浓厚的"达到"(extent)意义,与动词的搭配受限制。比如,普通话的例句(19a)(模式④)直译成(19b)就很别扭,因此,从对比的角度看,和普通话"扔到外边去"对应的格式是用指示性趋向动词"去"来引进处所词的[例(20),模式⑥-b]。

(19) a. [普] ④ 你扔到外边去。

b. [粤] ④ *你 □ 到 出 便(去)。

néih deuh dou chēut bihn (heui)

(20) ⑥-b 你 □ 去 出 便。

néih deuh heui chēut bihn

同样,"扔到池塘里"(模式④)就翻成"deuh 落池塘"(模式⑥-a),即相当于共同语格式"扔进池塘"[11](模式⑥)。如果比较冀州、永寿话和广州话,可以说前者用"到"类标记(本文的模式③/④),粤方言则用模式⑥。从语义角色看,粤语的指示性动词"来/去"所引出的名词是位移终点,但模式⑥-a 的"出"、"下"等动词也可以引出位移的起点[例(18)]。从这个角度看,在使用模式⑥的方言中,动词后的处所名词的语义角色并不限于位移终点。客家方言和闽方言虽然和粤方言不完全相同,但也都广泛使用模式⑥的某个次类(详见柯理思 2006a)。

6.3 普通话中书面语和口语的倾向

那么普通话怎么会使用模式⑥呢?笔者对普通话电视剧《结婚十年》和小说《人到中年》中[V+X+处所词](位置变化句)构式进行比较后发现,书面语多用"到"以外的趋向补语(模式⑥),也用"到"(模式④),而电视剧(对话)多用零形式(模式①),少用"到"以外的趋向补语,用的话主要限于引进终点的补语"回"和"进"。所以排除模式⑥的北方方言或者中部方言和普通话的口语语体显示出类似的倾向,即动词后的位置只限于表示位移终点的处所词,同时动词后的标记也只限于引进位移终点的标记。表 8 的方括号[]

中的数字指实际用例中处所名词后带"来/去"的出现次数(表8的统计不包括[V在＋处所词]格式),处所词记为"L","到"以外的趋向补语的种类和出现次数附在圆括号( )中。

表8　电视剧和文学作品中引进处所词的标记:
④"到"、⑥其他趋向补语和①零形式的比较

	④ [V到＋L(来/去)]	⑥ [V＋其他趋向补语＋L(来/去)]	① [V＋ø＋L(＋来/去)]	总数
《结婚十年》	44 [30](41%)	9 [3](回7、进1、送上门儿1)(8%)	54 [34](51%)	107
《人到中年》	40 [5](44%)	51 [5](进/出/上/下/回/过)(56%)	/	91

模式⑥与刘丹青(2001:17—18)所说的"用趋向词表述方所题元"的类型虽然基本相同,但我们根据北方方言不用模式⑥的方言以及书面语和口语语体的差异得到的结论却与他不完全一样。刘文认为"北方方言介于吴语与粤语之间的格局"。我们的结论是共同语(书面语)和北方方言(口语)在这一点上表现得不一样,北方方言口语的倾向也是排除终点义以外的处所词出现在动词后。这让我们想起朱德熙(1987)的重要提示:分析语料前先区分书面语语体和口语语体。

与其他模式相比,模式⑥的一个重要特点是趋向补语后的名词如果不是位移终点往往可以不带方位词,或者不能带方位词,如"走出门"、"跑进屋"、"爬上楼"、"游过河"等。

6.4 用"到"以外的趋向补语来引出终点的北方方言:山西岚县等

根据我们的调查,岚县话(吕梁地区)可以用趋向补语来引出处所词,但其语义角色限于位移终点。比如可以说"搬下车上"(从一个比车更高的地方,比如楼上,搬到车上),但不能说"搬下车",如果"车"是位移的起点得说成"从车上搬下来"。(详见柯理思,将刊)

另外北方方言还有一些地区用"上"来引进终点,我们推测这些方言的"上"可能不是直接来源于趋向补语"上",而是经过了使用范围很广的动相补语(有界化标记)的阶段再充当终点标记的,这个问题还需要进一步考察。河南安阳和汤阴用"上"(辛永芬 2006b:86、258),有失去声母的弱化现象。河北南部的宁晋话的[.ɑŋ](吴继章 2007:358)大概也是来源于"上"的。

以上第 4 节和第 6 节的讨论表明,[V+X+处所词]的 X 虽然在普通话里既可以由专门表示终点的"到"又可以由表示其他路径意义的趋向动词来充当,但在北方、中部方言中则倾向于排除"到"以外的趋向动词,把动词后的位置留给终点处所词(6.1/6.2)。其他还有一些方言采取稍微不同的策略,没有把 X 成分统一起来,但仍然将动词后的位置限于终点处所词(6.4)。

7 讨论

7.1 再谈⑥至①类终点标记的语音弱化和语法化、形态化的关系

如果把①到⑥的终点标记按照标记本身的语法意义重新排列,就可以得到稍微不同的类型:

——①纯粹依靠构式义的默认值,②-a 原来只不过是"某一个轻声助词的痕迹",谈不上什么语法意义。

——②-b/c/d 和③根据我们的调查和多数的描写材料,在不少北方方言中不是专门表示终点的标记,往往兼表几种不同的语法意义。我们根据它作用于[V……名词短语]以及[V……来/去]等格式的动词上或者动词后时所体现出的核心功能,把它叫做"有界化标记"。这包括完成体标记、持续体标记、插入在动词和"来/去"类趋向补语之间的标记,有时还包括引进其他补语成分的补语标记等。

——④由表示终点的词汇形式充当,如"到"等,似乎是典型的"一音节一义"的语法成分。

——⑤虽然用介词,但是"在"类介词之所以能够表达终点不是依靠其词汇意义,而是依靠构式义。表示终点以外的介词在一部分方言里不能出现在动词后。

——⑥既可以引进位移终点又能表达其他的路径意义,比如"进"兼表从外往里的位移,"去"表示离开说话人的立足点的指示方向。指示动词和"进"、"回"后的处所词一般表达终点,但其他趋向动词("出、上、下、过")并不限于表达终点,可见格式[V+一般趋向动词+处所词]的处所词的语义角色取决于 X 成分的词汇意义,而构式义不起任何作用。模式⑥的名词短语也不依靠其"处所词"的性质,因为趋向补语后的名词往往可以不带方位词,或者不能带方位词。

从模式⑥到①中的语音形式和语法意义的对应关系来看,终点标记与动词的融合程度和终点标记的词汇、语法意义的磨损具

173

有一定的关系。但是很难说终点标记的"语音弱化"直接反映了其语法化程度。终点标记与动词词根的融合,两个语素的界限的消失反映出了终点语义角色的两个决定性因素的作用的扩大,这两个因素是汉语语法体系中新兴的两种范畴:

——结果构式的构式义(动词后的位置=句位义)

——其本身的处所词性质

由于上文的讨论中提到了普通话里许多违背句位义原则的格式(特别是模式⑤和⑥),因此我们建议把句位义原则的表述改为:

[**句位义原则★★**]**在北方方言的口语里,出现在补语位置上的处所词的语义角色的默认值是"终点"。**

吴福祥(2005:24—25)认为,汉语的语法词或者附着词和语法化理论中提到的很多语言不同,不会进一步演变成一个屈折词缀,"而通常是跟毗邻的词项融合成一个新的词汇项,原来的语法词或附着词成为新词汇项的一个词内语素","后续演变是词汇化(lexicalization)而不是形态化(morphologization)"。汉语的这种特殊表现是受到汉语在形态类型上属于分析性(analytic)、孤立性(isolating)语言的影响。可以把两类语言的语法化模式概括如下(前一类模式引自 Hopper & Traugott 1993:7):

实义词　　　＞ 语法词　　　＞ 附着词 ＞ 屈折词缀
content word ＞ grammatical word ＞ clitic ＞ inflectional affix

(也可以发展为词内语素)

分析性语言的演变模式:实义词 ＞ 语法词 ＞ 词内语素

后者的例子比如"可恶、可爱、可怜"等词中的"可"的演变,或者

"读者、作者"中的"者"的演变。这种观点在西方语言学家的笔下也能找到,比如 Bisang(1996)或者 Bybee et al.(1994)。[11]类型②的方言在某种程度上可以视为这个原则的反例,特别是上文的 2.6 所提及的可能式的例子,说明有界化标记的形态化程度很高。

7.2 北方方言里终点标记的弱化形式很可能是多源的,不一定来源于"着"

讨论北京话[V+的+处所词]中"的"的论文颇多(赵金铭 1995;徐丹 1994;江蓝生 1994;袁毓林 2002 等)。北京话既能用零形式①(在动词上不留下痕迹),又能用弱化模式③的"的"和直接表达到达义的"到"(模型④),还能用模式⑤的"在"和模式⑥。江蓝生(1994)和袁毓林(2002)在讨论北京话"放的桌子上"的"的"的来源问题时排除了"到"的可能性,他们的一个重要的根据是,"的"出现在"躺/站/坐"等静态意义动词后的时候不能解释为"到",因此很可能来源于魏晋时期文献中曾充当终点标记的"着"。[12]从北方方言的事实看,这个论据有一个问题:据我们对一部分北方方言的调查(包括河北、陕西、山西十几个方言点),"坐 X 炕上"、"放 X 桌子上"一类句子只能表达位置变化,没有表静态位置的意义,即没有相当于"在炕上坐着呢"、"在桌子上放着呢"的意义(详见上文 5.2 节,调查的动词也包括"住/坐/躺/站"等不及物动词)。据此我们推测,虽然北京话"的"不能排除来源于"着"的可能性,但使用前边的动词的静态意义这一标准对大部分北方方言来说并不管用,因为动词后的 X 成分不管由什么形式来充当在意义上一律相当于"到"。因此在兼用"到"和某种弱化形式的方言里,暂且假设这个弱化的形式来源于"到"也许更为妥当。辛永芬(2006b:258)讨论浚县话的 D 变韵时指出,周围方言的终点标记是多样的,有的用"到",有的用"上",有的只用变韵(如浚县),所以其"源头形式很难确认"。再比如,陕西西府方言用"着",但[V+着+处所词]格式的意义仍然是位置变化,"着"是一个多义的语法词,也会有有界化功能(Tang & Lamarre 2007 等)。[13]另外在反映北方方言的课本《官话指南》(1882 年)中也一律用"在",但是[V在+处所词]只有位置变化意义(具体例句见 Lamarre 2003),这些语言事实都明确表明构式义和终点标记的词汇来源以及词汇意义是两个不同的层次。

7.3 终点标记经常与"有界化标记"同形不是偶然的

北方方言的终点标记往往与本方言中语法化程度很高的一个有界化成分同形。这不是偶然的现象。江蓝生(2000)曾经指出,[V+X+处所词]中 X 之所以可以和完成体标记等其他虚词同形是"由于这些语法成分出现的场合是互补状态,所以不至于影响交际"。尤其是名词短语带方位词的时候,与动词受事不会发生混淆,位移的路径意义的一部分由方位词"上、里、底下"等来充当,终点意义由句位义来充当,X 并不重要。江文指出博山方言的[.ə]一类的弱化形式的语法意义很抽象,但没有进一步给这个语法意义下定义。我们认为,许多方言用同一个弱化形式或者变韵等来表示完成、持续、引出终点、引出状态补语等不是偶然的现象,因为原来表达这些语法意义的成分均有相同的"有界化"作用。汉语的持续体实际上和结果体有关,原本也表示某种变化后的结果状态,所以和有界化也不冲突。从历史演变看,汉语的这类标记往往来源于"动相补语",也反映了同样的语言事实。

上文提到了终点标记和"拿 X 来"类述趋式中 X 的关联,X 也往往与终点标记同形(见表 5),这些成分所起的作用也是有界化作用,在复合趋向补语中和指示性趋向词组合充当"补语"的核心部分(柯理思 2002;柯理思、刘淑学 2001)。我们所说的"有界化标记"和徐丹(1994)在讨论北京话终点标记"的"时所说的"完成体"基本一致。袁毓林(2002:3)反对徐丹(1994)的看法,他从"搁的这儿吧"等命令句出发认为:"可见,'动词+的+地点词'中的'的'适应多种体态,其本身并不表特定的体态意义,从分布和语法意义上看,'的'纯粹是一个方位介词。"我们不同意这个看法,因为命令句和完成体并不相互抵触。作为体范畴(aspect)概念的"完成体"(perfective)与作为时范畴(tense)概念的"未然"、作为情态(或者模态,mood)范畴概念的"祈使句"属于不同的层次。比如日语动词的完成体用动词语尾 -(r)u(非过去时)和 -ta(过去时)来标注,由 -u 结尾的动词一般表示未然事件,比如 ik-u、tabe-ru 的意思是"我(现在就)去/吃",主语为第一人称的时候就容易解释成意愿句,当然是未然句。汉语动词因为没有专用的命令标记,如果主语为第二人称,有界的谓词放在未然语境里就会被解释为命令句,"搁的这儿吧"就是这样。因此,在河北冀州话里,[V+唠+处所词]的句子如果是已然句就必须加"了$_2$",放在未然的语境中就根据主语人称的不同,或作为意愿句(第一人称)或作为祈使句(第二人称)(见柯理思 2003)。我们对反映清末北京话的材料《小额》、《官话指南》和《燕京妇语》的[V+X+处所词]的调查结果也与冀州话完全一致。虽然 X 成分本身与冀州话不同,但构式的语法意义相同:已然句都带有句末助词"了",其他都是出现于对话中的意愿句或者祈使句,分布非常整齐。(Lamarre 2003 穷尽地列举了这几个文献的有关例句,其中偶尔也有表示习惯性动作的句子)

7.4 语法化和零形式的关系

还有一个问题需要解决:一般认为语法化的一个必然的结果是语法词的强制性(请参看 Lehmann 1995:139—140 有关 obligatoriness 的叙述)。可是江蓝生(2000)把[V+X+处所词]的 X 的语法化链概括如下(其中的":"表示长元音):

动词(著) → 介词(着/的) → 词缀 (ə) → 零形式 (:/ø)

这是从标记本身的角度来说的,实际上,北方方言里使用模式②/③和使用模式①的方言显然不同,前者的终点标记往往是强制性的,后者的终点标记则不是强制性的(元音拉长也会是强制性的,所以最好避免把长元音的符号和零形式放在一起)。如果模式②的语法化程度更高,把零形式放在语法化链的最后一端似乎不太符合语法化理论。

Lehmann(1995:173—4)讨论过语法化和零形式的关系,指出语法标记(grammatical formative)可以是单向的(unirelational),也可以是双向的(birelational),比如格标记表示一个动词和一个名词短语之间的语法关系,是双向的。后一类语法标记如果语法化为零形式的话,动词和名词短语的语法关系由其线性序列来表示,这意味着词序这一标注方式取代了语法标记。我们讨论的终点标记属于后一类,其变成零形式不是语音弱化的必然结果,而是句法结构(结果构式)的成熟所引发的。Meillet(1912:147—8)也以法语和英语的词序为例指出,在这些语言中,因为名词失去了主格、宾格的形态变化,所以[主-谓-宾]词序获得了表达主语和宾语的句法功能,这也是一种语法化。因此,终点标记与动词融合在一起后进一步发展的必然结果不能是零形式。这与名词词根和儿尾的融合过程不同。

如果语音弱化的必然的发展是零形式,那么为什么由同样的形式来标注的完成体标记不会由词缀发展到零形式的阶段,即发生标记完全脱落的情况呢?我们认为,从语法化的角度看,也许把这两类方言看做选择了不同的策略更为妥当。因为假如进一步观察模式②-b/c/d和模式①(比如北京话),就会发现终点标记和零形式很难构成最小对比对。在[V……+一般名词短语]格式中,动词本身(或者动词后)有无标记会影响句子的意义,"吃十个馍馍"和"吃了十个馍馍"显然不同,二者构成对比。可见完成体标记即使发生语音弱化和动词词根融合在一起,也不会丢失,它是语法体系中不可或缺的成分。与之相对,模式②的[V+X+处所词]构式却很难找到动词不用终点标记的对比句[类似于孟子敏2000所举的例(3),十分罕见],动词后的名词只要带上方位词就会被解释成位移终点。由此我们推测,模式①的产生完全依靠的是句位义原则的作用:只要动词后的名词是(狭义的)处所词,可以排除动宾关系的可能性,终点标记隐没就不会影响我们对名词短语语义角色的理解。而使用模式②-b/c/d的方言则重视动词的有界和无界标注的一贯性、整合性,在有界的谓语句里动词就要带有界化标记。可以说,北方方言中模式①选择了经济原则,模式②选择了一贯性(或统一处理)原则。考虑到模式②形态变化规律的复杂性,不难看出模式①更适合一个共同语的需求,北京话选择模式①可能也有这方面的因素。下图表示六种模式中构成终点语义角色的不同因素及其比重:

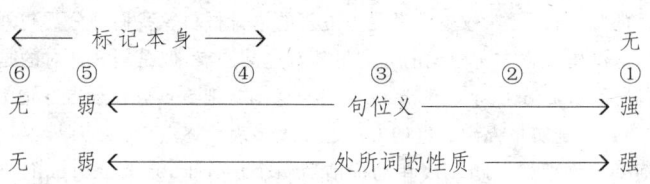

```
  ←——  标记本身  ——→                              无
  ⑥    ⑤      ④        ③        ②      ①
  无    弱 ←————————  句位义  ————————→ 强

  无    弱 ←———————— 处所词的性质 ————————→ 强
```

179

8 结语:[V+X+处所词]的句位义大于 X 成分的词汇意义

北方方言的事实证明,位移终点标记之所以可以隐没,或者可以由语法意义模糊的"有界化标记"来充当,是由[V+X+处所词]的构式义决定的,处所词只要占据动词后的句法位置就被解释为"终点"角色,换句话说,我们可以凭借句位义来判断处所词的语义角色。这个"句位义原则"为终点标记的形式弱化甚至隐没创造了句法条件。与此同时,终点标记的语义淡化和语音弱化(甚至隐没)还需要一个前提:方位词的发展和狭义处所词的范畴化。

本文主要讨论北方方言的终点标记与结果构式的关系,对许多其他的重要参照项的分析难免有一些简单化。上文的考察表明,从南到北的汉语方言会选择不同的终点标记模式。结果构式和处所词的范畴化都是汉语语法后起的现象,不同的汉语方言反映了它在汉语发展中的不同阶段这一事实不足为奇,这个问题可以和述趋式在方言中的不同表现联系起来讨论。

附 注

① 石毓智(2002:163)虽然讨论过介词短语的位置和有界化的关系问题,但他没有讨论模式⑤和⑥可以引进其他语义角色的处所等问题,而且他认为趋向补语没有有界化功能(2002:159—161)。刘丹青(2001,2003)虽然讨论了趋向动词引进处所词的问题,但他主要讨论的是普通话(书面语)和南方方言的"方所题元",较少参考北方方言的语言材料。我们的分类与刘丹青(2001)对汉语方言方所标记的分类虽然有些共同点,但是刘文针对的是一切"方所题元"(locative/spatial theta roles),而本文把重点放在终点标记上。该文(2001:21)确实也提到后置的方所题元大多表示终点,其观点是,汉语经过历史演变容许把方所题元放在动词前后两个位置上,是演变造成的语序自

由度给象似性原则提供了用武之地。但是刘文没有把后置的句法位置和终点、终点和谓词的有界化、动词后的位置和结果构式这些问题联系起来进行讨论。

② 本文的分类不能反映汉语终点标记的全面情况,我们的目的不是全面地描述,而是在讨论北方方言的时候找出一个初步的框架作为对比的参照。我们所说的北方方言包括北方官话、中原官话和晋方言(详见刘勋宁,将刊)。因此对南方方言分类的标准也过于简略。比如没有涉及施其生(2006)等所提到的"使然"和"已然"的区别,以及终点标记能否与介词共现等参照项。

③ 这儿所说的构式是形式和意义的配对,具有不同于构成成分的独立语义。Goldberg(1995)对英语几种不同的位置变化句(caused-motion construction, intransitive motion construction)作了详细的描述和讨论,指出了构式在方位短语被解释成位移终点(endpoint focus, p 159)中的作用。如果采用这个观点,原来不要求终点论元的动词只要进入结果构式就可以带位移终点论元(详见沈家煊 2000)。

④ Chirkova & Lamarre(2005)在处理材料时区分了动词的不同类型,本文为方便起见只介绍其中一部分,其实不及物动词也显示出同样的倾向。表1和表2的统计数字限于表示位置变化的105个句子。表格中的所谓"老派"指的是调查时50岁以上的说话人,并且在选择采访对象时避免了高学历的合作人。语料是 E. Chirkova 经过采访而收集的录音材料,总共包括17844个句子。

⑤ 张占山等(2007)把带终点处所词的动词的儿化现象看做是语法化,但认为"意义比普通话更灵活",这种看法的根据不充分。终点标记的语法意义很明确,不能因为有时可以翻译成普通话的"到、在、上"等不同的词就意味着方言的表达形式"灵活",或者是"虚成分的合并"。

⑥ 在现阶段这类音变的描述没有一个统一的框架,每个方言的记载不一定采取同样的标准,这会影响分类的精确程度。这个问题将来可以通过在网上公开录音材料的声音文件和语图的方式来提高各地学者的共识。

⑦ 据贺巍(1989:74)的分析,获嘉方言的类似格式中否定词为[.pɔ],好像是"不"和"了"或者"到"的合音,所以情况更复杂。还可以考虑是否定词与"上"合音的可能性。

⑧ 柯理思(2003)指出冀州话[V+唠+处所词]的可能式(否定式,如

"放不了顶上去")中"唠"(了)作为[liao]或者[lao],有时恢复到上声的完整音节,所以推测来源于"了"。如果来源于"到"的话,只能说这个标记业已经过重新分析和"整化",受当地使用范围非常广泛的动相补语"了"同化了。

⑨ 晋方言中虚词的舒声促化现象很普遍,用"得"的方言不能排除来源于"到"。

⑩ 我们感谢在东京外国语大学任教(广东话)的郭文灏先生为我们提供了香港粤语的例句。

⑪ "In particular, isolating languages do not carry grammaticalization as far as fusional or agglutinating languages do. Not only do they have not affix, they also do not have grams with meaning as abstract and generalized as synthetic languages do. The stability of certain isolating languages, such as Chinese, over time further attests to typological constraints on grammaticalization..."(Bybee et al. 1994:118) "The main typological characteristic of the languages of East and mainland South East Asia seems to be the high degree of indeterminatedness of their nouns and verbs. This appears to be the main reason why even highly grammaticalized items tend to preserve their phonological shape. Thus, there seems to be only a few examples of phonological and semantic coevolution of grammaticalization as postulated by Bybee, Perkins & Pagliuca (1994)."(Bisang 1996:520)

⑫ 我们对江蓝生(1994)所举的一部分例句有不同的分析。根据我们的标准,《小额》和《燕京妇语》的[V+X+处所词]都表示位置变化(Lamarre 2003)。江蓝生(2001)的判断标准是,释作"在"还是释作"到"主要由"的"字前面动词的词义决定,如果动词是静态的,如"坐"、"躺"等,介词"的"一般相当于"在",如果动词是表动态的,如"说"、"送"等,介词"的"一般就相当于"到"。而我们则根据调查河北冀州方言时发现的规则,是以句子的意义是表示位置变化还是表示位置变化后持续的状态为判断标准的,所以得到的结论不同:把句末出现"了"的一般句子或者命令句都分析为动态句。

⑬ 袁毓林(2002:2)所举的河北正定滹沱河以南地区的方言用[V+着 tṣau^{412}+处所词],也属此类(宋文辉先生提供)。除了笔者调查的情况以外,吴继章(2007)也提供了有关河北南部好几个方言点的材料。山西闻喜话动词后可以用"在",但限于位置变化句,也说明构式比词形重要(任林深 1996)。

参考文献

曹延杰　2003　《宁津方言志》,中国文史出版社。
陈　宁　2006　山东博山方言的子变韵及相关问题,《方言》第4期。
陈鹏飞　2007　《林州方言志》,天津社会科学出版社。
崔希亮　2006　汉语介词结构与位移时间,《中国语言学报》第十二期。
邓凌云　2004　双峰甘棠方言介词研究,《零陵学院学报》第2卷第6期。
郭　熙　1986　"放到桌子上""放在桌子上""放桌子上",《中国语文》第1期。
河北省昌黎县县志编纂委员会、中国社会科学院语言研究所合编　1960
　　《昌黎方言志》,科学出版社。
贺　巍　1989　《获嘉方言研究》,商务印书馆。
侯复生　2002　梅县方言谓词后面的"阿",载谢栋元主编《客家方言调查研究:第四届客家方言研讨会论文集》,暨南大学出版社。
江蓝生　1994　"动词＋X＋地点词"句型中介词"的"探源,《古汉语研究》第4期。
——　2000　语法化程度的语音表现,载石峰、潘悟云编《中国语言学的新拓展》,香港城市大学出版社。
柯理思　2002　汉语方言里连接趋向成分的形式,《中国语文研究》第1期。
——　2003　从河北冀州方言对现代汉语[V在＋处所词]格式的再探讨,载戴昭铭主编《汉语方言语法研究和探索》,黑龙江人民出版社。
——　2006a　论十九世纪客家话文献《启蒙浅学》中所见的趋向补语,《语言暨语言学》第7卷第2期。
——　2006b　北方方言和现代汉语语法研究:从几个具体的事例谈起,载邢向东主编《西北方言与民俗研究论丛》(二),中国社会科学出版社。
——　2007　从趋向范畴的方言表述看"书面汉语中的不同层次"的判定,《中国语学》第254号。
——　(将刊)　北方话的"动词＋趋向补语＋处所名词"格式,载乔全生主编《第三届晋方言国际研讨会论文集》。
柯理思、刘淑学　2001　河北冀州方言里"拿不了走"一类的格式,《中国语文》第5期。
孔昭琪　1989　牟平方言语法调查,《语海新探》第2期,山东教育出版社。
李海鸥　1999　"回北京去"跟"翻去北京""转去北京",《双语双方言》(六),

韩雪出版社。

李仕春、艾红娟　2008　山东莒县方言动词的合音变调,《语言科学》第 7 卷第 4 期。

林素娥　2005　说汉语南方方言中"V＋啊＋L"结构中的"啊",《中国语文研究》第 2 期。

刘翠香　2007　东莱片方言"V 儿 NL"中的"儿",《中国语文研究》第 1 期。

刘丹青　2001　方所题元的若干类型学参项,《中国语文研究》第 1 期。

——　2003　《语序类型学与介词理论》,商务印书馆。

刘淑学　1996　冀州话中"唠"字的特殊用法,载陈庆延等主编《首届晋方言国际学术研讨会论文集》,山西高校联合出版社。

——　1998　冀县方言志,载《冀县志》,中国科学技术出版社,703—730。

刘勋宁　(将刊)　黄土高原的方言是一个宝藏——为第三届国际晋方言研讨会而作,载乔全生主编《第三届晋方言国际研讨会论文集》。

刘月华　1998　《趋向补语通释》,北京语言文化大学出版社。

吕叔湘主编　1980　《现代汉语八百词》,商务印书馆。

孟子敏　2000　平邑话的变调——兼论变调的类型,《开篇》第 20 号(日本)。

聂志平　2003　黑龙江方言口语中的介词,《佳木斯大学社会科学学报》第 21 卷第 2 期。

钱曾怡　2003　《博山方言研究》,社会科学出版社。

钱曾怡主编　2001　《山东方言研究》,齐鲁书社。

任林深　1996　山西闻喜话常用介词例析,载黄伯荣主编《汉语方言语法类编》,青岛出版社。(原载《山西师大学报》1987 年第 4 期)

邵敬敏、周　娟　2008　"动＋介＋宾"结构的语义模式及认知场景,《语言教学与研究》第 3 期。

沈家煊　2000　句式和配价,《中国语文》第 4 期。

施其生　2006　汉语方言里的"使然"与"非使然",《中国语文》第 4 期。

石如杰　2000　苏州方言的介词体系,载李如龙、张双庆主编《介词》,暨南大学出版社。

史有为　1997　处所宾语初步考察,载大河内康宪教授退官纪念论文集刊行会编《中国语学论文集》,东方书店(日本)。

宋文辉　2000　正定话的介词"着",《中国语文》第 3 期。

宋玉柱　1995　从"我们走在大路上"谈起,《学汉语》第 7 期。

孙立新	2007	《西安方言研究》,西安出版社。
唐正大	2008	关中方言趋向表达的句法语义类型,《语言科学》第7卷第2期。
田希诚、吴建生	1995	山西晋语区的助词"的",《山西大学学报》第3期。
王福堂	2005	《汉语方言语音的演变和层次》(修订本),语文出版社。
王洪君	1999	《汉语非线性音系学》,北京大学出版社。
王军虎	2007	陕西凤翔方言的子变韵和D变韵,第四届官话方言国际学术研讨会提交论文(安康)。
王 森	1998	郑州荥阳(广武)方言的变调,《中国语文》第4期。
王文卿	2007	《晋源方言研究》,语文出版社。
王小溪	2004	为什么不能说"扔往地上",《汉语学习》第4期。
王占华	1999	对汉语宾语语义类别传统分类的再思考,载《现代中国语研究论集》,中国书店(日本)。
吴福祥	2005	汉语语法化研究的当前课题,《语言科学》第4卷第2期。
吴继章	2007	魏县方言结构二题,载汪国胜主编《汉语方言语法研究》,华中师范大学出版社。
辛永芬	2006a	河南浚县方言的动词变韵,《中国语文》第1期。
——	2006b	《浚县方言语法研究》,中华书局。
邢向东	2002	《神木方言研究》,中华书局。
徐 丹	1994	关于汉语里"动词+X+地点词"的句型,《中国语文》第3期。
徐烈炯、邵敬敏	1998	《上海方言语法研究》,华东师范大学出版社。
尹世超	2003	东北官话的介词,载戴昭铭主编《汉语方言语法研究和探索》,黑龙江人民出版社。
于克仁	1992	《平度方言志》,语文出版社。
袁毓林	2002	方位介词"着"及相关的语法现象,《中国语文研究》第2期。
张 赪	2002	《汉语介词词组词序的历史演变》,北京语言文化大学出版社。
张国宪	2006	典型补语的非可控句位义,《中国语言学报》第十二期。
张鹤泉	1988	鲁西方言中语气助词"喽",山东省语言学会编《语言学通讯》第11期。
张 虹	2006	商河方言的几个介词,《现代语文》(语言研究版)第1期。

张洪年 1972 《香港粤语语法的研究》,香港中文大学出版社。

张鸿魁 1990 《临清方言志》,中国展望出版社。

张小克 2002 长沙方言的介词,《方言》第4期。

张占山、李如龙 2007 虚化的终极:合音——以烟台方言若干虚成分合音为例,《鲁东大学学报》第24卷第2期。

赵金铭 1995 现代汉语补语位置上的"在"和"到"及其弱化形式"的",《中国语言学报》第一期。

朱德熙 1982 《语法讲义》,商务印书馆。

—— 1987 现代汉语语法研究的对象是什么?《中国语文》第5期。

Bisang, Walter 1996 Areal typology and grammaticalization: processes of grammaticalization based on nouns and verbs in East and Mainland South East Asian languages. *Studies in Language* 20,3.

Bybee, Joan, Revere Perkins & William Pagliuca 1994 *The Evolution of Grammar—Tense, Aspect, and Modality in the Languages of the World*. Chicago University Press.

Chirkova, Ekatarina & Christine Lamarre 2005 The paradox of the construction [VzaiNP_{LOC}] and its meanings in the Beijing dialect of Mandarin. *Cahiers de Linguistique Asie Orientale* 34.2.

Djamouri, Redouane & Paul, Waltraud 1997 Les syntagmes prépositionnels en *yu* et *zai* en chinois archaïque. *Cahiers de Linguistique Asie Orientale* 26.2.

Goldberg, Adele 1995 *Constructions: a Construction Grammar Approach to Argument Structure*. Chicago: The Chicago University Press.

Hopper, Paul & Traugott, Elisabeth Closs 1993 *Grammaticalization*. Cambridge University Press.

Lamarre, Christine(柯理思) 2003 状態変化、構文、そして言語干渉:中國語の【V+在+場所】構文のケース(状态变化、构式和语言干扰:以汉语的[V+在+处所词]结构为例),《開篇》第22号,好文出版(日本)。

Lehmann, Christian 1995 *Thoughts on Grammaticalization*. Lincom Europa.

Meillet, Antoine 1948[1912] L'évolution des formes grammaticales, *Linguistique Historique et Linguistique Générale*. Honoré Champion.

Mulder, René, & Sybesma, Rint 1992 Chinese is a VO language. *Natural*

Language and Linguistic Theory. Vol. 10.

Peyraube, Alain 1980 *Les Constructions Locatives en Chinois Moderne*. Langages Croisés.

Shi, Yuzhi 2002 *The Establishment of Modern Chinese Grammar: the Formation of the Resultative Construction and Its Effects*. John Benjamins.

Tai, James 1985 Temporal sequence and Chinese word order. In Haiman (ed.) *Iconicity in Syntax*. John Benjamins.

Tang, Zhengda & Christine Lamarre 2007 A contrastive study of the linguistic encoding of motion events in standard Chinese and in the Guanzhong dialect of Mandarin.《中国语言学集刊》2. 1.

Wu, Yunji 2005 *A Synchronic and Diachronic Study of the Grammar of the Chinese Xiang Dialects*. Mouton de Gruyter.

关于语法化机制研究的几点看法

李宗江

(解放军外国语学院基础部)

在对语法化现象进行解释的时候,人们经常用到"条件、因素、原因、诱因、动因、依据、途径、机制"等这些概念,其中谈得比较多的是"机制",但到底语法化的机制指的是什么,各家的说法差别很大,有的所指宽泛,有的所指狭窄,而且现有大家历数到的一些机制也存在着理解上的分歧,本文先分析一些比较有代表性的说法,然后提出一些对这些说法的疑问,最后就语法化的机制提出自己的看法。

1 影响语法化发生的若干因素

对语法化现象进行解释,就是找到某一语法化现象与相关事物和现象之间的内在联系。如果不管用什么词语来表达,将这种可能有的联系统称为影响语法化发生的因素的话,那么到目前为止,国内外研究所涉及的因素主要有以下一些:

1.1 其他语言的影响(语言接触)。吴福祥(2004)介绍了国外语法化与语言接触关系的研究,有人将其看做语法化的机制之一。程丽霞(2004)讨论了随着语言接触从外语借入的词缀,后经正字法和类推等作用逐渐形态化为具有本族语特点的构词词缀的情况。贺阳(2004)分三种情况谈了现代汉语介词受欧化语法影响的事实。他认为汉语吸收外来语法成分的主要方式是模仿,这种模仿所追求的是汉语表达形式与外语表达形式的对应。

1.2 语言结构类型和语法特点。如由于汉语属 SVO 型语言,那么从动宾关系的动词演变而来的介词就只能是前置词,而不可能是后置词。再如吴福祥(2005)认为汉语语法化的结果没有走完语法化斜坡,在虚词之后变成词内成分,而不是变成屈折形式,根本原因是由于汉语是非形态语言。P. J. Hopper & Traugott(2003)说明了 OV 和 VO 这两大词序与语法化的关系。石毓智(2001:6,2006:321)认为汉语之所以是非形态语言,形态标记相对简单,是因为汉语是 SVO 型语言。

1.3 语法系统的相关变化。李讷、石毓智(1998)讨论了句子中心动词及其宾语之后谓词性成分的变迁与量词语法化的关系等。李艳惠、石毓智(2000)谈到汉语量词系统的建立与复数标记"们"的发展之间的内在关联。李宗江(2003)讨论了某种因素导致的词语功能悬空对语法化的影响。

1.4 语音上的特点。如汉语最小韵律单位为双音节,这一韵律特征对汉语词组词汇化构成影响(董秀芳 2002),马清华(2003a)谈到了所谓的"语音和谐"对语法化的影响。唐艳(2006)认为汉语双音节化过程中采用衍声的方法造成了大量词缀的产生。

1.5 实词语的自身条件。指一个实词在演变前所处的语法、语义和语境条件。语法条件大家谈到比较多的是语法位置,如动词演变为介词的语法位置是处于连动结构的前一动词位置,动词和形容词演变为副词的语法位置是处于动词之间做状语等。语义条件包括语义特征和语义关系。具有相同的语义特征的实词往往平行地演变为某一类虚词,如具有"把持"语义特征的动词演变为处置义介词("将、把、取、持、拿"等)。再如汉语中表示完成意义的动词较易发生语法化。(李宗江 2004)语义关系是指一个实词处于特定的语义关系中间,如领属标记是由处于具有领属关系的两个名词中间的词虚化而来,无论是古代来自指示代词的"之",还是现代的"的"都是这样。对表示领属关系的"的(底)"的来源大家的看法不同,一种认为来自于方位名词,如江蓝生(1999),一种认为来自于指示代词,如石毓智(2006),但都认为其语义条件是处于领属关系的两个名词中间的一个实词,这一点没有分歧。所处语境一般是指实词所处的大于简单句的上下文的逻辑语义关系。如处于假设分句句首的词变为假设义连词,如"诚、果、果真"等,处于时间先后关系的后一句句首的词变为时间副词,如"回头"、"完了"(李宗江 2004,2006)。

1.6 语用因素。如语用需求,刘丹青(2005)讨论了汉语作为话题优先语言对话题标记语法化的制约。再如焦点标记、定指标记和不定指标记等语法成分的产生都与语用的要求有关。语言表达的经济原则、礼貌原则和合作原则等对语法化形成的影响。语用推理导致新的语法意义的产生:一个词由原来的意义到新的意义,往往是语用推理的结果(沈家煊等 1998)。在语法化过程中,词汇中的客观真值义素越来越少,说话者的态度和立场参与其中的主观义素增加,因此主观化也是影响词汇语法化的因素之一(沈家煊 1998,2001;王寅、严辰松 2005)。使用频率也可看做语用因素。一般地说,使用频率较高的实词较易语法化。吴福祥(2004)介绍了国外关于词的频率条件与语法化关系的研究,很多学者都将频率看做语法化的一个重要条件或主要机制。

1.7 认知因素。指一种新的语法范畴和语法意义产生的认知方式。主要有隐喻、类推和重新分析。

对这些不同层次上的影响语法化发生的因素,不同的学者将它们归入机制的范围有较大的不同,大致有三种广狭不同的理解。

2 关于语法化机制的种种看法及其讨论

关于语法化的机制最宽泛的理解是指所有影响语法化的因素,包括语言内的因素和语言外的因素。刘坚、曹广顺和吴福祥(1995)没有用"机制"这个词,用的是"诱发汉语词汇语法化的若干因素",其中谈到的因素主要有:句法位置的变化、词义变化、语境影响和重新分析,也谈到了读音的变化和语言间的影响等因素。后来有人在谈到语法化的机制就是影响语法化的因素的时候,都提到了上文。如洪波(1998)将汉语实词虚化的机制定义为引起实词虚化的因素,他认为导致汉语实词虚化的因素有两种,即认知因素和句法语义因素,文中评论了上述刘坚等(1995)的看法。张谊生(2000)谈到的副词虚化的机制有四大类:结构形式的变化、语义变化、表达方式变化和认知心理等,显然也是包含了各种不同的影响因素。储泽祥、谢晓明(2002)在介绍了国外关于语法化机制的说法后,也提到了刘坚等(1995)关于诱发语法化的四个因素,显然在这两位先生的概念中,机制和诱发因素是等值的。

关于语法化机制的第二种理解是指看做影响语法化的直接因素。如孙锡信(2002)将机制看做是语法化的直接原因,以区别于一般谈到的语法变化、语义变化和语用变化等语法化的诱因和条件。他提到了"认同、弱化、移位、泛化、类推、诱化、暗喻"等七种机制。王寅、严辰松(2005)在介绍国外关于语法化的研究时,将影响语法化发生的因素分为动因和机制两种。其中的语法化动因有:语言接触、创新用法、误解和误用、语用理据。提到的机制是:重新分析和类推、隐喻和转喻、主观性和主观化。

关于语法化机制的第三种理解是只看做导致一个成分语法上发生变化的因素或者导致语义虚化的因素。如 P. J. Hopper & E. C. Traugott(1993),石毓智、李讷(2001:392)谈到诱发语法化的机制为重新分析和类推。并认为:"能引起语法变化的因素很多,类推和重新分析只是语法系统内部的两个机制,除此之外,还有许多语法系统之外的诱因,包括语音、语义、语用、认知、语言接触等。"再如沈家煊(1998)介绍了国外关于虚化机制的研究,提到了五种词义虚化的机制:隐喻、推理、泛化、和谐和吸收。

关于影响语法化发生的因素各人的表述和理解也不一样,有些因素能否作为动因或机制颇值得商榷。

2.1 关于词义的虚化(有的称为泛化,其实虚化就是指词义的泛化或抽象化)。刘坚、曹广顺、吴福祥(1995)谈到了词义虚化对语法化的影响,张谊生(2000)把词义的泛化作为实词向副词语法化的机制,沈家煊(1998)、孙锡信(2002)也将泛化看做是虚化或语法化的机制之一。刘瑾(2006)认为语义泛化是语法化的主要内容,但同时他又将其看做语法化的动因之一。问题是按照现在大家对实词语法化的理解,语法化本身就包含词义的虚化和功能的变化两个方面,而且按照形式和意义结合的原则,二者是一致的,虚化必然导致功能的变化,那么虚化就是语法化现象本身,而不是语法化的动因或机制,如果将其归入影响语法化发生的因素,就等于说语法化导致语法化,这需要一个前提,即讲的是语法化的不同阶段,比如虚化作为一个语法化阶段,可以作为下一阶段语法化的条件之一。

2.2 关于语法位置的变化。说到语法位置的变化对语法化的影响,有以下两种理解。第一种理解,如刘坚等(1995)将一个实词在语法化前所处的语法位置表述为语法位置的变化,说一个动词在"主+谓+宾"结构中做谓语时不容易发生语法化,而当它用于次要动词位置时,就较易语法化,并举了助词和介词的例子说明处在连动式中的次要动词位置发生语法化的情况。张谊生(2000)也有相似的理解,将结构形式的变化,包括结构和句位等看做虚化的机制。力量、肖应平(2006)也将"得"可以出现在动词前后看做语法位置的变化,并将其看做是虚化的动因。我们觉得这种表述是不够准确的,因为一个动词做谓语和做连动式的某个直接成分都是汉语动词的正常功能,或叫正常位置,不能说它处在连动式中时是语法位置变化了。一个实词的语法位置有典型和非典型之分,如动词做谓语、名词做主语和宾语是它们的典型位置,当动词出现在大多数动词都能出现的其他位置时,如连动式中,只不过不是典型位置,我们认为比较严格的表述应该是:出现在非典型分布位置的实词容易语法化。另一种理解,如孙锡信(2002)讲到引致语法化的原因,谈到了语法位置的变化,举"无论"为例,他说在以下的例 A 中是谓语动词,而在例 B 中已经虚化为连词了:

A:不知有汉,无论魏晋。 B:无论去与住,俱是一飘蓬。

我们的疑问是:动词语法化为连词,前者是变化的起点,后者是变化的终点,这种意义的语法位置的变化就是语法化过程本身,语法化的过程似不能作为语法化的原因来说。

2.3 关于使用频率。吴福祥(2005)提到 Bybee 将重复和语用推理看做跨语言的语法化机制。石毓智(1995)用介词的演变过程对此作了说明,指出:目前我们已知,介词基本上是由一些通常携带施事者、受事者、工具、地点、时间、目的、方式、原因等词类的次要动词语法化而来的。这些次要动词因为使用频率很高,于是被逐步语法化为助动词,失去动词的语法特征,最后完全虚化为相关意义的各类介词。石毓智(2006:60)也提道:"一个词汇还必须在合适的句法环境中具有足够高的使用频率,才能诱发它的语法化过程。"一个词或者句子总是在使用中不断重复的,并不是所有的词都会语法化,如果将重复理解为一个实词的使用频率高就有较大的可变性,是可以的,但也只能是语法化的动因之一,而不能是一种机制。这里有两个问题:一是使用频率高的未必语法化,而使用频率相对低的也未必就一定不语法化。比如总括副词"都"一般认为来自于表示聚集意义的动词"都",可是在总括副词产生的时候,动词"都"的使用频率很低,很少见到。再如江蓝生(1999)认为助词"底"源自方位词"底"的最理想的格式是"名+底+名"。但近代文献中,"名+底+名"格式很少见,如《祖堂集》里就没有。江蓝生也只举出了少数这样的例子,如杜甫《哀王孙》诗"屋底达官走避胡","屋底达官"即"名+底+名"格式。由于近代汉语中有关"名+底+名"的文献语料不足,无法作出有力的证明。但储泽祥、谢晓明(2002)从安徽岳西话里见到了大量这样的例子。如果江先生的观点是对的,那么显然使用频率高低没有成为制约因素。二是什么叫做使用频率高,这并不是一个简单的问题。我们面对历史的语料来统计得出的结论和当时的语感的结论未必相同。比如表示言说对象和求索对象的介词"同"(如:我同他说,我同他借),

就北方人的语感说,恐怕得算个常用的词,可是我们从书面语料统计的结果如下:

作　品	言谈对象	求索对象	作　品	言谈对象	求索对象
红楼梦	13	1	雷雨	14	0
儿女英雄传	20	1	林家铺子	3	0
醒世姻缘传	8	2	顽主	0	0
歧路灯	12	3	编辑部的故事	0	0
儒林外史	64	1	邓友梅选集	0	0
官场现形记	151	3	余秋雨散文	0	0
老残游记	16	2	一地鸡毛	0	0
骆驼祥子	0	0	池莉小说选	1	0
阿Q正传	0	0	张贤亮小说选	0	0
故乡	0	0	赵镢头的遗嘱	0	0
围城	1	0			

就书面语料反映的情况,我们无法得出"同"使用频率高的结论。这说明我们根据书面语料统计得出的结果与当时人的语感未必相同,当时人们语感上非常熟悉恐怕才是导致变化的根本原因。而语感上非常熟悉的词应该是表达日常生活中常用概念的词,而这类词有的倒不一定会在书面语料中复现率很高。

2.4 关于语法类型对语法化的影响。沈家煊(1994)指出:"从结构类型看,像汉语这样的分析型语言,实词虚化到一定程度后,似乎不再继续下去,没有像屈折型语言那样虚化为屈折形态。语法化是否要受语言内部结构的制约,是值得研究的问题。"吴福祥(2005)认为汉语语法化的情况是在虚词之后变成词内成分,而不是变成屈折形式。为什么汉语和别的语言不同?吴先生的解释是由于汉语是非形态语言,所以汉语语法化斜坡不能导致形态化。储泽祥、谢晓明(2002)也指出,无论国内国外,在语法化方面,已逐渐达成以下共识:即语法化的主体内容是句法化、形态化,由于汉语形态不发达,句法化(尤其是实词虚化)就成了汉语语法化研究的中心内容。但如果把汉语是非形态语言作为汉语语法化不能导致形态化的原因,那么就得将一种语言的语法结构类型看做先于语法化的初始观念,或者说是结构类型规定语法化而不是语法化影响结构类型。这样理解似乎于语法化的实质不合。石毓智(2001,2003)根据国外近年来研究的结果得出的结论是:因为汉语是 SVO 型语言,所以形态简单,SOV 型语言则相反。但石先生的看法我们觉得至少存在如下三个问题:一是所谓主宾语的确定原则是否一致。二是宾语动词前由于需要加上特定标记来区别主宾语,所以格标记复杂,这在 SVO 语言中同样存在,因为如果把话题化考虑在内,仍有需要区别的问题。其实即使是宾语和主语的语序不固定,如果考虑到有语义和语境的制约,发生施受混同歧义的可能仍然是很有限的。如"张三看书",三个词的位置如果变换,可能影响在一种语言中的合法性,但不会影响施受身份,可能的歧义只有在"张三打了李四"这类句子中才会发生。三是语序类型不同是否就一定会影响语法化的程度。因此这个问题仍然需要深入论证。正像沈家煊先生所讲的那样,仍然是个值得研究的问题。关于语言类型之间的关系,有人认为是循环的关系,比如英语这种屈折型语言正在丢失形态标记,而汉语这种孤立型语言形态标记在增多。(周国辉 2004;石毓智 2006)甚至有人认为语序类型也是变化的,如英语由 SOV 变为 SVO,汉语"把"字句的存在似乎说明正在由 SVO 向 SOV 转变。因而总的来说,用现有的关于语言结构类型的理论来解释不同语言语法化程度的差别仍然不是很有说服力的。

2.5 语言接触。语言接触作为一种影响语法化发生的动因,到底包括哪些情况?大家说法不一。如马清华(2003a)将借用其他语言的虚词也看做语法化的动因,这是值得商榷的。因为一种语言将另一种语言中现成的虚词拿来,根本就没有"化"的过程,怎么能说是一种语法化的动因呢?与其他语言的接触到底是怎样影响本语言系统中的实词语法化的?具体的机制是什么?现在还没有见到令人信服的例证。比如说其他语言是影响语法化的过程还是语法化的结果?两种语言中一个同义实词变成了一个同功能的虚词,怎么区分是语言接触的影响还是其他动因的影响?因为不同语言中发生相同的语法化路径的情况是很多的,其他相同的动因照样可以造成相同的语法化路径。

2.6 关于"结构相似性"和"语义相宜性"。关于一个实词的语法条件和语义条件对其语法化的影响,有人称为"结构的相似性"和"语义的相宜性"。(Hopper & Traugott 1993;Traugott 2003;石毓智 2003,2006)如石毓智(2006:59)指出,一个实词要在"合适的句法环境"中才能语法化,所谓的合适的句法环境,那就是一个成分在语法化之前所出现的句法结构,跟其语法化之后所出现的结构,必须在结构上相同或相似。这两个说法的意思能够理解,但要将其作出严格表述却不容易。因为什么叫做相似性?如石毓智(2006)举被动标记的例子,认为语法化为被动标记的实词必须能够用于兼语式中,那么兼语式和被动标记所在的结构之间的相似性怎么具体说明呢?所谓结构,包括成分和关系,语法化前后无论是成分的性质还是成分间的关系都不同了,已经重新分析了,怎么还能说它们结构相同或相似呢?语义的相宜性也是一样,怎么来说明一个实词的语义和演变为虚词后的语义之间的联系是否相宜?因为作为实词一般有概念义,而虚词一般没有概念义,两者的语义性质不同,除非是从隐喻的角度说二者之间的联系,但一种功能的虚词往往来自不同语义的实词,怎么理解它们之间的相宜性问题?比如汉语的被动标记就有来自"给予"义动词、"使令"义动词、"遭遇"义动词、"判断"义动词等的,这些动词的意义和被动标记的意义之间的相宜性较难作出统一的说明。

3 结论

我们主张将影响语法化的因素区分为动因和机制两个概念。所谓动因指的是一个实词或结构式在语法化发生时所处的条件,这些条件是影响语法化发生的可能性因素,包括语言间的影响,所处的语言类型和语法系统的特点,语法系统中其他的语法变化,实词的语法位置、语义特征、语境条件等等,这些因素的存在是语法化现象发生的必要条件,但不是充分条件。所谓机制,指的是影响语法化发生的现实因素,是语法化现象由输入端到输出端的具体途径和桥梁。这就像西方民主制度的国家产生总统一样,一个人是某个党的领袖,具有领导经验和领袖素质,这些是成为总统的必要条件,是可能性因素,但不是具备这些条件就一定能当总统,要成为总统还必须经过选举这个途径和桥梁,选举就是机制。具体的语法化机制包括导致新的语法意义产生的机制和导致新的语法功能产生的机制。前者主要是隐喻和语用推理,后者主要是类推和重新分析。

参考文献

程丽霞 2004 语言接触、类推和形态化,《外语与外语教学》第 8 期。

储泽祥、谢晓明 2002 汉语语法化研究中应重视的若干问题,《世界汉语教学》第 2 期。

董秀芳 2004 "是"的进一步语法化:由虚词到词内成分,《当代语言学》第 1 期。

古川裕 2006 关于"要"类词的认知解释——论"要"由动词到连词的语法化途径,《世界汉语教学》第 1 期。

贺阳 2004 从现代汉语介词中的欧化现象看间接语言接触,《语言文字应用》第 4 期。

洪波 1998 论汉语实词虚化的机制,载郭锡良《古汉语语法论集》,语文出版社。

胡壮麟 2003 语法化研究的若干问题,《现代外语》第 1 期。

江蓝生 1999 处所词的领格用法与结构助词"底"的由来,《中国语文》第 2 期。

李宗江 2003 句法成分的功能悬空与语法化,《语法化与语法研究》(一),商务印书馆。

—— 2004 "完成"类动词的语义差别及其演变方向,《语言学论丛》第三十辑,商务印书馆。

力量、肖应平 2006 "得"的语法化动因和机制,《北方论丛》第 1 期。

刘丹青 2001 语法化中的更新、强化与叠加,《语言研究》第 2 期。

—— 2003 《语序类型学与介词理论》,商务印书馆。

—— 2005 话题标记从何而来?《语法化与语法研究》(二),商务印书馆。

刘坚、曹广顺、吴福祥 1995 论诱发汉语词汇语法化的若干因素,《中国语文》第 3 期。

刘谨 2006 从语法化角度看语言共性,《贵州师范大学学报》(社科版)第 2 期。

龙金顺 2006 英汉"语法化"的动因和机制及其理论探讨,《中国民航飞行学院学报》第 4 期。

马清华　　2003a　词汇语法化的动因,《汉语学习》第2期。

——　　　2003b　汉语语法化问题的研究,《语言研究》第2期。

沈家煊　　1998　实词虚化的机制——《演化而来的语法》评介,《当代语言学》第3期。

——　　　2001　语言的"主观性"和"主观化",《外语教学与研究》第4期。

——　　　2006　关于词法类型和句法类型,《民族语文》第6期。

沈家煊等　1998　语用法的语法化,《福建外语》第2期。

石毓智　　1995　动词的时间一维性对介词衍生的影响,《中国语文》第1期。

——　　　2001　《汉语语法化的历程——形态句法发展的动因和机制》,北京大学出版社。

石毓智、李讷　2006　《语法化的动因与机制》,北京大学出版社。

孙朝奋　　1994　《虚化论》评介,《国外语言学》第4期。

孙锡信　　2002　语法化机制探赜,载《纪念王力先生百年诞辰学术论文集》,山东教育出版社。(人大复印资料2003年第5期)

唐艳　　　2006　现代汉语词缀形成的语法化机制,《衡阳师范学院学报》第5期。

王建伟、苗兴伟　2001　语法化现象的认知语用解释,《外语研究》第2期。

王伟、周卫红　2005　"然后"一词在现代汉语口语中使用范围的扩大及其机制,《汉语学习》第4期。

王寅、严辰松　2005　语法化的特征、动因和机制——认知语言学视野中的语法化研究,《解放军外国语学院学报》第4期。

吴福祥　　2004　近年来语法化研究的进展,《外语教学与研究》第1期。

——　　　2005　语法化演变的共相和殊相,《语法化与语法研究》(二),商务印书馆。

吴金花　　2005　汉语动词介词化动因考察,《福建师范大学学报》(社科版)第5期。

解惠全　　1987　谈实词的虚化,《语言研究论丛》第四辑,南开大学出版社。

邢志群　　2003　汉语动词语法化的机制,《语言学论丛》第二十八辑,商务印书馆。

徐时仪　　2000　语气词"不成"的虚化机制考论,《华东师范大学学报》(社科版)第3期。

杨荣祥　　2005　《近代汉语副词研究》,商务印书馆。

张谊生　2000　论与汉语副词相关的虚化机制,《中国语文》第 1 期。

周国辉　2004　汉英语语法化的不同发展趋势及原因探析,《山东外语教学》第 1 期。

朱冠明　2003　汉语单音情态动词语义发展的机制,《解放军外国语学院学报》第 6 期。

P. J. Hopper & E. C. Traugott 1993 *Grammaticalization*. Cambridge: Cambridge University Press.

重新分析的无标化解释*

刘丹青

(中国社会科学院语言研究所)

1 重新分析的推手何在

重新分析是语法历史演变的重要机制。语法化、词汇化和其他一些语法历史演变都常经历重新分析。例如,"把"在所在句中由连动式的前一动词重新分析为给后面动词介引受事的介词(杜甫诗"醉把茱萸子细看",参看王力 1980:412),"破"由连动式之后一动词重新分析为前一动词的结果补语(《史记·项羽本纪》"为击破沛公军"),这是语法化中的重新分析。而"的话"由跨层组合变成一个虚词(参看江蓝生 2004),这是词汇化中的重新分析。再如古汉语"是"由指示代词发展出系动词的用法,演变前后很难说孰

---

* 本文获国家社科基金重点项目(03AYY002)资助,写作过程中曾与吴福祥教授、唐正大博士等讨论过,初稿及修改稿曾先后宣读于第四届汉语语法化问题国际学术讨论会(北京语言大学,2007 年 8 月)、南开大学(2007.11)、中国传媒大学(2007.12)、河北师范大学(2007.12),一并致谢。尚存问题均由笔者负责。

虚孰实,至少不是典型的语法化,但也经历了重新分析,如(1)所示:

(1) a. [话题 龟者][[主语 是][谓语/表语 天下之宝也]]。
(《史记·龟策列传》)

b. [主语 龟者][谓语[系词 是][表语 天下之宝]也]。

唐钰明(1993)认为例(1)中的"是"处于由指示代词到判断动词的"两可的过渡状态"。重新分析以双重分析为前提,所以此例正可拿来做重新分析之例。在(1a)中,"龟者"是判断句话题(或称大主语),"是"是复指话题的小主语,是后面判断谓语——这里是无系词表语——的直接成分。在重新分析之后的(1b)中,"龟者"是判断句主语,"是天下之宝也"整个是谓语,其中"是"成了系动词,"天下之宝"是系词后的表语。这里的重新分析不但影响实词的层次结构,也影响虚词的层次结构,(1a)中"也"是加在判断谓语"天下之宝"后的,(1b)中"也"是加在"是天下之宝"后的。

对于重新分析的性质,国际历史句法学界已经有了一定的共识。Harris & Campbell(1995:61)在 Langacker (1977)年定义的基础上将重新分析定义为"一种改变句法结构的底层结构却不涉及表层表现的任何直接或内在的调整的机制"。Heine et al. (1991:215—216)也表示多少认同 Langacker 式的定义,只是认为里面还有些问题需要讨论,如对底层结构的理解。上举汉语"把"字句、动结式和"是"字判断句的演变过程,都符合这一机制。

至于重新分析的动因,我们注意到了历史句法学家们的一些探讨,其中不乏精辟之见。

Harris & Campbell(1995)没有专门分析重新分析的动因,但分析了句法演变的总体原因。该书认为句法的历史演变机制不外乎重新分析、扩展和借用三项(p50)。至于句法演变的原因,该书认为语言接触、表层歧义、类推等都可以成为演变的原因(p53)。该书后面还给演变原因进一步分了类,分为内部原因和外部原因。内部原因包括生理原因(如发音器官的生理属性)和涉及语言感知、处理和学习的心理/认知原因。外部原因包括语言的表现性用法、对语码的正面或负面的社会评价、识字教育、教育政策、政治规定、语言规划、语言接触等。这些原因有复杂的互动关系,或叠合,或竞争。在更具体的层面,Harris & Campbell(1995,§3.4)讨论了语用和风格需要所促成的一种句法创新,即利用现有要素的迂曲式(periphrastic)组合造成一种新奇的临时表达式,其中多数稍纵即逝,而有少数会被社团重复和扩散,经过语法化后产生新的句法要素。迂曲式组合的途径往往是各语言共同的,如用表示"一点儿"一类意思的词语来强化否定义(试比较汉语:一点儿不好),用表示来源的虚词表示领属关系等,区别在于有没有机会固化为新的语法要素,如法语 pas(一步)重新分析成了否定词。英语的 a bit 也能帮助否定,但没有朝否定词语法化。这些是很符合语言事实的概括。以上解释可以概括为"多元互动说"。

Heine 等(1991,§2.1.1)分析了语法化的动因,赞同"解决问题"的解释,即在表达手段有限的情况下常需用既有手段去表达新内容,特别是借表具体实义的手段去表达抽象空灵的内容,从而促成语法化。同时他们也注意到,有时以"此"手段表"彼"内容并非因为缺少专表"彼"内容的手段。对此,Heine 等以人类永恒的表达求新动机来解释,这也是可信的。由于语法化与重新分析存在很大的叠合,因此这一解释也可部分视为对重新分析动因的分析,可以概括为"旧瓶新酒说"。

然而,对于重新分析动因的上述直接间接的分析,没能完全消除我们的疑惑。

（一）Harris等的"多元互动说"难以很好解释重新分析的单向性。单向性在语法化中的作用已被语法化学界普遍接受，虽然有人提到一些疑似例外的现象，但都是可以解释的，不能从根本上动摇单向性假说（见吴福祥2003）。单向性其实还表现在许多不属于典型语法化的重新分析现象中。如上举"是"所体现的由指示词到系词的演变，并非汉语独有的重新分析。查Heine & Kuteva（2002:108—109,94—103），由指示词变成系词的除汉语外还有古埃及语、Vai语和Sranan语，而系词到指示词的则未见实例。可见"指示词→系词"也是一条单向性的演变路径。按照"多元互动说"，不同的因素在不同语言里作用力不同。这意味着有时A压倒B，有时B压倒A，则重新分析的方向应当也是多元的，这就难以解释重新分析尤其是语法化的重新分析中所体现的强烈的单向性。Heine等的"解决问题说"，特别是用表具体实在语义的手段表抽象内容的观点，对单向性的解释力略强一些，但仍不能回答下面的问题。

（二）重新分析的前提是在特定语境中真值语义不变的双重分析。既然两种分析语义可以无别，那为何不能长期停留于前一种分析？即使出现了双重分析，为何不长期停留于双重分析，而是像我们常见的那样由新的分析逐渐取代原先的分析？上面介绍的两种解释都不能很好解释这一点。"旧瓶新酒说"的前提是表示具体实在的手段能够被用来表示抽象空灵的内容，Harris等也认为可以用现有要素新创迂曲式组合来表达新义，实际上也是一种"旧瓶新酒说"。既然旧瓶可以装新酒，那么理论上它可以一直用下去，是哪一只"上帝之手"将旧瓶点化（重新分析）为新瓶呢？上引诸说都没有清楚地回答这个问题。

（三）"旧瓶新酒说"承认酒的新旧和瓶的新旧并不严格对应，旧酒新酒都能用旧瓶装，酒味（语义）不变，那么从逻辑上推，新酒旧酒也都能反过来用新瓶装，酒味也应不变。这样，就不会出现单向性限制了，至少是虚实程度不相上下的成分，如指示词和系词，就不应有单向性，而是可以互变。可为什么人类语言的实际情况却有如此强烈的单向性？

在注意到某些现有解释的局限之后，我们重新审视了文献所研究的诸多现象并进一步观察语言材料，结果发现，真正推动重新分析发生的动力来自语言的标记性特征。那只无形之手，就是人类语言向无标记状态演化的强烈倾向。我们将这一解释称为"无标化"（demarking）解释。本文第 2 节将从理论上阐述无标化解释，第 3 节将分类例示和验证无标化解释。

2 无标化解释述要

语言单位的有标记、无标记属性，是现代语言学不同流派普遍采用的概念，在语言类型学、功能语言学和优选理论等领域尤其占有重要地位。本文采纳的标记性观念，基本上就是沈家煊（1999，第 2 章）所系统介绍和阐述的新的标记理论，包括判断有无标记的标准。我们特别重视语言要素间的单向性蕴涵关系。例如，P 蕴涵 Q，显示 P 的存在必然意味着同时有 Q 的存在，而 Q 的存在不一定意味着 P 的存在。换言之，Q 的存在更无条件，是优势项，即无标记成分；而 P 的存在是有条件的，是非优势项，即有标记成分。

我们也借鉴孕育于音系学领域的优选论(Optimality Theory, OT)对有无标记性的重视,尤其是其语言单位的生成模式对重新分析的研究有直接的启发。优选论将语言单位的生成看做输入输出过程中几个因素竞争的结果,占优势的因素使符合它的单位胜出成为实际的输出项。决定输出的根本原则有两个:一个是忠实度原则,它要求输出尽可能与输入一致;另一个是标记性原则,它要求输出尽可能为无标记项(参看 Kager 1999:8)。

将优选论描述的共时输入输出过程引入到历时领域,前代的结构和后代的结构分别对应输入和输出,就可以很贴切地描述重新分析的标记性解释。在语言的历史进程中,忠实度原则要求输出和输入一致,标记性原则要求输出尽可能无标记。假如忠实度原则占优势,语法结构和单位就会保持不变,语法的延续性就体现了这一面;假如标记性原则占优势,就可能出现跟输入不同的更无标记的输出,重新分析等历史演变就体现了这一面。

下面我们就从几个方面来观察标记性在重新分析中的根本性作用。

在真值语义相同、结构上可以双重分析的条件下,语言结构的理解会自然地朝着更无标记亦即更优势的方向倾斜,其自然的结果是重新分析,即无标记的那种分析取代原先的更有标记的分析。正是这种力量,阻挡了逆向的演变,使重新分析具有了单向性。

仍以"是"的演变为例。在判断句中,指示词"是"所在的结构,比系动词"是"所在的结构,至少在下面三点上更有标记:1)用指示词"是"复指的判断句让判断句主辞出现两次,一次做话题,一次做复指话题的主语。而"是"做系词后,判断主辞只出现一次,更加符合经济性原则,是更无标记的结构。人类语言的判断句一般都避免主辞两现,即使在古代汉语中,大部分判断句也不采用判断句主辞两现的策略(如《论语·颜渊》:"政者,正也")。主辞两现是高度有标记的结构。2)"是"作为指示词的判断句,不管主辞是否两现,都是一种名词谓语句,而名词与谓语是有标记匹配。动词是在任何语言中都跟谓语最匹配的词类,即使在古汉语中,更常做谓语的也是动词。其次是形容词,但形容词后面不能再带宾语表语。因此,在须有表语的情况下,重新分析为系动词(判断动词)能使语类和句法成分达到无标记的匹配。3)以上两点都基于语言普遍性。还有一个与特定语序类型相关的标记性问题。根据 Dryer(1992)的大规模统计,VO 语言和"系词+表语"语序高度和谐。先秦汉语是 SVO 为主的语言,有少量有条件的 OV 语序。按理说"A(者),B 也"判断句不用系词,也不算违背这条共性。可是值得注意的是,先秦汉语中无系动词判断句后的语气词"也"基本上是强制性的,不用"也"是"很少见"和"比较特殊的"(王力 1980:348),这使"也"在功能上有了联系主语和表语的作用,接近虚词性系词。世界语言中系词并不都是动词,如日语的 desu(是)就是个虚词性系词。"A,B 也"实际上是某种"表语+(虚词性)系词"语序("也"与藏缅语句末系词是否同源尚待研究),跟日语"表语+desu"语序一样。而这与 VO 语序是不和谐的,即有标记匹配。当然在先秦汉语中尚有几种有条件出现的 OV 语序(疑问代词宾语和否定句中的代词宾语前置于动词),"表语+系词"的不和谐尚不明显。汉代以降,有规则的 OV 都因 VO 的类推作用而消隐,统一为 VO,而"是"在汉代重新分析为系词(王力 1980:353),汉语由此转化为"系词+表语"类型,从时间上看也未必是巧合。

前面简要提到的语法化中的重新分析例子都符合无标化的属

性。从连动式到"把"字句的重新分析(其他在连动式中虚化的介词类此)和由连动到动结式的重新分析,都实现了从连动句到带介词短语或结果补语的单动句的转化。连动句比单动句有标记,虽然连动句说不上汉语特有,但毕竟只是世界上少量语言所特有的现象,而单动句是任何语言都有的普遍现象。即使在有连动句的语言中,单动句仍是更基本的句式。从连动到单动,是一种显著的无标化。事实上,正因为连动是一种相对有标记的结构,所以其句法地位不很稳固,常常引起学者们作出不同的分析,而且也易致演变,演变结果通常是消除连动结构(参看高增霞 2006:43—44、114)。

以上诸例都显示无标化是重新分析的主要推力。假如没有这一推力,有关结构尽可以停留在双重分析阶段或重新分析前的阶段。不过,这里存在一个很容易想到的疑问:既然重新分析之前的单位是有标记的,那么它们怎么会在语言中存在?下面就来讨论这个问题。

语言要素的原生状态都应是相对无标记的。但是,由于需要表达的内容愈益丰富或抽象,加上人类对新奇性表达的永恒追求,语言始终面临瓶少酒多或瓶旧酒新的矛盾,即语法手段少于或旧于想表达的语义内容。对此,如前所述,语言的应对策略通常是旧瓶装新酒。但旧瓶相对于新酒毕竟不是最匹配的容器,所以旧瓶一般不是原封不动的旧瓶,通常会有某些方面的功能扩展。而既有语法手段的扩展用法,往往使原来无标记的现象变得更有标记,从而带来有标记现象。

例如,语言要表达对一个已然事件的确认而缺少合适的手段,就可能起用动词"有",以此肯定事件的存在,如广州话(及闽语、温州吴语等南方方言)的"我有去"、"我有打网球"。"有"作为领有/存在动词以带 NP 宾语为无标记搭配,"有+VP"则是有标记的结构,是"有"的扩展用法。正因为这种扩展用法较有标记,因此会促发重新分析,就是将动词前的"有"重新分析为表示确认、已然这一类语气或时体意义的助动词或副词。用助动词、副词等对已然事件表示确认是人类语言的常见手段,是无标记的。[①] 其实由名词性论元扩展到动词性论元造成的有标记性,是很多实义动词重新分析的起因,通过重新分析为助动词、副词而变成无标记。如:

(2) 会:懂得(+NP:**会**意)→ 能够(+VP:**会**游泳)→ 可能(+VP:**会**下雨)

(3) 解:懂得(+NP:不**解**风情)→ 会、能〔+VP:一朝儿郎偷得高皇号,还**解**捉你儿郎母。(《敦煌变文集·汉将王陵变》)│若能时习,将次自晓得。十分难晓底,也**解**晓得。(《朱子语类》卷二十)〕

(4) 得:得到(+NP:丁氏掘井**得**一人)→ 能够(+VP:**得**偿夙愿)

(5) (英语) be going to 将去(某地),动词组合(+NP)→ be gonna 将,助动词(+VP)

回过头再看前面举的"是"字判断句和连动、动结等结构的重新分析,也能看到其重新分析前的有标记现象是为了表达效果而功能扩展所造成的。"是"作为指示词,本来就可以做判断句主辞,无须采用主辞两现结构,如(转引自李佐丰 2003:247—248):

(6) 左史倚相趋过,王曰:"**是**良史也,子善视之!"(《左传·昭公十二年》)

(7) 吴将伐齐,越子率其众以朝焉。王及列士,皆有馈赂,

吴人皆喜,唯子胥惧,曰:"是豢吴也夫!"(《左传·哀公十一年》)
例(6),"是"独立指代一个人,做判断句单一主语,是"是"最基本的无标记用法。例(7)句法上"是"仍单独充当判断句主语,但语篇上这里"是"回指上文的"王及列士,皆有馈赂"这件事,说明"是"有回指事件性命题的功能,但句法上仍是单独做主语的无标记用法。正因为"是"有此回指功能,所以当判断句主语由小句甚至复句充当时,为了表达和交际的有效性,说话人就可以用"是"来回指小句内的主语,从而出现下面这样的句子:

(8) 八佾舞於庭,是可忍也,孰不可忍也?(《论语·八佾》)

(9) 知之为知之,不知为不知,是知也。(《论语·为政》)

这种句子在三个方面更有标记:1)主语由小句甚至复句充当,而主语的无标记匹配是名词语;2)表语主要由谓词("可忍也"、"知也")充当,比名词性表语更有标记。3)一个判断句内主辞两现,比主辞单现的情况如例(6)更有标记。不过这种标记性是为了应对主语、表语的复杂化而取的策略,扩展了"是"的功能。"是"复指名词性判断句主辞是复指句子式主语的功能的类推。可是,这种类推的情况早期极其少见,请看下面的例子:

(10) 富与贵,是人之所欲也。(《论语·里仁》)

(11) 凡八极之云,是雨天下。八门之风,是节寒暑。(《淮南子·坠形训》)

例(10)是王力(1980:353)所举的指示词"是"复指主语的例子,但这里"富与贵"不是典型的名词。我们检视了先秦和西汉文献《左传》、《论语》、《孟子》、《庄子》、《战国策》等,没有发现一例"是"复指的判断句主辞是典型的名词性成分。这是因为这种有标记结构比

211

复指句子式主辞的句子缺少表达和交际的动因,严重违背经济性原则。到西汉著作《淮南子》中才发现了(11)那样的少数例子,到《史记》中这类例子才比较多(前人已多有例证),而此时也基本到了"是"可以重新分析为系词的阶段了。由此可见,"是"因为表达的需要而功能扩展,才导致较有标记的句式出现,但这种有标记性一旦扩展到交际动因不强的句法环境中,标记性原则就会战胜忠实度原则,通过重新分析输出新的无标记结构。

至于前述"把"字句和动结式的源头连动式,是比单动式有标记的结构,它显然是由表达内容的复杂化需求而促成的,因为它能容纳比单动句更多的信息。这里还有一个类型上的相关因素——汉语缺少谓语限定非限定的形态。在存在限定范畴的语言中,除谓语并列的情况外,其他单句范围内的多动同现都通过不定式、分词等形态手段来实现"去谓语化",从而无须起用较有标记的连动式了。

本节的分析,可以简单图示如下(箭头代表历时性的输出):

(12) 无标记 —— 表达需求促成的扩展用法 ——→ 有标记 —— 无标化促成的重新分析 ——→ 无标记
   (旧瓶装新酒)   (新酒塑新瓶)

从(12)可见,重新分析是对功能扩展造成的有标记现象的反弹,最终是回归无标记状态,但这是一种新的无标记现象,已经不同于初始点的无标记现象。所以我们可以把重新分析的全过程描写为:**因语言单位的有标记扩展用法而引发的无标记回归。**[②]

3 重新分析无标化类例

本节将用更多实例来验证第 2 节所提出的重新分析无标化解

释,并展示无标化的具体类型。我们尽量选择已有较成熟的成果的例子,以免费力论证该现象本身的重新分析性质。

观察显示,重新分析无标化主要体现在两个方面:一是结构简化,包括结构层次减少、语法单位降级。二是自然匹配,即形式和语义达成更无标记(更自然)的配置。

3.1 结构简化③

在句法层面,层次少的简单结构是无标记的,而层次多的复杂结构是有标记的。因为复杂结构内含简单结构,有复杂结构必然有简单结构,反之则不必然。而重新分析的条件是分析前后真值语义基本相同,在同义情况下,结构简单、层次少的语法单位比复杂结构更无标记。我们看到,语法化中的重新分析总是沿着句法结构简化的轨迹发展。常见表现如下。

3.1.1 包孕复杂句变成简单句:主句弱化、从句"转正"

包孕复杂句是内部含有小句结构的句子。重新分析之后,主句的主要部分(通常是谓语动词及某些连带成分)弱化为某种虚词,而被包孕的从句则升级为主句,整个主句回归为简单句,即不再内含小句(暂不计多重包孕句的情况)。这是重新分析极常见的效应。

如"我说"、"你说"(关于"你说"的语法化,参看谷峰 2004)、英语 you know(你知道。虚化后弱读为 y'know)之类言说动词组合在许多语言里虚化为话语标记。在重新分析之前,这些组合都是主谓结构,但其功能主要是语篇连接方面的,而其动词所带的宾语从句,倒是主要信息所在。重新分析后,该主谓结构虚化为话语标记,而从句则"转正",升级为主句,句子不再有包孕成分。如(13)所示,括号层次的减少清楚显示了这一结构简化的过程:

(13) [[主语 我][谓语[动词 说[宾语从句 你去吧]]]]。→ [[话语标记 我说],[主句 你去吧]]。

这类话语标记不一定在句子的前部,弱化之后也常出现在宾语从句之后。而主谓式的话语标记还可以进一步脱落主语,只剩下一个言说类或感知类动词(OV语言中则V本来就在宾语从句之后)。这类后置的无主语的动源话语标记容易进一步虚化为语气词,如西宁回民方言中的"说着"(参看张安生2007)、廉江粤语中句末的"讲"(参看林华勇、马喆2007)、广州粤语的语气词"㗎"[wɔ³³](张洪年1972:178描写为"重述所闻的助词",并提到赵元任认为它是"'话啊'复合的结果","话"是相当于"说"的动词)。

以上是宾语从句随着主句弱化为语气词而转正为主句。带主语从句的句子,主句谓语也可以弱化成语气词,同时主语从句转正为主句。近代汉语颇多此类例子,如"罢了"、"休"、"不成",都经历了从主句谓语到语气词的重新分析:

(14) [主句[主语从句 你给他些钱钞][谓语 罢了]]。→ [主句[主句主体 你给他些钱钞][语气词 罢了]]。

(15) (十五年间一转头,)[主句[主语从句 人生放下][谓语 休]]。→ [主句[主句主体 人生放下][语气词 休]]。

(16) [主句[主语从句 让你吃亏][谓语 不成]]。→ [主句[主句主体 让你吃亏][语气词 不成]]。

冯力(2007)证明,北部吴语动词后表近将来的"快"("火车开快了"相当于北京话"火车快开了"),本是整个句子的谓语,而其前的部分(上例中是"火车开")则原为主语从句。重新分析后,"快"成为表近将来体的虚词,而主语从句升格为主句的主体。刘丹青(2007)分析了苏州方言从近代到当代一种与此同类但更曲折更深刻的重新分析,即主句谓语干脆脱落,由主句的话题标记"末"和谓语后的语气词"哉"跨层组合成一个复合语气词"末哉",而原来作为话题的从句则升格为主句,择要表示如下:

(17) [主句[话题从句[话题主体你放心唱]][话题标记末][谓语是哉]]。

→ [主句[主句主体你放心唱][语气词末哉]]。

以上所有的重新分析例子,都导致包孕句变成简单句,从而变得更无标记。

3.1.2 复杂谓语变成简单谓语

这类重新分析主要发生于谓语位置。而上面的包孕句变简单句,主要体现于主语和宾语位置。所谓复杂谓语,对汉语来说,主要指连动、兼语这类包含多个谓语的情况,也可以包括动词支配动词性宾语的情况,如"我想看书"。对有些形态丰富的语言来说,可以指谓语动词带各种非限定动词短语的情况,如谓语动词带现在分词或过去分词做状语或带动词性宾语的情况,这时从属的动词仍可能要取非限定形式或动名词形式等。所谓简单谓语,就是一个谓语动词之外没有其他动词形式(不考虑动词的并列结构)。

很多由动词语法化为虚词的重新分析都属于此类,例子不胜枚举。"把"字(及古今汉语和方言的"将、持、捉、取、拿、担"等)处置式由连动式(复杂谓语)而成单动式(简单谓语),就属此类。其他在动词前由动词重新分析为介词的,如"在、对、为、因、管(管他叫大李)、论(论斤卖)"等也都属此类。在形态语言里跟由连动动词到介词相近的情形是由分词形式重新分析为介词,如英语 regarding NP、concerning NP 本来是分词短语,与谓语动词一起也构成了一种复杂谓语,重新分析为介词短语后,就不再是复杂谓语了。汉语由连动式到动补式的"击破、刺杀"等，也归此类。由于动结式已经词汇化（参看董秀芳 2007），在句法层面就由复杂谓语变成简单谓语了。

复杂谓语变简单谓语的另一种常见情况是带动词性宾语的动词重新分析为情态或时体类助动词，原来的宾语成为主句的实义谓语动词（"实义动词"比"主要动词"的叫法准确些，因为助动词往往仍然承担小句的形态部分——在汉语中表现为正反问形式，而实义动词可能仍残留部分宾语的属性，因此被一些学者分析为助动词的宾语），从而实现复杂谓语的简单化，如前面举过的"会"、"解"、"得"，英语的 have 等。现代汉语"想看书"的"想"正处在实义带宾动词和情态助动词双重分析阶段。情态助动词还可能进一步重新分析为纯粹虚词，使谓语部分的句法结构更加简化。如景颇语有发达的句尾词系统，承载了情态、语气和一致关系形态诸项功能，有点像汉语的语气词（参看戴庆厦、徐悉艰 1992）。根据梅广（2004）的意见，它们是由表示情态的动词虚化而来的，所以承担着限定动词的各种形态。由于今天的句尾词已经成为一种纯虚词，因而谓语部分的句法结构就更加简化了。

主要谓语动词与非限定式动词之间的另一种非动宾式复杂谓语，也可能经重新分析变成简单谓语，其结果也是主要谓语动词虚化为情态虚词。这方面的一个熟悉例子是英语 be going to VP（参看 Hopper & Traugott 1993:1—4）。be going to 本是表"正在去/即将去"的现在进行或近将来时的位移动词，但重新分析后 be going to 成为一个表近将来时的时态成分（口语中弱化为 be gonna），与"去"的行为可以无关，如 I'm gonna buy this（我会买这个）。

3.1.3 小句结构简化为名词性短语

在句法中,名词性短语是比小句结构层次更低、更简单的结构。常规的小句结构内要含有 NP,NP 内却不必有小句,可见 NP 是更无标记的单位。有些语法化过程将主谓结构内的谓语重新分析为虚词,只剩下主语 NP 保留实词性并充当整个结构的主体,从而使小句结构简化为 NP,句法层次减少。如"NP_1 也好,NP_2 也好"(老王也好,老李也好……),本来是两个以"好"为谓语的分句,重新分析后,只表示"NP_1 还是 NP_2",本身不能成句,必须另加谓语(老王也好,老李也好,都已经同意了),"也好"成为后置性连词(postpositional conjunctions,参看周刚 2002:18—20)。"也罢……也罢"情况与此相同。

3.1.4 句法现象变成形态现象,简化了句法结构

由句法现象到形态现象是语法化的基本路径之一,也是重新分析的常见现象。这一过程必然导致句法结构的简化。一个常见的例子是一致关系。谓语动词上的一致关系形态常来自人称代词的某种弱化缩略形式。Givón(1976)分析非洲班图语言的一致关系形态就来自复指话题的人称代词在动词上的附着化,不同的语言处在附着化的不同阶段,有的代词语素接近独立代词,有些接近一致关系词缀(Creissels 2005 对整个非洲语言此类状况有全面分析)。我们在藏缅语中看到了类似的过程。据孙宏开(1994a,1994b),很多藏缅语言的一致关系前缀或后缀就取该语言单(/双)复数人称代词的元音或辅音,也有基本采用代词原形的,而祈使句的相关词缀总是与第二身代词词形相近。其 1994b 文引了罗常培所举的一组独龙语的例子(第三人称用动词原形 chia[4],此略):

(18) nga⁴ aŋ¹dza¹kai¹chia-ŋ⁴.

我　饭　吃　能-后缀　"我能吃饭。"

na　aŋ¹dza¹kai¹nə-chia⁴.

你　饭　吃　前缀-能　"你能吃饭。"

iŋ¹　aŋ¹dza¹kai¹chia-i⁴.

我们　饭　吃　能-后缀

gnie¹gniŋ⁴aŋ¹dza¹kai¹nə-chia-n⁴.

你们　饭　吃　前缀-能-后缀

可以设想在重新分析为前缀、后缀前，这些弱化代词应像班图语那样曾可以作为独立代词复指主语或话题（也常复指直接宾语和间接宾语，也许是话题化的宾语）。①在原来的句法结构中同一个论元可以先出现为先行词，再出现为复指代词，是一种不经济的有标记结构。在复指代词弱化、附缀化并重新分析为谓语动词的一致关系形态后，话题相应地重新分析为单一句法主语，句法结构得到简化，不再有同一论元句法上两现的状况，实现了无标化。再如汉语里有"小军他妈"这样的说法，这里的"他"是复指领属语"小军"的，也是同成分两现的有标记用法。在有些语言里，这种复指成分也可能附加到核心名词上成为与领属语保持一致关系的形态，从而简化句法结构。例如，鄂伦春语带领属语的核心名词上要加人称一致关系后缀，其形式显然来自三身代词，如（引自胡增益2001:77—78）：

(19) a. ʃinŋi　utə-j

你（领格）儿子（第二人称单数领属）"你的儿子"

b. munŋi　kʊnm-mʊn

我们（领格）羊（第一人称复数领属）"我们的羊"

核心名词上表示领属语第二人称单数的后缀 j 与人称代词 ʃin（你）有关，而第一人称复数后缀 mɔn 与代词 mun（我们）有关。成为后缀后，句法层面就不存在同一成分两现的有标记现象了。更重要的是，领格代词（如例中的 ʃinŋi、munŋi）可以省略，只剩下带一致关系的核心名词就可以表示领属关系，如 utə-j 就表示"你儿子"，这实现了句法的再简化。再如介词（前置词、后置词）有可能进一步语法化为名词的格形态（Lehmann 2003，§3.4.1.3），这可以使表达相应题元的手段从介词与 NP 的句法组合转化为单纯的带格名词，简化了句法的层次结构。汉语中形态虽不丰富，但也有这类现象。汉语动词的重叠式（如"打打"）就是由"动词＋同源动量补语"（如"打一打"）重新分析而来[范方莲（1964）指出 VV 式的动量式来源并认为其至今仍是动量式，刘丹青（2001）肯定其已重新分析为重叠形态]，成为重叠这种形态现象后，原来的动量结构就简化为单个动词了。

3.2 自然匹配

语言内的研究和跨语言的比较都可以揭示形态-句法形式和语义内容之间存在着普遍性的自然匹配。自然的匹配在语种内通常是最常见的，最不受限的，在跨语言比较中则肯定是优势高频的匹配，因而是无标记匹配（关于"自然组配"的关联模式及其在词类研究中的应用，参看沈家煊 1999，§2.2.4、§10.4.3、§11:3—4）。同时，语言也允许在表达的需要下使用不同于自然匹配的形义组配，它们的使用在语言内往往是更受限的，在跨语言比较中往往是较少见的弱势形式和有标记匹配。例如，用动词谓语表行为事件、用名词表示做动词论元的具体事物，是无标记匹配，如"他卖假货"。反过来，用动词谓语表事物，用名词作陈述，在表达需要时也可能存在,如"卖假货,他"(在特定语境中表达"买假货的是他"),但这是高度有标记的形式。上面这个是比较极端的例子,实际语言中存在的大量形义匹配主要是自然度的差别。如在英语中,动词和名词两端之间还有分词、动名词、由动词派生来的名词等中间状态,用于非谓语位置。用它们表行为事件,比用名词自然一些,但比直接用动词,则自然度略低些。就是这种相对的自然度,对重新分析的作用不可低估。重新分析的一种强大动力,就来自人类语言对语义和形式之间自然匹配的强烈追求。由表达需求促成的非自然匹配如果长期大量出现,就会产生重新分析的压力,使之回归更自然的匹配。

例如,在汉语里,用"Q(量化修饰语)+NP"的形式表达整体量、全量和存在量(部分量)的事物,这是自然的匹配,可以用在适合名词的句法位置。此外,汉语中也存在"V+O"(动宾)式的表达同类意义的格式,如:

(20) 整体量:QN 全身、全国、全城、全世界 ~ VO 满身、举国、倾城、满世界

(21) 全量:QN 所有地方、任何地方、任何时间 ~ VO 遍地、随地、随时

(22) 存在量:QN 一些人、一些货、某些地方 ~ VO 有些人、有些货、有些地方

我们知道 QN 用于论元位置是自然的匹配,其中表时空的 QN 用于处所状语位置也是自然匹配;而 VO 的自然匹配是谓语,但这些 VO 也常常甚至更常用于论元或时空状语的位置,如"满身都疼、举国欢腾、倾城出动、遍地是宝、随地丢弃、有些人走了"等,这就是非自然匹配,它们是为了追求生动等目的而形成的表达式。这就

产生了重新分析的推力,要将右边的 VO 重新分析为跟左边一样的 QN 结构。其中搭配面广、使用频率高的"满"已基本完成了重新分析(参看储泽祥 1996)。《现代汉语词典》(第 5 版)"满"字条有义项 2"动使满",义项 4"形全;整个:满身油泥|满屋子的烟"等。"满身"、"满世界"这类整体量表达来自其"使满"义,现在词典承认其表整体量时是形容词,实际上是确认其已被汉语使用者分析为 QN 结构,即实现了无标化。而"遍"的形容词义项尚未被该词典承认,但从词典"遍"的动词义项所举"满山遍野"这一例并列式就可以看出,"满山"和"遍野"结构趋同,语感一致,"遍"至少已到 VO 和 QN 双重分析的阶段,正向无标记的 QN 发展。"有些"则经历了词汇化的重新分析,原来是 VO"有/(一)些人",现在是QN 的"有些/人"。在"他被有些人骂"中,"有些人"用在介词"被"后,肯定是 QN,不能再分析为 VO。

再看正在发生的"中"的重新分析。"中"的一个主要义项是方位后置词,如"湖中、花园中"。由于空间到时间的隐喻机制,其前的成分也可以由 NP 扩展到表行为事件的 VP,如"讨论中、僵持中",这时,其作用更多在于表示"正在进行"的体貌意义,而方位后置词与体貌语义之间不是自然匹配,体貌标记与体貌语义才是自然匹配,于是"中"也就在回归自然匹配的推力之下被重新分析为体助词,实现无标化。一旦重新分析为体助词,它就可以偏离后置词短语做动词的时空修饰成分的"本分",进一步扩展到主句的主要谓语的功能,而在来自台湾的一些语料中还可以脱离"在",成为一个更地道的体助词(参看张谊生 2002:36—58。本文的分析框架与张著不尽相同),例如(引自张谊生 2002:45、49)。

(23) 此刻他正在沉思中。

(24) 专案人员全力查访三人下落中。(台湾报刊)

其他语言中也有与此类似的例子。阿尔泰语言的动词形态，本来往往是某种静词化形式(名词和形容词在阿尔泰语言中语法属性相近，合称"静词")，以这种形式来表示动词的某种范畴，如时态等。力提甫(2001:132—133)指出，"维吾尔语的现在-将来时成分-i～-y(du)也是最初的以-A结尾的副词化形式加作系词用的tur，再加形容词化成分-ur而形成。……过去时成分-Di最初也是名词化成分……即谓语里出现的信息不是'谁做了什么'或'谁将要做什么'，而是'谁处在做某事的状态中'或'谁是做完了某事的人'"。这就是说，阿尔泰语言要表示谓语动词的某些范畴意义，首先要将动词"静词化"，将动作行为在句法形式上转化为某种状态，类似于用"他处在吃完的状态"来表达"他吃完了"，"他正在调查(的状态)中"表示"他正在调查"，与汉语"中"表时体的策略相近。但汉语"中"只是个别例子，而维吾尔语则是系统性地采用这样一种策略。然而，"静词"的形式和动作行为的语义毕竟不是自然的匹配。实际上所谓"静词化"，只是从其历史来源说的。在共时平面，力提甫及其他学者都将这些本来用以"静词化"的形态成分分析为动词的时态，也就是承认它们早就重新分析为动词带时态成分了，而这正是与动作行为的语义自然匹配的形式结构。在这一重新分析中我们再次见到了形式和语义无标记匹配的推力。英语也有类似的情况。英语进行体后缀ing本也是动词名词化的标记，而进行体动词V+ing前要加系词be也表明结构上视后面的V+ing为名词性表语而不是动词性谓语。但它毕竟表示的是动作行为而不是实体状态，因此英语早已将这种名词化的结构重新分析为动词的进行体形态，从而回归了动词谓语和动作行为的无标记匹配。

以上讨论的自然匹配和 3.1 讨论的结构简化是两种不同的无标化策略,不过在我们所观察的材料中,两者总体上是合力共谋因素,而不是相竞因素,这就大大强化了无标化的力量,增强了重新分析的单向性。

例如,上文分析古汉语"是"由指示词到系词的重新分析,有三点无标化的表现,其中第一点是结构简化,第二点是形义的普遍性自然匹配,第三点是类型和谐。它们的合力促成了重新分析的发生和完成。再如前面分析的汉语表情态的动词谓语由"实义动词+动词性宾语"重新分析为"情态助动词+实义动词",一方面避免了动词带 VP 宾语这一复杂的结构,另一方面由助动词表情态、由行为动词充当谓语中的实义动词,比起由实义动词表情态,而行为动词却只充当宾语,是更加自然的匹配。两种无标化力量加起来促成了重新分析的发生。其他例子大都存在这种合谋关系,限于篇幅,不再一一细析。

我们也注意到这两种无标化有时看似不一致的情况。例如,"之所以,是因为"中的"之所以"作为配套的两个因果复句连词之一,来自"NP 之所以 VP$_1$,是 VP$_2$"这样的判断句结构,该结构本属单句(其演变史参看肖奚强、王灿龙 2006)。"之"是结构助词,"所以"是关系代词短语,引导 VP 的原因,略近于英语 why,后面的"是 VP"是判断句的系词加表语,对原因作答。重新分析后,"之所以"词汇化为一个释因式因果句的结果句连词,整个"NP 之所以 VP,是因为 VP"由单句结构变成了复句,看似在结构上复杂化了;从形义关系看则匹配更自然了,因为其所表达的内容实际上是一个释因句,用复句连词表达匹配得更加自然。不过,重新分析前的单句结构并不是严格意义的简单句,如"项羽之所以败,是……","之所以"所在小句是一个无核关系从句,"所"是无核关系从句的关系代词,代替"项羽败"的原因,整个小句作为包孕句充当主句的主语(参看刘丹青 2005)。重新分析后,该小句由包孕句充当的主语变成一个简单句形式的结果分句,小句内形式是简化了。两个简单句的复句在结构层次上并不比由包孕句充当主语的单句复杂。因此仔细的分析显示,这里主要由自然匹配起作用,简化未起明显作用,但也绝没有结构的繁化,两者并不矛盾。当然也能找到只有结构简化起作用、匹配自然度无变化的例子。这些都不是两者的冲突。

本节以实例验证了本文提出的重新分析的无标化解释。为了以更加客观的方式来验证本文的解释,我们特别考察了三份独立的材料。第一份是 Heine & Kuteva(2002)的《语法化的世界词库》,特别是其中所列举的作为语法化源头最多的那些词语和范畴在词典中的虚化路径和实例(由 Maisak 统计,见吴福祥所作的国内版导读)。这代表了人类语言最常见的重新分析路径。第二份是该书所列的汉语例子(由龙海平、刘云统计,也见导读),含 40 多个汉语词 50 多条路径(有些只是语义范畴变化、不涉及结构的重新分析)。第三份是吴福祥(2005)所总结的汉语中的多种语法化路径。后两份材料代表了汉语中已被研究的主要的重新分析例证。从三份材料中我们没有发现跟无标化方向明显相反的情况。

4 小结

重新分析是形态-句法历史演变的常见机制。以往几种研究语法化理论或历史句法学的主要著作虽然对重新分析的机制和动因作了富有启发性的解释,但仍未完满回答重新分析为什么要发生,特别是为什么具有单向性的问题。

本文提出"无标化解释",认为促使重新分析实际发生并且具有单向性的根本原因是人类语言对无标记状态的追求。人类表达需求的无限拓展和表达方式的新奇性追求使得语言总会出现有标记的现象,主要是通过现有手段的扩展而发生,可称"旧瓶装新酒"现象。针对这种有标记现象,语言会产生回归无标记状态的推力,于是通过重新分析来实现无标化,产生"新酒塑新瓶"的效应。无标化的路向主要有两种,一种是结构简化(包括几种具体情况),一种是语法形式和语义的自然匹配。两种因素总体上是合力共谋关系,有时主要由一个因素起作用,但目前尚未见到两者明显矛盾冲突的情况。

附 注

① 表"有"动词重新分析为助动词等在人类语言中很常见,很多都跟时体有关。有些"有"义动词的重新分析不一定直接由带动词性宾语而来,但都与扩展的有标记化和重新分析的无标记回归有关。如印欧语的罗曼语族和日耳曼语族都使用表"有"动词做完成体(在罗曼语族中还做将来时)助动词,但诱发重新分析的结构不是"有"义动词带 VP 做宾语,而是"有"义动词带一个实义论元结构中的受事做宾语,而语义上支配该宾语的动词却以过去分词的形式充当宾语补足语,并且还与受事保持一致关系。经过重新分析,宾语成为那个实义动词的宾语,而表"有"动词重新分析为表示完成的助动词,实义动词则成为主要动词,不再与受事保持一致关系,但保留了其分词形式,因而使这些语言中的完成体形式定型为"表'有'动词+过去分词"的形式。如后期拉丁语的例句(引自 Hopper & Traugott 1993:57):

Metuo　　　　enim ne　ibi　　　vos
担心-I人称单数　因为 最少 那儿　　你-宾格复数

habebam　　　　　　fatigatos
　　有-I 人称　　　　　　使累-宾格复数
　　"因为我担心我已经累着了你们。"

此例还包含了与本文无关的篇章连接词语等，这里不必关注。请注意最后的 vos habebam fatigatos（累着了你们），其中主要动词是 habebam（有），其人称与主语的第一人称保持一致，vos（你们）是 habebam 的复数宾语（拉丁语 OV 语序占优势），而 fatigatos（使累）作为过去分词与宾语 vos 保持一致，是宾语补足语。在稍后的文献中，分词不再与宾语保持一致关系，因而有条件被重新分析为主要实义动词，而原来作为主要谓语的表"有"动词则重新分析为表示完成体的助动词，原来的过去分词则重新分析为主要谓语，但保留了分词形式。重新分析前，句子主要谓语是"有"，但此处并没有"有"的意思，其宾语是"你们"，而"你们"在意义上并不是"有"的受事，反而真正支配"你们"的"使累"却只充当宾语补足语。这样的结构显然存在句法关系与语义关系的错位，是有标记句式，是为了用现有手段表完成体而造成的。重新分析后，"使累"和"你们"成为句法上的动宾关系，而"有"只是完成体的助动词。这使整个结构无标化。

　　② Harris & Campbell(1995)也很重视"扩展"的作用，但她们说的是重新分析之后相关成分以新的句法身份扩展其适用领域，这样的扩展是无标记性的推广，与重新分析之前的导致有标记性的扩展是不同的。例如"会"、"解"一类动词在开始带 VP 时，VP 都是一些需要一定技能的行为，如骑马、射箭、游泳、吟诗等，而一旦重新分析为表示能力的助动词，就可以扩展到各种动词，所以出现了例(3)中的"解晓得"（会知道）这样的组合，而作为"助动词+动词"的组合这样的结构是很无标记的。

　　③ 吴福祥教授赐读本文初稿后告知，国外近年有些研究已经注意到，语法化的重新分析常常涉及结构简化，从形式学派的某些历史句法学观点看，结构简化是一种为参数定值所偏爱的演变。本文将结构简化提升为重新分析的根本动因——无标化的主要体现之一，并用大量汉语实例来显示其力量。

　　④ 比较汉语代词复指话题的功能："老王，**他**不同意"、"这头猪卖了**它**吧"，再如例(10)的"**是**"。

参考文献

储泽祥　1996　"满＋N"与"全＋N",《中国语文》第5期。

戴庆厦、徐悉艰　1992　《景颇语语法》,中央民族学院出版社。

董秀芳　2007　从词汇化的角度看粘合式动补结构的性质,《语言科学》第1期。

范方莲　1964　试论所谓"动词重叠",《中国语文》第4期。

冯　力　2007　北部吴语中心谓语成分虚化为时态助词现象分析,《中国语文》第3期。

高增霞　2006　《现代汉语连动式的语法化视角》,中国档案出版社。

谷　峰　2004　"你说"的语法化,《中国语文研究》总第18期,香港中文大学出版社。

胡增益　2001　《鄂伦春语研究》,民族出版社。

江蓝生　2004　跨层非短语结构"的话"的词汇化,《中国语文》第5期。

李佐丰　2003　《先秦汉语实词》,北京广播学院出版社。

力提甫·托乎提(Litip Tohti)　2001　《维吾尔语及其他阿尔泰语言的生成句法研究》,民族出版社。

林华勇、马　喆　2007　廉江方言言说义动词"讲"的语法化,《中国语文》第2期。

刘丹青　2001　语法化中的更新、强化与叠加,《语言研究》第2期。

——　2005　语法调查与研究中的从属小句问题,《当代语言学》第3期。

——　2007　话题标记走向何处?——兼谈广义历时语法化的三个领域,载沈家煊、吴福祥、李宗江主编《语法化与语法研究》(三),商务印书馆。

梅　广　2004　解析藏缅语的功能范畴体系——以羌语为例,载林英津等编《语言暨语言学》专刊外编之四《汉藏语研究:龚煌城先生七秩寿庆论文集》,中研院语言学研究所印行。

沈家煊　1999　《不对称和标记论》,江西教育出版社。

孙宏开　1994a　再论藏缅语中动词的人称范畴,《民族语文》第4期。

——　1994b　藏缅语中的代词化问题,《国外语言学》第3期。

唐钰明　1993　上古汉语判断句,《古汉语研究》第4期。

王　力　1980　《汉语史稿》(中册),中华书局。

吴福祥　2003　关于语法化的单向性问题,《当代语言学》第4期。

―――― 2005 语法化演变的共相与殊相,载沈家煊等主编《语法化与语法研究》(二),商务印书馆。

肖奚强、王灿龙 2006 "之所以"的词汇化,《中国语文》第 6 期。

张安生 2007 西宁回民汉语的引语标记"说着",《中国语文》第 4 期。

张洪年 1972 《香港粤语语法的研究》,香港中文大学出版社。

张谊生 2002 《助词与相关格式》,安徽教育出版社。

周刚 2002 《连词与相关问题》,安徽教育出版社。

Creissels, Denis 2005 A typology of subject and object markers in African languages. In F. K. Erhard Voeltz (ed.) *Studies in African Linguistic Typology*. Amsterdam/Philadelphia: John Benjamins. 43-70.

Dryer, Matthew S. 1992 The Greenbergian word order correlations. *Language* 68.1, 43-80.

Givón, Talmy 1976 Topic, pronoun, and grammatical agreement. In Charles N. Li (ed.) *Subject and Topic*. New York: Academic Press. 149-188.

Harris, Alice. C. & Lyle Campbell 1995 *Historical Syntax in Cross-Linguistic Perspective*. Cambridge: Cambridge University Press.

Heine, Bernd & Tania Kuteva 2002 *World Lexicon of Grammaticalization*. Cambridge: Cambridge University Press. (国内影印版中文书名《语法化的世界词库》,中国世界图书出版公司、剑桥大学出版社,2007 年)

Heine, Bernd, Ulrike Claudi & Friederike Hünnemeyer 1991 *Grammaticalization: a Conceptual Framework*. Chicago: University of Chicago Press.

Hopper, Paul J. & Elizabeth C. Traugott 1993 *Grammaticalization*. Cambridge: Cambridge University Press.

Kager, Rene 1999 *Optimality Theory*. Cambridge: Cambridge University Press.

Lehmann, Christian 2003 *Thoughts on Grammaticalization*. 2nd revised version. Arbeitspapiere des Seminars für Sprachwissenschaft des Universitiät Erfurt, Germany. 1st version: Munich: Lincom Europa, 1995.

从甲骨、金文中看"以"语法化的过程*

罗　端(Redouane Djamouri)

（法国国家科学院东亚语言研究所）

0　引言

在古代汉语文献中，"以"是一个功能繁复的语法词。一般认为它具有多种介词和连词的用法。本文并不试图描述"以"在先秦文献中所有的语法功能，而是想简单地勾勒它在早期历史阶段的演变和语法化的过程。本文的观点主要来自对商代甲骨文和周代金文的观察。

在先秦出土文献中，"以"字有以下的各种字形：

---

* 本文是根据作者在"第四届汉语语法化问题国际学术讨论会"（北京语言大学，2007年8月）上的发言提纲写成的。

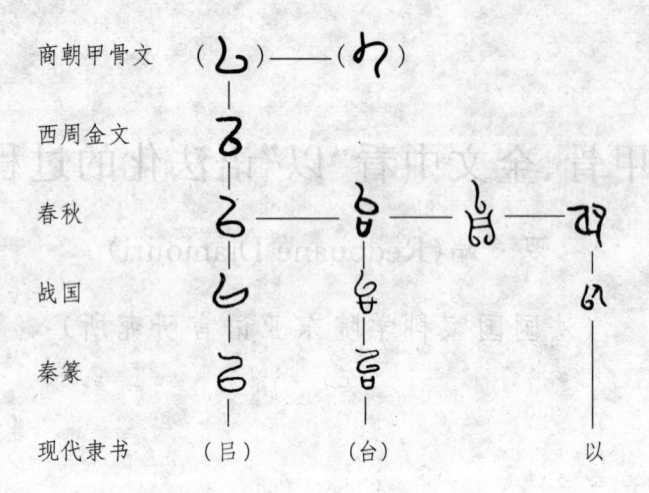

商朝甲骨文	(乙) — (၅)		
西周金文	己		
春秋	己 — 台 — 目 — 以
战国	己	台	以
秦篆	己	台	
现代隶书	(目)	(台)	以

1 "以"作为表与祭祀有关的动词

在商代的甲骨文和金文里面,"以"字主要是做动词用的。它具有两个不同的意思。

第一,它用来表达一个跟祭祀有关但意义目前尚不能确定的动词。例(1)到例(3)表现商朝甲骨文中"以"做祭祀动词的用法。作为祭祀动词,它后面经常带一个祖先的名字作为间接宾语。

• 商朝甲骨文和金文

(1) 王弗以祖丁眾父乙。(合集 10515,商朝甲骨文)
"王不给祖丁和父乙行'以'祭。"

(2) 亞醜者婍以大子障彝。(者婍方尊,商朝金文)
"(这是)亚醜者婍给太子行'以'祭的礼器。"

(3) 秉以父庚宗尊。(秉以父庚觚,商朝金文)
"(这是)秉给父庚行'以'祭的宗庙礼器。"

• 西周早期金文

表示祭祀动词的"以"字,在西周早期金文中还能见到一些。不过后来这个特殊的用法似乎消失了。例(4)是我们在西周早期金文中所能看到的一个例子。

(4) 壴乍父癸肇宗障彝。其以父癸。(壴卣,西周早期)

"壴为父癸做了这组宗庙礼器。他将会给父癸举行'以'祭。"

2 "以"作为表"引导"、"率领"的动词

在商朝甲骨文中,"以"字另外可用作一个及物动词,可以释为"引导"、"率领"、"带来"等意义。

上面所谈的表示祭祀动词的"以"和现在要谈的表"率领"的"以",从它们的使用环境上来看,我们看不出两者之间有明显的语义关系,很可能是两个同形同音的非同源词。"以"作为表达"引导"、"率领"、"带领"等意义的动词时,它的直接宾语经常是有生命的名词。见例(5)—(7):

• 商朝甲骨文

(5) 以小女田于田。(合集 20742)

"(我们)带领一些少女到田野打猎。"

(6) 其用师以羌于父丁。(合集 32020)

"我们将要拿军长带来的羌人给父丁行'用'祭。"

(7) 雀不其以象。(合集 08984)

"雀这个人将不会带来大象。"

应该注意的是,在商朝甲骨文中,表示"引导"、"带来"的"以"

也可以具有抽象的含义：

(8) 婦好孕弗以婦囚。（合集 10136 正）

"好这个妇人的妊娠不会导致这个妇人的死亡。"

(9) 往戠以雨。（合集 34182）

"去挞伐会导致下雨。"

表示"引导"、"率领"的"以"除了甲骨文之外，也出现在商代和周代的金文里。如例(10)—(13)：

• 商代金文

(10) 子令小子𠭰先以人于。（小子𠭰卣）

"王子命令小子𠭰这个人走在前面带领一批人到䮾地。"

• 西周早期金文

(11) 白懋父以殷八師征東夷。（白懋父毁）

"伯懋父率领殷人组成的八个军队去征伐东边的夷人。"

• 西周中期金文

(12) 隹白屖父以成師即東。（競卣）

"是伯屖父率领'成'地的军队赴东边。"

• 西周晚期金文

(13) 欲汝弗以乃辟函于艱。（毛公鼎）

"我希望你别导致你的君主陷于困境。"

作为动词而表示"引导"、"率领"的"以"在后期先秦文献中也偶尔出现，但它出现的频率越来越低。

3 "以"从动词到介词的词类转变

我们可以看出,在西周早期金文中,表示"引导"、"率领"的动词"以"经由词类转变开始另有介词的用法了。我们下面接着谈"以"开始用作介词的情况。

3.1 "以+名词"在动词前用作非论元的伴随介词词组

• 西周早期金文

(14) 奄 [_PP 以乃弟] 用夙夕禴享。(雁公鼎)

"奄啊!跟你的兄弟用(这个铜器),早上和晚上奉献祭祀。"

如果比较例(14)和例(11),可以意识到"以"在这种环境中从动词到介词的词类转变并不引起结构上的简化。这种词类转变所造成的唯一变化就是状语修饰词组从动词词组转变为介词词组。

这种观察正好证明 Whitman(2000) 或 Whitman & Paul (2005)的观点,就是汉语介词由动词派生而来,在历史演变关系上是经由状语修饰词组而来的。这种由动词到介词的重新分析(re-analysis)发生以后,并没有造成结构上的简化,这种重新分析所引起的唯一变化就是修饰词组本身语法标志的改变。

要注意的是,语气助动词或副词还可以出现在"以"字非论元状语介词词组之前[例(15)表现的就是这种现象]。在这种环境里,"以"字不能解释成一个并列连词。

(15) 命其永 [_PP 以多友] 毁飤。(命毁)

"命这个人将会永远跟许多朋友一起供食(于神灵)。"

在例(16)中有两个介词词组:第一个是在动词前"以＋名词"所构成的非论元状语介词词组,第二个是在动词后"于＋名词"所构成的论元补语介词词组。关于上古汉语论元与非论元介词词组在位置上不对等的现象,可以参考 Djamouri & Paul(1997)。

(16) 王 [PP 以侯] 納于寝。(麥方尊)

"王跟侯爵入于寝室。"

上述情况也反映在例(17)和例(18)的西周中期和晚期金文中。"以＋名词"作为伴随介词词组也同样出现在动词前面。

- **西周中期金文**

(17) 大 [PP 以厥友] 守王鄉醴。(大鼎)

"大这个人跟他的同事一起掌管王(对神灵供奉)食品和酒品的事务。"

- **西周晚期金文**

(18) [PP 以乃族] 扞敔王身。(毛公鼎)

"(你要)跟你同族的人保护王身。"

3.2 "以＋名词"介词词组出现在动词后面做补语句的现象

"以"字在西周早期发生由动词到介词的词类转变(categorical change)以后,它所构成的介词词组自从西周中期开始就可以在语义上起到各种不同的作用。我们知道,一个介词在语法上拥有多种用法,不但在汉语里如此,而且在世界各种语言里也是一个很普遍的现象。

在例(19)和例(20)中,"以"引进"率"和"令"这两个动词后面所需的补足语子句(complement clause)。"率"和"令"这两个动词本身需要一个有生命的名词宾语来进行某一种行为:"率领某一个人进行某一种行为"或"命令某一个人做某一件事情"。

这么一来,"率"和"令"的直接宾语是"以"所引进的动词的施事主语。作为"率"和"令"的论元补语成分,"以+子句"就出现在动词后面。

- 西周中期金文

    (19) 唯女率 [我友]_i [_PP 以 [_S Ø_i [_VP 事]]]①。(庲父鼎)

    "是由你率领我们的同僚来执事。"

- 西周晚期金文

    (20) 王令 [省史南]_i [_PP 以 [_S Ø_i [_VP 即虢旅]]]。(鄦攸比鼎)

    "王命令省史南跟从虢旅。"

3.3 "以"引进双宾动词的直接宾语

"以"做介词的另一种用法是引进双宾动词的直接宾语(主要是"给予"动词的宾语)。这种结构也出现在西周中期。见例(21):

- 西周中期金文

    (21) 武王則令周公舍寓[_PP 以五十頌處]。(癚鐘)

    "武王就命令周公提供给寓这个人含有五十个住家的聚居处所。"

这种出现在给予动词后的"以+直接宾语"的介词词组,西周中期以后的金文里都可见:

- 西周晚期金文

    (22) 余獻寢氏 [_PP 以壺]。(五年召白虎毁)

    "我献给寢氏这个人一个铜壶。"

- 春秋时期金文

    (23) 嵩君滤虘與朕 [_PP 以贏]。(嵩君鉦鍼)

    "君滤就还给我利息。"

(24) 公曰甬甬商之 [PP 以邑]。(庚壺)

"公说:'至于勇敢的人,我赏给他们采邑。'"

- 战国金文

(25) 賸 [PP 以金半鈞]。(子禾子釜)

"他还(给他)半钧金。"

从以上例子可以看出"以"字介词词组是当做给予动词的受事宾语。这种用作论元的介词词组,一律出现在动词后面。

3.4 "以+名"介词词组做受益格的情况

在西周晚期金文中,我们也有"以+名"介词词组做受益格(benefactive)的情况。作为非论元,这种介词词组一律出现在动词前。例(26)和例(27)所表现的就是这个情况:

(26) 虢仲 [PP 以王] 南征。(虢仲盨蓋)

"虢仲为国王到南边去征讨。"

(27) 告曰 [PP 以君氏] 令曰……(五年召白虎毁)

"他跟他们说:'我替君主命令道……'"

3.5 "以+名词"做处所介词词组

在西周晚期"以"字也可以用来引进处所介词词组。在例(28)和例(29)中"以"介词词组具有论元处所格的地位。因此,它就出现在动词后面。

- 西周晚期金文

(28) 眉自瀗涉 [PP 以南] 至于大沽一封。(散氏盤)

"至于眉这个人,从瀗这个地方过河以南一直到大沽这个地方,(给他)一个封邑。"

- 春秋金文

(29) 己侯乍鑄壺使小臣 [PP 以汲]。(己侯壺,春秋早期)

"侯爵已这个人做了一个铸成的壶。他遣使小臣到汲这个地方。"

在例(30)中,"以"介词词组表现的是非论元的时间位格,因此,它出现在动词的前面。

• 战国中期金文

(30) 郾孝子[PP 以庚寅之日] 命鑄飤鼎禺。 (郾孝子鼎,战国中期)

"郾孝子在庚寅那一天下令铸造献给(神灵)馔食的鼎禺。"

3.6 "以+NP+告+IO"

在西周中期和晚期的金文中,作为介词的"以"也可以引进叙述动词(verb of statement),如"告"、"讼"、"讯"等的主题格(theme)。

这种用法,刚开始只限于人身主题(a human theme):就像例(31)的"以某人告于某人"(向某人说到某人)。不过在西周晚期,这种用法也扩展到了普通名词[见例(33)]。

• 西周中期金文

(31) 衛 [PP 以邦君厲] 告于井白、白邑父、定白、琼白、白俗父曰……(五祀衛鼎,西周中期)

"卫这个人向井白、白邑父、定白、琼白、白俗父等人提到邦君厉这个人说:……"

• 西周晚期金文

"以 + THEME$_{[+HUM]}$ + 告 + IO"

(32) 女敢 [PP 以乃師] 訟。(儼匜,西周晚期)

"你怎么敢提出关于你统帅的申诉?"

237

"以＋THEME[-HUM]＋告＋IO"

(33) 余[PP 以邑] 訊有嗣。(六年召白虎毁,西周晚期)

"我向主管告知邑落的情况。"

3.7 "以 + 告"

有趣的是,用"以"字来表现动词"告"前面的主题时,"以"可以不加显形名词组(overt NP)而单独出现。例(34)和例(35)所表现的都是这个现象。

在这种特殊的"介词悬空"(preposition stranding)的情况下,"以"一般所指是前文已提到的整个段落,而不像前面提到的"以＋名＋告";在"以＋名＋告"的情况下,所指的是特定的人物或事物。

- 西周中期金文

(34) 唯三月丁卯,師旂眾僕不從王征于方雷,事厥友引以告于白懋父。(師旂鼎,西周中期)

"就是在三月丁卯那天,旂这个军帅的部众不跟从王到方雷这个地方去出征;旂派遣他的友人引把这件事情报告给伯懋父。"

(35) 引以告中史書。(師旂鼎,西周中期)

"引这个人告知中史书关于(此事的种种)。"

4 "以"用作连接两个名词词组的并列连词

在西周晚期金文中,我们可以见到"以"做连词来连接两个名词词组的新现象。在例(36)中,"以"连接了两个做宾语的名词词组,而在例(37)中,它连接的是两个做主语的名词词组。

在此要注意的是,这种做并列连词的"以"出现的时代晚于做伴随介词的"以"。但毫无疑问,这两者在语义上是有联系的(跟"with">以及"and")。

(36) 赐汝井寓䍙田于琢以厥臣妾。(大克鼎,西周晚期)

"(我)赐给你在琢这个地区井寓䍙的田地及臣妾。"

(37) 走父以其子子孙孙寶用。(食仲走父盨)

"走父跟他的后代珍惜使用(此器)。"

5 "引导">"带着">"使用"

在西周晚期金文中,可以见到表"引导"、"率领"、"带来"的"以"字发生了词汇含义上的变化。

除了它原本具有从一地移动到另一地的含义之外,"以"字也开始用于不含移动的"带着"、"拿"这类的含义。

这种语义演变是"以"所表现的动作里[＋移位]特征的消失。这是例(38)和例(39)所反映的现象。

• 西周晚期金文

(38) 仲钺臣父肇迨以金用乍仲窑器。(仲钺臣盘,西周晚期)

"仲钺臣父这个人初次见到王的时候,带着金属用来做(他祖先)仲窑的祭器。"

(39) 唯孚车不克以衣焚。(多友鼎,西周晚期)

"既然我们所俘获的车辆不能拿,就全都烧了。"

后来,在春秋晚期的金文中,随着语义变化,"以"几乎成了"使用"的"用"的同义词。

• 春秋金文

(40) 虞公自擇吉厥金,其以乍為用元劍。(粦公劍,春秋晚期)

"虡公自己选择了这个吉利的金属,用来做他本人使用的大剑。"

(41)歔以匽以喜以樂嘉賓及我父兄。(沇兒鎛,春秋晚期)

"我用这个铜器行宴来让我的贵宾以及我的父兄欢喜、高兴。"

从例(41)和例(42)可以看出"以"和"用"在用法上的相似。在例(42)中,"用"字出现的环境正好是例(41)"以"字出现的环境。

(42)用匽用喜用樂嘉賓及我倗友。(齊鎜氏鐘,春秋晚期)

"我用这个铜器来行宴用来让我的贵宾以及我的朋友欢喜、高兴。"

不管如何,"用"和"以"不能看做表示同一个词的两个字。它们也不能视为同源词,因为它们在最早的文献中表达两种完全不同的意义:一个是"作祭祀用",一个是"率领"。

尽管它们两者在一些环境里表现为同义词,但它们仍然经常出现在同一篇铭文里,甚至在同一个句子里[见例(43)]。

(43)用享以孝于我皇祖文考。(王子午鼎)

"我用(这个铜器)作祭祀,也用它向我皇祖父和显耀的父亲尽孝道。"

表示"用作"的"用"字和"以"字也有句法上的区别。尤其令人惊讶的是,在春秋时代的金文中,"用"字后接代词"之"的情况达200多次[见例(44)]。而表示"用作"的"以"字后面从来不加"之"。

(44) 子子孫孫永寶用之。(無者俞錊鍼)

"但愿子子孙孙永远珍惜使用它(＝这个铜器)。"

在金文中,当"用作"、"使用"的"以"字出现得越来越频繁,逐渐超过了"引导"、"率领"或"带着"这种用法。例(45)是表示这种意思的较早的例句。

- 战国早期金文

(45) 陳侯午以群諸侯獻金乍皇妣孝大妃祭器。(陈侯午毁,战国早期)

"陈侯午这个人用诸侯所奉献的金属做他皇妣孝大妃的祭器。"

6 "以"做目的连词

表示"引导"、"率领"的"以"字不但在春秋时代引申出"用作"的意思,而且同时独立虚化为"目的连词"。

"以"字做连词所引进的目的从句一律出现在主句后面,因此它跟主句具有同样的主语。

- 春秋金文

(46) 余凤夕虔敬朕祀以受多福克明又心。(秦公鐘,春秋)

"我从早到晚要虔诚地遵守我的祭礼,为了得到大量的福祚,也能明亮人的心念。"

(47) 翼受明德以康奠燮朕或。(秦公鐘,春秋)

"我要继续收到光明的德性,为的是平和、安定、协调我的国家。"

(48) 為宗彝齍彝永寶用以降大福。(宗婦鄀嫛盤,春秋)

"他制作这个礼器永远珍惜使用为的是要降下大福。"

• 战国早期金文

(49)王曰者沪女亦虔秉不潬德以克緫光朕邑。(者沪钟,战国早期)

"王说:'者沪!你就虔敬地秉持宏大率直的德性,为的是要完全照亮我的城市。'"

下表总述了商周时代"以"字各种用法的出现时代。

商周时代"以"字不同用法的出现时代

用法	商代	西周早期	西周中期	西周晚期	春秋	战国
祭祀动词(义不明)	■	■				
"引导、率领"	■	■	■	□	□	□
"携带"				■	□	□
"使用"					■	■
伴随介词"跟"		■			□	□
补语句介词			■	■	□	□
并列连词"跟"			■	(□)	□	□
以+NP+V+IO			■		□	□
以+V+IO			■	□	□	□
V+IO+以+DO			■	■	□	■
受益介词"为"				■	□	□
处所介词"在、往"				■	■	■
目的连词"为"					■	■
用具介词						□

■ 出土文献
□ 传世文献

根据上表的各种意义,我们可以用一个树状结构来描述"以"的历史演变的复杂状况。

我们可以看出,在西周早期,发生了由基本动词意义"引导"、"率领"到伴随介词的词类转变以后,"以"字就可以引进各种意义不同的介词词组。换一句话说,"以"字虚化为介词以后,它就具有了各种不同的介引作用。

我们要特别强调的是,"以"由动词到伴随介词的虚化,是在状语修饰词组的位置上发生的。后来,"以"引进各种介词词组的位置,是由介词词组本身的语义地位决定的。论元介词词组一律出现在动词后面,而非论元的介词词组主要出现在动词的前面。

这点,"以"介词词组的分布与具有相同功能的名词词组的分布是一致的。因此,我们不能说 V2 虚化为介词以后,才有过介词词组移到动词前的现象。而是 V1 作为状语虚化为介词以后,介词词组的分布就按语义地位决定了。

从我们画出的树形结构可以看出,"率领"到"使用"的语义演变是比较晚的现象。"以"做目的连词(purposive conjunction),这是"率领"引申到"携带"以后才有的现象。至于"以"做"用具介词"(instrumental conjunction),这是较晚才出现的现象,在战国时代从"使用"的动词意义重新分析为"用"的介词意义,在此不谈。

时期							
商朝							率领
西周早期					伴随介词		
西周中期	V(IO) 以 DO	以(N) 告 N	补语句 介词			并列连词	
西周晚期				处所介词 受益介词			携带
春秋							使用 目的连词
战国							用具介词

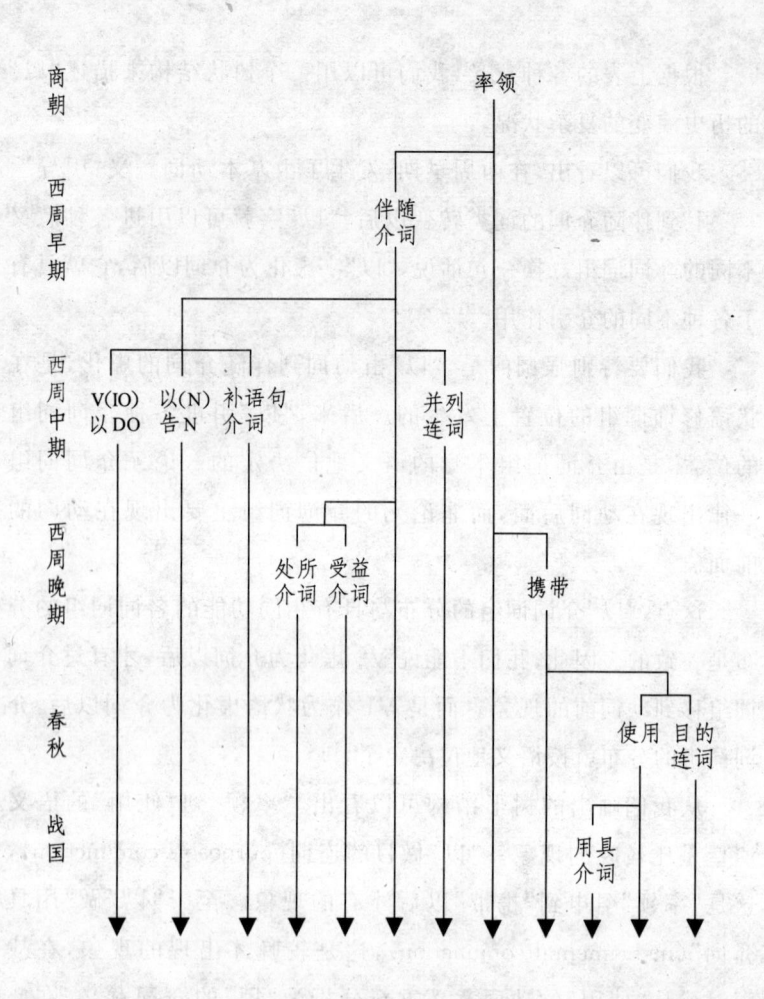

附 注

① 感谢匿名审稿人的重要意见:引进子句的成分应是标句词(complementizer)而不宜再称为介词。在此不能深入地探讨这个恰当而值得进一步考察的问题。据我们看来,关键的事实就是"以"字在这种句式中所引进的不带主语的动词基本上可以看做动词"率"的第二个论元。这与下面谈到的用作目的连词的"以"显然不同。

参考文献

陈梦家　1956　《殷墟卜辞综述》,科学出版社。
管燮初　1953　《殷墟甲骨刻辞的语法研究》,中国科学院。
郭锡良　1997　介词"于"的起源和发展,《中国语文》第 2 期。
————　1998　介词"以"的起源和发展,《古汉语研究》第 1 期。
————　2005　汉语介词"于"起源与汉藏语说商榷,《中国语文》第 4 期。
罗　端　2007　语法话与上古汉语介词的来源,《语法化与语法研究》(三),商务印书馆。
麦梅翘　1983　《左传》中介词"以"的前置宾语,《中国语文》第 5 期。
梅祖麟　2004　介词"于"在甲骨文和汉藏语里的起源,《中国语文》第 4 期。
沈　培　1992　《殷墟甲骨卜辞语序研究》,文津出版社。
张玉金　1994　《甲骨文虚词词典》,中华书局。

Collins, Chris 1997 Argument sharing in serial verb constructions. *Linguistic Inquiry* 28. 3, 461-497.

Djamouri, Redouane 2001 Markers of predication in Shang bone inscriptions. In Chappell, Hilary (ed.) *Sinitic Grammar: Synchronic and Diachronic Perspectives*. Oxford: Oxford University Press. 143-171.

Djamouri, Redouane & Waltraud Paul 1997 Les syntagmes prépositionnels en *yu* et *zai* en chinois archaïque. *Cahiers de Linguistique Asie Orientale* 26.2, 221-248.

————(in press) Verb-to-preposition reanalysis in Chinese. In P. Crisma & G. Longobardi (eds.) *Historical Syntax and Linguistic Theory*. Oxford: Oxford University Press. 194-211.

Hale, Mark 1997 *Theory and Method in Historical Linguistics*. ms., Concordia University.

Hopper, Paul & Elisabeth Traugott 1993 *Grammaticalization*. Cambridge: Cambridge University Press.

Hsueh, Frank F. S. 1997 Verb complement in classical Chinese and its implications as revealed by the particle 以. In Sun Chao-Fen (ed.) *Studies on the History of Chinese Syntax. Journal of Chinese Linguistics*.

Monograph series number 10, 27-48.
Li, Charles N. & Sandra A. Thompson 1974 An explanation of word order change SVO > SOV. *Foundations of Language* 12, 201-214.
—— 1981 *Mandarin Chinese: a Functional Reference Grammar*. Berkeley: University of California Press.
Peyraube, Alain 1988 *Syntaxe Diachronique du Chinois: Evolution des Cnstructions Datives du 14e Siecle av. J.-c. Au 18e Siecle*. Paris: Collège de France, Institut des Hautes études Chinoises.
Pulleyblank, Edwin G. 1995 *Outline of Classical Chinese Grammar*. Vancouver: University of British Columbia Press.
Roberts, Ian & Anna Roussou 2003 *Syntactic Change: a Minimalist Approach to Grammaticalization*. Cambridge: Cambridge University Press.
Sun, Chao-Fen 1996 *Word-Order Change and Grammaticalization in the History of Chinese*. Stanford: Stanford UP.
Whitman, J. 2000 Relabelling. In S. Pintzuk et al. (eds.) *Diachronic Syntax: Models and Mechanisms*. Oxford: Oxford University Press. 220-238.
Whitman, John & Waltraud Paul 2005 Reanalysis and conservancy of structure in Chinese. In Batllori, M. et al. (eds.) *Grammaticalization and Parametric Change*. Oxford: Oxford University Press. 82-94.

从方言接触和语法化看
新加坡华语里的"跟"

潘秋平

(新加坡南洋理工大学中文系)

0 引言

根据吕叔湘先生的《现代汉语八百词》(1980:201—202),普通话里的"跟"有动词、介词和连词的用法:

[动]在后面紧接着向同一方向行动。不能单用,必须加趋向动词或在前后加介词短语。

[介]

1. 表示共同、协同。只跟指人的名词组合。

2. 指示与动作有关的对方。只跟指人的名词组合。

3. 表示与某事物有无关系。

4. 引进用来比较的对象。后面常用"比、相同、不同、一样、差不多、相像"等词。

[连]表示平等的联合关系;和。一般连接名词、代词。多用于口语。

值得注意的是,"跟"在新加坡华语里除了有以上的用法外,在介词的用法上还具有一些普通话所没有的特殊用法。例如：

（1）你跟我走。

（2）你跟我买东西。

例（1）的"跟"在普通话中是个动词，因此也可以说"你跟着我走"，可是在新加坡的华语中，这个"跟"除了可以理解为一个动词外，还能被分析为一个介词，其功能和普通话的"给"相当。例（2）的情形则稍有不同，不论是在普通话里，还是在新加坡华语里，例（2）的"跟"始终是个介词，之间的不同就在于普通话中，例（2）只有一个解释，即"我向你买东西"，而在新加坡华语里，同样的一句话除了有上述的意义外，"跟"还具有引入受益者（beneficiary）的功能。因此，在新加坡华语里，这个介词的语法功能除了和普通话的"向"相当外，还和普通话中的"为"、"给"相当。古川裕（2000）对"跟"进行过研究，认为"跟"类词每个成员所属词类的不同正好反映着它们语法化（虚化，grammaticalization）程度的不同。他以下列的语法化序列来表现不同词类的"跟"的语法化程度，愈靠左的语法化程度愈低，愈靠右的则语法化程度愈高。

动词 ＞ 介词 ＞ 连词

这个语法化序列和刘坚（1989）对"和"类动词的语法化过程提出的序列是一致的，因此是可信的。但是，过往的研究对"跟"的讨论仅限于古白话或者是普通话的材料，而"跟"作为介词在这些语言材料里的用法较为单纯，并未见具有引介受益者等的语法功能，因此虽提出了介词是从动词通过语法化或虚化的途径演变而来的，却未说明介词"跟"的不同用法（如：伴随标记、与格标记、受益者标记、受事标记等）之间的关系以及它们是如何产生的。有鉴于此，本文将对新加坡华语中"跟"这个介词的一些较特殊的用法进行描写,进而借鉴 Heine & Kuteva(2003,2005)提出的方言接触引致语法化的理论框架对其来源进行初步的探讨。

1 新加坡华语"跟"的特殊用法

新加坡华语里的"跟"和普通话里的一样,能引进与动作行为有关的对象,例如:

(3) 我跟小明买东西。

(4) 我跟小明讲故事。

例(3)和例(4)中的"跟"和普通话的"向"相当,但是若细加区分,这两个例子中由"跟"所引介的对象毕竟还有些不同:前者由于是东西原来的拥有者,因此是动作行为的起点(source),而后者则是说故事的对象,是最终接收信息的人,因此是动作行为的终点(goal)。这和古川裕(2000:39)对普通话的介词"跟"所进行的分析是一致的:

> 从语义平面上来看,这里有一点特别值得注意:"跟"字句里头的 A 和 B 是动作行为 VP 的两个参与者。"跟"的基本意义本来是[＋紧连性],也就是说用来连接 A 和 B 两个项目,使两项之间形成一种联合关系。这个联合关系,根据句中的谓语动词 VP 的语义特征的不同,既可以体现为并列(with),也可以体现为终点(to)和起点(from)。

此外,就动词的意义上说,例(3)和例(4)的动词有一个特点:它们的认知基底(conceptual base)都有三个参与者(participants),而"跟"在句子里的作用就是标记主动者以外参与这个动作行为的另外一个人。就以"买"来说,它的认知基底必须包括三个参与者:买者、卖者和被买卖之物,前两个是有生命的人,而最后一个则一般是不具生命的实体。不论在普通话里,还是在新加坡华语里,"跟"一般都标记了这个动作行为的起点,即卖者。"讲"的情形和"买"类似,其间最重要的分别就在于它们的认知域(conceptual domain)不相同:前者抽象(abstract),而后者具体(concrete)。根据这个分析,我们可以推测只要介词"跟"出现在认知基底里具有三个参与者的动词前,这个"跟"就会具有普通话中"向"的语法功能。这条规律大致上是正确的,但是我们也发现认知域的不同似乎也决定了"跟"的语法表现。比如"买"的反义词是"卖",但是在普通话里,"跟"就无法标记"卖"这个动作行为的终点:

(5) *你跟谁卖这本书的?

试比较以下的句子,这种差别就相当明显:

(6) 你跟谁买这本书的?

换言之,当动词的认知基底是投射在具体的认知域时,"跟"仅能标记起点,而无法标记终点。这个限制在那些具有抽象认知域的动词中就消失了,例如:

(7) 这本书你跟谁借的?
(8) 我跟你打听一件事。
(9) 要尽快跟厂里汇报。
(10) 把你的意见跟大家谈谈。

吕叔湘(1980:201—202)

前两个例子的"跟"标记了动作行为的起点,而后两个例子标记的则是动作行为的终点。由于上述这些例子中的动词都是三价动词,因此我们也可以说"跟"在这些例子里的用法就好比一个与格介词(dative preposition)。

上边说的主要是认知基底有三个参与者的动词,下边我们说说认知基底有两个参与者的动词。在普通话里,如果动词的认知基底只有两个参与者,由"跟"所引介的一定是共同、协同参与动作的对象。例子有:

(11) 小明跟小敏打架。

(12) 小明跟小敏聊天。

"打架"和"聊天"都属于古川裕(2000:38)所谓的"交互动词",这类动词的特点是它所代表的动作行为必须至少有两个人才能完成,而"跟"在这里就标志了主动者以外的另外一个参与这个动作的人。此外,我们也发现,一些动词的认知基底虽然也需要有两个参与者,但是当其中一个是人,而另外一个是物体或事物时(如"研究"等),"跟"在这些例子里也引介共同、协同参与动作的人,例如:

(13) 你去跟老王研究一下。

就动词的论元结构(argument structure)着眼,例(13)的"跟"所标记的其实是一个额外增加的论元。当动词的认知基底只有一个参与者时,"跟"亦具有上述的语法功能。例如:

(14) 小莉跟同学游泳去了。

"游泳"这个动作行为只需要一个参与者,而"跟"在这里就引介伴随"小莉"游泳的人。对于例子(11)、(12)和(14)的"跟"究竟是属于连词还是介词,历来都有不同的看法。古川裕(2000:38)在分析"我跟你说相声"时就指出:

如果这里的"跟"是介词的话,这等于说"我对你说相声"。

如果这里的"跟"是连词的话,这等于说"我和你一起说相声"。

> 同样道理,"我跟你讲故事"、"我跟你商量商量"、"我跟他打架"、"我跟他下棋"等等例子,如果没有适当的上下文,我们还是说不清楚这些例句到底说的是哪一种意思,永远是歧义句。

这个分析仍有待讨论。首先,古川裕认为当"跟"表示的是"我和你一起说相声"时,这个"跟"是个连词(conjunction)。这和吕叔湘先生的分析稍有不同:吕先生还是把这个"跟"分析为一个介词,而如果我们参考刘坚(1989)、Peyraube(1996)和吴福祥(2003)等诸位先生的说法,我们可以把这个"跟"称为伴随介词(comitative preposition)。此外,在古川裕的分析中,他也尝试把"我跟你说相声"具有的两种不同的意思归结到"跟"的不同词类,因此一旦把他的连词改为伴随介词,那么一个问题是同样是介词的"跟"能否表达两种不同的意思。这个问题要解决并不难,我们只要说介词"跟"在上述的例子中已分化为介词"跟1"和介词"跟2",因此一个是伴随介词,而另一个是受益者的标记。真正值得我们注意的,而且也和这里的讨论有直接关系的是他认为普通话中的"跟"具有标记受益者的功能。正因为如此,他才认为"我跟他打架"这个句子有歧义:一方面说两个人在打架,而另一方面则是说我替他打架,打架的人是"我",而不是"他"。古川裕还举出其他有歧义的例子,包括"我跟你讲故事"、"我跟你商量商量"和"我跟他下棋"等,这些例子都可以根据上述的思路来理解。问题是,普通话中的"跟"作为一个介词,是否已具有标记受益者的语法功能?

若采取古川裕的说法,答案是肯定的,而且这种用法的频率(token frequency)还不低。这和王一平(1994)的看法有些不同。王一平虽然认为普通话的介词"跟"也具有类似的语法功能,

但是却认为当"跟"表示替人做事时,其出现的频率并不高。他(王一平 1994:47)举的例子共有三个:

(15) 我跟你算一算。(赵)[①]

(16) 土匪来了,跟村里送个信。(赵)

(17) 有不少仁人志士说愿意过去跟资本家打工。(花)

综合古川裕和王一平的分析,普通话里的"跟"作为一个介词,似乎能标记受益者。如果这个说法成立,那么在说普通话的人的语感里,以下这些句子就全都成了歧义句了:

(18) 我跟小明买东西。

(19) 我跟小明借故事书。

(20) 我跟你打听一件事。

(21) 我跟你讲相声。

我对客居新加坡的中国老师和学生们进行了调查,也向在中国的朋友提出询问,但是所有的人都不承认以上的四个句子有歧义。当然,以上这些例子的动词都需要三个参与者,但是即使是以需要两个参与者的动词为谓语的句子里,初步的调查也显示"跟"还是个伴随介词,并没有产生标记受益者的功能。由于王一平所引用的三个例子中有两个可能是来自赵树理的小说,而赵树理本身又是山西人,我就此也调查了一下,但也没发现"跟"具有引介受益者的功能。基于此,本文并不认为普通话中作为介词的"跟"已出现了标记受益者的用法。这一看法不单和吕叔湘先生的《现代汉语八百词》(1980)里对"跟"所进行的总结一致,也和朱德熙先生《语法讲义》(1982)中对"跟"的分析相同。当然,吕、朱两位先生的书出版至今已有二十多年了,而我们确实也无法排除在现代汉语普通话里,"跟"作为介词已出现了新的变化。这固然是一种逻辑可能性,但是由北大出版社于2005年出版的李晓琪《现代汉语虚词讲义》在介绍"跟"作为介词的语法功能时,其基本的框架仍然没有超越吕、朱两位先生的格局,由此可见,"跟"在普通话里作为受益者标记的用法仍未产生。

以上我们着重说明"跟"在普通话里没有引介受益者的功能,目的其实是要指出新加坡华语里的"跟"的其中一个特点就是能引进受益者。例如:

(22) 我跟老太爷开门。

例(22)的"老太爷"虽然是介词"跟"的宾语,但是这里要表达的并不是伴随着"我"开门的对象,而是通过我"开门"的举动而获得利益、好处的对象。换言之,开门的是我,因我把门打开而得益的是老太爷。其他例子还包括:

(23) 我跟老太爷治病。

(24) 我跟小明换尿布。

正因为新加坡华语里的"跟"作为一个介词具有普通话所没有的语法功能,因此同一句话,在普通话里本来是毫无歧义的,可是在新加坡华语的使用者看来,都至少有两层不同的意思。例如:

(25) 我跟小明买东西。

(26) 我跟小明借故事书。

这两个例子中的动词的认知基底都有三个参与者,而根据之前的分析,"跟"在这里主要是引介和动作行为有关的对象,因此例(25)完全可以理解为向卖东西的小明买东西。此外,在一般新加坡人的语感中,这句话还能表达"我为小明买东西"的意思。前一层意思是普通话和新加坡华语所共有的,而后一层的意思却是新加坡华语所独有的,并未在普通话中发现。同理,例(26)的"跟"除了能标记源头（source）外,在新加坡华语里,句子中由"跟"所引介的"小明"还能分析为受益者。再看下面这个例子：

(27) 你跟小妹还钱。②

我们之前曾说过动词的认知域似乎决定了"跟"的语法分布,因此在普通话里,在以需要三个参与者的动词为谓语的句子里,"跟"不能和"卖"、"还"等一类外向动词相搭配。可是在例(27)中,"跟"却可以和这类动词搭配,但必须注意的是,这个例子中的"跟"所引介的并不是"还"这个动作行为中主动者以外的另外一个对象,而是标记了受益者。换言之,"小妹"不是"我"付钱的对象,而是因为"我"付钱的举动而获益的人。同理,"跟"在以下的例子中不单能标记"打听"这个动作行为的起点（即"小明"）,而且还能够标记受益者。

(28) 你跟小明打听一下。

有意思的是,当句子中的动词是和"打听"一类的动词所代表的动作行为相反时,这个"跟"就只能引介动作行为的终点,而完全不能充当受益者的标记。例如：

(29) 你跟小明说一下。

"小明"在上述例子中只是终点,不能被分析为受益者。在新加坡华语里,介词"跟"除了能引介受益者外,更特别的是,它还能引入受害者（malefactive）,例如：

(30) 对不起,玻璃跟你碰碎了。

(31) 小心别把衣服跟人家弄脏了。

例(30)的"你"表示的是因为玻璃破碎而遭受损失的对象。这两个例子中的"跟"都是介词,作用是标记受害者。受益者和受害者采用相同的标记,这在世界语言中不难找到证据。最直接的就是现代汉语普通话。以下的分析和例子皆摘自吕叔湘（1980:197）对"给"的分析：

[介]

……

2. 引进动作的受益者。

～黑板报写稿｜～老大爷治病｜我～你当翻译｜努力攀登科学高峰，～社会主义祖国争光

3. 引进动作的受害者。

对不起，这本书～你弄脏了｜小心别把玻璃～人家碰碎了｜怎么把屋里～我搞得乱七八糟的？

Ole T. Fagerli(2001:206—207)也提供了非洲语言里受益者和受害者共用同一个标记的例子：

Fula

(32) *Abbo teɓ-an -i Didi maŋgoro.*
 Abbo pick - BEN - PERF Didi mango
 'Abbo picked a mango for Didi.'

(33) *Abbo teɓ-an -i Didi maŋgoro nyolnde*
 Abbo pick - MAL - PERF Didi mango rotten.
 'Abbo picked a rotten mango for Didi [to his detriment].'

新加坡华语里的"跟"除了能像普通话的"给"一样标记受益者和受害者外，还和普通话的"给"一样，能和第一人称代词"我"组成介宾短语，出现在动词短语的前头，以表达命令的语气。例如：

(34) 你们跟我安静！

(35) 你跟我走开！

(36) 你跟我小心点儿！

(37) 瞧你一身泥,快跟我把衣服换了!(不是换我的衣服)

"跟我"加在动词词组前加强了语气,进而表示说话人的意志。值得注意的是,这个结构中的第一人称代词"我"若以其他的人称代词或者是名词替代,整个句子就会不合语法。例如:

(38) *你们跟他安静!

(39) *你跟小明走开!

(40) *你跟他小心点儿!

(41) *瞧你一身泥,快跟小明把衣服换了!(不是换小明的衣服)

正因为"跟"和"我"组成的介宾结构一出现在动词词组的前面就能表达命令的语气,因此以下的句子在新加坡华语里就会产生歧义:

(42) 你跟我出去。

这个例子有两解:我跟随你一起走、你给我走。需注意的是,介词"跟"的宾语一旦转换成其他人称代词,歧义就会消除。

最后,"跟"在新加坡华语中还有一个十分奇特的用法,即能用来引介受事(patient),语法作用和普通话的处置标记"把"相当。例如:

(43) 这幅画你们跟它移动一下。

(44) 衣服脏了,跟它洗一下。

在这个小节末,我们先作个小结。普通话里的"跟"作为一个介词,其基本用法是引介和动作有关的对象,可是在新加坡华语里,"跟"这个介词却发展出了其他的用法,如受益者标记、受害者标记以及处置标记。这些用法不见于普通话里,因此其来源是个值得探讨的问题。

2 新加坡华语介词"跟"的特殊用法的可能来源:自发的语法化

新加坡华语"跟"的特殊介词用法的来源有两个逻辑可能性:
1. "跟"语法化的结果
2. 源方言的潜性影响

这两个逻辑可能性的侧重点完全不同,前者强调内在因素,而后者则突出了外在因素。所谓内在因素,即新加坡华语的"跟"在介词上的特殊用法是语言内部自己演变的结果,完全没有受到其他语言或者是汉语方言的影响。这个假设如果成立,就必然蕴涵了汉语普通话里的"跟"也会逐渐往相同的方向演化。为了探讨这种可能性,我们首先来看一看对"跟"的语法化过程的研究现状。于江(1996:462—463)总结了几个重要的阶段:

一、"跟"的本义是指脚后跟,名词。元明以降,"跟"逐渐引申为动词,有跟从、跟随义。

二、明朝后期,动词"跟"开始逐渐虚化,相当于介词"和"。最早书证出于《老残游记》。

三、到清代,介词"跟"的用法逐渐趋多。

四、大约在晚清时期,连词"跟"也产生了。

我们详细检查了于江讨论"跟"的介词用法的部分,并没有发现"跟"具有标记受益者的语法功能。虽然如此,这并不意味着"跟"在历史上没有发展出这种功能来。冯春田(2000:269)就指出:

介词"跟"是由它的动词"跟从"义转化为介词的。其形成时间最早不超过明代。从语法意义上看,"跟"字结构基本上是表动作行为或协同进行的对象。

这个结论并没有超越于江的研究成果。冯春田(2000:269—270)接着又进一步指出:

> 从语法意义来说,这些用例的特点是在动词之前可以加上表示"一起(齐)"之类意义的副词,这表明这类例子中谓语所代表的动作行为是与同或协同进行的。不过,有时例中的动作行为只是主语(形式上可以不出现)一方发出的,这样"跟"字结构则变为表示动作行为有关的对象。

这个结论也没有超出今天普通话里"跟"的介词用法,可是仔细琢磨他举的四个例子,却有意外的发现:

> (45)偏你跟师父做徒弟,拿我做长工!(《西游记》第二十三回)
>
> (46)他说我把他儿子做了观音菩萨的童子,不得常见,跟我为仇。(《西游记》第五十九回)
>
> (47)先年晁源曾跟他受业。(《醒世姻缘传》第九十二回)
>
> (48)难道我到了你们这不讲礼的地方,也随乡入乡,跟你们不讲起礼来不成?(《儿女英雄传》第十七回)

冯春田举的最后三个例子里的"跟"其实都没有超越今天汉语普通话里"跟"的用法:例(46)的是个伴随介词,例(47)的是标记起点的介词,而例(48)的则是个标记终点的介词。排除了这三个例子,第一个例子就显得相当独特。这是猪八戒对孙悟空说的埋怨话,这里的"跟"和普通话的"给"相当,标记了受益者;即做徒弟的是孙悟空,可是获益的是唐僧。

通过历史语法的研究,我们发现"跟"作为介词,引入受益者标记的例子其实并不多,且相当有限,因此这不好证明"跟"是否能独自发展出引介受益者的语法功能。刘坚(1989)、Liu & Peyraube(1994)和于江(1996)的研究显示了"和"类虚词(包括"和、同、跟、与、及、将、共")有以下的语法化途径:

介词 > 连词

在上述研究的基础上,吴福祥(2003)对汉语中的"和"类虚词作了进一步的考察,并得出以下的结论:

1. 通过对汉语的历时考察和共时分析,发现汉语中存在着"伴随动词 > 伴随介词 > 并列连词"这样的一个语法化链。

2. 我们从汉语观察到的"伴随介词 > 并列连词"这一演变模式也见于其他语言。

3. "伴随介词 > 并列连词"是由转喻操作而诱发的。

这个结论和 Heine & Kuteva (2002:139) 的分析一致:

> Ainu *tura* 'follow' > *-tura*, comitative case marker with animate nouns (Kilian-Hatz and Stolz 1992:7). Mandarin Chinese *gen*—'follow', verb > 'with', preposition (Hagège 1993: 204; Peyraube 1996: 191). The first instances of *gen* as a comitative preposition are attested in the eighteenth century, and its further development into a conjunction started in the nineteenth century (Peyraube 1996: 191). Hagège (1993: 204) notes that at present this item has in 8 percent of its occurrences the lexical meaning 'follow', while the grammatical uses account for 92 percent of its appearances.
>
> Conceivably, the development of the Chinese verb *tong*

can be related to this general process. In Archaic Chinese *tong* meant 'to be the same as' and later 'to share with' and 'to accompany'. Probably during the Tang period, *tong* was grammaticalized to a comitative preposition.

既然"和"类虚词的语法化途径相近,而以"跟"为受益者标记的例子在历时的材料中并未多见,因此我们不妨把考查的视野打开,观察一下其他"和"类虚词是否具有以下的语法化链:

伴随动词 > 伴随介词 > 受益者标记

借助学者们对近代汉语语法的研究,我们发现"和"以及"同"确实有此用作受益者标记的例子。冯春田(2000:316)就指出"和"字结构能表示动作行为的受益者,并认为这类用法大约形成于明代。他举的例子如下:

(49) 晚夕,三位娘子摆设酒肴和西门庆送行。(《金瓶梅》第五十五回)

(50) 翟谦交府干收了,就摆酒和西门庆洗尘。(《金瓶梅》第五十五回)

(51) 西门庆与他买了两匹红绿潞绸、两匹绵绸,和他做里衣儿。(《金瓶梅》第三十七回)

(52) 狄希陈望着寄姐道:"姐姐才来,你合他行个礼儿。"(《醒世姻缘传》第九十五回)

由于最后一个例子中的"合"也可以分析为引介对象的介词,因此可暂时排除在讨论之外。至于"和"是如何发展出标记受益者的语法功能的,冯春田(2000:316)的解释是:

从来源上看,"和"的这类用法大概是表示"与同"用法的转化:在表示"与同"的例子中,动作行为是主语跟与同的对象共同发出的;而一旦句子中的谓语所表示的动作行为只是主语所代表的人发出的,那么介词"和"就由表示"与同"而转化为表示"为"或者"给",或者说由表示引进动作行为共同进行的对象而转化为动作行为的对象(受益者)。举例来说,"这周景杨又要抵死合他作伴"(《醒世姻缘传》84回)这句话,如果"作伴"是相互或双向的,则"和(合)"表示"与同";如果"作伴"只是主语一方或单向的(意愿),那么"和(合)"就由表示"与同"而转化为表示"为"或者"给"。

值得注意的是,冯春田(2000:316)还进一步指出:

> 这类介词"和"与"为"、"给(与)"有替换关系,在现代汉语里大概已经消失了。

这个观察是对的,因根据吕叔湘先生的《现代汉语八百词》(1980:231—232),普通话里的"和"有介词和连词的用法,但是就是没有引介受益者的功能:

[介]

1. 表示共同,协同;跟。
2. 指示动作的对象;向;对;跟。
3. 表示与某事物有联系。
4. 引进用来比较的对象;跟。

[连词]

1. 表示平等的联合关系……

除了"和"外,"同"在历史上也同样具有表示"给"、"为"的用法。这样的用例甚少,且只见于明清南系作品(俞光中、植田均 2000:370):

(53)侍婢与一个薛婆子相熟,同他做了马泊六,悄地勾

引王庆从后门进来。(《水浒全传》第一百零一回)

(54) 李逵却把夜来同娘到岭上要水吃,因此杀死大虫的话说了一遍。(《水浒全传》第四十二回)

(55) 日将下午,那儿子请妈妈同媳妇迎亲,又要请两位嫂子同去。(《拍案惊奇》卷十六)

根据吕叔湘先生的《现代汉语八百词》(1980:471),普通话里的"同"仅有介词和连词的用法,也没有引介受益者的功能:

[介]

1. 表示共同,协同;跟。

2. 引进动作的对象;向;跟。

3. 表示与某事有无联系。

4. 引进用来比较的对象;跟。

[连]

表示平等的联合关系,连接名词、代词。用法同连词"和"。

根据上面的讨论,我们发现"和"类虚词中的"跟、和、同"在早期白话文中确实有一些引介受益者的例子。这些例子很有限,且大多出现于南系作品中,而这种功能在现代汉语普通话中也没发现。这其中的原因或许正如冯春田所说的,是"在现代汉语里大概已经消失了",但是我们也无法排除现代汉语普通话的基础方言和早期白话的基础方言或许有些不同。以"跟"为例,以北京话为基础的《红楼梦》里的"跟"就显然不能用以引介受益者。《红楼梦语言词典》中"跟"的词项下介词仅有以下几种用法:

[介]

1. 向:你们这起人不是好人,不知怎么死!再不跟着好人学,只跟着凤姐贫嘴烂舌的学。

263

2. 同：我家里烧的滚热的野鸡,快来跟我吃酒去。

而在出版于 1900 年的《官话类编》(*A Course of Mandarin Lessons*)中,我们也没发现北京话的"跟"具备引介受益者的功能。在这本口语的教科书中,"跟"有连词的用法:

(56) 嗐,我们年纪相仿的人,就剩下他跟我了,别人都不在喇。

介词用法的例子有：

(57) 你的钱不够,不好跟东家借一点吗。

(58) 他若再跟我们借东西,也不用借给他。

(59) 跟这里走,多么顺便。

前两个例子都是"跟"的介词用法,引介的是和动作有关的对象,而最后一个例子较特殊,虽是个介词,但表示的却是动作的处所起点。这个用法在陈刚编的《北京方言词典》(1985)中也有记录。此外,我们也检查了李荣主编的《现代汉语方言大词典》中"跟"在现代汉语不同方言里的用法,制成以下的表。从下表,不难发现"跟"引介受益者的例子主要见于西南官话和南昌话等：

表1

编号	方言点	介词:引进动作的对象	介词:引进受益者	连词
1	哈尔滨	+		
2	济南	+		
3	牟平	+		
4	扬州	+		+
5	武汉	+	+	+
6	贵阳	+	+	+
7	柳州	+		+

续表

编号	方言点	介词:引进动作的对象	介词:引进受益者	连词
8	西安	+		+
9	西宁	+		
10	乌鲁木齐	+		
11	太原	+		+
12	丹阳	+		
13	杭州	+		
14	长沙	+		
15	娄底	+		
16	南昌	+	+	+
17	萍乡	+		+

把"同"也包括在考察的范围内,我们发现用"同"来充当受益者标记的几乎都是东南方言:

表2

编号	方言点	介词:引进动作的对象	介词:引进受益者	连词
1	贵阳	+		+
2	柳州	+		+
3	丹阳	+	+	
4	广州	+	+	
5	梅县	+	+	+
6	萍乡	+		
7	南昌	+		
8	东莞		+	+
9	海口	+	+	+

综合表1和表2,不难发现用"和"类动词来引介受益者标记似乎是东南方言的特点。贵阳话里的情形或许需要作一些说明。李

265

蓝《〈贵州毕节方言的文白异读〉及〈读后〉订补》(1991)就认为贵州的人口来源主要是江西、湖广、四川,而从文白异读来看,贵阳等地的白读音往往反映湘赣语的特点,文读音则往往反映四川话的特点。由此可见,现在通行于贵州的西南官话曾受到湘赣语的影响,而这或许就解释了表1中的南昌话和贵阳话都用"跟"来引介和动作有关的对象外,也以这个介词充当受益者的标记。③

新加坡是一个移民社会,普通话本来就不是新加坡人的母语,大多数的人原本掌握的就是一种南方方言。(周清海、周长楫1998)考虑到新加坡这种特殊的语言环境,我们不能不怀疑新加坡华语里的"跟"在介词上的特殊用法或许是在南方方言的影响下所产生的。

3 异质系统的相因生义及方言接触引发的语法化

邢福义在题为《新加坡华语使用中源方言的潜性影响》(2005)的论文中讨论了新加坡华语中以"才"替代"再"的现象:

(60) 最好先写文章,然后才为文章拟题。

(61) 教师可以让学生和旁边的同学先练习,(然后)才在全班面前说出这一段话语。

例子中的"才"在普通话里都应是"再",针对这个现象,他的结论是:

> 在普通话里,一般不会出现这种以"才"充"再"的现象。按理说,新加坡华语也不应该出现这一类现象。出现了这种现象,跟新加坡华语所受到的源方言的潜性影响有很大的关系。

至于是受到什么源方言的影响,邢福义的结论是"从新加坡华人的

实际情况看,应该可以肯定,这个源方言就是闽方言,特别是闽南方言"。其中的过程,邢先生引述张振兴和周长楫的意见,应是:

> 在闽南话里,不管是已然的未然的,表示动作连贯的副词只有一个,而不像普通话一样分别"才"和"再"……说普通话的"才"和"再",厦门话都说"则"[tsiaʔ]……

这其实就是一种"相因生义"。所谓"相因生义",按照蒋绍愚先生(2005:82)的说法,就是:

> "相因生义"指的是甲词有 a、b 两个义位,乙词原来只有一个乙 a 义位,但因为乙 a 和甲 a 同义,逐渐地乙词也产生一个和甲 b 同义的乙 b 义位。

蒋先生(1994:4—5)就举了一个例子,颇能说明问题:

> 那么,为什么唐诗中的"言"具备了先秦时"谓"的一些意义呢?这是因为在先秦时"言"和"谓"就有相通之处。"言"和"谓"在先秦都有多种意义,如"言"有谈论的意义("子罕言利"),有"话语"的意思("一言以蔽之");"谓"有"称"义(例已见上),有评论之义("子谓子产有君子之道四焉")等等。在这些意义上,"言"和"谓"是彼此不相通的,"言"和"谓"不能互换。但在"说"这个意义上(而且在不带宾语时),"言"和"谓"可以相通。例如《战国策·秦策》:"此乃公孙衍之所谓也。"注:"谓,言也。"因此,"谓"和"言"可以说是一对同义词。所谓"同义词",一般都是这样的:在某些意义上同义,而在另一些意义上不相同。但人们在使用语言的时候,往往会这样类推:既然是同义词,它们在别的意义上也可以互相替换。这里有一个例证:《荀子·大略》:"子谓子家驹续然大夫,不如晏子。"杨倞注:"谓,言也。"本来,这句话中的"谓"是评论之词,

"言"并无这样的用法。但唐朝人杨倞却用"言"来解释它,也就是说,在杨倞看来,"言"也可以有评论之词的意义了。正因为这样,在唐诗中"言"具有了谓2、谓3、谓4的意义,是并不奇怪的。

根据这个说法,新加坡华语里的"才"发展出"再"的用法,其实是一种相因生义。以蒋先生所举的例子看来,相因生义的诱因主要都是来自一个语言的内部系统,而邢先生的分析则显示了相因生义的诱因也可以来自方言之间的接触。由于"才"的语义演变无法在普通话内部找到诱因,因此把诱因分析为普通话之外的闽南语的"则"是合理的。新加坡华语里的"跟"情形就更复杂了,其发展出新的介词用法,若根据相因生义的模式演变,我们就得决定这个诱因是内在的,还是外在的。一些观察基本上能支持诱因是源自内在的,即新加坡华语里介词"跟"的特殊用法是受到普通话里的某个介词的影响而产生的错误类推现象。只要稍微总结"跟"在新加坡华语里的特殊用法,不难看到主要有以下几项:

1. 指示与动作有关的对方。(例如:把你的意见跟大家谈谈)

2. 引进动作的受益者。(例如:跟小明买东西)

3. 引进动作的受害者。(例如:跟小明弄脏了书)

4. "跟我"加动词,用于命令句,表示说话人的意志。(例如:跟我把门关上)

5. 引进动作的受事。(例如:书本跟它移动一下)

这几种用法和普通话里的"给"的语法功能相同。吕叔湘先生《现代汉语八百词》(1980:197)就罗列了普通话里的"给"的介词用法,其中就包括了:

1. 引进交付、传递的接受者。
2. 引进动作的受益者。
3. 引进动作的受害者。
4. "给我"加动词,用于命令句,有两种可能的意思,要根据上下文区别。

(a) 同"为我","替我"。

(b) 加强语气,表示说话人的意志。

我们权且把介词"给"的不同用法记为"给1"、"给2"、"给3"、"给4",此外也把"跟"的用法记为"跟1"、"跟2"、"跟3"、"跟4"、"跟5"。稍加比较两个介词的用法,不难发现"跟2"和"给2"相当、"跟3"和"给3"相当,而"跟4"则和"给4"相当。"跟2"、"跟3"和"跟4"都是"跟"在新加坡华语中的特殊用法,而例(62)和(63)则显示"跟"和"给"在引介与动作有关的对象这个义位上是相同的,因此我们就可以推测新加坡华语里"跟"的特殊用法或许是依循相因生义的语义变化模式而产生的。

(62) 给我说说情况。

(63) 跟我说说情况。

这个解释固然有些道理,却有两个难以克服的困难:

一、如果"跟"的新用法是受到"给"的影响,那么该如何解释为什么现代汉语普通话中没有产生相似的变化?

二、这个解释无法说明"跟"具有引介受事的语法功能是如何产生的。

有鉴于此,我们认为不应过分强调一个语言系统内部的单一性,而忽略了语言也可以是如陈保亚(1999)所说的那样,是个有序异质的系统。一旦认识到这一点,我们就可以说上述变化的动因在于两套不同的方言语法在一个说双方言的人的脑袋里叠置,因此其中一个方言的语法系统就受到另外一个方言的语法系统的影响而产生了变化。这还是相因生义,只是推动变化的动力不是来自一个同质的语言系统,而是一个异质的语言系统。循着这个思路,我们其实不难发现新加坡华语里作为介词的"跟"所具有的特殊用法和通行于新马一带的方言有关。周清海、周长楫(1998)就指出:"新加坡闽南语是新加坡华人中使用人数最多的一个方言",因此我们不妨从闽南语着手继续讨论这个问题。闽南语有一个介词"共"[kaʔ],这个介词的主要用法,根据连金发(2002)对《荔镜记》(1566 AD)中的"共"所进行的分析,除了可以标志起点、终点、受益者以及受事外,还可以充当连词,连接有生命和无生命的名词词组。李如龙(2000)也认为这个"共"除了能用作动词和连词外,还能作为介词来引进受事和与事,受益者或受害者。我们举一些例子进行说明:

(64) 我卜共哑娘说。(引介终点)

(65) 值人卜共你讨恩。(引介起点)

(66) 伊共哑娘做媒人。(引介受益者)

(67) 汝共我走。("共我"加动词,用于命令句,表示说话人的意志)

(68) 所以阮拢共裤褪起来。(引介受事)[④]

(69) 风真大,门紧共伊关起来。(引介受事)

(70) 伊共我拢有去。(连词)

例(68)和(69)中的"共"都是引进处置对象的介词,但必须注意的是,"共"的后面并不一定得跟着"伊"(他),除了代词外,还能带名词宾语。

有鉴于此,"跟"在新加坡华语里的特殊用法应和闽南语有着密切的关系。表面上看,这似乎是异质系统之间的相因生义,但是其内部的演变机制应该是由方言接触所诱发的语法化来实现的。这其中最主要的原因就在于如果这仅是一种异质系统之间的相因生义,新加坡华语的"跟"在介词的功能上就应该和闽南语的"共"完全相当,且具有完全相同的多义结构(same polysemy structure),可是我们发现"跟"引入受事的用法在新加坡华语里并不普遍,而且即使能接受这种用法的新加坡人,他们的例子带的介词宾语也往往都是代词"它",完全找不到名词宾语。例子如下:

新加坡华语

(71) 这幅画你们<u>跟它</u>移动一下。

(72) 衣服脏了,<u>跟它</u>洗一下。

闽南语

(73) 所以阮挽<u>共</u>裤褪起来。

(74) 风真大,门紧<u>共伊</u>关起来。

这个情形和 Heine & Kuteva(2003)在讨论语言接触过程中所产生的演变现象究竟应属于语义复制,还是接触式的语法化时所采取的判断标准是一致的。他们认为要证明接触式的语法化已发生,最好的根据就在于复制语(replica language)中的语法化并不彻底:

> If the polysemy analysis were correct then one would expect that the replica language had the same polysemy structure as the model language. This, however, does not seem to be the case: Not only is the use of the indefinite article in Basque much more contextually constrained, it also

exhibits a clearly less advanced stage of grammaticalization than its equivalent in the model languages.

基于上述的讨论,我们认为新加坡华语里的"跟"所具有的特殊用法是由于在和闽南语接触的情形下,由闽南语促动而产生的语法化。这种语法化,和以往把语法化看做语言内部的演变不同,Heine & Kuteva(2003,2005)就称之为"接触引发的语法化"(contact-induced grammaticalization)。由语言接触而导致的语法化(contact-induced grammaticalization)可分两类:一般性接触引发的语法化(ordinary grammaticalization)和复制性语法化(replica grammaticalization)。两者最主要的不同就在于是否存在一个模式语(model language)以供复制语模仿比拟语法化的过程。若无,便是一般性接触引发的语法化,不然就是复制性语法化。[⑤]前者的语法化过程如下:

  a. 复制语(R)使用者注意到模式语(M)里存在一个语法范畴 Mx。

  b. 他们利用自己语言(R)里可以得到的使用模式来产生与之对等的范畴 Rx。

  c. 此后,他们依照语法化的普遍法则,使用结构式 Ry 以产生 Rx。

  d. 最后,他们将 Ry 语法化为 Rx。[⑥]

复制性语法化的语法化过程如下:

  a. 复制语(R)使用者注意到模式语(M)里存在一个语法范畴 Mx。

  b. 他们使用自己语言(R)里可以得到的语言成分,以产生与之对等的范畴 Rx。

c. 此后,他们利用"$[My > Mx]:[Ry > Rx]$"这个类推公式来复制他们认为曾发生于模式语的语法化过程。

d. 最后,他们将 Ry 语法化为 Rx。[7]

根据这个区别,新加坡华语的情形应是属于后者:

a. 新加坡华语(R)使用者注意到闽南语(M)里存在引介受益者标记等的"共"。

b. 他们使用新加坡华语(R)里可以得到的语言成分(即"跟"),以产生与之对等的能引介受益者标记等的"跟"。

c. 此后,他们利用"$[My > Mx]:[Ry > Rx]$"这个类推公式来复制他们认为曾发生于模式语的语法化过程。[8]

d. 最后,他们将引介动作对象的介词"跟"语法化为引介受益者标记等的"跟"。

至于 $[My > Mx]:[Ry > Rx]$ 的语法化过程,我们可从所看到的材料加以推测。Heine & Kuteva(2002)是部讨论世界语言中普遍存在的语法化现象的重要著作,里头所收录的和我们上述的讨论有关的语法化路径如下:

- Follow > COMITATIVE
- COMITATIVE > AGENT/NP-AND/S-AND/CONTINUOUS / EXIST / INSTRUMENT / MANNER / PASSIVE /H-POSSESSIVE / TEMPORAL
- PATIENT < ALLATIVE / DATIVE / TAKE
- BENEFACTIVE < COME TO / GIVE

根据这些跨语言的材料,我们知道伴随动词能发展出伴随介词的用法,而这在汉语中是个已被证实的论点(刘坚 1989)。除了这个语法化链条外,我们真正关心的是伴随介词是否能进一步语法化而产生出引介受益者的语法功能。上述的最后三个语法化路径无法很好地回答这个问题,但却显示与格标记能进一步发展出受事标记的用法:

DATIVE > PATIENT

换言之,与格标记能用以引介受事(Heine & Kuteva 2002:103)。讨论到这里,可见问题的关键就在于伴随介词能否进一步发展出与格标记的用法。一旦我们能够证明以下的语法化路径存在:

伴随介词 > 与格介词

就能较轻易地证明与格介词的进一步演变:

与格介词 > 受益者标记 > 受害者标记

与格介词 > 受事标记

虽然在世界语言中并没有找到其他证据,但是我们认为伴随介词确实极有可能发展出与格介词的用法。首先,它们都出现在相同的语法环境中(介宾结构充当动词词组的状语),因此只要这个语法环境中的主要动词由一价或二价动词转为三价动词,伴随介词"跟"也就会随着转变为一个与格介词。我们不妨看一下这两个例子:

(75)小明跟小华一起游泳。
(76)小明跟小华一起看电影去。
(77)小明跟小华买了件衣服。

第一和第二个例子的"跟"是个伴随介词,而第三个例子的则是一个与格介词。我们发现这三个例子中的"跟"在以往的分析中,其功能都被视为引介和动作有关的对象,由此可见,伴随介词和与格介词一定是具有一些共通点,因此当介宾结构后头的动词转变为三价动词时,原本标记一同参与某个动作的人的伴随介词就被重新分析为标记一同实现某个动作的人的与格介词。为什么我们说与格介词引介的是实现某个动作的对象,这其实不难理解。以"买"这个三价动词为例,按照 Langacker(1987,1991)的语义分析,其认知基底必须涉及三个参与者,一个是买者,一个卖者,另外一个则是转移的物件,缺少任何一个参与者,这个动词的语义就无法有效地被表示。因此"跟"作为介词既然标记的是"买"这个动作中的卖方,这个卖方必然也就是一同实现某个动作的人。我们也有理由怀疑这个重新分析得以启动的关键就在于主要动词是古川裕所谓的"交互动词":

(78) 小明跟小华打架。

这个"跟"既可分析为引介"打架"这个动词相关的参与者的标记,但也能分析为引介一同实现"打架"这个动词的参与者的标记,因此同时具有了伴随介词和与格介词的身份。这种两可的分析很好地提示我们伴随介词能进一步虚化而演变为与格介词。我们也必须指出的是,"跟"虽然能被分析为一个与格介词,但是它却不是一个完整意义的与格介词,原因就在于它无法标记"卖"这个动作的另外一个参与者,虽然如此,这始终并不妨碍我们把"跟"分析为一个与格介词。

从一个与格介词,"跟"能进一步虚化成一个引介受益者的标记。这方面的证据主要是来自闽语的材料。在 Chappell(2000:272—274)的分析中,闽语的"共"具备与格标记(dative marker)的功能,此外最值得注意的是,在她所举的例子中,以下这个句子是个歧义句:

(79) 汝共我买鱼。

Chappell 认为这个句子有两个解释：一个是"你向我买鱼"(You bought fish from me)，另外一个则是"你给我买鱼"(You bought fish for me)。与格标记与受益者标记共用一个标记的例子还见于世界上的其他语言：

Chamorro (John Newman 1996:217)

(80) a. *Hu na'i i lebblu pära i taotao*
　　　 I　gave　the　book　to　 the　man
　　　 'I gave the book to the man.'

　　b. *Man-ma'cho'chu i famagu'un pära i atungu'-niha*
　　　 PL-work　 the　children　for　the
　　　 friends-their
　　　 'The children worked for their friends.'

此外，我们也能从构式语法（construction grammar）的角度进一步证明与格句式（dative construction）和受益者句式（benefactive construction）也是同形的：

Modern English (Adele Goldberg 1995:33—35)

(81) a. Mary taught Bill French.

　　b. Chris baked Pat a cake.

上古汉语也不乏相似的例子，双宾语句式除了表示把东西给予某人的意思（与格句式）外，还能表示使某人获益（受益者句式）的意思：

(82) a. 公<u>赐</u>季友汶阳之田。(《左传·僖公元年》)

　　b. 姜氏何厌之有？不如早<u>为</u>之所。(《左传·隐公元年》)

我们在前文也已提到受益者标记（benefactive marker）和受害者标记（malefactive marker）经常共用一个标记：

Fula (Ole T. Fagerli 2001:206—207)

(83) *Abbo teɓ-an-i Didi maŋgoro.*

　　Abbo pick-BEN-PERF Didi mango

　　'Abbo picked a mango for Didi.'

(84) *Abbo teɓ-an-i Didi maŋgoro nyolnde.*

　　Abbo pick-MAL-PERF Didi mango rotten

　　'Abbo picked a rotten mango for Didi [to his detriment].'

相似的例子也见于上古汉语的双宾语句式：⑨

(85) a. 姜氏何厌之有？不如早为之所。（《左传·隐公元年》）

　　b. 欲见贤人而不以其道，犹欲其入而闭之门也。（《孟子·万章下》）

据上述的讨论，"和"类动词的"共、跟"的语法化路径应如下所示：⑩

　　伴随动词 ＞ 伴随介词 ＞ 与格介词 ＞ 受益者标记 ＞ 受害者标记

　　follow ＞ COMITATIVE ＞ DATIVE ＞ BENEFACTIVE ＞ MALEFACTIVE

除了以上的语法化路径外，与格介词还能发展为受事标记。换言之，"和"类动词的虚化过程是采取了多重语法化（polygrammaticalization）路径。其中一个路径是：

　　伴随动词 ＞ 伴随介词 ＞ 与格介词 ＞ 受益者标记 ＞ 受害者标记

另外一个路径则是：

与格介词＞受事标记

Heine & Kuteva（2002:103）就讨论过这样的虚化过程：

Dolakha - Newari - *ta* (dative case marker) ＞ patient marker.

Ex. Dolakha-Newari (Genetti 1994:51)

Turi -e　　dani　-n　　sā-　ta　　khoŋ-an.
Millet-GEN　owner-ERG　cow-DAT　see-PARTCP

其他例子还包括（Heine & Kuteva 2002:103）：

Old English *him*, third person dative masculine pronoun ＞ Modern English *him*, third person masculine accusative/dative pronoun. (García 1985:281—4)

Old English *hire*, third person dative feminine pronoun ＞ Modern English *her*, third person feminine accusative/dative pronoun. (García 1985:281—4)

Spanish *a*, preposition marking dative objects ＞ preposition marking accusative objects with animate nouns. (Bossong 1985:310)

最值得注意的是，Heine & Kuteva（2002:103）在讨论的最后有这样的总结：

This grammaticalization appears to be part of a more general path of grammaticalization, for which see ALLATIVE ＞ PATIENT.

ALLATIVE 指的是终点处所的标记，而在上古汉语中，"于"具备了这种语法功能。最有意思的是，我们发现"于"在上古汉语中也

能是与格标记,如:

(86) 尝献马于季孙。(《左传·哀公六年》)

此外,从杉田泰史(1998)的研究中,我们发现"于"也能标记受事:

(87) 初,公孙无知虐于雍廪。(《左传·庄公八年》)

由此可见,与格标记确实能发展为受事标记。

根据上述的讨论,我们认为新加坡华语中的"跟"所具有的一些特殊的介词用法是在和闽南语接触下,由闽南语诱发而产生的一种复制式的语法化现象。

4 结语

语法化(grammaticalization)一向都被传统历史语言学家视为一种语言内部的演变过程,而 Heine & Kuteva(2003,2005)的最新研究则显示语法化过程与语言接触所引发的语法变化并非相互排斥的语言演变现象,它们的关系其实是相当密切的。Heine & Kuteva(2003,2005)的研究重点是落在不同语言之间相互接触而引发的语法化现象,吴福祥(2007)借鉴了 Heine & Kuteva(2003,2005)的理论框架讨论了中国南方部分民族语言因与汉语接触而产生或正在发生的一些语法化现象,着眼点还是不同语言之间由接触所引发的语法化现象。本文借助了蒋绍愚先生关于"相因生义"的讨论以及 Heine & Kuteva(2003,2005)的理论框架,以之来说明接触引发的语法化并不仅仅发生在不同语言之间,而也能发生在汉语的不同方言之间。循着本文的讨论思路,不难发现现代汉语方言的受益者标记可以分南北两套,北方类型的基本上不用由"和"类动词虚化而来的语素充当标记,而南方的则是大量采用与"和"类动词有关的语素充当受益者标记。本文尝试说明现代汉语方言的南北类型之间的相互影响能引发接触式的语法化,进而促使类型的改变,因此我们可以大胆推测以南方方言为母语的人,他们说的普通话中应能发现上述所讨论的新加坡华语中的特殊现象。

附 注

① 三个例子均未指明出处。

② 新加坡人把"付钱"称为"还钱"。

③ 武汉话的情形我们暂时无法给出一个合理的解释。

④ 例(64)—(66)取自 Lien Chinfa (2002),而例(68)则取自 Chappell (2000)。

⑤ Contact-induced grammaticalization is a grammaticalization process that is due to the influence of one language on another. There are two main types of contact-induced grammaticalization depending on whether or not there exists already a model for the process in the model language to be replicated. If no such model exists we will refer to the process as ordinary grammaticalization...; if there is a model that is transferred to the replica language we will refer to it as a replica grammaticalization. (Heine & Kuteva 2003:533). 以下的翻译主要取自吴福祥(2007)。

⑥ Ordinary grammaticalization (Heine & Kuteva 2003:533)

a. Speakers of language R notice that in language M there is a grammatical category Mx.

b. They develop an equivalent category Rx, using materials available in their own language (R).

c. To this end, they draw on universal strategies of grammaticalization, using construction Ry in order to develop Rx.

d. They grammaticalize construction Ry to Rx.

⑦ Replica grammaticalization (Heine & Kuteva 2003:539)

a. Speakers of language R notice that in language M there is a grammatical category Mx.

b. They develop an equivalent category Rx, using materials available in their own language (R).

c. To this end, they replicate a grammaticalization process they assume to have taken place in language M, using analogical formula of the kind $[My > Mx] = [Ry > Rx]$.

d. They grammaticalize construction Ry to Rx.

⑧ $[My > Mx]:[Ry > Rx]$ 的具体过程将于下文讨论。

⑨ 上古汉语双宾结构的讨论,请详见 Phua(2007)的分析。

⑩ follow > COMITATIVE > CONJUNCTION 由于已证明了,故这里不再赘述。请参见刘坚(1989)。

参考文献

陈保亚 1999 《20世纪中国语言学方法论》,山东教育出版社。

陈 刚 1985 《北京方言词典》,商务印书馆。

冯春田 2000 《近代汉语语法研究》,山东教育出版社。

古川裕 2000 "跟"字的语义指向及其认知解释,《语言教学与研究》第3期。

蒋绍愚 1994 《蒋绍愚自选集》,河南教育出版社。

——— 2005 《古汉语词汇纲要》,商务印书馆。

李 蓝 1991 《贵州毕节方言的文白异读》及《读后》订补,《中国语文》第3期。

李 荣主编 2002 《现代汉语方言大词典》,江苏教育出版社。

李如龙 2000 闽南方言的介词,载李如龙、张双庆主编《介词》,暨南大学出版社。

李晓琪 2005 《现代汉语虚词讲义》,北京大学出版社。

刘 坚 1989 试论"和"字的发展,附论"共"字和"连"字,《中国语文》第6期。

吕叔湘 1980 《现代汉语八百词》,商务印书馆。

杉田泰史　1998　介词"于"的未完成用法,载郭锡良主编《古汉语语法论集》,语文出版社。

王一平　1994　介词短语"跟+名"的用法及其与动词的搭配关系试探,《山西大学学报》(哲学社会科学版)第3期。

吴福祥　2003　汉语伴随介词语法化的类型学研究,《中国语文》第1期。

——　2009　南方民族语言里若干接触引发的语法化现象,第四届汉语语法化问题国际学术讨论会论文提要。

邢福义　2005　新加坡华语使用中源方言的潜性影响,《方言》第2期。

于　江　1996　近代汉语"和"类虚词的历史考察,《中国语文》第6期。

俞光中、植田均　1999　《近代汉语语法研究》,学林出版社。

张　敏　1998　《认知语言学与汉语名词短语》,中国社会科学出版社。

周定一等　1995　《红楼梦语言词典》,商务印书馆。

周清海、周长楫　1998　新加坡闽南语与华语,新加坡《联合早报》副刊10月20日。

朱德熙　1982　《语法讲义》,商务印书馆。

Chappell, Hilary 2000 Dialect grammar in two early modern Southern Min texts: a comparative study of dative *kit* 乞, comitative *cang* 共 and diminutive *-guia* 仔. *Journal of Chinese Linguistics* 28, 247-302.

Fagerli, Ole Torfinn 2001 Malefactive by means of GIVE. In Hanne Gram Simonsen & Rolf Theil Endresen (eds.) *A Cognitive Approach to the Verb: Morphological and Constructional Perspectives*. Berlin: Mouton de Gruyter Berlin: Mouton de Gruyter. 203-222.

Heine, Bernd & Tania Kuteva 2002 *World Lexicon of Grammaticalization*. Cambridge, UK; New York: Cambridge University Press.

—— 2003 On contact-induced grammaticalization. *Studies in Language* 27.3, 529-572.

—— 2005 *Language Contact and Grammatical Change*. Cambridge; New York: Cambridge University Press.

Langacker, Ronald W. 1987 *Foundations of Cognitive Grammar. Vol 1: Theoretical Prerequisites*. Stanford: Stanford University Press.

—— 1991 *Foundations of Cognitive Grammar. Vol 2: Descriptive Application*. Stanford: Stanford University Press.

—— 1999 *Grammar and Conceptualization*. Berlin; New York: Mouton de Gruyter.

Lien, Chinfa 2002 Grammatical function words 乞, 度, 共, 甲, 将 and 力 in *Li4 Jing4 Ji4* 荔镜记 and their development in Southern Min. In Dahan Ho (ed.) *Dialect Variations in Chinese*. Taipei: Institute of Linguistics, Academia Sinica. 179-216.

Liu, Jian & Alain Peyraube 1994 History of some coordinative conjunctions in Chinese. *Journal of Chinese Linguistics* 22, 179-201.

Mateer, W. 1900 *A Course of Mandarin Lessons*. Shanghai: American Presbyterian Mission Press.

Peyraube, Alain 1996 Recent issues in Chinese historical syntax. In Huang, C.-T. James & Y.-H. Audrey Li (eds.) *New Horizons in Chinese Linguistics*. Dordrecht: Kluwer Academic Publishers. 161-214.

Phua, Chiew Pheng 2007 Double-object construction in archaic Chinese: a preliminary proposal from the constructional perspective. *Bulletin of Chinese Linguistics* 1.2, 59-98.

语法化"扩展"效应及相关理论问题[*]

彭 睿

(新加坡国立大学)

0 引言

语法化的本质是什么?回答这一问题最直接的做法是观察语法化演变的后果。语法化研究长期以来一直以语法化项(grammaticalizing element)[①]语义、形态句法和语音等的演变规律(如动因、机制和原则)为关注焦点。由语法化演变所引起的语法化项的语义虚化(bleaching)和语音形式融蚀(erosion)等现象早已为跨语言的研究所证实,也广为人们所熟知。"语法化的扩展观"(grammaticalization as expansion)是 Himmelmann(2004)在前人研究的基础上提出的一种理论,其观察角度是语法化项及其所在构式(construction)的句法、语义-语用等环境(context)的变化,核心观点有二:第一,语法化发生于一定的构式而非孤立的词项,

---

[*] 本文初稿承蒙史有为、吴福祥、洪波和张谊生等教授指正多处,谨此致谢。文中的遗留问题概由笔者负责。

第二,语法化以环境扩展(context expansion)这一后果为根本特征。

扩展观是语法化研究的全新视野,其理论价值及局限性都有待进一步探讨。本文将通过对现代汉语介词"把"和双音节副词"随时"产生过程的个案研究,来审视这种语法化观念。我们发现语法化过程中的句法环境和语义-语用等环境的变化是一种必然趋势,但这两种环境扩展(即种类的增加)并不是绝对的规律。在此基础上,本文将初步探讨语法化项自身特征变化和语法化项所在构式的环境变化之间的关系及其理论意义。这两种后果分别涵盖了数种不同的参数(即特征变化)。我们主张,这些参数是兼容的,都是语法化过程的重要现象;在这些参数中,至少从认知的角度看,语法化项的语义特征变化或其所在构式的语义-语用环境变化起着主导作用。

1 语法化效应:"窄化"和"扩展"

"语法化"这一术语容易让人们产生这样的印象,即这个概念所概括的是以句法形态变化为最主要特征的演变。然而研究表明,句法形态演变只是语法化的伴随现象之一。本节并不直接探讨这个问题,而是先简单回顾学者们对语法化涉及的各种伴随现象的研究。

我们先介绍两个重要概念:语法化的构式域(constructional domain,以下简称"域"),即语法化项演变所涉及的构式范围,和语法化的效应(effect),即这种演变所引起的后果。

如上一节提到,近年来语法化研究观察视点逐渐从"语法化项"向"语法化项所在环境"转移,人们对语法化域的认识与此相应。传统的语法化理论,即 Himmelmann(2004:31)所批评的"基于成员的语法化观"(the element-based view on grammaticalization),通常认为语法化是一个单纯的"实词性成分 > 虚词性成分"或"虚词性成分 > 语法性更强的虚词性成分"的过程。这种说法把语法化域限定为语法化项本身,忽略了语法化项所在环境的作用,因而受到人们的质疑(如 Lehmann 1992,2002;Hopper & Traugott 2003;Himmelmann 2004 等)。目前学者们达成的共识是,单个词项从来不会孤立地发生语法化,词项的语法化离不开一定的组合环境(syntagmatic context)。Lehmann(2002)和 Himmelmann(2004)指出,词项的语法化域是其所在的构式;词项的语法化实际上是其所在构式语法化的附带现象(epiphenomenon)。这种观点显示了很强的诠释能力,为初步揭示现代汉语非结构虚词(如"从而"、"以及"和"极其"等)的历时形成提供了依据(详见彭睿 2007)。Himmelmann(2004)进一步提出了"基于环境的语法化观"(the context-based view on grammaticalization),前所未有地把"环境"当做了语法化研究的主要对象。[②]

既然语法化发生于语法化项所在构式,那么这一过程必然涉及两方面:语法化项自身(包括与其他成分的关系)的变化及其所在构式(环境)的变化。[③] 在下文我们会看到,以语法化项为观察对象,语法化通常被看做一个以紧缩(condensation)和耗损(attrition)为特征的"减量"(decrease)过程,比如语法化项语音和语义内容的失落(lose)及其与其他成分关系的受限(constrained)等。我们称这一后果为语法化的"窄化效应"(the narrowing effect of grammaticalization)。[④] 而如果以语法化项及其所在构式的环境为视角,语法化可定义为一种"增量"(increase)过程,姑且称为语法化的"扩展效应"(the expansion effect of grammaticalization)。以下我们将简单介绍这两种语法化观。

1.1 语法化的窄化效应

纵观以语法化项为观察对象的各种经典理论,其核心观念都可以概括为"窄化"。限于篇幅,我们只能检验文献中引用最广的几种。首先回顾一下 Lehmann（1985:306）对语法化参数的讨论:

(1) 语法化的参数[5]

	聚合 (paradigmatic)	组合 (syntagmatic)
势域(weight)	聚合势(integrity)	组合势(scope)
内聚 (cohesion)	聚合度(paradigmaticity)	组合度(bondedness)
变异性(variability)	聚合变异性 (paradigmatic variability)	组合变异性 (syntagmatic variability)

语法化程度的加深往往伴随着组合和聚合特征的如下变化(详见 Lehmann 1985:305—310):

(2) a. 聚合特征

聚合势（语音形式和语义内容）逐渐损耗;

聚合度（与词形变化表一致的程度）增加,称为聚合化 (paradigmaticization);

聚合变异性（被聚合内其他成员替换的可能性）失落,称为强制化 (obligatorification)。

b. 组合特征

组合势（与之相结合的成分的复杂性）逐渐紧缩(condensation);

组合度（与另一成分融合的程度）增加，称为合并（coalescence）;

组合变异性（在构式中所处位置的可变易程度）的失落，称为固定化（fixation）。

除"聚合势"以外，其他5种参数都涉及语法化项同其他成分（同一聚合内成员或者可构成句法组合的成分）的关系。两种增量，即"聚合化"和"合并"从另外一个角度看都可理解为减量。"聚合化"，即"聚合度"的增加，是语法化项内部结构的紧密化；而"合并"，即组合度的增加，也可理解为语法化项自主性的降低。因此，以上参数可概括为语法化项聚合和组合两方面特征的减量，也即"窄化"。与Lehmann（1985）稍异，Lehmann（2002:13）的观察对象是语法化项和与之构成组合关系的成分之间的关系。后者指出语法化的后果是二者关系变得更严格（strict）和受限（constrained），这与（2）的看法（具体说，组合特征的窄化）是一致的。

Hopper & Traugott（2003:142）将形态化（morphologization）过程归纳如下：

(3) 具体句法环境中的词汇项 > 附着成分 > 词缀

(3)可以解释为语法化项在形态句法方面的自主性受限，即对其他成分依附程度的加深。如法语的副词性后缀-ment来源于拉丁语名词mente（mind+ablative case）;-ment的最大特点是必须附着在词的阴性形式（feminine form）上。(3)所预示的另一种可能的受限情形则是词汇项语音形式的融蚀。

广义地看，子句结合（clause combining）或说复杂句子结构（complex sentence structure）的形成也属语法化过程。Givón

(1979)最早将子句结合纳入语法化范畴,并勾勒出如下斜坡:

(4) 篇章 > 句法 > 词法 > 形态音位 > 零

这一斜坡的观察视点仍是语法化项本身。在这个过程中"松散的、并列的、'语用性'的篇章结构逐渐演变成关系紧凑的、'语法性'的句法结构"(Givón 1979:208),窄化趋势显而易见。Hopper & Traugott(2003:176—184)提出的复杂句子结构形成的路径也体现了窄化特征:

(5) 并列句 > 主次关系复合句 > 主从关系复合句

这是一个由复杂到简单,由松散到紧密的紧缩过程(2003:211)。如英语和Hittite语关系从句都来自主次关系复合句(详见Hopper & Traugott 2003:196—203)。

尽管其考察对象和阐释角度不尽相同,上述理论之间仍存在着诸多共识,最显著的包括:

1) 都以语法化项为语法化域。

2) 对语法化的后果的观察集中在语法化项各种特征或语法化项与其他成分关系的窄化问题上。

3) 窄化效应是语法化单向性原则的具体体现。

这些共识已经为人们所熟悉,成为人们对语法化这一概念的一种基本认识。

1.2 语法化的扩展效应

Bybee(1985)提出了"语义泛性"(lexical generality)的概念,认为"语义泛性"是形成屈折范畴(inflectional category)的重要因素。这一问题在Bybee & Dahl(1989),Bybee、Perkins & Pagliuca(1994)和Bybee(2003)[⑥]里也有所讨论。Bybee(1985:14—16)指出,屈折范畴能够广泛地与词根结合,而且必须强制性地出

现在一定的句法环境里;所以一个词项越具备语义上的"泛性"(generality),即越缺少具体意义,就越有可能演变为屈折范畴。Bybee、Perkins & Pagliuca (1994:4—9)又指出,词项的具体意义限制了它们可能出现的环境。如英语的运动动词 walk（走）、stroll(闲逛)、saunter(闲逛)、swim(游泳)、roll(滚动)、slide (滑动)等的语义泛性都很低,因为它们无一例外地都是表述具体的运动细节,所以只能与特定的主语搭配。相反,go(去)和 come(来)的泛性程度较高,可出现环境的范围也相应地较宽,如可以和不同类型的主语搭配。换言之,词项的语义泛性和适应环境的范围之间存在着一种对应关系(correlation):语义泛性越高,能适应的环境越宽;语义泛性越低,能出现的环境越窄。语法化项"实词性成分＞虚词性成分"的演变是一个语义不断泛化(generalize)的过程,其结果必然是能够与之相结合的成分类型越来越多,即一种扩展。这种扩展现象极为普遍,很多论著中都有详细描述,如 Heine & Kuteva(2002,2007)也指出,语法化项在窄化和丢失特征的同时,也获得某些特征,即发生环境扩展的现象。

在以上提到的文献中,"环境"和"环境扩展"主要是就同语法化项构成组合关系的成分的语义特征而言的。Himmelmann (2004)进一步深化了这两个概念,提出了"基于环境的语法化观"(即语法化的扩展观),把"环境"和"环境扩展"的内涵拓展为三个层次,具体表述如下(Himmelmann 2004:33):

基于环境的语法化观:

(X_n) A_n B | K_n → (X_{n+x}) A_{n+x} b | K_{n+x}

其中 A 和 B 代表实词性词项,b 代表语法化了的成分,
环境变化包括以下三种:

a. 同构项类型(host class)的构成：$A_n \rightarrow A_{n+x}$（如，普通名词→普通名词和专有名词）

b. 句法环境(syntactic context)的变化：$X_n \rightarrow X_{n+x}$（如，核心论元→核心及边缘论元）

c. 语义-语用环境(semantic-pragmatic context)的变化：$K_n \rightarrow K_{n+x}$［如，前指用法(anaphoric use)→前指及次前指用法(associative anaphoric use)］

也就是说,语法化发生于构式"A_n B";B>b 的演变实为构式"A_n B"语法化的结果。在 Bybee (1985)、Bybee & Dahl (1989)和 Bybee、Perkins & Pagliuca (1994)里,"语义泛性"及"语义泛性-适应环境"对应关系中的"环境"概念都以语法化项为参照,而语法化扩展观的"环境"概念的参照点则是语法化项本身和语法化项所在构式。具体说,语法化涉及三个层次的扩展（详见 Himmelmann 2004:32—33）：

i) 同构项类型扩展（host-class expansion）,即能与语法化项构成组合关系的成分类型的增加。如指示代词(demonstrative)通常不能修饰指称独特事物的名词,但语法化为冠词(article)后,就可以修饰包括专有名词及 sun(太阳)、sky(天空)和 queen(女王)等指称独特事物的名词。

ii) 句法环境扩展（syntactic-context expansion）。比如,由于语法化,语法化项所在构式能出现的句法环境从核心论元(主语或宾语)扩展到它不曾出现过的其他句法环境如介词短语中。

iii) 语义-语用环境扩展（semantic-pragmatic context expansion）。这里的环境也是针对语法化项所在构式而言的。这一点也反映在指示代词和冠词的区别上。如"指示代词＋名词"只出现于有上下文或前指成分的环境中,而"冠词+名词"则不拘于此。

Himmelmann(2004:33)指出,三个层次的扩展在语法化过程中同时发生;而语义-语用环境扩展是其中的核心特征。这种扩展的观念已经开始得到越来越多学者的关注和认同。[7]

1.3 语法化的本质及两种效应的关系

语法化既有扩展效应又有窄化效应,那么哪一个体现了语法化的本质特征?要成为语法化的本质特征,前提是具有普遍性。普遍性包括两个方面:跨语言和跨范畴存在。前者指某种特征广泛存在于不同语言的类似现象中,后者则指某种特征广泛存在于同一语言的不同范畴中。跨语言的研究表明,窄化效应中的语音融蚀、语义虚化等现象是普遍性的。1.2提到,语法化的扩展观念的理论依据可以追溯到Bybee(1985)的"语义泛性-适应环境"对应关系,原本的观察角度限于语法化项的同构项类型,后来Himmelmann(2004)把"环境"和"环境扩展"的范围扩大到三个层次。同构项类型的扩展在文献中也被证实是普遍存在的,句法环境扩展和语义-语用环境扩展的普遍性问题则有待跨语言研究的证实。扩展效应如果同样具有普遍性,或者至少是一种很强的倾向性,那么上述问题的答案就可能有两种情形:

1) 语法化的本质特征要么是窄化效应中的某一参数,要么是扩展效应中的某一参数。本质特征是预赋(default)性的,所以如果窄化效应是语法化的本质,扩展效应就只能是语法化的附带现象;反之亦然。

2) 窄化效应和扩展效应无法切割,是语法化本质特征的不同体现。就是说,扩展效应如果是普遍性的,应当与窄化效应相互兼容,而且同步发生,属于同一过程的不同伴随现象。

在第 2 节我们将对现代汉语虚词"把"和"随时"的语法化历程进行个案研究,以了解语法化扩展效应中三个层次"扩展"的真正内涵;第 3 节将探讨扩展效应和窄化效应各参数之间的关系,并尝试回答什么是语法化的本质特征的问题。

2 "把"和"随时"的语法化

本节讨论现代汉语虚词"把"和"随时"形成过程中的环境扩展现象。"把"和"随时"类型稍异,前者由动词"把"演变而来,而后者则来源于动宾结构"随+时"。对"把"来说,窄化效应突出表现为动词义的失落,对"随时"来说,窄化效应则表现为两个源构素[⑧]"随"和"时"之间的理据性(motivation)和加和性(compositionality)的消失。"把"的语法化域是连动式"[把+NP]+VP",同构项为 NP。"随+时"作为整体可看成一个语法化项,其语法化域为"[随+时]+VP",同构项为 VP。

2.1 "把"的语法化[⑨]

上古汉语动词"把"的意思是"持/拿",如在以下句子里:

(6) a. 师尚父左杖黄钺,右把白旄以誓。(《史记·齐太公世家》)

b. 左牵羊,右把茅。(《史记·宋微子世家》)

与其"持/拿"义相应,"把"的宾语限于指称有形具体物,如"白旄"(6a)和"茅"(6b)。"把"也出现在连动式首动词位置:

(7) a. 天神入牛腹中为马,把李实提桃间乎?(《论衡·自然》)

b. 武王把钺以叴。(《论衡•齐世》)

(7)中"把"仍为"持/拿"义,其宾语也仍指称有形具体物。学者们较一致的看法是,介词"把"初现于隋唐时期的连动式。以下是人们常引用的例子:

　　(8)a. 醉把花看益自伤。(白居易《花前有感兼呈崔相公刘郎中》)

　　　b. 莫把杭州刺史欺。(白居易《戏醉客》)

"把"在(8a)中既可是"持/拿"义动词,也可做处置式标记来理解,而在(8b)中则很难再作"持/拿"义解。"持/拿"义的消失是"把"演变的关键。隋唐的另一变化是抽象名词做"把"的宾语,如:

　　(9)a. 大把忧煎与改移,广将贫困令除扫。(《敦煌变文集新书•双恩记》)

　　　b. 佛把诸人修底行,校量多少唱看看。(《敦煌变文集新书•妙法莲华经讲经文》)

上两句里"把"的宾语都是抽象义的名词性短语,这标志着介词"把"的产生。

　　我们感兴趣的是"把"语法化的扩展效应。先秦东汉时期"把"的同构项(宾语)限于指称可持拿具体物的名词。此后其同构项既可以是指称可持拿具体物的名词,也可以是指称不可持拿具体物的名词。隋唐以后"把"的同构项类型扩大到指称抽象事物的名词。"把"从动词到介词的另一显著变化是"把+NP"的句法环境从核心成分变为边缘成分。在现代汉语里修饰动词性成分是介宾短语"把+NP"的唯一语法功能。这一情况总结如下:

(10)"把"的同构项和"把+NP"句法环境的变化：

	动词"把"		介词"把"		
"把+NP"的句法环境	核心成分		边缘成分		
"把"的同构项类型	具体物（可持拿）	具体物（不可持拿）	具体物（可持拿）	具体物（不可持拿）	抽象物

(10)显示，正如 Bybee(1985)和 Himmelmann(2004)所言，"把"的同构项类型扩展了。然而，我们也注意到，不论是动词"把"还是介词"把"，"把+NP"的句法环境都很单一，分别是动词中心(即核心成分)和边缘成分(即核心成分的修饰语)。所以严格说，从动宾短语"把+NP"到介宾短语"把+NP"的句法环境只是一种转移，而非扩展。

如同一般连动句，最早的"把+NP"或者表达连续事件中先发生的事件，或者表示后一事件进行的方式。"处置"义在后期连动句(如唐代例句 8a 和 8b)中即已出现。很多论著都提到"把"字处置式衍生出不同次类。以下是冯春田(1999:561—569)的分类(例句均引自冯著)：

i)"把"的宾语是受事。

(11) a. 悠然放吾兴，欲把青天摸。(皮日休《初夏游楞伽精舍》)

　　b. 有人把椿树，唤作白梅檀。(寒山子《寒山子诗集》)

(11a)中谓语动词是动作性的，是对"把"的宾语的"动作性处置"。(11b)的谓语则不具有动作性，表达的是对"把"的宾语的意愿或认识。这类处置式从唐开始到现代汉语都存在。

ii)"把"的宾语是当事/施事；谓语表示受事因受支配或影响而产生某种结果或变化。

(12) a. 如斯数满长无倦,能把因缘更转精。(《敦煌变文集新书·妙法莲华经讲经文》)

b. 晁源在京中坐监的时节,瞒了爹娘,偷把他住在下处。(《醒世姻缘传》第四十三回)

冯著指出,这类"把"字句的出现时间晚于i)类,至元明后才常见,而且经历了"处置"义渐弱而"致使"义增强的过程。所以,"把+NP"在表处置义之外又产生出表致使义的功用来。

"把"的语义-语用环境变化的轨迹已经可由上述讨论中清楚地看到:

(13) "把+NP"的语义-语用环境变化:

	连动式		处置式			
	连续事件 VP1	VP2 的方式	强处置		弱处置(致使)	
			动作性	非动作性	弱致使	强致使
东汉	+	+	−	−	−	+
唐宋	−	−	+	+	−	−
元明清	−	−	+	+	+	+

(13)显示了两方面变化:第一,从动词短语"把+NP"到介词短语"把+NP",出现在连动式里表"连续事件"第一个动词性成分的方式这一语义-语用功能丢失;第二,从唐至元明清,"把+NP"的语义-语用环境呈扩展趋势。如果将"把"的语法化限定为从动词到介词的过程,那么与其句法环境的变化相似,"把+NP"的语义-语用环境变化首先是一种转移;扩展趋势则只在介词短语"把+NP"的语义-语用环境的变化中才得以体现。

总结上述讨论,从动词"把"到介词"把","把"的同构项类型和"把+NP"的语义-语用环境有明显的扩展,但"把+NP"的句法环境则只是出现了转移,即先前的核心成分地位为边缘成分地位所替代。

2.2 "随时"的语法化[1]

副词"随时"源于上古汉语动宾短语"随+时",其中"随"是一个及物动词,义为"跟随/随着"(参董秀芳2002:75):

(14) 亏盈随时。(刘智《论天》)

在(14)中"随"是全句唯一动词核心,"随+时"意为"随着时令/季节/时间的变化"。

从同构项类型角度看,"随+时"从动宾短语到双音节副词的演变大致可分为三个阶段:

i) 同构项描写周期性动作行为

以下例句分别出自约公元前2~公元前1世纪(15a)和公元2世纪(15b)的作品:

(15) a. 畜食草饮水,随时转移。(《史记·匈奴列传》)
　　　b. 冬稌夏穛,随时代熟。(张衡《南都赋》)

(15a)的"转移"描写游牧生活的情形,而(15b)的"代熟"则描写庄稼作物的成熟,其共同点是以季节/时令变化为周期。以下例子出自4世纪以后:

(16) a. 夏凉寒燠,随时取适。(谢灵运《山居赋》,转引自《古今》:1376)
　　　b. 但勤加功,随时溉灌。(《贤愚经》卷五)
　　　c. 一切树木,一切药草,随时开敷。(《佛本行集经》卷八)
　　　d. 春夏草生,随时放牧。(贾思勰《齐民要术·养猪》)

"取适"(16a)、"灌溉"(16b)、"开敷"(16c)和"放牧"(16d)分别

描写跟时令节气、农田水利、植物开花凋谢和牧业有关的活动,都以周期性为特征。可以断定,这一时期"随+时"的同构项以描写周期性行为事件的动词性成分为主。

ii) 同构项可作周期性和非周期性两种理解

大约从4世纪开始,在一些例句中"随+时"可作两种解释:

(17) a. 犹如多捕众鸟藏在大器,随时瞻视,养食以时。毛尾既长,随时剪落,选其肥者日用供厨。(《出曜经》卷九)

b. 彼国所乏,大光明王,随时赠送。(《贤愚经》卷三)

与"灌溉"和"开敷"等不同,在以上例子中,"随+时"的同构项都不是受制于任何时间规律的行为,但却不排除按一定时间规律来进行。所以"瞻视"、"剪落"和"赠送"都可作两种理解。如"随时赠送"既可能是"定期赠送",也可能是"不定期地赠送"。

iii) 同构项只能作非周期性行为/状态理解

7世纪以后,"随+时"出现了进一步的变化。请看以下例句:

(18) a. 随处随时有吉祥。(《敦煌变文集新书·维摩诘经讲经文》)

b. 汝可随时言说。(《祖堂集》卷十四)

(18)中的"随+时"不论作"随着季节/时令/时间的变化"理解还是作"按一定时间规律"理解都有困难。如"有吉祥"表达的是存在意义,而"随时言说"从上下文看指的并不是"按一定时间规律说话",而恰恰是"不受任何时间规律约束地说话"。就是说,"随"和"时"之间已失去了先前的理据性,"随时"的意思变为"不为时间规律所拘"。

(18)里的"随+时"已经可看做副词了,但除了语义特征,并没有任何显性形式标记能为之佐证。在我们的语料中,"随时"最早的有显性标记的副词用法见于19世纪的材料:

(19)小仙所司各花,开放各有一定时序,非比歌舞,随时皆可发令。(《镜花缘》第一回)

这里"随时"的同构项是能愿结构"皆可发令",标志着其动词特征已丢失,演变为一个副词。这种用法在现代汉语中十分普遍:

(20)a. 股市随时会崩盘。   b. 张三随时可能去北京。

总结以上讨论,从动宾短语"随+时"到副词"随时"的语义变化可以归纳如下:

(21)按照一定周期性的时间规律 ＞ 不为时间规律所拘

以下我们将讨论与上述变化相应的环境扩展问题。

i) 同构项类型变化

在最早的"随+时"例中,其同构项往往具有"周期性发生"的语义特征,如在(15)、(16a)和(17)中。从5世纪开始,"随+时"的同构项开始有两解,既可能是"周期性发生",也可能是"不按任何时间规律发生",如(17)的两个例句。而在7~9世纪后,"随+时"渐渐失去"周期性发生"义;其同构项相应地也不再是按一定时间规律发生的行为事件了。现代汉语副词"随时"的同构项更增加了存现义的动词性成分以及能愿结构等类型。有意思的是,凡具有"周期性发生"语义特征的动词性成分都不再可能成为"随时"的同构项:

(22)a. *树木随时开花结果。b. *太阳随时从东方升起。

此外,"随时"甚至可以以句子作为同构项,如在(23b)中:

(23)a. 他随时都可能回来。   b. 随时他都可能回来。

以上讨论可以总结如下：

(24) 从"随+时"到"随时"的同构项变化：

同构项类型	前1~2世纪	5世纪	7~9世纪	19世纪	现代汉语
周期性行为/事件	+	+	−	−	−
非周期性行为/事件	−	+	+	+	+
存现类动词短语	−	−	+	+	+
能愿结构	−	−	−	+	+
句子	−	−	−	−	+

非周期性行为/事件既是"随+时"的同构项，也是"随时"的同构项。后来"随时"的同构项类型扩展到了存现类动词短语、能愿结构和句子。所以(24)显示了两种变化：类型的转移（新同构项类型取代旧同构项类型）和类型的扩展（数量增加）。

ii) 句法环境变化

"随+时"最早是句子的唯一核心，后来被用作连动式"[随+时]+VP"的第一个动词性成分。"[随+时]+VP"和"随时+VP"都可能是句子核心，后者在现代汉语里也可做定语：

(25) 张三就是那个随时可能回家的人。

可见从"[随+时]+VP"到"随时+VP"句法环境出现了扩展的趋势。

(26) 从"[随+时]+VP"到"随时+VP"的句法环境变化：

	核心成分	边缘成分
[随+时]+VP	+	−
随时+VP	+	+

iii) 语义-语用环境变化

副词"随时"的重要特征是"非陈述性"，第一种情形是常常以

能愿结构为同构项,如:

(27) a. 我经常上网。 b. 我以前经常上网。 c. 我经常可以上网。

d. *我随时上网。 e. *我以前随时上网。 f. 我随时可以上网。

这体现了"随时+VP"的重要语义-语用特征——"情态性",即表达可能和意愿等非陈述性语态。非陈述性的第二种情形是"未然性",即表达期待或估计某事的发生,如:

(28) a. 有问题随时向我汇报。 b. 张三随时准备回国。

(28)的两句都没有情态动词出现。我们的语料显示,"[随+时]+VP"的语用环境很窄,仅限于对行为事件的客观陈述,但似乎没有明显的非陈述性限制,如(15)和(16)的例子。从"[随+时]+VP"到"随时+VP"的语义-语用环境变化可概括如下:

(29) 从"[随+时]+VP"到"随时+VP"的语义-语用环境变化:

	陈述语态	非陈述语态	
		情态性	未然性
[随+时]+VP	+	−	−
随时+VP	−	+	+

可见,从"[随+时]+VP"到"随时+VP"是由陈述语态到非陈述语态的转移;由于非陈述语态含"情态性"和"未然性"两种,这也是一个扩展的过程。

2.3 扩展效应的性质

2.3.1 环境扩展的内涵

前文提到,Himmelmann(2004)把语法化定义为"(X_n) A_n B

$K_n \rightarrow (X_{n+x}) A_{n+x} b | K_{n+x}$"。这一定义的核心内容概括起来就是:在向"b"的演变过程中,语法化项"B"的同构项"A_n"、构式"$A_n B$"的句法环境(X_n)和语义-语用环境(K_n)三者都经历了类型增加(从环境"$n \rightarrow n$ 和 x")。结果"b"的同构项除了保留了先前的"A_n"以外,还增加了"A_x"(数量不定);构式"$A_{n+x} b$"的句法环境和语义-语用环境除了分别保留了"X_n"和"K_n"以外,还分别增加了"X_x"和"K_x"。这就是"扩展"观念的来源。

我们的观察大体上与 Himmelmann(2004)相同,但又略有不同:

第一,广义的"扩展"——"类型增加"和"类型转移"

语法化的扩展效应并不单纯体现为环境类型的增加,也可能体现为环境类型的转移,即新环境类型取代旧环境类型(包括 A_n、X_n 和 K_n)。环境类型的转移是语法化扩展效应的重要一环,也体现在同构项类型、句法环境和语义-语用环境三个层次上。也就是说,"B"的同构项,"$A_n B$"的句法和语义-语用环境可能在"B>b"的过程中丢失而不再保留为"b"的同构项,和"b"所在构式的句法和语义-语用环境。如"随+时"的典型同构项是表述具有周期性特征的行为事件的动词性成分,但这种动词性成分不可能成为副词"随时"的同构项。而副词"随时"的同构项(包括存在义动词性成分、能愿结构和句子等)则是"随+时"所不具备的。"随+时>随时"既包括环境类型的增加,也包括环境类型的转移(或替换)。所以广义地看,扩展效应应该包括环境类型的增加和转移两种情形。

第二,"增量"的非必然性

同构项类型和语义-语法环境的扩展(包括转移)在"把"和

"随时"的形成过程中都得到了验证,但从动词"把"到介词"把",句法环境虽然发生了"质"的转移(核心成分→边缘成分),但并没有"量"的增加,所以并不是 Himmelmann(2004)意义上的扩展。如果"把"的情况不是一个纯粹的例外,那么这一事实似乎说明,句法环境的类型增加不是必然的。

一个问题是,能否由"语义泛性-适应环境"对应关系推论句法和语义-语用环境的扩展。也就是说,语法化项的语义泛性与其所在构式的句法和语义-语用环境之间是否也具有对应关系。以句法环境的情形为例,现代汉语介词"对"来源于表空间方向的动词"对":

(30) 单于脱帽徒跣,对庞雄等拜陈。(《后汉书·南匈奴传》,转引自《古今》:333)

动词"对"的同构项仅限于表人/具体物的名词。介词"对"的同构项类型则相对宽泛:

(31) a. 张三对李四有意见。 b. 张三对李四的意见很大。
(31a)和(31b)"对"的宾语分别是表人/具体物的名词和抽象名词,所以其同构项类型扩展了。而这两句也显示,与"把+NP"不同,介宾短语"对+NP"的句法环境有二,分别是动词性成分修饰语(31a)和名词性成分修饰语(31b)。如(30)所示,动宾短语"对+NP"的句法环境也是句子核心。所以从动宾短语到介宾短语,"对+NP"句法环境既出现了类型的转移也出现了数量的增加,是典型的环境扩展。这与"把+NP"的情形不同。我们注意到,汉语介词中句法环境扩展仅见于"对"。这表明,句法环境的扩展并不必然发生。

总结上述讨论,如果扩展被定义为单纯的类型的增加,那么

Himmelmann(2004)的语法化扩展观将碰到问题。而如果广义地看待扩展的含义,使之包括类型增加和类型转移两种情形,那么语法化的扩展效应是一种很强的趋势(general tendency),但不具有绝对性——"对"和"把"的差异证实了这一点。基于环境的语法化观从一个全新的视角来观察语法化这种历时演变,揭示了这一过程在窄化效应之外的另一面。我们的研究显示,以数量增加为特征的"扩展"并非语法化过程中环境变化的唯一方式,而且也不必然在每一层次的环境变化中都得到体现,如句法环境扩展在"把"的语法化过程中并未发生。这说明环境扩展不是绝对性的,但新环境替换旧环境则是必然的。所以扩展效应的准确表述应该是:语法化项的同构项类型的扩展及语法化项所在构式的句法环境和语义-语用环境的扩展或转移。

2.3.2 "语法化域"问题

如果(广义)扩展效应是一种很强的倾向,那么扩展的规律和限制条件将是非常有价值的研究课题。而对这些课题的深入探讨,都有赖于对语法化域的探讨。

语法化扩展观的一个重要假定(assumption)是,语法化域是语法化项所在构式,而非语法化项本身。然而,正如 Himmelmann(2004:31—32)指出的,如何确定合适的语法化域是尚未解决的问题。也就是说,"语法化项所在构式"的说法并没有道出语法化域的确切范围。语法化域往往表现出相当程度上的不确定性。在本文的讨论中,"随时"的语法化域恰好就是语法化项所在的"最简"构式(以语法化项为一个直接构成成分),即"[随+时]+VP",而"把"的语法化域则是最简构式所在构式"[把+NP]+VP"。再如冠词的语法化域是"指示代词+名词"构式,而连词(conjunction)

功能是连接两个分句,那么其语法化域应当涉及两个分句(见Himmelmann 2004:31—32)。而"从而"、"以及"和"极其"等来源于非结构的现代汉语虚词所牵涉的构式范围的情形则更复杂(参彭睿 2007),值得探讨的问题至少包括确定语法化域范围的原则以及语法化域的类型和限制条件等。

语法化域和语法化项所在构式的关系对"语法环境"和"语义-语用环境"扩展问题的深入讨论至关重要,因为这直接决定语法化扩展效应的内涵,即发生扩展的是以语法化项为一个直接构成成分的构式的环境,还是范围更大的语言单位。

3 扩展效应和窄化效应的关系

本节将谈及两种语法化效应的关系及其与语法化动因之间的关系,并初步回应本文开篇所提出的什么是语法化本质的问题。

3.1 语法化参数的地位

3.1.1 扩展和窄化的兼容性

窄化效应和扩展效应是从不同角度对语法化现象进行观察的结果。前者的观察角度是语法化项自身的语义语用、形态句法和语音特征,后者的观察角度则是语法化项的同构项及语法化项所在构式所处的环境。这种差异根源于对语法化域的不同认知——主张窄化效应的学者多把语法化域限定为语法化项本身,而主张扩展效应的学者则是把语法化项所在环境看成语法化域。所以理论上窄化效应和扩展效应之间不是一种简单对立或者对应,也就不存在相互依存或者相互排斥的关系。相反,窄化效应和扩展效应之间是一种平行关系,可以并存于同一语法化过程中,是相互兼

容的,即窄化效应和扩展效应的各项特征变化同为语法化参数。这在"随+时>随时"的演变过程中体现得十分明显:

窄化效应:

  a. 源构素"随"和"时"合并为一个单位;

  b. "随"和"时"之间的理据性消失,"随时"失去了"随+时"的"随着时间转移"的意义;

  c. "随时"失去动词性特征及独立性,依附于VP。

扩展效应:

  a. "随时"的同构项类型扩展为非周期性行为/事件、能愿结构、存现类动词短语等;

  b. "随时+VP"的句法环境扩展为核心成分和边缘成分;

  c. "随时+VP"的语义-语用环境转移为情态性和未然性非陈述语态。

一般来说,扩展效应和窄化效应在语法化过程中都会不同程度地有所体现,这正是二者具有兼容性这一假设的最直接证据。

3.1.2 语法化效应的主导参数

关键问题是,并存的各项扩展和窄化参数是否存在特定的主次关系,即语法化过程是否以某一种参数(或窄化或扩展)为根本,其他参数都从属于这个主导参数,是附带现象。语法化效应的各种参数不外乎两种情形:语法化项自身特征的变化或语法化项所在构式的各种环境的变化。语法化效应的主导参数要么属前一类,要么属后一类:

第一,以语法化项特征变化为主导

以窄化效应为主导,即语法化项自身的某一种特征变化,如语法化项的降类化、语义虚化(或泛化)和语音融蚀等,在整个语法化过程中起决定性作用。

第二,以环境变化为主导

语法化项的同构项类型、语法化项所在构式的句法环境或语义-语用环境之一在语法化过程中起决定性作用。

语法化效应究竟是以哪一种参数为主导?这是一个十分复杂的问题。对这个问题的回答在很大程度上取决于对语法化动因的认知。关于语法化以及语言变化的背后推手,长久以来一直众说纷纭。同样限于篇幅,这里我们只简单地看一下语法化动因理论中的"频率"说和"语用推理"说。前者以 Haiman(1994)和 Bybee(2002,2003)等为代表,后者以 Heine、Claudi & Hünnemeyer(1991)、Traugott & Dasher(2001)和 Hopper & Traugott(2003)等为代表。对语法化动因的不同认知,直接导致对语法化效应主导参数的不同理解。

频率说主张语法化项的语义变化是主导参数。Bybee(2003:602)断言,用例频率(token frequency)并不只是语法化的结果,而是语法化的各种变化的主要推动因素,语法化项的用例频率和语义泛化/虚化之间的关系密不可分。整个语法化连续统都是以语法化项的语义泛化/虚化为特征的,即语法化项在意义上变得越来越抽象和具有泛性,其适应性就越来越广,用例频率也会越来越高;而这种语义虚化背后的机制就是惯常化(habituation),即因高频率而引起的具体意义的丢失。(2003:605)这种理论实际上是将由频率引发的语义泛化/虚化置于语法化项的任何其他特征变化之上。换言之,如果秉持频率动因说,那么语义泛化/虚化就是语法化过程中起关键作用的参数。这种理论似乎认为语用上的变化只是一种后续现象,即高频率导致了语法化项语音形式的变化、自主性(autonomy)的增加,也使得语法化项能够出现在新语用环境(new pragmatic association)里。而这种新语用环境的出现是以语法化项自主性增加和内部理据性消失为前提的。如美语口语 I don't know 除了可以按其字面上的意义回答问题之外,也可以在会话中用于减缓断言或婉拒帮助。在后一种情形下,I don't know 是作为一个整体出现的,其意义不再是几个源构素 I、do、not、know 的简单加和,这是这个整体用于新的语用环境的先决条件。(Bybee 2003:618)按照这种推理,同样因为高频率,语法化项"随+时"逐渐失去与两个源构素"随"和"时"的关联,即理据性消失,同时产生由"随时"这个语音形式所对应的新的意义,为"随+时"这一词串使用于新的语用环境(如非陈述语态)创造了条件。

语用推理说很明确地主张语义-语用方面的变化具有主导作用。Hopper & Traugott(2003:71—98)等力主语法化背后的重要推手是语用推理,即语法化是以语用环境扩展为前提的,语法化的两种主要机制重新分析和类推背后的语用推理依据分别是转喻(metonymy)和隐喻(metaphor)。前文也提到,Himmelmann(2004)主张环境扩展是语法化的本质特征,并且特别指出,在三层次环境扩展中,语义-语用特征的扩展是最为根本的。由此推论,在语法化的所有窄化和扩展的参数中,语法化项所在构式的语义-语用特征变化是至为重要的。Heine & Kuteva(2002,2007)都提到,语法化的参数(或机制)包括扩张(extension)、去语义化(desemanticization)、降类化(decategorialization)和语音融蚀(erosion)等四种。这里的"扩张"指语词(linguistic expression)的分布环境被拓宽,从而诱发新的语法意义的产生。(Heine & Kuteva 2007：34)作者指出,这四个参数在性质上分属语用、语义、形态句法和语音层次;最为关键的是,各参数所描述的变化是按照"扩张-去语义化-降类化-语音融蚀"这样的历时顺序发生的。(2007：34—35)就是说,语法化项首先因分布环境的拓宽而产生新的意义,然后再依次发生窄化效应,即丢失语义特征,丢失形态句法特征,最终导致语音内容的部分失落。这样的历时顺序实际上包含了这样的意思,即基于语用的"扩张"为因,而基于语义、形态句法和语音的"窄化"为果。在 Heine & Kuteva (2002,2007)中,"扩张"是以语法化项本身为语法化域,而在 Himmelmann (2007)中,"语义-语用环境扩展"所依据的语法化域是语法化项所在构式。我们的理解是,二者并无实质性的区别,因为与同构项类型和句法环境的变化相比,语义-语用环境往往不为这样的界限所拘。如"随时+VP"的语义-语用环境发生变化,就意味着"随时"的语义-语用环境也相应地发生变化,反之亦然。

语法化参数的这种"语用-语义-形态句法-语音"历时顺序终究只是一种假说(hypothesis),目前的研究尚无法给予充分的证明。我们认为,比较合理的说法是,这几个参数,尤其是前面三项,是语法化项演变的必然后果,孰先孰后往往难以分别。因此,这种顺序如果存在,更有可能是认知或逻辑上的,而非时间意义上的。这一课题尚有待深入探讨。

3.2 关于语法化的本质

从上面的讨论可以看到,不论是频率说还是语用推理说,都排除了语法化项自身的形态句法功能变化和语法化项所在构式的句法环境变化为语法化的主导参数的情形。两种理论的相似之处是都认识到了语义和语用在语法化效应中的决定作用,只不过观察角度不同,或为语法化项,或为语法化项所在构式。所以"语法化"的本质并不是"语法"的变化,而是语义-语用的变化——前者和语法化项的语音形式的变化一样,是后者的附带现象。

4 结论

语法化演变同时存在窄化效应和扩展效应。前者体现为语法化项自身语义、形态句法和语音等特征的减量,后者准确地说是语法化项的同构项类型的增加及其所在构式的句法环境和语义-语用环境的转移。语法化的这些参数在整个演变过程中所起的作用不等。人们对语法化动因的见解不一:或持频率说,认为语法化项的语义变化起主导作用;或持语用推理说,明确主张语法化演变中起决定性作用的是语义-语用环境的变化。两种见解的共通之处是都把形态句法因素(语法化项的形态句法特征变化或语法化项所在构式的句法环境的变化)置于从属的地位。尚待进一步厘清的是,语法化项的语义特征和语法化项所在构式的语义-语用特征的关系如何,这是解决语法化本质这一问题的关键。

附 注

① 本文以"语法化项"作为语法化的输入项(input)的通称。目前人们对语法化项的类型和范围等尚无统一认知,或将短语纳入语法化项范围内,或予以排除。本文的立场是,短语同语素和词一样都可以成为语法化项。

② 这里只提到了两极的情形。实际上人们对语法化"环境"的关注由来已久,有一个渐变过程。很多汉语语法化论著中也都提到了环境的重要性,限于篇幅,我们无法一一列举。

③ Lehmann(2002)和 Himmelmann(2004)都主张构式(即"环境")比词项更重要,因为后者的演变只是其所在构式语法化的副产品。Lehmann(2002:7)甚至认为构式的语法化未必会引起其内部成分的语法化,但 Himmelmann(2004:34—35)则声明其研究对象限于最少含一个语法化项的构式。两份研究都把"语法化项"等同于词项。复杂构式作为语法化项是一个很值得探讨的课题,我们将专文讨论。

④ 本文用"窄化"来与"扩展"相对应。"窄化"指语义的虚化、语法功能的专门化和语音形式的缩减;广义的"窄化"还包括复杂构式构成成分之间语法关系的固定化和理据性的消失。

⑤ 参数译名均系笔者在反复揣摩 Lehmann(1985)原文后所做,张谊生先生指出恐存在与通行译名统一问题。

⑥ 吴福祥(2007:248)对此作过简要介绍。

⑦ 如 Brinton & Traugott(2005:99)对语法化的定义是:

"Grammaticalization is the change whereby in certain linguistic contexts speakers use parts of a construction with a grammatical function. Over time the resulting grammatical item may become more grammatical by acquiring more grammatical functions and expanding its host-classes."

这一定义与 Hopper & Traugott(2003)的不同之处在于增加了"扩展"的观念,但限于同构项类型。Brinton & Traugott(2005)的主旨是探讨语法化和词汇化(lexicalization)的关系;根据 Himmelmann(2004),两者的根本对立就在于前者以同构项扩展为特征,而后者则以同构项窄化为特征。在与笔者的交流中,Traugott 教授多次表达了对语法化扩展观的赞同,并且认为"扩展"可看做语法化的预赋(default)。

⑧ "源构素"(source element)是彭睿(2007)提出的一个概念,意指构成非结构词的成员(语素或词),如"从而"的"从"和"而","以及"的"以"和"及"等。本文用这一概念泛指一般单音词和双音词构成成员。

⑨ "把"字处置式的来源问题向来有争议。本文重点讨论与"把"有关的环境扩展现象,其中涉及介词"把"的产生过程的内容参考了许多学者的讨论,观点和例句出处不逐一标明。

⑩ 现代汉语副词"随时"的语义有二,分别是"不拘什么时候"和"有需要的时候(就做)"(见《现代汉语词典》第 5 版,2007:1306),如:

  a. 随时都可能下雨。 b. 有问题随时问。

本文只讨论第一个义项的来源。上古汉语动宾短语"随+时"有两个意思，分别是"随着时令/季节/时间的变化"和"跟随主流"（参《古今汉语词典》2000：1376）。我们推测副词"随时"的"不拘什么时候"义来源于前者。

参考文献

贝罗贝　1989　早期"把"字句的几个问题，《语言研究》第1期。
董秀芳　2002　《词汇化：汉语双音词的衍生和发展》，四川民族出版社。
冯春田　1999　《近代汉语语法研究》，山东教育出版社。
蒋绍愚、曹广顺　主编　2005　《近代汉语语法史研究综述》，商务印书馆。
彭　睿　2007　构式语法化的机制和后果：以"从而"，"以及"和"极其"的演变为例，《汉语学报》第3期。
商务印书馆辞书研究中心编　2000　《古今汉语词典》，商务印书馆。
唐贤清　2005　副词"尽底"的语法化，载沈家煊、吴福祥、马贝加主编《语法化与语法研究》（二），商务印书馆。
吴福祥　2007　魏晋南北朝时期汉语名量词范畴的语法化程度，载沈家煊、吴福祥、李宗江主编《语法化与语法研究》（三），商务印书馆。
张谊生　2005　论与汉语副词相关的虚化机制——兼论现代汉语副词的性质、分类与范围，《中国语文》2000年第1期；另载吴福祥主编《汉语语法化研究》，商务印书馆。
祝敏彻　1957　论初期处置式，《语言学论丛》第一辑。
Brinton, Laurel J. & Elizabeth Closs Traugott 2005 *Lexicalization and Language Change*. Cambridge: Cambridge University Press.
Bybee, Joan L. 1985 *Morphology: a Study of the Relation between Meaning and Form*. (*Typological Studies in Language* 9) Amsterdam/Philadelphia: John Benjamins.
—— 1988 Semantic substance vs. contrast in the development of grammatical meaning. In Shelley Axmaker, Annie Jaisser & Helen Singmaster (eds.) *General Session and Parassession on Grammaticalization: Proceedings of the Fourteenth Annual Meeting*, February 13-15, 1988. BLS 14, 247-264.
—— 2002 Sequentiality as the basis of constituent structure. In T. Givón &

Bertram F. Malle et al. (eds.) *The Evolution of Language out of Pre-Language*. Amsterdam/Philadelphia: John Benjamins.

———— 2003 Mechanisms of change in grammaticalization: the role of frequency. In Joseph Brian D. & Richard D. Janda (eds.) *The Handbook of Historical Linguistics*. Malden, MA: Blackwell. 602-623.

Bybee, Joan L. & Östen Dahl 1989 The creation of tense and aspect systems in the languages of the world. *Studies in Language* 13, 51-103.

Bybee, Joan L., Revere Perkins & William Pagliuca 1994 *The Evolution of Grammar: Tense, Aspect, and Modality in the Languages of the World*. Chicago: University of Chicago Press.

Diewald, Gabriele 2002 A model for relevant types of contexts in grammaticalization. In Wischer & Diewald (eds.) 104-120.

Haiman, John 1994 Ritualization and the development of language. In Pagliuca (ed.) *Perspectives on Grammaticalization*. Amsterdam/Philadelphia: John Benjamins.

Heine, Bernd & Tania Kuteva 2002 *World Lexicon of Grammaticalization*. Cambridge: Cambridge University Press.

———— 2007 *The Genesis of Grammar: a Reconstruction*. New York: Oxford University Press.

Heine, B., Claudi, U. & Hünnemeyer, F. 1991 *Grammaticalization: a Conceptual Framework*. Chicago: University of Chicago Press.

Himmelmann, Nikolaus P. 2001 Article. In Martin Haspelmath, Ekkehard König, Wulf Oesterreicher & Wolfgan Raibel (eds.) *Language Typology and Language Universals*. Berlin/New York: Mouton de Gruyter. 831-841.

———— 2004 Lexicalization and grammaticalization: opposite or orthogonal? In Bisang, Himmelmann & Wiemer (eds.) *What Makes Grammaticalization: a Look from Its Fringes and Its Components*. Berlin / New York: Mouton de Gruyter. 19-40.

Hopper Paul J. & Elizabith Closs Traugott 2003 *Grammaticalization*. Cambridge: Cambridge University Press.

Lehmann, Christian 1985 Grammaticalization: synchronic variation and diachronic change. *Lingua e Stile* 20, 303-318.

—— 1992 Word order change by grammaticalization. In Marinel Gerritsen & Dieter Stein (eds.) *Internal and External Factors in Syntactic Change*. Berlin / New York: Mouton de Gruyter. 395-416.

—— 2002 New reflections on grammaticalization and lexicalization. In Wischer & Diewald (eds.) 1-18.

Sun, Chaofen 1996 *Word Order Change and Grammaticalization in the History of Chinese*. Stanford: Stanford University Press.

Traugott, Elizabeth C. 2003 Constructions in grammaticalization. In Brian D. Joseph & Richard D. Janda (eds.) *The Handbook of Historical Linguistics*. Malden, MA: Blackwell. 624-647.

Wischer, Ilse & Gabriele Diewald 2002 *New Reflections on Grammaticalization: Proceedings from the International Symposium on Grammaticalization, 17-19 June 1999, Potsdam, Germany*. (*Typological Studies in Language* 49) Amsterdam/Philadelphia: John Benjamins.

从时间状语到虚拟标记[*]
——上海话"慢慢叫"、苏州话"晏歇"的功能及语法化

强星娜 唐正大

(中国社会科学院研究生院
中国社会科学院语言研究所)

0 引言

跨语言看,时(tense)范畴,特别是将来时范畴,在共时语言表达与历时语言演变中起着重要作用。一方面,将来时与语气(mood)相关。不确定是将来时的固有属性(Ultan 1972,转引自 Tavangar & Amouzadeh 2006),用将来时的表达形式表示虚拟是人类语言的常见手段。另一方面,将来时与情态(modality)相关。将来时表达式在许多语言里兼表认识情态(epistemic modality)和动态情态(dynamic modality)。另外,客观世界发生的事件之间不仅具有时间关系,还可能具有逻辑、事理关系。用表示时间特别是将来时间的语言形式表示条件关系,在许多语言中不乏实例。吴

---

[*] 本研究获国家社会科学基金项目"汉语主句现象与从句环境的类型学研究"(07CYY020)资助。

语上海话"慢慢叫"、苏州话"晏歇"在共时层面充分表现出了将来时与语气、情态以及条件关系之间的紧密联系,是很有类型学研究价值的个案。本文将重点分析上海话"慢慢叫"的功能及语法化。

本文上海话语料部分来源于上海话系列广播电视节目《滑稽王小毛》、《红茶坊》和《三人麻辣烫》,如(5b)、(6)、(8)、(10)、(13a)、(11)、(18)、(19)、(20)等;其余合语法句子以及星号句均为第一作者(上海人)自造例,并同时调查了上海人语感[①]。苏州话语料来自《海上花列传》。

1 "慢慢叫"的功能分析

1.1 方式状语

"慢慢叫"由形容词重叠形式加词缀"叫"构成。[②] "慢慢叫"做方式状语,读作[mɛ²¹⁴⁻²¹ mɛ²¹⁴⁻⁴⁴ tɕiɔ],表示动作/状态变化的速度慢,如"慢慢叫走"。速度与时间呈反比关系,"慢慢叫"也可以表示情状持续的时间长,如"让我慢慢叫想"。因为与时间相关,"慢慢叫"在句法位置和对动词的选择上不同于一般方式状语。

1.1.1 句法位置

"慢慢叫"可以选择动词前和句首两个位置,如"伊慢慢叫想起一点"和"慢慢叫伊想起一点"。但跟其他状语共现时,"慢慢叫"仍要选择紧挨动词的位置,否则便不合语法。与(1)普通话相对应的上海话合法表达式是 a、c 两句:

(1) [普] 从昨天到今天 / 在上海他慢慢地想起一点。

　　[沪] a. 从昨日到今朝 / 辣在上海伊**慢慢叫**想起一点。

　　　　b. ***慢慢叫**伊从昨日到今朝 / 辣在上海想起一点。

  c. <u>从昨日到今朝</u> / <u>辣在上海</u>**慢慢叫**伊想起一点。

  d. ***慢慢叫**<u>从昨日到今朝</u> / <u>辣在上海</u>伊想起一点。

"慢慢叫"要求紧邻动词,这符合以动词为核心的状语轨层现象,即"方式状语-工具状语-处所状语-时间状语"的排列顺序。("轨层理论"参看陆丙甫 1987,转引自 http://www.eastling.org/bbs/moredata.asp?species_id=3008&syid=20052)

1.1.2 对动词的选择

"慢慢叫"做方式状语,在句法和语义上与普通话表示渐变义的"逐渐"类副词十分相近。我们选取史金生(2002)划分动词类别所用的测试框架。[③]"逐渐"类副词和"慢慢叫"修饰动词的情况如下表:

"逐渐"类副词、"慢慢叫"修饰动词的情况

特征及例词 副词	渐变义动词"消失"	非渐变义动词			
^	^	属性关系动词"是"	专职状态动词"飘"	动作动词"咳嗽"	瞬间变化动词"死"
"逐渐"类	+	−	−	−	−
"慢慢叫"	+	−	−	+	−

其中,"渐变义"包含动态性、变化性和过程性三个下位特征。动态性排除表示静态属性或存在的动词(如"是"、"飘");变化性排除本身不明确表示动作发生数量、程度或性质改变的动作动词(如"咳嗽");过程性排除动作没有延续阶段的瞬间动词(如"死")。由表可见,"慢慢叫"对变化性没有选择要求,只选择动态性和过程性两个特征。所以,受"慢慢叫"修饰的一般是动态过程性动词。[④]

1.2 时间状语

"慢慢叫"充当时间状语,读若[mɛ^{214}tɕiɔ]。

1.2.1 "慢慢叫"表将来

比较下面两组句子:

(2) a. 小张搭公交车上班。

"小张乘公交车上班。"

b. 小张**慢慢叫**搭公交车上班。

"小张一会儿乘公交车上班。"

(3) a. 伊做英文老师。

"他当英语老师。"

b. 伊**慢慢叫**做英文老师。

"他以后当英语老师。"

"搭公交车上班"在(2a)中属于过去/现在/将来行为,但在(2b)里一定是将来行为;"做英文老师"在(3a)中一般理解为现在的情况,但在(3b)里肯定属于将来情况。可见,"慢慢叫"具有表示将来时的功能。

1.2.2 句法位置及对动词的选择

时间状语"慢慢叫"的句法位置和对动词的选择主要比照方式状语"慢慢叫"来说。时间状语在句法位置上必须前置于其他状语。下例句中有两个"慢慢叫","慢慢叫$_1$"是时间状语,"慢慢叫$_2$"是方式状语:

(4) a. 迭桩事体**慢慢叫**$_1$再**慢慢叫**$_2$脱伊讲一遍。

"这件事一会儿再慢慢地跟他说一遍。"

b. **慢慢叫**$_1$迭桩事体再**慢慢叫**$_2$脱伊讲一遍。

"一会儿这件事再慢慢地跟他说一遍。"

具体地说,"慢慢叫$_1$"首先在时轴上确定整个事件的发生时间,"慢慢叫$_2$"对动作行为作具体的刻画。"慢慢叫$_1$＞慢慢叫$_2$"的语序反映了人类从整体到细节的认知特点。另外,两个表义不同的"慢慢叫"共现于一句,属于语法化中的叠加现象(superposition)(参看刘丹青 2001)。

时间状语"慢慢叫"对所饰动词基本没有选择限制,可以修饰不能接受方式状语的属性关系动词(如"是")、瞬间动词(如"毕业"),但一般不修饰专职状态动词(如"立"),除非添加认识情态词(如"会得"_会):

(5) 勿要看勿起伊,伊**慢慢叫**是研究生。

"不要看不起他,他以后是研究生。"

(6) 小王六月份毕业,小张**慢慢叫**毕业。

"小王六月份毕业,小张以后毕业。"

(7) 世界浪最高个摩天大楼**慢慢叫**[*](会得)立辣黄浦江旁边。

"世界上最高的摩天大楼以后[*](会)耸立在黄浦江东岸。"

动态过程性动词可以受时间状语的修饰,所以像"小张慢慢叫修改文章"这样的句子就会产生歧解:既可能表示方式(速度慢、用时长),又可以表示将来时(将要修改)。

1.2.3 表将来的"慢慢叫 VP"的三种相关用法

"慢慢叫 VP"表示动作行为将来发生。与此相关,"慢慢叫 VP"还有下面三种用法。其中,两种用法反映了将来时与情态之间的密切关系。

1.2.3.1 "慢慢叫 VP_{自主}"表示"现在不 VP"

下例中的"慢慢叫"分别与"现在"、"先"对应,事件发生的先后顺序是 VP₂ 先于 VP₁。

(8) 我**慢慢叫**[_{VP1}装辫这只灯],现在[_{VP2}正忙辣海_着]。

(9) 老酒侬**慢慢叫**[_{VP1}吃],先[_{VP2}尝尝我个_的拿手菜]。

"慢慢叫"也可以和"先"在同一小句中共现,句子的语义不变:

(8) 我先**慢慢叫**[_{VP1}装辫这只灯],现在[_{VP2}正忙辣海_着]。

(9′) 老酒侬先慢慢叫[VP1吃]，[VP2尝尝我个拿手菜]。

如果"慢慢叫"仍标记 VP₂ 先于 VP₁ 发生，"先"与"慢慢叫"的共现就是矛盾的。本地人对这类句子的语感一般是"现在不 VP₁，而 VP₂"。由"将来 VP"到"现在不 VP"是一个语用推理（pragmatic inferencing）的过程：在施事能自主控制动作发生/不发生的前提下，如果动作将来发生，那么该动作当下不发生。

1.2.3.2 "慢慢叫 VP"反映"可能"认识情态

认识情态属于命题情态（propositional modality），反映言者对命题为真的确信程度。认识情态作用于可能世界的一个子集，且该子集与人的知情状态（knowledge status）相关（蒋严、潘海华 2005[1998]：357）。反映认识情态的命题在真实世界中既可能为真，也可能为假。

将来事件与过去/现在事件的最大区别在于前者不是既成事实，无法被直接感知。将来时句子表达的命题在某时间点之后的世界里也有真、假两种可能。下面两句就是言者凭借个人经验、知识的推断，命题在将来世界中可能为真：

(10) 介冷还穿裙子，侬**慢慢叫**（会得）受凉（个）。

"这么冷还穿裙子，你会受凉的。"

(11) 秋天到了，大雁**慢慢叫**（要）往南方飞了。

"秋天到了，大雁要往南方飞了。"

将来时与认识情态的相关性表现程度不同。英语表将来时的 will 也可用作认识情态词，如 He'll be in his office now。法语、意大利语也有类似现象（Lyons 1968：310；Lepschy 1977：139。转引自 Palmer 2001：105）。西班牙语的将来时标记在口语中一般专用于表示认识情态（Palmer 2001：105）。可见，用含有将来意义的语言形式表达认识情态并非上海话的孤立现象。

1.2.3.3 "慢慢叫 VP"反映"意愿"动态情态

动态情态属于事件情态(event modality)。事件情态指尚未发生的、潜在的事件。制约动态情态事件实现的因素来自相关个体的内部(Palmer 2001)。跟"意愿"相关的个体是与谓语动词相应的施事主语。换言之,"意愿"反映的是施事对实施某行为的主观愿望。当施事主语与言者(第一人称)合二为一时,"意愿"表现得最为显著(Bybee et al. 1994:178)。

将来时句子描写尚未实现的情状,在"尚未实现"这一点上,将来事件与动态情态表现一致。当句子主语是有施为能力的名词性成分,谓语是行为动词时,将来时句子反映施事的"意愿",如"我慢慢叫搭乘公交车上班"。

将来时句子何时反映"可能"认识情态,何时反映"意愿"动态情态,这跟句中的谓语动词以及主语有密切的关系,本文对此不展开讨论。以上分析只是为了揭示将来时与情态之间的密切联系,而这些在"慢慢叫 VP"句中有很好的体现。

1.3 小句连接成分

"慢慢叫"做小句连接成分,读作[mɛ:²¹⁴ tɕiɔ]。

1.3.1 引导时间-条件小句

同时或先后发生的事件之间可能有时间-条件关系(吕叔湘 1982[1944]:409)。(12)中,"伊来"时间上先于"我骂伊";事理上,前者是后者实现的条件。

(12) a. **慢慢叫**伊来,我骂伊。'等他来,我骂他。'

句首的"慢慢叫"不是时间状语,而是小句连接成分。理由是:首先,不论两个事件同时发生还是先后发生,遵循象似性原则,"我骂伊"不比"伊来"距离说话时间点更近。如果"慢慢叫"表示将来，出现在后一小句似乎更合理，但 b 句不合法：

(12) b. *伊来,慢慢叫我/我慢慢叫骂伊。

其次,时间状语不强制要求出现在句首(见 1.2),而(12a)的"慢慢叫"位置固定,只能出现于句首,下面 c 句不合法：

(12) c. *伊慢慢叫来,我骂伊。

根据 Dik(1997)的"联系项"理论,各种从属小句的引导词(subordinators)都可看做联系项(relator),其作用在于把两个有从属关系的成分联结成一个更大的单位,并标明成分之间的关系。联系项的优先位置有：(i)在两个被联系项(relata)之间；(ii)如果联系项位于某个被联系项上,则它会在该被联系项的边缘位置。(参看刘丹青 2003:69 的介绍)显而易见,"慢慢叫"的位置属于第二种情况。这里对第一条原则的违背也是为了遵循另一条更普遍的语言共性,即 Greenberg(1966[1963])的共性 14：在条件陈述句中,所有语言都以条件从句处于结论之前为正常语序。⑤

再次,时间-条件小句是状语从句(adverbial clauses),需要依附主句,如英语中由 if、when 引导的从属句(subordinate clauses)不能独立使用。从(12a)似乎还看不出"慢慢叫"小句的依附性,理解成两个单句的复合,即"慢慢叫伊来——会儿他来"和"我骂伊"的复合好像也无不妥。但 1.2.1 提及的不合法的(7)可以在下面的复句中合法存在：

(13) **慢慢叫**世界浪最高个摩天大楼立辣黄浦江旁边,侬就勿好勿惊叹于上海个实力了。

"世界上最高的摩天大楼耸立在黄浦江旁边之时,你就不能不惊叹于上海的实力了。"

可见,"慢慢叫"是强烈依附另一小句存在的从属句。"慢慢叫"应该分析为管辖全句的连接成分。

1.3.2 引导假设条件小句

上海话的假设条件句(hypothetical conditionals)可以用"如果/假使……格末/就"等配套关联词，或者不使用关联词，依靠意合而成。除此之外，还可以使用"慢慢叫"。不过，"慢慢叫"与"如果、假使"的用法并不完全相同：

(14) a. **如果/假使**小张迟到，伊拉_{他的}女朋友要生气个_的的。

　　b. **慢慢叫**小张迟到，伊拉_{他的}女朋友要生气个_的。

(15) a. **如果/假使**落雨，运动会就取消。

　　b. ***慢慢叫**落雨，运动会就取消。

(16) a. ***如果/假使**伊生毛病，侬就开心了。

　　b. **慢慢叫**伊生毛病，侬就开心了。

假设条件句的一个典型特征是，前件命题设定一个可能世界，在该世界中，后件命题为真。比较(15)和(16)，我们初步认为，"慢慢叫"引导的条件小句一般描述听说双方或一方不希望发生的事件，而"如果、假使"没有这种要求。从这一点上看，"慢慢叫"条件句的主观性更强。(14a、b)的基本语义等值，即出现"小张迟到"，就会出现"女朋友生气"。但 a 句侧重客观描述两个事件之间的条件关系，而 b 句还表现出言者希望小张别迟到的主观态度。

"慢慢叫"还可以引导另一种类型的假设条件小句。先观察两个例子：

(17) 勿要再白相_玩嘞，**慢慢叫**爷老头子_{爸爸}(要)骂山门骂个_的。

(18) 我辫歇_{现在}要转去_{回去}了，**慢慢叫**末班车没了。

跟上面讨论的"慢慢叫"句相比，这类句子有三个特点：其一，

323

句子的前件是言语行为(不属于命题层面);其后件是一个命题,言者对这个命题的真实性持确认态度。

其二,这类句子实际上是一种省略形式,口语中的完整表达可以有两种:

(17′) 结果[勿要再白相玩嘞,]原因[条件(再白相玩,)结果(**慢慢叫**爷老头子爸爸要骂山门骂个的。)]

(18′) 结果[我辫歇现在要转去回去了,]原因[条件(**慢慢叫**末班车没了,)结果(乃末完结嘞。)]

如复句关系标注所示,这类句子实际上是条件-结果复句与原因-结果复句的套合句,原因-结果关系在外层,条件-结果关系在内层。因果关系的结果部分是这类句子的表义重点,置于句首,原因部分由一个条件-结果复句充当。仅着眼于条件-结果复句可以发现,"慢慢叫"小句在(17′)中是结果,在(18′)中是条件。也就是说,"慢慢叫"小句以一个不完整的复句形式充当原因-结果复句的原因,从内层条件-结果关系的小句(条件/结果)升级为外层原因-结果关系的小句。

其三,"慢慢叫"句描写的是言者认识中的消极事件。在言者看来,要避免消极事件发生,就必须采取"做/不做某事"的行为;如果不采取这样的行为,那么消极事件就会发生。这属于典型的条件关系。相应的普通话形式是"否则/要不……"。

1.3.3 引导相关条件小句

另外,"慢慢叫"还可以引导相关条件小句(relevance conditionals),如:

(19) **慢慢叫**侬嘴巴干,冰箱里有饮料。

相关条件句跟言语行为有关,在前件命题设定的可能世界中,后件命题从言语行为的角度看为真(后件命题语用推理为言语行为,即"你喝冰箱里的饮料")。

1.4 虚拟标记

语气范畴中,直陈(indicative)/虚拟(subjunctive)和现实(realis)/非现实(irrealis)是两对有同有异的概念(参看 Palmer 2001 的相关章节),本文不作严格意义上的区分。虚拟语气可分为对过去、现在、将来事件的虚拟。对过去/现在事件的虚拟一般假设已经发生/正在发生的情况不存在,如英语的 If I were you, I wouldn't do it。换言之,这类虚拟对既成事实或当下事实持一种否定的态度。同样,对将来事件的虚拟也会反映言者的主观倾向。比较 If John comes, Bill will leave 和 If John came, Bill would leave,前者条件句所述事件发生的可能性有多种,是开放性的,而后者表现出言者对事件的发生持否定态度。

在与"如果、假使"的比较中发现,用于假设条件小句的"慢慢叫"除了具有连接功能,还反映言者的主观性倾向——希望事件不发生(见 1.3.2)。因此,我们认为,这种情况下的"慢慢叫"可以被视为虚拟标记。

2 "慢慢叫"的语法化分析

2.1 从方式状语到时间状语

伴随"慢慢叫"从方式状语到时间状语的功能变化的句法表现有:(i)"慢慢叫"的位置变化,从所有状语成分中最靠近谓语动词的位置到远离谓语动词的位置;(ii)"慢慢叫"对所饰动词的选择,从强制要求修饰动态过程性动词扩展到几乎所有的动词;(iii)两个不同功能的"慢慢叫"在同一个句子里叠加出现。

语义上,"慢慢叫"从具体的"速度慢、时间长"变为相对抽象的"将来"。

语音上,从[mɛ²¹⁴⁻²¹ mɛ²¹⁴⁻⁴⁴ tɕiə]变为[mɛː²¹⁴ tɕiə],这种融合(fusion)现象是语音弱化的具体表现之一。

可见,在句法、语义和语音三个层面上,"慢慢叫"都体现出语法化的性质。其中,叠加现象由虚化链的多阶段并存造成,反映了不同的语法化等级(刘丹青 2001)。

意义是语言演变的动力。具体讲,词汇的意义是其语法化的基础之一。"慢慢叫"的功能转变具有明显的语义理据。我们认为,"将来"的时制概念来源于"时间长"(即"一段时长")的时量概念。"慢慢叫"充当方式状语的句子高频用于祈使和意愿,时量的增加在一维的时间流中意味着向未来延展,这由时间的不可逆性决定。普通话的"一会儿"也可以表示时量和时制两种概念(高艾军 1994):

(20) a. 她唱一会儿歌,跳一会儿舞。(时量)
  b. 一会儿她唱歌跳舞。(时制)

英语的"in+一段时间"在 He learnt to drive in three weeks(三星期后他学会了开车≈在三星期里,他学习开车,最后学会了)中表示时量,在 He will begin to learn Chinese in three weeks(三星期后他将开始学习汉语)里表示时制。有些语言的将来时标记来自移动概念(Ungerer & Schmid 2001:259),这也反映了单一方向的续段义向将来时概念发展的趋势。

2.2 从时间状语到小句连接成分

"慢慢叫"可以引导多种条件关系小句,这种连接功能与表示将来时的时间状语功能密切相关。从句法上说,时间状语比其他状语"优越"的是可以出现在句首,而且在多重状语连用时位置也最靠前,这就为它进一步演化为小句连接成分提供了句法位置上的可能性。从语义上说,"慢慢叫"引导的几种条件小句描写的都是未发生的事件,与将来时相通。语音上,"慢慢叫"仍保留了做时间状语时的读音。

具体地看,"慢慢叫"引导假设条件小句和相关条件小句是它引导时间-条件小句的功能扩展。在时间-条件关系句中,"慢慢叫"还保留了一定的时间意义,可以跟"个辰光"_{的时候}搭配使用,如"慢慢叫我生毛病个辰光,侬来照顾我",这恰似近代汉语的"若……时"(参看江蓝生 2002)。而典型的条件关系句突出事件之间的条件关系,不凸显时间关系,句中不能出现"个辰光"_{的时候}。可见,假设条件句和相关条件句中的"慢慢叫"意义更加虚化。

2.3 从时间状语到虚拟标记

虚拟标记"慢慢叫"只用于对将来事件的虚拟,不能表示对过去/现在事件的虚拟,这跟它来源于表示将来时的时间状语有关。将来时是非现实时,处理假设、可能、不确定的尚未出现的状态或事件(Givón 1984:285,转引自 Romaine 1995:396)。古汉语的"向"是表示过去时的时间词,语法化为引导假设条件小句的连接词后,可以假设、虚拟过去、现在的事件(史佩信 2007)。可见,语言的发展变化具有明显的相似性。

2.4 功能演化历程

综上分析,我们把"慢慢叫"从方式状语到时间状语,再到小句连接成分、虚拟标记的功能演化历程表示为下图。如图可见,"慢慢叫"表示将来时的时间状语功能是其得以进一步虚化的关节点。

(21)"慢慢叫"语法化历程：

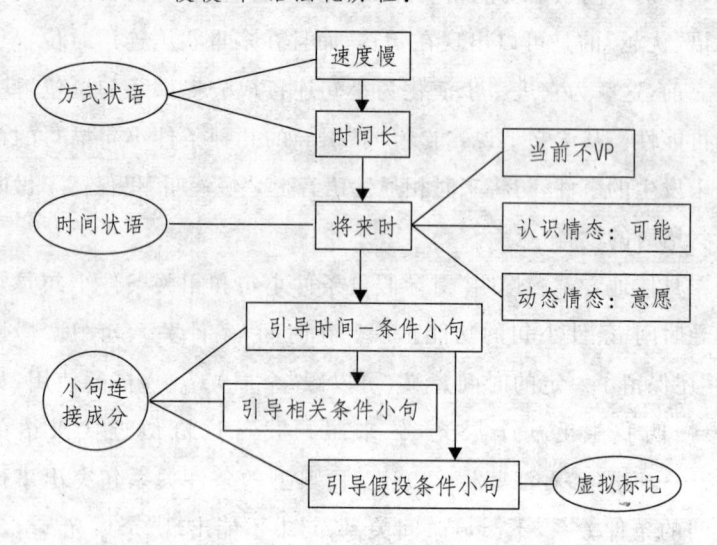

```
方式状语 ─┬─ 速度慢
         └─ 时间长 ─── 将来时 ─┬─ 当前不VP
                              ├─ 认识情态：可能
                              └─ 动态情态：意愿
时间状语 ──── 将来时
                  │
小句连 ─┬─ 引导时间-条件小句
接成分  ├─ 引导相关条件小句
        └─ 引导假设条件小句 ─── 虚拟标记
```

3 苏州话"晏歇"的功能及语法化

苏州话的"晏歇"（另有"晏、晏点、晏歇点"等）与上海话的时间状语"慢慢叫"功能、表义相同。《明清吴语词典》注"晏歇"表示"待会儿"。《海上花列传》中写作"晚歇"。我们穷尽考察了《海上花列传》中的"晚歇"用例，发现它也同样具有小句连接成分和虚拟标记的用法。下面选取若干例证略加说明。

(22)故歇吃勿落，**晚歇**吃。（第二十回）

(23)耐故歇就着仔，**晚歇**热末再脱末哉，阿好？（第十八回）

(24)"我先上去，**晚歇**俚再要请耐见见末，我教阿虎答应耐，耐看见俚，就叫仔声三老爷好哉，嫑说啥闲话，倘忙说

差仔拨俚笑话。"(第五十五回)

(25) 黄二姐道:"陆里拿得来嘎?原搭俚放好仔。**晚歇**弄坏仔末再要拨俚说哉。"(第七回)

(26) 黎篆鸿吸过一口,倒觉得不好意思的,便做意道:"耐嫋嫋来瞎巴结装水烟,**晚歇**四老太爷动仔气,吃起醋来,我老老头打勿过俚哦。"(第十五回)

(27) 余庆道:"耐嫋来浪搭个浆,**晚歇**弄出点事体来,大家无趣相!"(第五十六回)

例(22)"晚歇"实指时间,与"故歇"现在对举。例(23)—(24)"晚歇"与"故歇"、"先"对举,实指时间;同时,"晚歇"句与后一小句具有条件关系,"晚歇"句是条件小句。条件小句固有话题性,"晚歇"句末出现话题标记"末"。例(25)—(27)"晚歇"已经完全丧失了时间义,仅表示假设条件关系,条件小句后有话题标记"末"、"(起)来"(唐正大 2005)。其中,例(26)—(27)如果去掉"我老老头打勿过俚哦"、"大家无趣相","晚歇"句可以重新分析为"以免"目的小句,这也反映了"晚歇"作为目的小句连接成分的一个来源。

综上所述,苏州话的"晚歇"以时间词为起点,由时间状语发展出引导条件小句、目的小句和标记虚拟语气的功能,其语法化历程与上海话的"慢慢叫"如出一辙。

4 结语

"慢慢叫"从实词(表示"速度慢")发展为功能词(小句连接成分、虚拟标记),其中表示将来时概念是最重要的转折点。连接功能和语气功能都是在将来时意义的基础上发展出来的。苏州话的

"晏歇"从实义时间词最终发展为小句连接成分和虚拟标记,也是一个很好的说明。⑥

时间词发展为表示条件关系的连接成分,这在类型学上不乏平行证据。德语的 wenn、英语的 when 都可以表时间兼表条件关系(Comrie 1986:82);近代汉语时间词"时"、"後"、"向",陕北晋语时间词"时"也从时间语标记发展为假设条件句标记,并且同样经历了时间-条件句标记的中间阶段(太田辰夫 1987:326;江蓝生 2002;史佩信 2007;邢向东 2005 等)。Tok Pisin 语(一种洋泾浜英语)中,时间副词 by and by(译为 soon)演变为虚拟标记 bai,期间经历表示将来时的阶段;bai 也可以用于句首做小句连接词(Romaine 1995)。

附 注

① 被调查者为:吴长根,58 岁,上海市上钢一厂待退休职工,初中文化;强志萍,53 岁,上海市闸北区会铁居委会党支书,大专文化。

② 许宝华、陶寰(1997)指出上海话"AA 叫式"中的"叫"是词缀。王晓君(2007)认为后缀"叫"由动词"叫"语法化而来。

③ 史金生(2002)的分类以《动词用法辞典》(孟琮等编,上海辞书出版社,1987 年)所收动词为考察对象,包括 1328 个动词的 2117 个义项。其中,渐变义项 280 个,占 13.23%(笔者的计算结果,原文 13.27%)。我们对文中列出的 113 个渐变义动词(约占渐变义动词的 40.36%,占动词义的 5.34%)、10 个属性动词、10 个专职状态动词、10 个动作动词、9 个瞬间动词逐一测试。

④ 需要补充一点的是,某些瞬间动词在特定语境下可以被赋予动态过程性,也能受"逐渐"、"慢慢叫"等修饰,如"我知道我在渐渐死去"、"阿拉就辫能这样慢慢叫断了联系"。"死、断"虽然不能持续,但在瞬间实现之前可能经历一个动态过程,如"身体每况愈下,最终走向死亡"。史金生(2002)把一般认为的瞬间动词如"找到、想起"等看成过程性动词,其实也是着眼于动作实现之

前的续段,"找、想"是可持续动作。当然,也不是所有的瞬间动词都可以被赋予动态过程性,如"出嫁、毕业"等,这可能是因为这类动作很难让人产生动态过程的联想。

⑤ 上海话里也有"我骂伊,慢慢叫伊来"这样的说法,但不常用,而且后一小句以"慢慢叫伊来个辰光"的表达为常。

⑥ 普通话的"慢"表示"速度慢、时间长"(如"慢车"),也有"从缓"义(如"慢点儿告诉他,等两天再说")和"莫、不要"义(如"慢说")(《现代汉语词典》第5版),后两个用法其实就是"慢/慢点儿"做时间状语。但普通话的"慢"并没有像上海话的"慢慢叫"和苏州话的"晏歇"那样进一步发展出其他句法功能。

参考文献

高艾军 1994 "一会儿"在句子里的位置,《世界汉语教学》第2期。
江蓝生 2002 时间词"时"和"後"的语法化,《中国语文》第4期。
蒋 严、潘海华 2005[1998] 《形式语义学引论》,中国社会科学出版社。
刘丹青 2001 语法化中的更新、强化与叠加,《语言研究》第2期。
—— 2003 《语序类型学与介词理论》,商务印书馆。
陆丙甫 1987 语法研究的新视角及其方法论意义,《语文导报》第7期。
吕叔湘 1982[1944] 《中国文法要略》,商务印书馆。
史金生 2002 "逐渐"类副词与动词的类,《语法研究和探索》(十一),商务印书馆,121—134。
史佩信 2007 时间名词,还是假设连词——谈"向"的语法化过程,第四届汉语语法化问题国际学术讨论会(北京)宣读论文。
太田辰夫 1987 《中国语历史文法》,蒋绍愚、徐昌华译,北京大学出版社。
唐正大 2005 从独立动词到话题标记——"起来"语法化模式的理据性,载沈家煊、吴福祥、马贝加主编《语法化与语法研究》(二),商务印书馆,252—266。
王晓君 2007 汉语方言拟声词调查与研究,中国社会科学院研究生院博士学位论文。
邢向东 2005 陕北晋语沿河方言愿望类虚拟语气的表达手段,《语文研究》第2期。

许宝华、陶 寰 1997 《上海方言词典》,江苏教育出版社。

Bybee, J., R. Perkins & W. Pagliuca 1994 *The Evolution of Grammar: Tense, Aspect, and Modality in the Languages of the World*. Chicago and London: The University of Chicago Press.

Comrie, B. 1986 Conditionals: a typology. In E. C. Traugott et al. (eds.) *On Conditionals*. Cambridge: Cambridge University Press. 77-99.

Dik, Simon C. 1978 *Functional Grammar*. Amsterdam: North Holland.

Greenberg, J. H. 1966[1963] Some universals of grammar with particular reference to the order of meaningful elements. In Greenberg, J. H. (ed.) 1966[1963].

Lyons. 1968 *Introduction to Theoretical Linguistics*. Cambridge, England: Cambridge University.

Palmer, F. R. 2001 *Mood and Modality*. Cambridge University Press.

Romaine, S. 1995 The grammaticalization of irrealis in Tok Pisin. In J. Bybee & S. Fleischman (eds.) *Modality in Grammar and Discourse*. Amsterdam/Philadelphia: John Benjamins. 389-428.

Svorou, S. 1986 On the evolution paths of locative constructions. *Berkeley Linguistics Society*. Vol. 12, 515-527.

Tavangar, M. & M. Amouzadeh 2006 Deictic projection: an inquiry into the future-oriented past tense in Persian. *Studia Linguistica* 60-1, 97-120.

Ungerer, F. & H. J. Schmid 2001 *An Introduction to Cognitive Linguistics*. 外语教学与研究出版社。

跟语法化机制有关的三对概念

沈家煊

(中国社会科学院语言研究所)

"语法化"不仅指实词虚化,还指新的语法结构和语法范畴的产生和形成;不仅指历时纵面的语言演变,还指共时横面的语言变异。研究语法化的最终目的不是弄清一种语言里一个个词语的演变史,而是要找出演变或变异的"机制",研究者相信语法化是按照一定的原理和方式,不受时空的限制,自然而然、反反复复发生的。

1 类推和回推

"类推"是"类比推理"的简称,"回推"是"回溯推理"的简称。意义的引申是一个推理过程。说话人敢于率先用引申义来使用一个语词,是因为他相信听话人跟他一样有推导出引申义的能力。推理的种类很多,我们熟知的有归纳推理和演绎推理,然而跟意义引申或虚化关系密切的是类推和回推。

类推(analogy)

已知 x 与 y 的关系同常见的 a 与 b 的关系类似,则 x 可以根据这一类似关系推导出来,这就是类推。如,已知 $x:6 = 4:8$,则

$x=3$。可见类推的基础是一个 $a:b = x:y$ 的类比方阵。

语言学中"类推"通常用来指"使语法中的例外形式变得整齐规则的过程",既有共时的变异,又有历时的演变,例如英语:

儿语变异:mans、mens、mouses 代替 men、mice
方言变异:goed、seed、knowed 代替 went、saw、knew
历时演变:现代英语 helped 代替古英语 healp

过去讲语法化的机制,重视重新分析(reanalysis)而忽视类推,认为只有重新分析才产生新的结构,类推并不产生新的结构。其实问题不是这么简单,有的类推确实不产生新的结构,例如说近代汉语"V 了 O"是仿照"V 却 O"类推的结果:

a. VO 却　　b. V 却 O
x. VO 了　　y. V 了 O

"V 了 O"跟仿照对象"V 却 O"的结构是一样的,这种情形也可以看做"词项替代",即"了"替代了"却"。

但是,有的类推会产生新的结构,例如说古代汉语"一匹马"、"一辆车"格式是仿照"一车薪"、"一箪食"的格式类推而来的:

a. 薪一车　　b. 一车薪
x. 马一匹　　y. 一匹马

宽泛地讲"一匹马"和"一车薪"的结构是一样的,都是"数-量-名",但是如果我们把名量词细分为"计量词"和"计数词"两类,"车"属于计量词,"匹"属于计数词,那么不同的词类序列代表不同的结构式,类推得出的"一匹马"就是一个新的结构式。因此这种类推还是会产生新的结构。或者说,类推是否产生"新的结构"还取决于我们对什么是"新的结构"的定义。

回推(abduction)

演绎推理是根据大前提和小前提推导出结论,只要大前提和小前提为真,结论也一定为真。回溯推理是根据前提和事实推导出结论,推导出的结论是"很可能为真"。例如:

前提:如果某甲是罪犯,他会在现场留下足迹。
事实:现场留有某甲的足迹。
推论:某甲很可能就是罪犯。

作为语法化的一种机制,回推的前提大致有三种类型:(1)前提是一个逻辑定式,(2)前提是一个语用定式,(3)前提是一个认知定式。分别说明如下。

(1) 前提是一个逻辑定式。

这块石碑他拽不倒。

在现代汉语里"拽不倒"这样的动补结构表达"可能","拽不倒"是"不可能拽倒"的意思。它是从近代汉语里的连动式(或主谓式)"拽(而)不倒"演变而来的,原来只表示"没有拽倒"的意思。由"没有拽倒"到"不可能拽倒",这是一个虚化过程,概念上"可能发生"比"实际发生"要虚一些。问题是在这个演变中"可能"义是如何产生的?我们说这个"可能"义是通过回溯推理推导出来的,回推的前提是一个逻辑定式。这个逻辑定式是:

如果 X 不可能实现,那么 X 就没有实现。

回推的过程如下:

前提:如果石碑不可能拽倒,那么一定没有拽倒。
事实:说的是石碑"拽(而)不倒"(没有拽倒)。
推论:很可能表达的是石碑"不可能拽倒"。

由于"不可能拽倒"这个意义要比原来"没有拽倒"的意义虚灵,而意义的虚化会引起形式的简化,由长大变得短小,由松散变得紧凑,原来还可以在当中插入宾语,如"拽石碑不倒",现在就不能插入了,连动式于是被重新分析为动补式。

这种表可能的动补式在否定式"拽不倒"和肯定式"拽得倒"之间存在如下的不对称:否定式的使用频率大大高于肯定式,否定式的"语法化"程度高于肯定式,历史上否定式形成的时间早于肯定式。沈家煊(2005)指出,这是因为"如果 X 不可能实现,那么 X 没有实现"是一个逻辑定式,而"如果 X 可能实现,那么 X 已经实现"不是一个逻辑定式,所以人们一般不会从"已经实现"回推导出"可能实现"来。

(2) 前提是一个语用定式。

敏,昨天老师讲了啥,能把贵人笔记借我一阅!

此例摘自王得杏等人合撰的语言使用调查报告《言语行为的跨文化语用学研究》(北京语言文化大学,1999年)。说话人和"敏"是很熟的同学,所以戏称"贵人"。注意这句里"能"字的用法。"能"首先表示"能力",其次表示"可能",但是这句话既不是问对方有没有能力出借笔记,也不是在推断对方借给我笔记的可能性,而是在请求对方把笔记借给我。这个"能"不能重读,只能出现在句首,句末没有疑问助词"吗"相呼应。可以说,这个"能"已经在原来表"能力"的基础上虚化,它除了表示这句话是个请求的"言语行为"之外没有其他作用,它甚至可以用"请"字来替代。"能"由表"能力"虚化为一个请求标记,要经过一个回溯推理,这个回溯推理的前提是一个语用定式。用言语来表达一个"请求"的语用定式是:

如要请求对方做一件事,为了避免遭到拒绝这一不如意的结果,最好先问一问对方有没有能力做这件事,因为对方如果要拒绝的话,最好的理由是他没有能力做这件事。

例如,有人要你借钱给他,如果你不想借给他,最好的借口是你自己也不宽裕,没有能力借给他。在这一语用定式的支配下,说话人经常用询问对方有没有能力做一件事的方式来请求对方做这件事,并且相信听话人会作出如下的推导:

前提:如果要请求别人做一件事,先问一问对方有没有能力做这件事。

事实:说话人在问我有没有能力做这件事。

推论:他很可能是在请求我做这件事。

(3)前提是一个认知定式。

张三追累了李四了。

这句话有"张三使李四追结果李四累了"的意思,问题是"使李四追"这个使动义是如何产生的?须知动词"追"本身并没有"使追"的意思。我们知道黏合式的动结式"追累"是从近代汉语"张三追李四累"(或"张三打李四头破")这种隔开式的动结式演变而来的,但是这个隔开式的动结式只有"张三追李四结果李四累了"的意思,没有"使李四追"的意思。我们认为,"使李四追"这一使动义的产生是"追人"这个原因和"人累"这个结果二者深度整合的产物,也要经过一个回溯推理,其前提是一个跟"累"有关的追人事件的认知定式:

追的结果,追和被追的人都会累。

这是一个认知定式,就是人们一般这么认为,实际的追人事件不一定如此。回推的过程如下：

前提：如果(使)李四追，李四会累。
事实：李四累了。
推论：很可能(使)李四追来着。

从"李四累"可以回推出"李四追"来，由于"张三"是主语，因此是"张三使李四追"的。为什么"张三打哭了李四了"这句话不像"追累"句那样有"张三使李四打结果李四哭了"的意思呢？(除非有十分特殊的语境，如李四打的是他心爱的亲人)因为跟哭有关的打人事件的认知定式是：被打的人会哭，打的人自己不会哭。所以我们一般不会从"李四哭"回推出"(使)李四打"的意思来。

2 隐喻和转喻

隐喻和转喻都不仅仅是语言的修辞手段，而且也属于人类的一般认知方式，都是形成新概念的手段。

隐喻是用一个概念来表达另一个相似的概念，或者说，是从一个概念到另一个概念的"投射"。转喻是用一个概念来指称另一个相关的概念，或者说，是从一个概念到另一个概念的"过渡"。隐喻主要是一种表达手段，转喻主要是一种指代手段。隐喻的源概念要具体，转喻的源概念要显著。例如：

沉舟侧畔千帆过。

用"沉舟"和"千帆"来表示"旧事物"和"新事物"，这是隐喻；用"帆"来指称"船"，这是转喻。

有时候隐喻和转喻纠缠在一起，难以截然分开。同时利用隐喻和转喻两种认知手段的情形也很多,特别是情感词语。"用情感的生理效应指代情感本身"是转喻,如用"脸色通红,火气上升"来指代"发怒",而这样的转喻又会跟"愤怒是火"、"身体是感情的容器"这样的隐喻交织在一起,如"火上浇油""怒火中烧"。

由于投射是一种突变,而过渡是一种渐变,在讨论语法化机制的时候就遇到一个问题,意义的引申或虚化究竟是隐喻性的突变还是转喻性的渐变?对于这个问题,有人认为是隐喻起主要作用(例如 Sweetser 1990),有人认为是转喻起主要作用(例如 Bybee et al. 1994)。

我只是想说明,要回答一种语法化现象是隐喻还是转喻在起作用,这往往取决于我们观察的角度。

先看"许"字的虚化:

  a. 你不许回家。
  b. 他许是回家了。

a 句里的"许"表示"允许",b 句里的"许"表示"或许"。通常认为"或许"义是从"允许"义通过隐喻演化而来的,因为"允许"的概念结构和"或许"的概念结构具有相似性,都是"克服阻力":

允许:某人采取某种行动的阻力被克服。
或许:说话人作出某种结论的阻力被克服。

前者的克服阻力比较具体,后者的克服阻力比较抽象,所以用前者隐喻后者。从这个角度讲,表"或许"义的"许"是隐喻的产物。但是从另一个角度看,这个虚化过程也是转喻,"或许"义的"许"是转喻的产物,因为"作出结论"也是一种"行动",是广义的"行动"中的一种,从这个角度看,"作出结论"和"行动"是两个相关的概念。

再看"既"字的虚化。"既"字由表示时间的副词(相当于"已经")虚化为表示原因的连词(表示"既然"),通常用转喻来分析:

  a. 填然鼓之,兵刃既接,弃甲曳兵而走。(《孟子·梁惠王上》)(时间)

  b. 既来之,则安之。(《论语·季氏》)(时间/原因)

  c. 既能来至道场中,定是愿闻微妙法。(《敦煌变文集·三身押座文》)(原因)

a 句的"既"是表示时间的副词,c 句的"既"是表示原因的连词,介于其间的 b 句的"既"既可以理解为表示时间的副词,也可以理解为表示原因的连词。因为可以找到一个过渡的中间阶段,所以说这一虚化的机制是转喻,是用"先发生的事"来转指"后发生的事的原因"。但是从另一个角度看,这又是隐喻,因为"先发生的事"和"后发生的事"之间的关系类似于"原因"和"结果"之间的关系,而且前一种关系比后一种关系具体。

有人说,隐喻可以看成是一系列连续转喻的结果,如上面 a 到 b 的变化是转喻,b 到 c 的变化也是转喻,a 和 c 就成了隐喻关系。从历时的角度这样说当然不成问题,但是从言语即时(real-time)生成的角度我们不能排除隐喻的作用。

已经可以看出,隐喻跟类推有联系,因为隐喻本身就是 a:b = x:y 的类比,是基于概念上"关系"的类似,如"沉舟:千帆 = 旧事物:新事物","先发生的事:后发生的事 = 原因:结果"。有的看上去不是,其实也是,如"允许"和"或许"的相似是在概念结构"克服阻力"(表达一种关系)上相似。隐喻和类推的区别是:隐喻侧重类比而淡化"推导",而类推所依据的两个相似的关系概念不一定有隐喻那样的具体和抽象的区别。

转喻跟回推有联系。回推的前提是一个定式(逻辑定式、语用定式、认知定式),这个定式总是由两个相关的概念分别充当定式的前件和后件。例如,"如果不可能拽倒,那么一定没有拽倒"是一个逻辑定式,"不可能拽倒"和"没有拽倒"是两个相关的概念,有因果关系:因为不可能拽倒,所以没有拽倒。回推就是从后件(结果)反推前件(原因),从转指的角度讲,就是用结果来转指原因,用"没有拽倒"来转指"不可能拽倒"。用结果转指原因的情形十分普遍,例如:

甲:今天路上堵车了没有?

乙:我又迟到了呀。

显然乙的回答是在用"迟到"这个结果转指"堵车"这个原因。转喻和回推都涉及两个相关的概念,区别在于回推只是从结果反推原因,从原因推结果不叫回推,而转喻既可以用结果转指原因,也可以用原因转指结果,后者的例子有:

甲:你今天迟到了没有?

乙:路上又堵车了。

另外,转喻的源概念必须显著,回推没有这个限制。

3 糅合和截搭

上面讲动补结构"追累"是原因和结果两个概念整合的产物,我们还曾提出概念的整合有两种类型——糅合和截搭。"糅合"好比是将两根绳子各抽取一股重新拧成一根,而"截搭"好比是将两根绳子各截取一段重新结成一根。

从构词法看,"墙脚"和"炕头"是糅合构词,"的哥"和"遗老"是截搭构词。拿"墙脚"来说,"人体-人体底部(脚)"是一个概念,一根绳子,"墙体-墙的底部"是又一个概念,又一根绳子,表达概念"人体底部"已经有词项"脚"。为了产生一个简单形象的词项来表达"墙的底部"这个概念,抽取一根绳子的一股"墙"和另一根绳子的一股"脚",二者糅合而成"墙脚"一词。

  a. 人体 b. 人体底部(脚)

  x. 墙体 y. 墙的底部(一) ← xb 墙脚

"的哥"是截搭构词,"出租车"和"青年男子"分别代表两个概念两根绳子,各有词项"的士"和"哥哥"。为了产生一个简单生动的词项来表达"开的士的青年男子"这个概念,截取一根绳子的一段"的"和另一根绳子的一段"哥",二者截搭而成"的哥"一词。

  出租车(的士)＋青年男子(哥哥) → 的哥

糅合和截搭最主要的区别是参与整合的两个概念之间是"相似"还是"相关"。一个概念是 a-b,另一个概念是 x-y。如果 a 和 b 之间的关系对应于 x 和 y 之间的关系,形成一个 a:b = x:y 的方阵格局,a-b 和 x-y 二者是"相似"关系(不一定"相关"),那么这种整合就属于"糅合"。"人体-人体底部"和"墙体-墙的底部"二者之间就有这种相似性,所以"墙脚"是糅合构词。如果 a-b 和 x-y 二者在概念上有某种联系,或交叉或包容,形成的是一个 a-b～x-y 的线形链条,二者是"相关"关系(不一定"相似"),那么这种整合就属于"截搭"。"的士"和"哥哥"二者之间就有这种相关性,所以"的哥"是截搭构词。

再看造句法。"这个外科大夫又操起了屠刀"是糅合造句,"他被后面的司机按了一喇叭"是截搭造句。

  那个外科医生又操起了屠刀。

这句话是两个概念两根绳子糅合的结果。"屠夫操屠宰刀于猪羊"是一个概念,一根绳子,"外科医生施手术刀于病人"是另一个概念,另一根绳子,而且这两个概念表达相似的关系,都是"X施刀于Y"。两个概念糅合时各抽取一部分,一个抽取"外科医生",一个抽取"操屠宰刀"。

    他被后面的司机按了一喇叭。

这句话是两个概念两根绳子截搭的结果。"他被后面的司机警告了一下"是一个概念,一根绳子,"后面的司机按了一喇叭"是另一个概念,另一根绳子,而且这两个概念相关,"按喇叭"是"警告"的手段。两个概念截搭时各截取一部分,一个截取被动句的构架"他被后面的司机 V 了一下",一个截取动词短语"按了一喇叭"。

  已经可以看出,糅合跟隐喻有联系,两者都涉及一个 a:b = x:y 的类比方阵。"那个外科医生又操起了屠刀",从隐喻的角度看就是用"屠夫操屠宰刀于猪羊"来隐喻"外科医生施手术刀于病人"。糅合和类推的联系是:凡是类推都是通过糅合来实现的,类推的产物也就是糅合的产物。但是糅合的产物不都是类推的产物,例如新词"粉丝"的产生也是通过糅合,糅合的基础是一个已经完整的类比格局,但是不涉及推导(沈家煊 2006):

    形式   意义

 人 a. fans   b. 迷恋明星的人

 食物 x. 粉丝$_1$ y. 粉制丝状食物

     xb 粉丝$_2$

x 和 b 糅合得到新词"粉丝"(迷恋明星的人),这里没有缺项的推导。

  截搭跟转喻有联系,都涉及一个 a-b ~ x-y 的关联链条。"他被后面的司机按了一喇叭",从转喻的角度看,就是用警告的方式

"按喇叭"来转指警告。用动作的方式来转指动作,这在日常生活中很常见,例如用"操起一把菜刀"来转指"跟人搏斗":

甲:面对歹徒你当时怎么办了?

乙:我操起一把菜刀。

截搭和回推也有联系,回推是一种特定的截搭,即因果截搭,当我们从"李四累"这个结果回推"(使)李四追"这个原因时,实际就是把原因和结果整合起来,形成一个有"使追"义的黏合式动补结构。整合之前因是因,果是果,因果分明;整合之后因中有果,果中有因,二者互为因果。(沈家煊2007)

有的整合既有糅合又有截搭。例如"的嫂",是先通过截搭生成"的哥",再拿"的哥"和"嫂子"加以糅合:

a. 哥哥　　b. 的哥

x. 嫂子　　y. —　←　xb 的嫂

有的整合从一个角度看是糅合,从另一个角度看是截搭。例如,"电车"一词可以看成是两个概念——"水-水驱动的车"和"电-电驱动的车"——的糅合,这两个概念形成的是"a:b = x:y"的方阵格局。其中"水驱动的车"已经有词项"水车",为了用一个简单形象的词项来表达"电驱动的车",就将"电"和"水车"糅合成"电车"。然而从另一个角度看,"电驱动"和"车辆"这两个概念是相关概念,形成的是"a-b～x-y"的线形链条,因此"电车"也可以看成是截搭的产物。

同样,句子"王冕死了父亲"从一个角度看它是糅合的产物,参与糅合的两个概念一个是"王冕的某物丢了-王冕丢了某物",一个是"王冕的父亲死了-王冕死了父亲",这两个概念形成的是"a:b = x:y"的方阵格局,其中"王冕丢了某物"这个概念已经有句子形式,如"王冕丢了书包"。将"王冕的父亲死了"和"王冕丢了某物"糅合就得到新的句子"王冕死了父亲"。然而从另一个角度看,"王冕的父亲死了"是因,"王冕失去了某人"是果,两个概念形成的是"a-b ~ x-y"的线形链条,二者的整合是因果整合,属于截搭。有很多词语很可能是糅合和截搭协同作用的产物。

糅合和截搭同样可以用来说明语法化的机制。上面已经说明黏合式动补结构"追累"是因果截搭的产物。同样,我们可以说"拽不倒"是"不可能拽倒"这个因和"没有拽倒"这个果二者截搭的产物。就糅合而言,我们可以说"V了O"是"V却O"和"VO了"二者糅合的产物,"一匹马"是"一车薪"和"马一匹"糅合的产物。

4 小结

总之,"类推/回推"、"隐喻/转喻"、"糅合/截搭"三对概念有联系又有区别,类推和回推是从推理方式上讲的,隐喻和转喻是从表达方式上讲的,糅合和截搭是从操作方式上讲的。本文只是初步说明三者的联系和区别,没有厘清的问题还可以继续探讨。

前面说类推是通过糅合来实现的,糅合因此是一种更为基本的心理操作手段。从前面也可以看出,截搭往往是实现词汇化(指两个串联成分凝固成一个词)的基本操作手段,如动结式复合词"追累"的形成。词汇化跟语法化有重叠,连动短语"拽(而)不倒"变为表可能的动结式"拽不倒"既是词汇化也是语法化。要深入探究语法化和词汇化的机制,就不能不从微观层面上进一步分析糅合和截搭这样的心理操作方式,看它们要满足什么样的条件,要受哪些制约。

参考文献

沈家煊 2005 也谈能性述补结构"V得C"和"V不C"的不对称,载沈家煊、吴福祥、马贝加主编《语法化与语法研究》(二),商务印书馆,185—207。

——— 2006a "王冕死了父亲"的生成方式——兼说汉语糅合造句,《中国语文》第4期,291—300。

——— 2006b "糅合"和"截搭",《世界汉语教学》第4期,5—12。

——— 2007a "粉丝"和"海龟",《东方语言学》第2期,1—10。

——— 2007b "追累"和因果整合,第四届现代汉语语法国际研讨会(西宁,2007年8月)论文。

Bybee, Joan, R. Perkins & W. Pagliuca 1994 *The Evolution of Grammar — Tense, Aspect, and Modality in the Languages of the World*. Chicago: The University of Chicago Press.

Fauconnier, Gilles & Mark Turner 2003 *The Way We Think: Conceptual Blending and the Mind's Hidden Complexities*. New York: Basic Books.

Sweetser, Eve 1990 *From Etymology to Pragmatics: Metaphorical and Cultural Aspects of Semantic Structure*. Cambridge: Cambridge University Press.

汉语作格动词的历史演变与动结式的语法化[*]

宋亚云

(北京大学中文系/
北京大学汉语语言学研究中心)

0 作格研究概况

0.1 三大语言学派对作格的研究

0.1.1 在类型学派的研究框架中,作格(ergative)主要指的是一种形态标记,用来标记及物小句(transitive clause)中的施事(agent),而及物小句中的受事(patient)和不及物小句(intransitive clause)中的唯一论元则通常持通格形式(absolutive),这就是所谓的通格-作格型语法系统,它与以拉丁语为代表的主格-受格型语法系统形成鲜明对比。后者用主格(nominative)来标记及物小句的施事和不及物小句的唯一论元,而用宾格(accusative)来标记及物小句的受事。这方面的研究有 Dixon(1979,1994)、Comrie(1978,1979,1981a,1981b)、Croft(2001)等。

---

[*] 本文研究工作得到2006年度教育部人文社会科学青年项目"汉语作格动词研究"(编号:06JC740006)和2007年度国家社科基金青年项目"两汉动结式研究"(编号:07CYY019)的资助,特此致谢!

0.1.2 形式学派的研究框架之中,作格性(ergativity)被用来指某些不及物动词的句法语义属性,这方面的研究以 Perlmutter(1978)的"非宾格假说"(unaccusative hypothesis)和 Burzio(1986)的"Burzio原则"(Burzio's generalization)最为著名,他们的大致观点是:通常所说的不及物动词还可以再分为两类:非宾格动词(unaccusative verbs)和非作格动词(unergative verbs)。前者所带的唯一论元是域内论元(internal argument),如 appear、happen、occur、arise,等等;后者所带的唯一论元是域外论元(external argument),如 cough、work、play、smile,等等。Levin & Rappaport(1989,1995)给出了鉴别英语中非作格动词和非宾格动词的四种诊断式。

0.1.3 Halliday(1967,1994[1985])在及物性分析的基础上提出了作格分析,认为这两种分析体现了两种不同的世界观。及物分析法认为世界中的过程(process)是一种自身的动作或者延及他物的动作,必不可少的要素是要有一个动作者(actor);作格分析法认为世界中的过程是一种自生的或是由外力激发而产生的,但必不可少的要素是中介(medium)。Dik(1978)认为作格-通格系统可能是由主格-宾格系统发展而来。Davidse(1992)认为在小句分析中至少存在两种分析模式:及物性模式和作格模式。Lemmens(1998)进一步提出了原型的及物和原型的作格。影山太郎(2001)明确区分了非宾格动词和作格动词,并用语义结构基本图式对日语和英语的作格动词进行了分析和比较,在此基础上指出英语是使然型语言,日语是自然型语言;英语重视静态结果,日语重视动态过程。

0.2 汉语作格动词研究述要

0.2.1 现代汉语作格动词或作格现象的研究

吕叔湘(1987)针对"胜"和"败"语法表现的迥然不同,指出它们是两个类型的动词,但吕叔湘认为汉语没有形态或类似形态的手段,因此很难把汉语推向作格语言的一边。黄正德(1990)认为汉语的及物动词可以分为两类:受格动词(如"打胜、写、洗、吃"等)和作格动词(如"打败、开、关、沉、动、摇、气死、吓昏、笑死、渴死、醉倒、喝醉、看瞎、吃坏"等)。不及物动词也可以分为两类:(一)普通不及物动词(只有域外论元):笑、哭、跳、了解、交谈、讨论、高兴、悲伤。(二)表示存在、出现、消失或处所的存现动词(只有域内论元):有、来、发生、死、在、逃走、住、躺。它们也是作格动词。顾阳(1996)认同 Levin & Pappaport(1995)的观点,认为作格动词的使役形是基本的,非宾格形是派生的,从使役动词到非宾格动词这中间经历了一个非使役化(decausativization)过程。作者对汉语中存在的非宾格动词和使役动词交替的现象(如:火灭了～她灭了火;乙队打败了～甲队打败了乙队)也进行了研究,并区分了几种不同的使因。徐杰(1999)和杨素英(1999)都介绍了 Perlmutter(1978)的"非宾格动词假说",并对汉语的相关现象进行了探讨。汤廷池(2002a)指出含有后缀"-化"的派生动词,基本上都能充当使动及物与起动不及物用法,因而在动词的"次类范畴"(subcategorization)上属于作格动词(Ve)。汤廷池(2002b)指出:"汉语里有些动词,可以不改变语音形态,而表示使动及物与起动不及物两种用法。这种动词叫做'作格动词'。"文章列举了汉语的八类述补式复合动词。此外,阚哲华(2000)、张水云(2002)、夏晓蓉(2001)、剑歌(2000)、戴曼纯(2001)、萧九根、田赟宗(2006)等针对英语中的作格动词、使役结构、中动结构以及韩礼德及物分析和作格分析的关系等问题进行了研究;张华(2001)、谢应光(2002)、蔡金亭(2000)、陈万霞(2002)、汪立荣(2002)等人的文章结合英语教学和习得及教材编写等问题，强调了作格动词的重要性；何元建(2002)、陈昌来(2003)、张林(2001)等文章或结合轻动词理论对作格动词进行研究，或对汉语是否存在非宾格动词提出质疑，或对具体某个动词(比如"打")的作格性进行分析。

0.2.2 上古汉语作格动词研究

Cikoski(1978a:128)认为几乎所有的古汉语动词都可以分为"中性动词"(如"辟")和"作格动词"(如"免")。这两类词是根据其词汇特征而加以区别的，正是这些特征允许作格动词参与某些转换，而中性动词则受到限制，或者正好相反。Cikoski(1978b:135)总结"中性动词"的特点是：无论宾语出现与否，它的主语总是施事，当宾语出现时，宾语是动作的受事或范围；"作格动词"的特点是：当宾语缺省时，它的主语是施事；当宾语出现时，主语就是肇始者或允许者，宾语是施事。何莫邪(Harbsmeier 1980:138—139)对Cikoski(1978a,b)的分类提出了质疑，认为中性和作格之分恐怕不是严格对立而是倾向的问题。薛凤生(Hsueh 1997[1994])认为这两类之间的区别并不容易确定，同时在历史上，有的词在这两类中游移不定，彼此转换。易福成(1999)将《孙子兵法》中的谓词分为四类：及物谓词、不及物谓词、直接谓词、作格谓词，文章全面描写了其中53个作格谓词的各种句法分布。大西克也(2004)受Cikoski的启发，对另一类作格动词(即有"施受同辞"或"反宾为主"用法的动词)进行了较为深入的研究，他选择了40个经常出现在"X+V+Y"(及物句型)中的动词，然后检查它们用在不带宾语的"NP1+V"句型时，其主语(NP1)是施事(X)还是受事(Y)有没有一定的倾向。大西克也认为中性动词(有"攻"、"系"、"征"等21个词)不带宾语时一般用于施事主语句，用于受事主语句是例外；作格动词(有"斩"、"诛"、"伐"、"用"等19个词)不带宾语时一般用于受事主语句,用于施事主语句则是例外,例外的条件大多数均可以找到,这些条件就构成了上古汉语主语施受关系中立化的种种原因。魏培泉(2000)一文多次提到作格动词,窥其文意,他所说的作格动词就是上古汉语中的使动词,这些动词既有及物的使动用法,也有不及物用法,中古时期,这些动词常常充当使成结构"(NP1)+V1V2+NP2"中的V2。魏培泉(2001)在论及"弗"和"勿"同动词的搭配时,涉及了作格动词。魏培泉(2001)说:"先秦汉语有一类动词,既是不及物动词,又可以后接名词性宾语而构成使动或意动。以下为了方便陈述,我们把这类可以有使动或意动用法的不及物动词通称作'作格动词'(ergative),当这类动词用作使动和意动时则称为使成动词。"作者列举了100多个和"弗"和"勿"搭配的作格动词。宋亚云(2005)对上古汉语中的作格动词进行了全面的研究,将反宾为主句、动词活用句和作格动词句进行了比较和辨析,提出了确定作格动词的四条标准,并描写了20个作格动词的历史演变,指出作格动词的这种共同演变趋势同汉语动结式的形成有着深刻的内在联系。孙志阳(2006)对《左传》中的使动用法进行了穷尽性的研究,文中也讨论了上古汉语中的作格动词。

1 上古汉语作格动词的鉴别及其类型

1.1 上古汉语具有"NP1+V+NP2~NP2+V"同义转换式的三类动词

1.1.1 "斩"类动词

魏绛**斩**其仆。(《国语·晋语七》)

昔者龙逢斩,比干剖,苌弘胣,子胥靡。(《庄子·胠箧》)

王因诛夷射而杀之。(《韩非子·内储说下》)

是以门人捐水而夷射诛,济阳自矫而二人罪。(《韩非子·内储说下》)

以上成对出现的句子中,前者是及物小句,后者是不及物小句,句中动词都是及物动词,这类动词我们合称"斩"类动词。这些句对有一个共同特点,即都具有 NP1+V+NP2～NP2+V 转换关系而保持 NP2 与 V 的深层语义关系不变(即无论 NP2 在 V 之前还是之后,都是"动作-受事"或"动作-当事"的关系)。在传统研究中,有"龙逢斩,比干剖"之类用法的动词就是所谓的"受动字"(马建忠 1898),或称"施受同辞"(杨树达 1991),或称"意念被动句",或称"反宾为主"(黎锦熙 1986:44;谢质彬 1996:72)。这类动词还有很多,如:弑、削、殂、戮、烹、劓、禽、获、围、逐、执、嬖、封、辱、幸、爱、胜、效、替、用、听,等等。大西克也(2004)把这些动词称为作格动词,并认为它们不带宾语时一般用于受事主语句,用于施事主语句则是例外,例外的条件大多数均可以找到。宋亚云(2007a)不同意大西克也的看法,他全面调查了"围、诛、殂、弑、劓、剖、烹、斩"等 8 个"斩"类动词在先秦 10 部文献、《史记》和《论衡》中的 2413 个用例,发现它们用于反宾为主句(也就是大西克也所说的受事主语句)共有 152 次,只占总次数的 6.3%。这意味着,它们用于受事主语句是少数,用于施事主语句是常例。宋亚云(2007)指出这些反宾为主句主要包括四类:(1)排比对偶句;(2)"VP 者+V"类律令条文句;(3)依赖上下文显示施受关系的句子;(4)受事主语由低生命度名词性成分充当的句子。此类句子中,动词的被动用法主要是一种语用现象,不必为这种用法的动词设立被动义项,反宾为主是由于受事成分话题化所导致。鉴于此,我们不把这些具有临时反宾为主用法的动词看成作格动词。

1.1.2 "死"类动词

吾父**死**而益富。(《左传·襄公二十一年》)

死吾父而专于国,有死而已,吾蔑从之矣。(《左传·襄公二十一年》)

卜战,**龟焦**。(《左传·哀公二年》)

逮至尧之时,十日并出,**焦禾稼**,杀草木,而民无所食。(《淮南子·本经训》)

以上两组例子中,"死"和"焦"是比较典型的不及物动词,但是它们可以通过使动用法而带宾语,及物性增加,由一价动词变为二价动词。此类动词还有:行、逸、虚、深、厚、美、老、疲、劳、罢、勤、陨、落、匿、东、生、坏、游、干、孰(熟)、饥,等等。它们都能同时用于自动句和使动句,形成"NP1+V+NP2~NP2+V"这样的句对,与作格动词的句法表现类似。此类动词我们合称为"死"类动词,按照魏培泉(2000,2001)的观点,它们也是作格动词。我们认为这些动词的使动用法还处于词类活用阶段,其使动用法也是一种临时的语用现象,其致使义尚未凝固到动词的词义结构中去,其自动用法是大量的,使动用法是暂时的、极少量的。宋亚云(2005)统计了8个"死"类动词在先秦10部文献中[①]用作谓词和用作使动的次数,列表如下:

	死	干	熟	坏	逸	饥	焦	落	合计	百分比
使动用法次数	2	5	1	0	6	2	3	3	23	2.9%
用作谓词总次数	446	19	89	7	48	137	16	24	786	

以上8个词用作谓词786次,用作使动只有23次,不到3%,

这个比例符合人们对活用的理解:频率比较低。而且这种活用后来逐渐消失了,不是一种能产的途径。不像"破"、"败"等词带宾语频率非常之高。以前说"破、败、灭"等词带宾语是使动用法,说"死、落、焦"等词带宾语也是使动用法,这样就看不出二者的区别。我们认为,前者是作格动词的使动用法,不是活用;后者是不及物动词(包括部分形容词)的使动用法,属于真正的活用。"活用说"不能完全取消,但是要限定范围。鉴于此,我们也不把这些动词看成是作格动词。

1.1.3 "破"类动词

蔡、召陵之事,**荆军破**。(《韩非子•有度》)

秦与荆人战,**大破荆**,袭郢,取洞庭、五湖、江南。(《韩非子•初见秦》)

邓人逐之,背巴师,而夹攻之。**邓师大败**。鄾人宵溃。(《左传•桓公九年》)

晋郤缺救郑。郑伯**败楚师**于柳棼。(《左传•宣公九年》)

以上两组例子中,"破"和"败"究竟是及物动词还是不及物动词,学界长期存在分歧意见。李佐丰(1983)将"破、败"等动词看做自动词,而蒋绍愚(2000)从动词的语义、动词带宾语的频率,以及判断外动词的四项语法功能标准等多个角度综合考虑,认为"破"、"灭"、"伤"、"败"、"坏"、"解"、"折"等词所带的宾语是受事宾语,它们是外动词,不是内动词。这跟李佐丰(1983)所持的观点无疑是相反的。我们认为,蒋绍愚(2000)所论证的"破"、"灭"、"伤"、"败"、"坏"、"解"、"折"等词,不仅跟"斩、诛"之类难以分开,跟"死、焦"之类也难以分开,这类动词处于及物和不及物之间,它们是真正的作格动词。

那么,究竟如何鉴别上古汉语中的作格动词呢?下一节我们初步提出几条标准,据此将"斩"类、"死"类和"破"类分别开来:"斩"类动词及物用法是主要的、经常性的,反宾为主用法是次要的、临时的;"死"类动词的不及物用法是主要的、经常性的,使动用法是次要的、临时的;"破"类动词介于两类之间,其及物用法和不及物用法都很常见,它们归入及物动词或者不及物动词都有困难,应该独立出来。根据其来源的不同,"破"类动词还可以细分为三类:"破"类、"出"类和"正"类。这三类的演变大势大致相同,但及物性衰退的步伐不尽一致。

1.2 上古汉语作格动词的鉴别标准

国外和港台的一些学者,如 Cikoski(1978)、大西克也(2004)、易福成(1999)和魏培泉(2000,2001)等人的作格研究虽然走在了前面,但是他们的研究都没能将反宾为主、使动用法、词类活用这些问题放在一起讨论,确定作格动词比较随意,作格动词成了使动词或受动字的代名词。在魏培泉(2000,2001)的文章中,作格动词基本上就是使动词,在大西克也(2004)的文章中,作格动词基本上就是有反宾为主用法的受动字,他们的共性就是都有 NP1+V+NP2 和 NP2+V 的转换式。本文认为,不是所有具备这种转换式的动词都是作格动词,除了具备这个必备条件之外,确认作格动词还应该从以下几方面入手:

(1)作格动词用于 NP1+V+NP2 句式时,动词具有致使义但不是临时活用,致使义内含于动词,通过带宾句式体现出来。区分不及物动词临时活用和作格动词的使动用法主要考虑四方面的标准:a. 频率标准,b. 词义引申脉络,c. 故训材料的解释,d. 各种工具书的处理意见。一般说来,临时活用频率低,没有引申出固定的新义位,相关故训少,工具书一般不立相关致使性义项。和临时活用相比,作格动词的使动用法不仅频率要高,而且从相关故训材料中,可以判断通过使动用法已经引申出新的义位,正因为新义位固定下来,各种工具书才相应地设立致使性义项。当然,不及物动词临时活用和作格动词的使动用法是一个连续的过程,不是泾渭分明,中间有过渡阶段。

(2)作格动词用于 NP2+V 句式时,动词不是临时的意念被动用法,而是陈述主语的状态或动作完成以后的结果状态。区分临时的反宾为主用法和作格动词的非宾格用法,也应该结合频率标准、词义引申脉络、故训材料以及各种工具书的处理意见综合判定。一般说来,临时的反宾为主用法频率低,没有引申出固定的新义位,相关故训少,工具书一般不立相关自动义项。而作格动词的非宾格用法(用于 NP2+V 句式)则不仅频率要高一些,而且经过这种用法形成了新的自动性义位,各种工具书大多将 NP1+V+NP2 句式和 NP2+V 句式中的 V 分为两个义项,如"破"类动词。不过,由反宾为主用法到作格动词的非宾格用法,也是一个连续不断的动态过程,有的已经完成,有的则还是一种临时的用法,如"邯郸围"、"比干剖"之类的句子,"围"和"剖"没有发展出稳定的自动用法。

根据以上四条标准,我们初步鉴别出 100 个左右的作格动词。下面挑选其中的 50 个,根据其来源的不同,再细分为三类分别论述。

1.3　上古汉语作格动词的三种类型

1.3.1　"破"类作格动词:由及物动词的反宾为主用法发展而来

"破"类作格动词有:灭、绝、裂、残、覆、却、折、断、反、毁、穿、顿、拔、伤、成、免、破、败，等等。此类作格动词（以下称为"V破"），我们认为本是及物动词，通过反宾为主的用法，后来逐渐发展出稳定的自动用法，具备"使动～自动"的交替模式，成为比较典型的作格动词。宋亚云（2005）详细论证了这些词在上古本是及物动词，不及物用法是后来发展出来的，而不是相反。上古时期，当V破带宾语时，词义结构中包含致使义和结果义；当V破不带宾语时，由于"NP＋V"是汉语中比较典型的"话题——陈述"型的小句模式，因此"NP＋V破"经常表示动作已经实现并有了结果，这种句子不是描写一个过程，而在于突出NP的结果状态，"V破"主要是用来对NP加以陈述，词义结构中没有致使义，及物性受到抑制。我们认为，经常的"反宾为主"用法往往会使一个词的意义发生改变，比如"折"、"断"、"破"、"见"、"解"、"治"、"伐"、"闻"、"穿"等等，都经由此途径或者分化出新词，或者分化出另一个新的不及物义位，这个义位动作性微弱，结果义比较突出，主要是陈述这个动作完成以后所实现的结果，或者描述当事主语所呈现出来的状态。当然，不是所有的"反宾为主"用法都会产生新词或新义，有的词虽然有这种用法，但并未形成新义，其"反宾为主"用法后来消失了，比如"围、剖、斩、烹"等词。

1.3.2 "出"类作格动词：由不及物动词的使动用法发展而来

"出"类作格动词也能用于"NP1＋V＋NP2～NP2＋V"句对，如：

王**出**，复语。（《左传·昭公十二年》）

季氏**出**其君，而民服焉。（《左传·昭公三十二年》）

晋师**乃止**。（《左传·成公十六年》）

晋人**止**公。（《左传·成公十年》）

此类动词还有：归、退、去、坏、敝、兴、起、动、定、存、亡、丧、立、废、降、服、竭、尽、沉，等等。此类动词（以下称为"V$_{出}$"），我们认为本是不及物动词，通过临时的使动用法，后来逐渐发展出稳定的及物用法，具备"使动～自动"的交替模式，成为比较典型的作格动词。宋亚云（2005）详细论证了这些词在上古本是不及物动词，及物用法是后来发展出来的，而不是相反。这些词不能简单地处理为自动词，因为它们带宾语的用法不在少数，它们拥有一个及物性义项。鉴于它们在上古时期的及物用法和不及物用法都很常见，我们不能将它们定为及物动词或不及物动词，而应该独立出来，视为作格动词。虽然不再把"出"类作格动词视为不及物动词，但我们认为它们原本是不及物动词，通过临时的使动用法逐渐发展为作格动词。

1.3.3 "正"类作格动词：由形容词的使动用法发展而来

"正"类作格动词也能用于"NP1＋V＋NP2～NP2＋V"句对，如：

民生厚而德正，用利而事节，时顺而物成。(《左传·成公十六年》)

正德、利用、厚生，谓之三事。(《左传·文公七年》)

城小而固。(《左传·襄公十年》)

亦聊以固吾圉也。(《左传·隐公十一年》)

此类动词还有：平、明、安、完、全、苦、齐、乱，等等。此类动词（以下称为 V$_{正}$），我们认为本是形容词（有的由名词发展而来，如"固"、"全"、"苦"等），通过临时的使动用法，后来逐渐发展出稳定的及物用法，具备"使动～自动"的交替模式，成为比较典型的作格动词。它们一开始用于使动可能是活用，蒋绍愚（1989：89）指出:"某些词经常用于使动,逐渐形成一种固定的词义。"V$_{正}$类既有不及物义位,也有及物义位,前者自动不带宾语,后者使动带宾语,形成作格动词的交替模式。

2 作格动词的历史演变

2.1 统计说明

"破"类词的他动用法(学界一般称为"使动用法")从汉代开始逐渐减少,这是不争的事实。但是这类词在各个时期的他动用法究竟占多大的比例,学界只有一些断代的研究,缺乏贯通式的研究。蒋绍愚(1999)调查了《史记》和《论衡》中"破、败"等16个动词充当"V1+V2(A)"中的V2、单用带宾语或者不带宾语的情况,论证了"从总体上来说,动结式是在南北朝时期产生的"这一结论。但是对于魏晋南北朝时期的几部文献,蒋绍愚(1999)没有给出详细的统计数据,先秦时期的数据也付之阙如。虽然李佐丰(1983,1994)有一些统计,但是由于这些统计全凭手工,没有利用电脑,难免存在一些误差,而且其统计的标准及操作的程序,也并没有交代,因而无法复核。此外,李平(1984)统计《世说新语》的使动用法只有20例27次,而梁银峰(2002:75)则统计了28个动词的使动用法就有121例。李平的数据在学界被广为征引,如刘丽川(1984:34)、陈丽(2001[1994]:147)、吴福祥(1999:329)、赵长才(2000:45)、石毓智、李讷(2001:87)、洪波(2003:335)等学者都曾引用过"20例27次"这一数据。这个数据给人的感觉是使动用法在六朝时期已经大大衰退了,由此可以用来论证动结式在《世说新语》中已经产生了。二位统计结果相差悬殊,不是统计过程有问题，而是所选择的使动词不同，李平所选择的多是使动用法衰退速度比较快的词，如"出、正、上、下、退、食"等，而梁银峰选择的则还包括了使动用法衰退速度相对较慢的词，比如"破、坏、折、断、绝、毁、定、却"等，这些词，李平一概不收，统计对象的不同导致了统计结果的不同。

如果我们只是将不同学者对不同时期文献中使动用法的统计数据机械地排列在一起，虽然能连成一条使动用法历时演变的线索，但是由于各人的统计标准和目标各不相同，这条线索的可信度就要大打折扣。我们认为，应该针对同一批动词采用相同的统计标准，针对不同时期的目标文献进行详细的统计，这样获得的数据才是基本可信的。下面我们作如下几点说明：

（1）挑选比较典型的 10 个"破"类作格动词（破、败、灭、断、绝、折、裂、残、毁、坏），5 个"出"类作格动词（出、怒、退、起、活）和 5 个"正"类作格动词（正、平、固、明、乱）作为统计对象。

（2）本文所谓的"他动用法"包括四种情况：a. 单用带宾语，如"大破荆"；b. 省略宾语，如"弗欲破"、"破为牺尊"、"象不能绝"；c. 被动句，如"为汉所破"、"见破于秦"；d. "可 V"、"易 V"等形式，如"楚可败也"、"其国易破"。b、c、d 三种情况虽然都是不带宾语，但动词仍然是他动用法。

（3）动词单独带宾语或者不带宾语的用例，与动词连用的情况分开统计，以观察"V1V2"式的历史发展。如"闻陈王战败"（《史记·陈涉世家》）和"与秦击败楚于重丘"（《史记·田敬仲完世家》）中的"败"，我们分别归入"连用作下字不带宾"和"连用作下字带宾"这两栏计算，不再归入自动用法和使动用法，这样做是为了考察作格动词做连动式的后项动词的情况，进而可以考察动结式的形成过程。又如:"擘破饭块"(《齐民要术》)中的"破"是他动还是自动?按照传统的观点,"擘破"是动结式,"破"是自动词;《史记》中的"击破"是并列式,"破"是他动词。这样看来,不同时代的"破"应该归入不同的类。我们的做法则是将"V 破"和"破 V"都独立出来,这样可以观察"破"用于连动式不断增多的发展趋势,也可以避免产生关于"V 破"的"破"究竟是他动还是自动的争论。

（4）先秦时期,调查 10 部文献(《左传》《国语》《论语》《墨子》[②]《孟子》《庄子》《荀子》《韩非子》《战国策》《吕氏春秋》);《史记》分为"上"和"下",分开的理由及具体篇目,详见宋亚云(2005);东汉时期,调查《论衡》和 29 部佛经,后者据许理和(1977)的认定,并据《大正新修大藏经》;魏晋南北朝时期,调查《世说新语》(简称《世》)、《齐民要术》(简称《齐》)、《杂宝藏经》(简称《杂》)、《贤愚经》(简称《贤》)、《百喻经》(简称《百》)。

2.2 "破"类作格动词的历史演变

2.2.1 "破"类作格动词从先秦至魏晋南北朝时期他动用法占总数之百分比

作格动词	先秦 10 部文献		《史记》"上"		《史记》"下"		《论衡》、东汉 29 部佛经		《世》、《齐》、《杂》、《贤》、《百》	
	他动/总数	百分比	他动/总数	百分比	他动/总数	百分比	他动/总数	百分比	他动/总数	百分比
破	133/190	70.0	154/191	80.6	223/365	61.1	39/96	40.6	68/200	34.0
败	265/659	40.2	157/301	52.2	31/149	20.8	20/128	15.6	10/67	14.9

续表

作格动词	先秦10部文献 他动/总数	百分比	《史记》"上" 他动/总数	百分比	《史记》"下" 他动/总数	百分比	《论衡》、东汉29部佛经 他动/总数	百分比	《世》、《齐》、《杂》、《贤》、《百》 他动/总数	百分比
灭	201/316	63.6	218/246	88.6	57/99	57.6	91/468	19.4	36/162	22.2
断	116/198	58.6	21/34	61.8	8/14	57.1	272/466	58.4	60/142	42.3
绝	190/310	61.3	93/148	62.8	69/133	51.9	37/190	19.5	11/127	8.7
折	52/117	44.4	13/29	44.8	8/24	33.3	25/76	32.9	16/60	26.7
裂	28/43	65.1	14/16	87.5	5/9	55.6	6/11	54.5	6/36	16.7
残	40/89	44.9	6/14	42.9	2/16	12.5	1/14	7.1	2/50	4.0
毁	74/182	40.7	9/38[③]	23.7	2/28	7.1	24/116	20.7	17/74	23.0
坏	21/67	31.3	1/16	6.3	5/16	31.3	89/234	38.0	23/110	20.9
合计	1115/2171	51.4	686/1033	66.4	410/853	48.1	604/1799	33.6	249/1028	24.2

通过上表的数据,我们可以得到如下结论或启示:

(1)从先秦至《史记》"下",至东汉,再至魏晋南北朝,这10个作格动词他动用法与总次数之百分比依次下降,即:51.4%——48.1%——33.6%——24.2%。而《史记》"上"不降反升,与《史记》"下"相差较大,更接近先秦的比例,这说明《史记》"上"不能代表西汉时期的语言特点,的确应该与《史记》"下"分开统计,否则这一演变趋势将会看不出来。如果将《史记》视为一个整体,则这个比例会是(686+410)/(1033+853),即58.1%,反而高于先秦的51.4%,这样的话,我们不得不得出一个结论:从先秦到西汉,"破"类动词的他动用法仍然在增加。这无疑是跟事实正好相反的。

(2)"破"类动词的他动用法减少的速度比较缓慢,而且他动用法不会消失。学界目前有一种比较流行的说法,认为"破"类动词经历了一个自动词化的过程,如太田辰夫(1958)认为:"确定使成复合动词的产生时期虽有这样一种困难,但无论如何,这种形式多数是在唐代产生的,在那时,可以认为两用动词已经逐步固定为自动用法,因此,可以认为使成复合动词至迟是在唐代产生的。"按照这个说法,"破"类动词到唐代将只有自动用法,使动用法消失。这个论断是不准确的。宋亚云(2008)结合六朝至唐宋时期的8部文献,对"破、断、坏、灭"等4个动词的使动用法和用于动结式的情况进行了统计,发现这4个动词的使动用法一直没有消失,而是维持一个相当的比例。下面把这4个动词在唐代文献《敦煌变文》和《祖堂集》中的数据列举如下:

	破 他动/总数	破 百分比	断 他动/总数	断 百分比	坏 他动/总数	坏 百分比	灭 他动/总数	灭 百分比	合计 他动/总数	合计 百分比
《敦煌变文》	32/90	35.6	40/177	22.6	4/27	14.8	40/153	26.1	116/447	26.0
《祖堂集》	11/65	16.9	35/126	27.8	3/33	9.1	3/132	2.3	52/356	14.6
合计	43/155	27.7	75/303	24.8	7/60	11.7	43/285	15.1	168/803	20.9

由上表可知,"破、断、坏、灭"等4个作格动词的使动用法所占比例在唐代维持在20%左右,稍低于魏晋南北朝时期的比例(24.2%),远没有达到完全自动词化的程度。结合宋亚云(2008)的统计数据可以算出,这4个动词的使动用法所占比例在宋代仍然维持在13%左右,可见,它们的使动用法一直没有消失。那么,能不能说动结式到宋代还没有产生呢?显然不能。

(3)作格动词虽然不及物用法逐渐增多,但要完全"自动词化"则是很难实现的;具体到每个动词,其及物性下降的步伐不是完全一致的,有的早,有的晚。上述10个作格动词及物性下降的速度从快到慢依次是:残>绝>败>裂>坏>灭>毁>折>破>断,也就是说,"残"及物性衰退最快,"断"最慢。因此,我们不可能将一大批作格动词完全自动词化的时间固定在某一个具体的时间,比如魏晋南北朝。何况,绝大部分作格动词都没有完全自动词化,只是及物性有不同程度的降低。

综上,我们可以说,动结式的产生不必等到"破"类作格动词的他动用法消失、完全变为自动词之后才产生,合理的说法是:他动用法开始衰减之时,动结式便开始产生,二者可以共存,两汉至魏晋南北朝时期就是大量共存的关键时期。以往类似"使动用法不亡则动结式不兴"的说法需要修正。这是我们通过大量的统计数据得出的结论,是否站得住还需进一步检验。

2.2.2 "破"类作格动词从先秦至魏晋南北朝时期与其他动词连用次数占总数之百分比

很大一部分动结式脱胎于连动式"V1V2",这是学界目前的共识。但是,对于连动式"V1V2"的历史发展,目前还缺乏比较详细而准确的统计数据。本文结合自先秦至魏晋南北朝时期的46

部文献,对10个"破"类动词用于"V1V2"式的用例进行了全面统计,列为下表:

作格动词	先秦10部文献 连用/总数	百分比	《史记》"上" 连用/总数	百分比	《史记》"下" 连用/总数	百分比	《论衡》、东汉29部佛经 连用/总数	百分比	《世》、《齐》、《杂》、《贤》、《百》 连用/总数	百分比
破	14/190	7.4	19/191	9.9	75/365	20.5	36/96	37.5	84/200	42.0
败	36/659	5.5	40/301	13.3	45/149	30.2	69/128	53.9	22/67	32.8
灭	48/316	15.2	16/246	6.5	30/99	30.3	48/468	10.3	56/162	34.6
断	17/198	8.6	6/34	17.6	3/14	21.4	53/466	11.4	48/142	33.8
绝	21/310	6.8	6/148	4.1	15/133	11.3	49/190	25.8	38/127	29.9
折	11/117	9.4	3/29	10.3	5/24	20.8	37/76	48.7	22/60	36.7
裂	10/43	23.3	1/16	6.3	3/9	33.3	5/11	45.5	18/36	50.0
残	15/89	16.9	3/14	21.4	10/16	62.5	6/14	42.9	22/50	44.0
毁	6/182	3.3	5/38	13.2	0/28	0	15/116	12.9	22/74	29.7
坏	4/67	6.0	4/16	25.0	4/16	25.0	82/234	35.0	56/110	50.9
合计	182/2171	8.4	103/1033	10.0	190/853	22.3	400/1799	22.2	388/1028	37.7

通过上表的数据,我们可以得到如下结论或启示:

(1) 10个作格动词用于"V1V2"式次数与总数之百分比在《史记》"上"和"下"中迥然不同,分别是10%和22.3%,前者更为接近先秦时期的比例(8.4%),这再一次说明《史记》应该一分为二,只有《史记》"下"才能代表西汉时期的语言特色。

(2) 从先秦,至《史记》"下",至东汉,再至魏晋南北朝,10个作格动词用于"V1V2"式次数与总数之百分比依次是:10%——22.3%——22.2%——37.7%,大致呈上升趋势,西汉和东汉时期大致持平,但是魏晋南北朝时期,这个比例一下提高到38%左右。这正好印证了志村良治(1995:218)的说法:"并列连用的动词随着时代的发展而增加,它是作为汉语内部复杂谓语的一种表现而逐渐发展起来的。特别是到了六朝时期,复合连用动词跟其他的复音节词一起明显增加,而且表现出极活跃的功能和使用多样化的倾向。"

从以上表格,我们还看不出作格动词用于"V1V2"式中,究竟是充当V1多见,还是充当V2多见。为了获得答案,我们选择了《汉书》中的4个作格动词(败、灭、绝、破),对其用于"V1V2"式的数据进行了统计,得到下表:

	充当 V1 共有 119 次		充当 V2 共有 301 次	
败	败走18;败亡8;败散4;败乱3;败坏2;败却;败伤;败杀	38	攻败2;追败;战败;摧败;射败;诛败;潜败;成败15;坏败13;伤败2;陷败2;乱败2;困败2;倾败;破败;毁败;祸败10;笞败2;腐败	60

续表

	充当V1共有119次		充当V2共有301次	
灭	灭亡15;灭绝5;灭除;灭息;灭去;灭夷	24	诛灭29;夷灭20;禽灭4;族灭4;伐灭3;击灭3;荡灭2;吞灭2;摩灭2;扫灭;燔灭;焚灭;殄灭15;残灭7;破灭5;绝灭3;消灭3;销灭2;亡灭;烟灭	109
绝	绝去3;绝灭3;绝亡2;绝息2;绝却;绝焚	12	隔绝9;隔绝4;诛绝4;烧绝3;击绝2;防绝2;妨绝;斥绝;斫绝;阻绝;杜绝;攻绝;畔绝;决绝;剿绝;距绝;抑绝;乏绝6;灭绝5;废绝3;分绝2;遏绝2;散绝;竭绝;穷绝;困绝;塞绝;断绝;夭绝3;圻绝;峻绝;沟绝	65
破	破杀8;破逐;破得;破虏;破坏7;破灭5;破碎4;破走;破亡3;破伤2;破散2;破平2;破殄2;破折;破败;破弱;破绝	45	击破40;击破杀2;攻破10;椎破3;袭破3;进破2;斫破;诛破;屠破;距破;围破;伐破;贫破	67

由上表可知:

(1)作格动词"败、灭、绝、破"用于"V1V2"式中,充当V1共119次,充当V2共301次,二者共420次,分别占总数的28.3%和71.7%,后者是前者的2.5倍多。由此可见,作格动词的确是做下字多于做上字。为什么多做下字?因为作格动词包含结果义,表示结果义的词位于V2的位置的机会要比表示动作义的词多,这符合临摹原则,即先有动作,后有结果状态。

(2)作格动词"败、灭、绝、破"充当V1时,搭配的V2只有25个不同的动词;充当V2时,搭配的V1则有71个不同的动词。这说明作格动词充当V2时,搭配能力更强;换言之,作格动词更习惯于充当V2,这一功能特点使得V2位置聚集了大量的作格动词,这种扎堆现象使得作格动词的结果状态义更为巩固和突出,自然地,[V1V2O]也就更有可能演变为动结式[VCO]。不过,并不是所有的[V1V2O]都演变为了动结式[VCO],只有当V1是动作性比较强的动词、V2是作格动词时,[V1V2O]才能顺理成章地演变为动结式[VCO]。

2.3 "出"和"正"类作格动词的历史演变

"出"类作格动词由不及物动词的使动用法演变而来,初期是活用,后来致使义凝固到词义结构中,形成一个比较稳定的致使性义位。不过,这类作格动词的使动用法远远少于不及物用法,及物性没有"破"类作格动词强,因为后者是由及物动词的反宾为主用法发展而来,其及物性衰退的速度比较慢,而"出"类作格动词的及物性衰退速度较快,恢复其自动词本来面貌的速度也很快。"正"类作格动词由形容词的使动用法演变而来,初期是活用,后来致使义凝固到词义结构中,形成一个比较稳定的致使性义位。我们挑选"出、怒、退、起、活"等5个"出"类作格动词和"正、平、固、明、乱"等5个"正"类作格动词,大量调查其在不同时期专书中的及物性表现,再通过列表来描述其及物性衰退的过程,并揭示它们用于动结式的发展过程。

由于以上10个动词都是高频动词,我们只统计了《左传》、《史记》"上"、《史记》"下"、《论衡》、《世说新语》、《齐民要术》等文献中这10个动词的所有用例,并借此描写出它们的及物性衰变过程。请看下表:

"出"类和"正"类10个作格动词的使动用法与总数①之百分比

动词	《左传》使动/总数	百分比	《史记》"上"使动/总数	百分比	《史记》"下"使动/总数	百分比	《论衡》使动/总数	百分比	《世》、《齐》使动/总数	百分比
出	72/439	16.4	104/450	23.1	67/486	13.8	53/518	10.2	38/345	11.0
怒	14/151	9.3	4/236	1.7	0/186	0	4/210	1.9	0/19	0
退	7/130	5.1	7/54	13	1/20	5	3/53	5.7	3/30	10
起	10/18	55.6	28/89	31.5	25/209	12	6/192	3.1	3/102	2.9
活	25/41	61	2/2	100	8/11	72.7	6/14	42.9	1/13	7.7
正	23/38	60.5	11/51	21.6	8/39	20.5	16/131	12.2	4/111	3.6
平	26/87	30	31/93	33.7	12/76	15.8	5/170	3	3/65	4.6
固	15/93	16	7/129	5.4	2/109	1.8	0/60	0	1/20	5
明	14/125	11.2	40/259	15.4	16/131	12.2	110/423	26	0/154	0
乱	17/245	6.9	19/248	7.7	14/104	13.5	14/175	8	6/37	16.2
合计	223/1367	16.3	253/1611	15.7	153/1371	11.2	217/1946	11.2	59/896	6.6

"出"类和"正"类共10个作格动词,从《左传》到《史记》"上"、《史记》"下"、《论衡》、《世说新语》和《齐民要术》,它们的使动用法占总数百分比依次是:16.3%、15.7%、11.2%、11.2%、6.6%。"破"类10个作格动词,从先秦10部文献,到《史记》"上"、《史记》"下"、《论衡》和东汉29部佛经,到魏晋南北朝5部文献,它们的使动用法占总数百分比依次是:51.4%、66.4%、48.1%、33.6%、24.2%。由这两组数据可知,各个不同时期,"破"类作格动词使动用法所占百分比大约都是"出"类和"正"类作格动词使动用法所占百分比的3~4倍。以魏晋南北朝时期为例,"破"类是24.2%,"出"类和"正"类是6.6%,前者约是后者的4倍。这说明,在这个时期,二者使动用法的使用频度是大不相同的,"出"类和"正"类作格动词及物性下降的速度较快,"破"类较慢。因此,我们要指出,说"破"类动词在魏晋南北朝时期丧失使动用法的说法是不准确的。

2.4 小结

由以上数据及讨论可知,作格动词的及物性越强,越难演变为自动词;及物性越弱,恢复其自动词的面貌就越容易。据此推论,"斩、围、诛、剖、烹"等词虽然有不带宾语的反宾为主用法,但是由于其及物性超强,因而变为自动词或者发展出自动用法的难度就更大,此其一;其二,"斩"类动词搭配的宾语比较单一,不如"破、败"等作格动词搭配的宾语广泛,词义演变的可能性就更多,由反宾为主的途径发展出自动用法成功的可能性就大,因而"破"类后来演变出自动词项,而"斩"类的反宾为主用法大部分都消失了,也就是说没有成功地发展出自动词项。尽管"斩"类没有成功,但是,这一规律还在起作用,比如"砸"和"毁",在现代汉语中还在朝自动词的方向发展(他动用法仍然大量存在)。再比如"打",可以说"杯子打了",没有被动的味道,而是表示"杯子"的状态,这个"打"的意思接近于"碎",这也是由反宾为主的用法发展出自动用法的具体例证。

2.5 作格动词的其他演变特点

作格动词的演变特点,除了上面所说的使动用法减少、用于"V1V2"式增多两个特点之外,还有三个特点:1.自动用法增多,2.用于兼语式和新兼语式增多,3.做定语增多。限于篇幅,对自动用法增多这一特点,我们没有给出详细的统计数据。不过,使动用法的减少自然就意味着自动用法的增多,这一点无须多言。下面,我们就作格动词从汉代开始发生的一些新的变化或者就其先秦少有、汉代增多的一些用法进行讨论,以全面揭示作格动词的特点及其历史演变脉络,在此基础上,再来讨论作格动词的历史演变与动结式形成的内在联系。

2.5.1 兼语式"俾/使/令(+NP)+作格动词"增多

由使令类动词"俾/使/令"充当V1的兼语式在先秦就已经较为常见,不少作格动词在先秦就可以用于兼语式的V2,这样的V2绝大部分不能再带宾语,无疑是地道的自动词。到汉代乃至六朝,由作格动词充当V2的兼语式更为常见。下面分先秦和汉代列举搜集到的例证,为节省篇幅,只列出"(不/勿/无/莫/可/难/能/欲)+俾/使/令(+NP)+作格动词"部分和出处,每个动词只举1例。

(1) **先秦**:使昭公不立(《左传·昭公十一年》);勿使反(《战国策·赵策》);使天下乱(《荀子·富国》);使人之心伤(《荀子·乐论》);使弟子安焉(《吕氏春秋·诬徒》);使天下惑(《庄子·骈拇》);可使治(《墨子·非命中》);使君盛怒(《国语·鲁语上》);使我败(《左传·襄公四年》);使齐交不绝(《战国策·

楚策》）；使民心变（《庄子·天运》）；使人之意也消（《庄子·田子方》）；使人化（《庄子·则阳》）；使吾甲兵钝弊（《国语·吴语》）；可使毋起者（《墨子·兼爱》）；使鼓不鸣（《韩非子·说林下》）；无俾城坏（《诗经·大雅·板》）；使人无陷（《荀子·大略》）；使名丧（《吕氏春秋·正名》）；能使轻（《韩非子·喻老》）；无使疏（《吕氏春秋·辩土》）；使己废（《战国策·楚策》）；使己贱（《战国策·楚策》）；使太子先（《庄子·说剑》）；使之恐惧（《韩非子·八奸》）；使国家危削（《韩非子·孤愤》）；使良事沮（《韩非子·说疑》）；使之全（《荀子·天论》）；使赵王悟（《战国策·赵策》）；使目不明（《庄子·天地》）；无使君劳（《诗经·卫风·硕人》）。

(2) 汉代：使申破（《论衡·偶会》）；使头破首碎（《论衡·儒增》）；使天柱折（《论衡·谈天》）；使天道断绝（《太平经·六罪十治诀》）；使其牛口伤（《春秋繁露·顺命》）；能使水却（《论衡·书虚》）；令我心开（《佛说摩邓女经》卷1）；使河洛书出（《太平经·三合相通诀》）；食不令尽（《杂宝藏经》卷4）；使汝心颠倒（《杂宝藏经》卷8）；莫使动摇（《佛说大安般守意经》卷1）；使醉失礼（《说苑·复恩》）；不能令动（《杂宝藏经》卷7）。

以上汉代的例句中，涉及"破、碎、断、伤、折、开、却、出、尽、倒、动、醉"等12个动词，再加上"坏"一共13个动词，它们在汉魏六朝时期还偶见于学界所谓的"新兼语式"，下面2.5.2节会列举这13个动词用于新兼语式的例子。除了这13个动词之外，还有一批动词在汉代也常用于兼语式，如：

欲使灭乎（《中本起经》卷1）；使卫乱（《史记·卫康叔世家》）；使鬼神去（《道行般若经》卷7）；使太平绝（《论衡·宣汉》）；使夫人怒（《列女传·鲁季敬姜》）；无使帝王愁苦（《太平

经·分别贫富法》);使天下平(同上);使天地长安(《太平经·阳尊阴卑诀》);使吾国亡(《论衡·解除》);必使王重矣(《史记·苏秦列传》);使民乐(《新书·俗激》);嗜欲使行亏(《说苑·敬慎》);使官府治(《说苑·政理》);不使孔子王(《论衡·问孔》);使善日兴(《太平经·三合相通诀》);能使之起耳(《史记·扁鹊仓公列传》);安能令日反(《论衡·感虚》);能使之长乎(《论衡·问孔》);使乱败(《太平经·分别四治法》);使彗消(《论衡·变虚》);不能使止(《论衡·非韩》);赦解扬使归(《史记·越王勾践世家》);能并使下(《太平经·真道九首得失文诀》);得其下道者,不能使其上(同上);毋使其首陷(《论衡·祭意》);使鼓鸣(《淮南子·说山训》);使人之心劳(《淮南子·精神训》);不能使福必来(《淮南子·诠言训》);弱不能使强(《淮南子·泰族训》);巧言使信废(《说苑·谈丛》);令呼宋使降(《说苑·奉使》);使霜降(《论衡·变动》);使夫当生者活(《说苑·辨物》);使人死灭(《太平经·分解本末法》);欲使我心摇(《道行般若经》卷6);使门闭(《中本起经》卷1)。

以上例证中,涉及的V2有"乱、亡、归、重、起、消、反、长、王、止、去、怒、降、绝、治、陷、劳、来、鸣、强、亏、废、活、乐、苦、兴、灭、平、败、下、上、安、摇、闭"等30多个,加上前面列举的"破、碎、断、伤、折、开、却、出、尽、倒、动、醉、坏"等13个动词,共约50个动词,它们在汉代几乎都有相应的使动或及物表达形式,如"破NP、碎NP、断NP、伤NP"等等。这样看来,这些作格动词在汉代既有用于兼语式的自动用法,也有带宾语的使动用法或及物用法,那么,它们在汉代究竟是及物动词还是不及物动词呢?我们认为,它们是介于及物和不及物之间的作格动词,有的及物用法或使动用法多于自动用法,有的正好相反。另一个相关问题是:"V1+V2(作格动词)"(如:椎破、掘断、殴伤、椎碎、打折、凿开、击却、掘出、落尽、吹倒、摇动、饮醉、破坏)中的 V2(作格动词)究竟是及物动词还是不及物动词?不少学者正是根据上面提到的使动或及物表达形式,就认为它们还是动词并列连用,还不是动结式。但是,我们前面提到,当这些动词用于兼语式的 V2 时,它们是地道的不及物用法,为什么不根据这些不及物用法来证明"V1+V2(作格动词)"式中的 V2 是不及物动词,进而证明"V1+V2(作格动词)"是动结式,而偏偏要根据它们的使动用法来证明这些 V2 是及物动词,进而证明"V1+V2(作格动词)"是连动式或并列式呢?

2.5.2 新兼语式"V1+NP+作格动词"增多

从下面的例子我们可以看到,所谓的新兼语式实际上是兼语式的扩展,第一动词由"俾/使/令"扩展到"打、穿、斫、噬、扼、拨、吹、破、磨、割、饮、除、伐、抱、啄、刺、䍃、脱、拔"等动词。"俾/使/令"等动词就是所谓的"轻动词",它们充当 V1,并不能明确告知动作的方式或手段,而只是起到凸显动作结果的作用。而扩展以后,V1 就可以明确指明动作的方式或手段。梁银峰(2001)举了很多先秦的例子,实际上很多都不是新兼语式而是连动式。只有下面的例子才算典型的例证:

穿其断,令其大圜寸,以复(覆)之。(《马王堆汉墓帛书·五十二病方》)

犬筮(噬)人伤者。(《马王堆汉墓帛书·五十二病方》)

汉代以后的例子[5]如(每个动词只举 1 例):

寻伤左臂,复打头破。(晋·竺佛念译《出曜经》卷 4,T04,p631)

寻拔利剑,**斫右手断**,次斫左手。(《出曜经》卷23,T04,p731)

调达寻舒手使把,**扼腕骨碎**。(《出曜经》卷25,T04,p744)

今当**打汝前两齿折**。(元魏·慧觉等译《贤愚经》卷11,T04,p429)

拨火开,痛逼火,回转急灸。(《齐民要术·灸法》)

当**打一切诸烦恼却**。(隋·阇那崛多译《佛本行集经》卷11,T03,p704)

我憎汝状,故**破船坏**耳。(《幽明录》)

魏其侯去,**麾灌夫出**。(《史记·魏其武安侯列传》)

割股肉尽,故轻于鸽。(《贤愚经》卷1,T04,p352)

是时色界净居诸天即便化作大威猛风,**吹彼树倒**。(《佛本行集经》卷13,T03,p711)

彼林有一白骨尸骸忽然起来,**抱我项住**。(《佛本行集经》卷60,T03,p928)

风来**吹叶动**(《玉台新咏》卷5)

有二火山当前向身入腹**穿脊过**。(《出曜经》卷5,T04,p636)

即便以觜**啄雌鸽杀**。(《百喻经》卷4,T04,p557)

比丘挽索,**绢其手得**,系著床脚。(《撰集百缘经》卷3,T04,p216)

并**拔此白象牙取**。(元魏·吉迦夜共昙曜译《杂宝藏经》卷2,T04,p454)

在新兼语式"V1+NP+作格动词"中,动作的方式和结果都得以表达。有的学者认为它们是隔开式的动结式,如周迟明(1958)、王力(1958)、祝敏彻(1963)、李平(1987)、蒋绍愚(1999,

375

2003)、赵长才(2000)等。有的学者认为这种新兼语式不是隔开式的动结式,而是连动式或递系式,如吴福祥(1999)、梁银峰(2006)、曹广顺(2006:91)等等。认为"V1＋NP＋作格动词"是隔开式动结式的学者正是根据这一点来证明相应的"V1＋作格动词＋NP"是动结式。如蒋绍愚(2003)认为,魏晋南北朝时期既有"V1＋V2＋N"(打破头),又有"V1＋N＋V2"(打头破)(这是汉代没有、魏晋南北朝时期新出现的),这两种格式是相应的,两种格式中的"V2"(破)词性应该相同。既然"V1＋N＋V2"(打头破)中的"V2"(破)只能是不及物动词,那就证明了"V1＋V2＋N"(打破头)中的"V2"(破)也是不及物动词。既然"V2"(破)可以判定是不及物动词,那么"V1＋V2＋N"(打破头)无疑就是动结式,而不是连动式。但是,为什么两种格式中的"V2"(破)词性应该相同?如果的确如此的话,"使头破首碎"(《论衡》)和"椎破之"(《论衡》)及"椎碎之"(《汉书》)、"使天柱折"(《论衡》)和"击折树木"(《论衡》)、"俾城坏"(《诗经》)和"破坏诸营"(《三国志》)这三对句子中的 V2(破、碎、折、坏)词性也应该相同,既然"使头破首碎"、"使天柱折"、"俾城坏"中的 V2(破、碎、折、坏)是不及物动词,那么,"椎破之"及"椎碎之"、"击折树木"、"破坏诸营"中的 V2(破、碎、折、坏)也是不及物动词,进言之,这些"V1＋V2＋N"无疑也是动结式。因此,根据这样的论证方法,动结式至少应该提前到东汉时期。请看下表:

词	A. 兼语式(先秦—汉)[①]	B. 新兼语式(先秦—隋)	C. 动结式(汉—隋)	D. 使动用法(六朝)
破	使头破首碎(《论衡》)	打头破(《出曜经》)	椎破之(《论衡》)	复破甕(《百喻经》)

续表

词	A. 兼语式（先秦—汉）	B. 新兼语式（先秦—隋）	C. 动结式（汉—隋）	D. 使动用法（六朝）
断	使道断绝（《太平经》）	穿其断（《马王堆帛书》）	击断子路之缨（《史记》）	断其梢（《齐民要术》）
伤	使天地道伤（《太平经》）	箴人伤（《马王堆帛书》）	毁伤其薪木（《孟子》）	误伤指（《世说新语》）
碎	使头破首碎（《论衡》）	扼腕骨碎（《出曜经》）	椎碎之（《汉书》）	碎之（《齐民要术》）
折	使天柱折（《论衡》）	打汝前两齿折（《贤愚经》）	打折其脚（《贤愚经》）	折其脚（《贤愚经》）
开	使得开通（《太平经》）	拨火开（《齐民要术》）	凿开（贾谊《新书》）	开后阁（《世说新语》）
却	使水却（《论衡》）	打一切诸烦恼却（《佛本》）	击却吴楚（《史记》、《汉书》）	水却蛟龙（《抱朴子》）
出	使河洛书出（《太平经》）	麾灌夫出（《史记》）	掘出尸（《汉书》）	自得出之（《百喻经》）
尽	食不令尽（《杂宝藏经》）	割股肉尽（《贤愚经》）	食尽（《论衡》）	尽神力（《杂宝藏经》）
动	使动摇（《大安般守意经》）	风来吹叶动（《玉台新咏》）	摇动屋瓦（《三国志》）	将皆动心（《三国志》）
醉	使醉（《说苑》）	饮酒醉（《韩非子》）	饮醉（《史记》）	醉二十人（《齐民要术》）
坏	俾城坏（《诗经》）	破船坏（《幽明录》）	破坏诸营（《三国志》）	坏酢味（《齐民要术》）

以上我们列举了12个作格动词的4种用法：A.用于兼语式；B.用于新兼语式；C.用于动结式；D.用于使动用法。目前，学界在研究动结式时有一些论证方法，我们认为值得商榷。比如，用汉代

377

D(使动用法)的存在来证明汉代 C(动结式)没有产生,或者用六朝 B(新兼语式)的存在证明六朝 C(动结式)已经产生。我们的问题是:为什么不用汉代 A(兼语式)的存在来证明汉代 C(动结式)已经产生?为什么要用六朝 D(使动用法)的存在来证明六朝 C(动结式)没有产生?通过上表可知,直到六朝时期,常见作格动词仍然具有 A、B、C、D 4 种用法,它们可以共存。即便到了唐代,部分作格动词仍然同时具有这 4 种用法;即便到了宋代,部分作格动词仍然同时具有 A、C、D 这 3 种用法;即便到了现代汉语时期,部分作格动词仍然同时具有 A、C、D 这 3 种用法。

我们认为,使动用法的存在不能用来证明动结式没有产生,它们可以共存,这个共存时期从汉代开始,一直持续至今。只不过西汉时期使动用法多见,动结式相对来说少一些;东汉至隋唐,动结式渐多,使动用法渐少;近代汉语时期,动结式大盛,使动用法更少,但并没有消失。

2.5.3 作格动词做定语增多

(1) **先秦**:"破"类和"出"类作格动词做定语在先秦有一些用例,但并不多见,尤其是"破、败、灭、毁、绝、折、断、伤、坏、残、裂"等动词,很少做修饰性定语。找到的例子有:

燕昭王收**破燕**后即位,卑身厚币,以招贤者。(《战国策·燕策》)

是却有术之士,而任**坏屋折弓**也。(《韩非子·外储说左上》)

齐王怒曰:"若**残**竖子之类,恶能给若金?"(《吕氏春秋·权勋》)

嗜肉者,非腐鼠之谓也;嗜酒者,非**败酒**之谓也。(《吕氏春秋·贵生》)

卑梁人操其**伤子**以让吴人,吴人应之不恭,怒杀而去之。

(《吕氏春秋·察微》)

兴**灭国**,继绝世,举逸民,天下之民归心焉。(《论语·尧曰》)

因佯失而毁之,负其百金,而理其**毁瑕**,得千溢焉。(《韩非子·说林下》)

但是"治"和"乱"在先秦大量做定语,因为它们早在先秦就已经由动词转变为形容词了,形容词的主要功能就是做定语。"正"类作格动词由形容词演变而来,做定语是较为常见的。如:

故**至治之国**,有赏罚而无喜怒。(《韩非子·用人》)

不轨不物,谓之**乱政**。**乱政**亟行,所以败也。(《左传·隐公五年》)

"乱"做定语在上古是大量的,先秦 10 部文献中有:乱人、乱兵、乱政、乱门、乱制、乱心、乱臣、乱邦、乱世、乱物、乱相、乱国,等等。东汉以后,"乱"多用来修饰一些具体名词和表示自然物的名词,"乱"的意思除了"混乱的、败坏的"之外,还有"杂乱的、散乱的"的意思,如:乱丝、乱迹、乱草、乱须、乱米、乱群、乱发、乱毛,等等。

作格动词做定语比较少见,表明其修饰性弱,动作性强。当它们后接 NP 时,最容易被理解为述宾式,而不是偏正式。但是汉代尤其是东汉以后,"作格动词+NP"就有两种理解的可能,具体取哪一种理解,依上下文而定。

(2)汉代:胡敕瑞(2005)调查了"破"、"坏"、"碎"、"折"4 个词语在《史记》、《淮南子》及其后的语料中做饰语(即做定语)的情况,发现它们在西汉文献中基本不做饰语,而在东汉以后的文献中大量做饰语,这说明从东汉开始这类词的"动作"语义特征逐渐消失而"性状"语义特征纷纷凸显。文章指出"破"类词从东汉开始发生的这一变化不但是动结式产生的直接原因,也是动结式产生的明

379

显标志。文章最后说:"通过对'破'类词做饰语的考察,我们相信动结式在东汉业已产生,魏晋南北朝得到发展。"下面补充一些例子(胡敕瑞举过的例子不再列出):

兕虎在于后,随侯之珠在于前,弗及摄者,先避患而后就利。(《淮南子·说林训》)高诱注:"……出游于野,见大蛇断在地。随侯令医以续傅。**断蛇**得愈,去后,衔大珠报之。"

蓬户瓮牖,揉桑为枢。(《淮南子·原道训》)高诱注:"编蓬为户,以**破瓮**蔽牖,揉桑条以为户枢。"

左捉**破器**,右持**折杖**。(《贤愚经》卷9,T04,p410)

及鲁恭王坏孔子宅,欲以为宫,而得古文于**坏壁**之中。(《汉书·楚元王传》)

或时自见家中门**弊坏车**来到,多载油花香。(《道地经》卷1,T15,p232)

苟因陋就寡,分文析字,烦言**碎辞**,学者罢老且不能究其一艺。(《汉书·楚元王传》)

春物之伤,或死之也,**残物**不伤,秋亦大长。(《论衡·书解》)

得所致,虽是**败物**,犹欲理而用之。(《世说新语·排调》)

圮地无舍,衢地合交,**绝地**无留,围地则谋。(《孙子·九变篇》)

人闻道教,精进修勤,奉戒不违,严敕身口,喻如**完器**,所受无限。人闻道法,不受不信,加行谤毁,忘失人本,还入恶道,喻如**穿器**,无所盛贮。(《中本起经》卷下,T04,p162)

天地之性,能更生火,不能使**灭火**复燃。(《论衡·论死》)

常怀嫉妒,驱饮**醉象**。(《贤愚经》卷9,T04,p410)

活水,(沙石不转);洋风,毛芥不动。(《论衡·状留》)

著**活蟹**于冷饎瓮中一宿。(《齐民要术·作酱等法》)

从以上可以看出,东汉以后,作格动词做定语呈爆发式的增长。我们基本同意动结式在东汉已经产生的观点,但是"破"类词语做饰语是否可以作为动结式产生的明显标志,却还可以再探讨。如前所述,"乱"、"败"、"坏"、"毁"等"破"类动词早在先秦就可以做修饰性定语,能否据此说先秦时期的"V乱"、"V败"、"V坏"、"V毁"就是动结式呢?此其一;其二,有些动词很早就可以做定语,如"治"、"亡",却从来不充当动结式的V2。我们认为,"破"类动词做饰语只是动结式产生的证据之一,判断动结式的产生时代还应该结合其他几方面的证据进行综合判断,比如结合使动用法的减少、自动用法的增多、用于V1V2式的增多、用于兼语式和新兼语式的增多等多方面的因素,再加上做饰语的增多,以此来证明动结式的产生,才会更为可靠。

3 作格动词的历史演变与汉语动结式的形成

3.1 特点小结

以上我们分别描写了3类20个作格动词从先秦到魏晋南北朝时期的历史演变,并揭示出了它们在演变过程中表现出来的几个特点,即:

(1)作格动词使动用法衰减的步伐不是整齐一致的,其自动词化截止时间不是都集中在魏晋南北朝时期或者唐代。整体而言,由形容词发展而来的"正"类作格动词恢复其自动词面貌的速度最快,由不及物动词发展而来的"出"类作格动词恢复其自动词面貌的速度次之,由及物动词发展而来的"破"类作格动词最难,也最晚演变为自动词,有的甚至一直都是两用动词,只不过相比而言自动用法少一些。具体到每一类中的各个成员,其不及物化的速度也不尽相同,如同属"破"类的"破"与"败"相比,"败"早在东汉就很少带宾语了,而"破"直到唐宋时期还有约20%左右可以带宾语,现代汉语中还有不少带宾语的用例。

(2)**作格动词用于"V1V2"式的频率自西汉开始便持续上升,到东汉时期已经十分可观,至魏晋南北朝时期更为常见**。这一格式中,动作义强的动词因只含动作义而更多地被用于V1的位置,作格动词因为包含结果状态义而更多地被用于V2的位置,这符合认知语言学上所谓的"象似原则",即先有动作,后有结果。"V1V2"式的高频使用,又使得V2的动作义被抑制,结果状态义更为凸显(参胡敕瑞2005),久而久之,V2位于V1之后只表结果状态义,即使"V1V2"带宾语,V2也不再支配宾语,而是前附,对V1进行补充说明,连动式"V1V2"于是语法化为动结式"VC"。因此,作格动词的这一演变特点在动结式语法化过程中起到了非常重要的作用。

(3)**作格动词用于兼语式"俾/使/令(+NP)+作格动词"和新兼语式"V1+NP+作格动词"增多**。先秦时期,作格动词已经零星用于兼语式第二动词的位置,到汉代以后,不仅这一用法增多,而且它们还常常出现于新兼语式第二动词的位置,形成"打头破"之类的结构。无论是用于兼语式还是新兼语式第二动词的位置,作格动词都是以不及物动词或者形容词的身份进入的。这些用法的增多,表明作格动词的不及物性加强了,但这并不意味着它们的及物性就丧失了。我们只能说,在这一时期,作格动词的功能进一步多样化了,比如"破"类动词,由原来多数带宾语、少数不带宾语、少数用于兼语式,演变为具有既可带宾语也可不带宾语、部分用于兼语式和新兼语式、经常用于 V1V2 式、可以做定语等 6 种分布。

(4) 作格动词做定语从东汉开始猛增,"作格动词+NP"由先秦的述宾式(偏正式极少)变为汉代的偏正式和述宾式并存。这一演变特点更明确地表明作格动词的结果状态义同动作义进一步分离,具有更多的修饰性。这一功能转变与部分作格动词逐渐转变为形容词(如"破、坏、败、折、裂、断"等)或恢复其形容词的本来面目(如"正、平、固、明、乱"等)不无关系。

3.2 作格动词使动用法的衰退与动结式形成的关联

由上面的论述可知,使动用法的衰退同动结式的形成虽然有一定的内在关系,但究竟是由于使动用法减少而导致动结式的产生,还是因为动结式的产生而导致使动用法的减少,二者之间恐怕很难说谁是因、谁是果。因此,试图通过证明使动用法完全消失来证明动结式开始产生的做法有失偏颇。我们的看法是,动结式的产生,使得汉语多了一种表达致使义的手段,这种手段正好填补了因使动用法减少带来的致使表达空间,以及因使动用法表义不够精确带来的不足之处。几乎与动结式增多的同时,作格动词用于兼语式和新兼语式的用例也增多,这些也属于表达致使义的手段,它们的同步增多,必然会与使动用法形成竞争,对其产生挤压,并使之减少。在汉语后来的演变中,我们看到,在动结式变为一种极为能产的语法格式以后,它便成为汉语表达致使意义的主导格式,而其他的致使表达形式,如使动用法、新兼语式便进一步缩小其使用领地。

3.3 余论

虽然我们不同意将"自动词化"理解为"使动用法丧失、固定为自动词",而是主张将其理解为"使动用法减少、自动用法增多",虽然我们也不同意将自动词化的时间一刀切地定在魏晋南北朝时期或唐代；但是，从大量的统计数据中，我们发现战国晚期至西汉，自动词化已经开始，东汉和魏晋南北朝则是不及物化速度最快的两个时期。这一点是不容否定的。而正好从西汉开始，作格动词的自动用法猛增，用于"V1V2"式猛增；从东汉开始，作格动词用于新兼语式增多，做定语增多。把这些因素综合在一起，我们可以保守一点说：至晚在东汉，动结式已经产生了。这个结论离语言事实应该相差不远。

附 注

① "死"用例太多，只统计《左传》的用例。
② 《墨子》一书，我们淘汰了《备城门》以下11篇，以及《亲士》、《修身》两篇。
③ "毁"的他动用法只计算义为"毁坏"的用例，义为"毁谤"的用例不算，下同。
④ 这个总数，有的动词是指"谓词用法和构成复音词总次数"，有的是指使用总次数。但对同一个动词，所指一致。
⑤ 以下例子都转引自蒋绍愚(1999，2003)、赵长才(2000)、曹广顺(2006)、梁银峰(2006)、志村良治(1995)，在此一并致谢，不再一一指明。
⑥ 少数几例兼语省略。

参考文献

蔡金亭　2000　中国学生英语过渡语中的作格动词，《外语教学与研究》第4期。
曹广顺　2006　汉语结果补语产生再研究，载曹广顺、遇笑容著《中古汉语语法史研究》，巴蜀书社。
陈昌来、胡建锋　2003　带受事成分的不及物动词的考察，《语言教学与研究》第3期。

陈　丽　2001　《朱子语类》中的结果补语式和趋向补语式,《语言学论丛》第二十三辑,商务印书馆。

陈万霞　2002　从中国学习者英语语料库看英语被动语态习得,《外语教学与研究》第3期。

大西克也　2004　施受同辞刍议——《史记》中的"中性动词"和"作格动词",载《意义与形式——古代汉语语法论文集》,Lincom Europa。

戴曼纯　2001　中动结构的句法特征,《外语学刊》第4期。

顾　阳　1996　生成语法及词库中动词的一些特性,《国外语言学》第3期。

何元建、王玲玲　2002　论汉语使役句,《汉语学习》第3期。

洪　波　2003　使动形态的消亡与动结式的语法化,《语法化与语法研究》(一),商务印书馆。

胡敕瑞　2005　动结式的早期形式及其判定标准,《中国语文》第3期。

黄正德　1990　中文的两种及物动词和两种不及物动词,载《第二届世界华语文教学研讨会论文集》,世界华文出版社。

剑　歌　2000　初探功能句法中的使役结构(Causative),《中山大学学报论丛》第6期。

蒋绍愚　1999　汉语使动式产生的时代,《国学研究》第6卷,北京大学出版社。

———　2003　魏晋南北朝的"述宾补"式述补结构,《国学研究》第12卷,北京大学出版社。

阚哲华　2000　及物性分析、作格分析与文学批评,《韶关大学学报》第3期。

李　平　1987　《世说新语》和《百喻经》中的动补结构,《语言学论丛》第十四辑,商务印书馆。

李佐丰　1983　先秦汉语的自动词及其使动用法,《语言学论丛》第十辑,商务印书馆。

梁银峰　2001　先秦汉语的新兼语式——兼论结果补语的起源,《中国语文》第4期。

———　2006　《汉语动补结构的产生与演变》,学林出版社。

刘丽川　1984　试论《搜神记》中的结果补语,《语文研究》第4期。

吕叔湘　1987　论"胜"和"败",《中国语文》第1期。

梅祖麟　1991　从汉代的"动、杀"、"动、死"来看动补结构的发展,《语言学论丛》第十六辑,商务印书馆。

石毓智、李讷 2001 《汉语语法化的历程——形态句法发展的动因和机制》,北京大学出版社。

宋亚云 2005 汉语作格动词的历史演变及相关问题研究,北京大学博士学位论文。

—— 2007a 古汉语反宾为主句补说,《中国语文》第3期。

—— 2007b 再谈动结式的判断标准和产生时代,《语法化与语法研究》(三),商务印书馆。

—— 2007c 东汉训诂材料与汉语动结式研究,《语言科学》第六卷第1期。

—— 2008 "V2自动词化标准"献疑,《古汉语研究》第1期。

孙志阳 2006 《左传》中的"使动用法",香港科技大学博士学位论文。

汤廷池 2002a 汉语派生动词"-化"的概念结构和语法功能,《中国语文研究》第1期。

—— 2002b 汉语复合动词的"使动与起动交替",《语言暨语言学》第三卷第三期,中研院语言学研究所筹备处。

汪立荣 2002 英语教材编写应重视作格动词的一价用法,《重庆师院学报》第1期。

王 力 1957 《汉语史稿》(中册),中华书局。

魏培泉 2000 论中古汉语的使成结构,中研院史语所集刊,第七十一本,第四分册。

—— 2001 "弗"、"勿"拼合说新证,中研院史语所集刊,第七十二本,第一分册。

吴福祥 1999 试论现代汉语动补结构的来源,载江蓝生、侯精一主编《汉语现状与历史的研究》,中国社会科学出版社。

夏晓蓉 2001 英汉V-R结构与非宾格现象,《外语教学与研究》第3期。

萧九根、田赟宗 2006 对及物分析和作格分析互补性的质疑,《社会科学家》第5期。

谢应光 2002 语言学理论研究与我国英语语法教学,《重庆师院学报》第1期。

徐 杰 1999 两种保留宾语句式及相关句法理论问题,《当代语言学》第1期。

杨素英 1999 从非宾格动词现象看语义与句法结构之间的关系,《当代语言学》第1期。

易福成　1999　《孙子兵法》谓词句法和语义研究,北京大学中文系博士论文。

影山太郎　2001　《动词语义学》,于勤、张勤、王占华译,中央广播电视大学出版社。

张　华　2001　英语作格动词与中介语被动语态的习得,《天津外国语学院学报》第1期。

张　林　2001　动词"打"的论元结构和句法特点,《湘潭师范学院学报》第4期。

张水云　2002　及物性分析与作格分析的互补性,《社科纵横》第6期。

赵长才　(未刊)　汉语述补结构的历时研究,中国社会科学院研究生院博士学位论文。

赵彦春　2001　Burzio内论元说证伪,《现代外语》第2期。

——　2002　作格动词与存现结构症结,《外语学刊》第2期。

志村良治　1995　《中国中世语法史研究》,江蓝生、白维国译,中华书局。

周迟明　1958　汉语的使动性复式动词,《山东大学学报》(社科版)第1期。

祝敏彻　1963　使成式的起源和发展,《兰州大学学报》(社科版)第2期。

Burzio, L. 1986 *Italian Syntax: a Government-Binding Approach*. Dordrecht: Reidel.

Cikoski, John S. 1978a An outline sketch of sentence structures and word classes in classical Chinese—three essays on classical Chinese grammar: I . *Computational Analyses of Asian & African Languages* 8.

—— 1978b An analysis of some idioms commonly called"passive"in classical Chinese—three essays on classical Chinese grammar: III. *Computational Analyses of Asian & African Languages* 9.

Comrie, Bernard 1981a Ergativity and grammatical relations in Kalaw Lagaw Ya(Saibai dialect). *Australian Journal of Linguistics* I, 1-42.

—— 1981b *Language Universals and Linguistic Typology*. Chicago: Chicago University Press.

Croft, William 2001 *Radical Construction Grammar: Syntactic Theory in Typological Perspective*. Oxford: Oxford University Press. 132-171.

Davidse, Kristin 1992 Existential constructions: a systemic perspective. *Leu-

ven Contributions in Linguistics and Philology.

Dik, S. C. 1981 *Functional Grammar.* (*North-Holland Linguistic Series* 37) North-Holland, Amsterdam.

Dixon, R. M. W. 1979 Ergativity. *Language* 55, 59-138.

—— 1994 *Ergativity.* New York: Cambridge University Press.

Halliday, M. A. K. 1967 Notes on transitivity and theme in English, Part 1. *JL* 3, 37-81.

—— 1994 [1985] *An Introduction to Functional Grammar.* London: Arnold.

Harbsmeier, Christoph 1980 Current issues in classical Chinese grammar. Some critical reflections on J. S. Cikoski: three essays on classical Chinese grammar. *Acta Orientalia.* Vol. 41.

Hopper, Paul & Sandra A. Thompson 1980 Tansitivity in grammar and discourse. *Language* 56. 2, 251-99.

Lemmens, Maarten 1998 *Lexical Perspectives on Transitivity and Ergativity: Causative Constructions in English.* Amsterdam & Philadelphia: John Benjamins Publishing Company.

Levin, Beth & M. Rappaport 1995 *Unaccusativity: at the Syntax-Lexical Semantics Interface.* Cambridge, Mass: MIT Press.

Lyons, J. 1968 *Introduction to Theoretical Linguistics.* Cambridge: Cambridge University Press.

Perlmutter, David M. 1978 Impersonal passives and unaccusative hypothesis. *Berkeley Linguistic Society* 4, 157-189.

南方民族语言里
若干接触引发的语法化过程

吴福祥

(中国社会科学院语言研究所)

1 引言

在传统的历史语言学框架里,语法化被看做"语言内部演变"(language-internal change)的一个子集(subset),因此,语法化与接触引发的语法演变历来被视为两种完全不同甚至互相排斥的语言演变现象。但近年来的研究表明,这两类演变现象其实并不互相对立,更非毫不相关;相反,很多语言里发生的语法化过程很可能是由语言接触促动或加速的(参看 Bisang 1991,1996,1998,2001,2004,2005;Dimmendaal 1995;Hansen 2005;Heine & Kuteva 2003,2005;Van der Auwera 1998;Haspelmath 1998,2001;Aikhenvald 1996,2002;Aikhenvald & Dixon 2007;Kuteva 1998,2000;Enfield 2001,2003;Van der Auwera & Gast 2007 等)。Heine & Kuteva(2003,2005,2006)将这类由语言接触促动的语法化过程称作"接触引发的语法化"(contact-induced grammaticalization)。如此看来,我们在人类语言里观察到的语法

化其实有两种类别:(i)语言内部独立发生的语法化(language-internal grammaticalization)和(ii)语言接触引发的语法化(contact-induced grammaticalization)。

本文借鉴近年来接触语言学和语法化研究的视角、方法和成果,特别是 Heine(Heine & Kuteva 2003,2005,2006;Heine 2006,2007)的研究框架讨论中国南方部分民族语言因与汉语接触而发生(或正在发生)的若干语法化现象。

2 什么是接触引发的语法化

接触引发的语法化是指一个语言受另一个语言影响而发生的语法化过程(Heine & Kuteva 2003:533)。比如在乌兹别克斯坦境内,阿拉伯语(乌兹别克斯坦阿拉伯语)跟突厥语族(Turkic)和伊朗语支的语言有长期密切的接触,其结果导致乌兹别克斯坦阿拉伯语在语法结构上受到突厥语族和伊朗语支语言的广泛影响。例如在标准阿拉伯语里,无定名词不加标记,有定名词则受定冠词 *al-*、*əl-* 或 *il-* 限定(如 1a);与之相反,在突厥语族和伊朗语支语言里,无定名词受不定冠词限定,而有定名词则不加标记(如 1c 所示的土耳其语模式)。值得注意的是,乌兹别克斯坦阿拉伯语的名词标记模式同于突厥语族和伊朗语支语言,而异于标准阿拉伯语(如 1b)。很明显,乌兹别克斯坦阿拉伯语与土耳其语在名词标记模式上的对应导源于一个接触引发的语法化过程:乌兹别克斯坦阿拉伯语为了复制突厥语族和伊朗语支语言的名词标记模式,一方面发展出一个新的不定冠词 *fat*(来源于古典阿拉伯语的形容词 *fard* '单一的;个别的'),另一方面则抛弃了固有的定冠词范畴。(Jastrow 2005:135)换言之,乌兹别克斯坦阿拉伯语"形容词 *fard* > 不定冠词 *fat*"的语法化过程是受突厥语族和伊朗语支语言的影响而发生的。

(1) 阿拉伯语-土耳其语-伊朗语之间的接触 (Jastrow 2005:135)

a. 大马士革阿拉伯语　　kān　　fī　　mara　　əlmara　　'ālet
　　　　　　　　　　　　there was　　woman　　the woman　　asked
b. 乌兹别克斯坦阿拉伯语　**fat**　mara　kō net　mara　　qō let
c. 土耳其语　　　　　　　**bir**　kadın　vardı　kadın　　dedi
　　　　　　　　　　　　a　woman　there was　woman　　asked
　　　　　　　　　　'There was a woman.' 'The woman asked.'

在 Heine & Kuteva(2003,2005,2006,2007)的框架里,接触引发的语法化是"语法复制"(grammatical replication)的下位概念,指的是语法范畴的复制或语法意义演变模式的复制(Heine 2006, 2007;Heine & Kuteva 2003, 2005, 2006, 2007)。在语法复制过程中,提供复制模式的语言被称作"模式语"(model language),实施复制过程的语言称为"复制语"(replica language);另一方面,模式语中存在的作为复制模式的范畴被称为"模式范畴"(model category),而复制语通过复制过程而得到的范畴称为"复制范畴"(replica category)。比如上面例子里,乌兹别克斯坦阿拉伯语从乌兹别克斯坦境内的突厥语族和伊朗语支语言中复制了不定冠词这一语法范畴。在这个复制过程中,突厥语族和伊朗语支语言是模式语,乌兹别克斯坦阿拉伯语则是复制语。另一方面,突厥语族和伊朗语支语言中为语法复制提供模式的不定冠词(如土耳其语的 *bir*)为模式范畴;相应地,乌兹别克斯坦阿拉伯语通过复制过程而得到的不定冠词 fat 则为复制范畴。

根据模式语中是否业已存在一个可被复制的"语源＞结果"这类语法化过程或模式，接触引发的语法化可分为两种：如果模式语里不存在这类演变过程或模式，则谓之"通常性接触引发的语法化"(ordinary contact-induced grammaticalization)；如果模式语里存在这类演变过程或模式并被移入复制语，则谓之"复制性语法化"(replica grammaticalization)。在前一种情形里，复制的效果只限于复制语产生一个与模式语范畴模式对应或等同的范畴，而不涉及这种范畴的产生方式。在后一种情形里，模式语不仅为复制语提供范畴模式，而且提供了复制该范畴的方式或过程。(参看 Heine & Kuteva 2003,2005,2006,2007)

(A)通常性接触引发的语法化

通常性接触引发的语法化主要是利用某些策略来将模式语(简称 M)的语法概念或语法意义迁移到复制语(简称 R)里。这类策略通常涉及以下几个方面：

(2) **通常性接触引发的语法化**(Heine & Kuteva 2005: 81)

  a. 复制语(R)的使用者注意到模式语(M)里存在一个语法范畴 Mx。

  b. 他们要利用自己语言(R)里可以得到的使用模式来产生与之对等的范畴 Rx。

  c. 于是，他们依照语法化的普遍策略(universal strategies)，使用结构式 Ry 以产生 Rx。

  d. 最后，他们将 Ry 语法化为 Rx。

一个比较典型的例子是 Tayo 语人称代词双数范畴的产生过

程。法属新喀里多尼亚(New Caledonia)圣路易斯(St Louis)境内的 Tayo 语是一种基于法语的克利奥耳语(French-based creole)，大约产生于 1860 年，而当时这个地区还使用 Drubéa 和 Cèuhî 两种美拉尼西亚语。Drubéa 语和 Cèuhî 语(模式语，＝M)具有强制性的双数(dual)范畴(模式范畴，＝Mx)。为了在 Tayo 语(复制语，＝R)里复制这种双数范畴，Tayo 语的使用者将法语的数词 *deux* "二"(＝Ry)语法化为人称代词的双数标记 -*de*(＝Rx)。(Heine & Kuteva 2003:534) 下面的表 1 列举的是 Tayo 语演变而来的人称代词双数范畴(Corne 1995)。需要注意的是，跨语言的研究显示，数词"二"是双数范畴语法标记的主要语源(Heine & Kuteva 2002:303—304)。

表 1　Tayo 语的人称代词双数范畴(Corne 1995:125、128)

Tayo 语		标准法语(Metropolitan French)	
nu-de	'we (DU)'	*nous deux*	'we two'
u-de	'they (DU)'	*vous deux*	'ye two'
le-de	'they (DU)'	*les deux*	'the(y) two'

上述 Tayo 语人称代词双数后缀的演化过程，体现了(2)所概括的通常性接触引发的语法化过程的一些典型特征，即：

(3) a. Tayo 语(复制语)的使用者注意到 Drubéa 语和 Cèuhî 语(模式语)中存在一个双数范畴(模式范畴，＝Mx)；

b. 他们要利用自己语言(复制语 Tayo)里可得到的使用模式来产生对等的范畴(＝Rx)；

c. 于是，他们依照语法化的普遍策略(数词"二" > 双数标记)，使用他们语言里的数词 *deux* "二"(＝Ry)来产

生人称代词双数范畴的语法标记(=Rx);

　　d. 最后,他们将 *deux*"二"(= Ry)语法化为双数标记 *-de*(= Rx)。

需要注意的是,在上述语法化过程中,Tayo 语使用者从作为模式语的 Drubéa 语和 Cèuhî 语中复制的是双数标记这个语法范畴,而不是这个语法标记的演化过程,因为 Drubéa 语和 Cèuhî 语并不使用数词"二"来作为双数标记,换言之,在模式语里并不存在"数词'二'-双数标记"这样的多义模式,因而也就不存在可被复制语复制的"数词'二'＞双数标记"这样的语法化过程或模式。在上述语法化过程中,Tayo 语使用者只是仿照 Drubéa 语和 Cèuhî 语的模式,利用自己语言里可得到的语言材料(数词 *deux*"二"),按照语法化的普遍策略(数词"二"＞双数标记)产生出与模式语(即 Drubéa 语和 Cèuhî 语)对应的语法范畴(双数标记*-de*)。

接触引发的语法化,其结果不限于特定语法形式的产生,它也可以导致复制语里新的语法类别的出现。下面的例子说明了相关的演变。

传统上,阿兹特克人语言(Aztecan language)Pipil 语(= R)跟绝大多数中美洲语言一样,既没有前置词也没有后置词,但他们具有关系名词(Campbell 1987;Harris & Campbell 1995:126—127)。在现代西班牙语(= M)的影响下,Pipil 语使用者利用"关系名词＞附置词"(Heine、Claudi & Hünnemeyer 1991)这一跨语言普遍可见的语法化模式将其语言的关系名词(Ry)语法化为一套西班牙语类型的前置词(=Rx),如表 2 所示。

394

表2 Pipil 语里关系名词 > 前置词的语法化

（据 Harris & Campbell 1995:126—127）

关系名词（relational noun）		前置词	
-(i)hpak	'on, upon, over, on top of'	pak	'on'
-pal	'possession'	pal	'of'
-wan	'with'	wan	'with'

(B)复制性语法化

另一种接触引发的语法化过程被 Heine & Kuteva(2003,2005,2006)称之为"复制性语法化"。跟"通常性接触引发的语法化"不同,在复制性语法化中,复制语的某一特定的语法化过程采用了被认为是与模式语相同的语法化路径。换言之,在复制性语法化过程中,从模式语移入复制语的是一个具体的语法化过程而非单纯的语法概念或语法范畴。一般说来,复制性语法化过程涉及下面一些策略。

(4) <u>复制性语法化</u>(Heine & Kuteva 2003:539, 2005:92)

a. 复制语(R)的使用者注意到模式语(M)里存在一个语法范畴 Mx。

b. 他们使用自己语言(复制语)里可以得到的语言成分,以产生与 Mx 对等的范畴 Rx。

c. 于是,他们利用"[My>Mx]：[Ry>Rx]"这个类推公式来复制他们认为曾发生于模式语的语法化过程。

d. 最后,他们将 Ry 语法化为 Rx。

复制性语法化的一个典型实例是爱尔兰英语"最近"完成体("hot-news"perfect)的产生。爱尔兰语[即爱尔兰盖尔语(Irish

Gaelic)]有一种非常特别的体范畴,即"最近"完成体,它是基于处所图式(locative schema)"[X is after Y]"而产生的,即"最近"完成体的概念意义是利用处所/时间前置词"AFTER"来编码的(如5a)。在17世纪前后,同样的语法化过程也见于爱尔兰英语(如5b)(参见 Filppula 1986;Harris 1991)。

(5) a. Irish (Harris 1991:205)

　　Tá　　　sí　tréis　an　bád　a dhíol.
　　be:NON-PAST　she　after　the　boat　selling
　　'She has just sold the boat.'

b. Irish English (Harris 1991:205)

　　She's after selling the boat.
　　'She has just sold the boat.'

但是,由"AFTER"参与形成的处所结构式演变为"最近"完成体结构式,这种语法化过程在世界语言中极其罕见,迄今在其他语言里未见报道。(Heine & Kuteva 2005,2006,2007)这个事实有力地证明了,爱尔兰英语"最近"完成体范畴的产生涉及的是一个复制性语法化过程。即:

(6) a. 爱尔兰英语(复制语)的使用者注意到爱尔兰语(模式语)里存在一个由结构式[X is *tréis* Y]表达的"最近"完成体范畴(模式范畴 Mx);

b. 他们使用自己语言(复制语)里可以得到的处所结构式[X is after Y](使用模式 Ry),以产生与模式范畴(Mx)对等的"最近"完成体范畴(Rx);

c. 于是,他们利用"[My > Mx]:[Ry > Rx]"这个类推公式来复制他们认为曾发生于模式语的语法化过程;

d. 最后，他们将处所结构式[X is after Y](Ry)语法化为"最近"完成体的表达式(Rx)。

上面的例子显示，复制性语法化和通常性接触引发的语法化虽然都与模式语的触发和影响有关，而且共时的结果都表现为两种语言在某一范畴或结构式上的对当和同构。但二者也存在明显的不同——复制性语法化的特征是：复制语（R）使用者推想模式语（M）使用者此前曾实施过"My > Mx"这样的一个语法化过程，于是他们以同样的方式将自己语言里已有的一个使用模式（Ry）发展为一个语法范畴（Rx），从而完成了相同的语法化过程。另一方面，在通常性接触引发的语法化过程（如表1所示的Tayo语的例子）中，语言使用者利用语法化的普遍法则在自己的语言里产生出一种他们在另一个语言里所观察到的范畴或结构式，而不关注这种范畴或结构式在那种语言里是如何产生的；换言之，复制语的使用者从模式语复制的只是语法化的结果而非语法化的过程。这两种接触引发的语法化的联系与区别可归纳如下：

表3　两种接触引发的语法化现象的比较

	模式语		复制语
一般性语法化：	Mx	=	Ry > Rx
复制性语法化：	My > Mx	>>	Ry > Rx

（">"="演变为"；">>"="被复制为"）

3　南方民族语言里三个接触引发的语法化过程

在这一节里，我们将基于上节介绍的分析框架，讨论南方部分民族语言里三个接触引发的语法化过程。

3.1 "获得"义动词→补语标记

东南亚语言"获得"义('GET/ACQUIRE')语素的多功能模式曾引起很多学者的注意(如 Clark 1989；Bisang 1991,1996；Matisoff 1991,2004；Enfield 2001,2003,2004, 2005, 2007)，特别是 Enfield(2003)不仅对东南亚二十余种语言"获得"义语素多功能模式的平行性作了系统、深入的描述，而且断言这种平行的多功能模式是一种典型的语言接触导致的区域现象。[①]

跟以上学者的研究不同，本文讨论的"获得"义语素的多功能模式，不包括这个语素位于主要动词之前的用法，换言之，本文主要考察"获得"义语素在主要动词之后的各种语法属性和语义功能；另一方面，本文考察的语料只限于中国境内的民族语言。概而言之，我们在中国南方民族语言里观察到的"获得"义语素多功能模式是(i)主要动词、(ii)动相补语[②]、(iii)能性补语、(iv)补语(状态、程度、能性)标记。下面以汉语为例说明这几种功能的句法特性和语义行为。

(7) (i)"获得"义主要动词("获得"这种过程是非施事性的)

　　a. 老王得了一个大奖。

(ii) 动相补语(表示动作已经实现或有某种结果)

　　b. 晚饭已做得了。

(iii) 能性补语 (充当动词补语，表达能性意义)

　　c. 这个吃得，那个吃不得。

　　d. 食得辣椒。(能吃辣椒)(粤语广州话，黄伯荣1959)

(iv) 状态/程度补语标记

e. 唱得非常好。｜累得腰都直不起来。

（v）能性补语标记

f. 拿得动｜上得去｜来得了

根据我们的初步观察，上述汉语"得"的多功能模式在中国南方的侗台、苗瑶、南亚、南岛及藏缅等语群中均可见到。例如：

（8）京语（南亚语，欧阳觉亚等1984:95）：$dɯək^8$"得"

（A）"获得"义主要动词：词汇附录：$dɯək^8$"得到"（欧阳觉亚等1984:143）

（B）动相补语：③

a. $mɯəi^2 than^2$（或$fən^2$）$thu^1 dɯək^8 taːm^5 than^2$（或$fən^2$）.
 十　成　（分）　　收　得　八　成　（分）
"十成收八成。"

$ɲa^2 toi^1 nuəi^1 dɯək^8 mot^8 daːn^2 vit^8 kɔn_1$.
家 我 养 得 一 群 鸭子
"我家养了一群小鸭子。"

（C）能性补语：

b. $kaːi^5 jau^1 nai^2 ja^2 joi^2 khoŋ^1 an^1 dɯək^8$.
个 菜 这 老 了 不 吃 得
"这菜老了，吃不得。"

$no^5 ɣan^5 dɯək^8 tam^1 haːi^1 kən^1$。
他 挑 得 百 二 斤
"他能挑一百二十斤。"

（D）状态/程度补语标记：

c. $bo^5 khoŋ^1 ɲɯŋ^3 laːm^2 dɯək^8 tsəŋ^5, laːi^6 laːm^2 dɯək^8 tot^7 nɯə^3$.
父亲 不但 做 得 快 又 做 得 好 再

"父亲既做得快,又做得好。"

tsuŋ⁵ ta¹ kɯəi² dɯək⁸ nɯək⁷ mat⁷ kuŋ³ tsai³ ja¹ joi².
大家 笑 得 眼泪 都 流 出 了

"大家笑得眼泪都流出来了。"

(E) 能性补语标记:

d. nam¹ ŋai² la:m² dɯək⁸ het⁴.
五 天 做 得 完

"五天做得完。"

ka:i⁵ kɯə³ nai³ mə³ dɯək⁸ ja¹.
扇门 这 开 得 出

"这扇门开得开。"

(9) **仫佬语**(侗台语,王均、郑国乔 1980):*lai³* "得"

(A) "获得"义主要动词:

a. ŋɔ⁴ mu⁶ çən¹ khɣe¹ ŋɔ⁴ at⁷ hui¹, mu⁶ lai³ at⁷.
五 个 人 分 五 个 果子 个 得 个

"五个人分五个果子,一人得一个。"

(B) 动相补语:

b. wən⁴ mə⁶ toi⁵ kha:ŋ⁵ lai³ ta:m¹ fan¹ ta:m¹ mu².
同 他 对抗 得 三 天 三 夜

"同他对抗了三天三夜。"

taŋ¹ lai³ ti⁵ ŋɔ⁴ fan¹.
来 得 四 五 天

"来了四五天。"

(C) 能性补语:

c. ti⁶ cen⁴ na:i⁶ fɛ⁴ lai³ (sɿ) fɛ⁴ ŋ̍⁵ lai³.

事件　这　做　得　是　做　不　得

"这件事能不能做?"

(D) 状态/程度补语标记：

d. niŋ⁵ hu³　na:i⁶ tsən¹ si⁶ tja:ŋ³ lai³ jəu⁶ kɣuŋ² jəu⁶ pə³ mon⁴ !
　 些　谷子　这　真是　长　得又多　又饱满

"这些谷子真是长得又多又饱满!"

　 i¹　lai³ kɣuŋ²　　　　　　i¹　lai³ ŋ⁵ kɣuŋ²
　 好　得　多　　　　　　　好　得　不多

"好得多"　　　　　　　　"好不了多少"

(E) 能性补语标记：

e. fɛ⁴ lai³ ljeu⁴
　 做　得　完

"做得完"

　 n̥a² kɣa:p⁷ lai³ lək⁷ , lə⁵　ja⁶ si⁶　təu⁵.
　 你　挑　得　起 , 扁担　也是　断

"(纵使)你挑得起,扁担也是要断的。"

(10) **临高语**(侗台语,梁敏、张均如 1997)：*lai³* "得"

(A) "获得"义主要动词：

a. lai³ mɔʔ⁸ kən¹ mɔʔ⁸.
　 得　个　吃　个

"得一个吃一个。"

(B) 动相补语：

b. vəŋ¹ huŋ¹ hiaŋ³ tək⁷ jəu³ hai⁴ nəm¹ kəu³ mən² lai³ , tsiu⁴ di²
　 王　桐　乡　知道　在　海南　告　不　得　就　要
　 bəi¹ səŋ⁴ kəu³ kə².④

401

去 省 告 他

"王桐乡知道在海南告不成,就要去省城告。"

(C) 能性补语:

c. bək⁷ kiŋ³ fa³ hai² nit⁷, mən² sa¹ lai³ mun².

北京 天太 冷, 不 种得芭蕉

"北京天气太冷,不能种芭蕉。"

kən¹ lai³ tam¹ hui⁴ fia⁴

吃 得 三 碗 饭

"能吃三碗饭。"

(D) 状态补语标记:

d. kə² huk⁷ lai³ meŋ³, tok⁷ kə² huk⁷ lai³ kəŋ³ meŋ³.

他 做 得 快, 弟弟 他 做 得 更 快

"他做得快,他弟弟做得更快。"

(E) 能性补语标记:

e. tia⁴ haŋ¹、sun¹ ləi¹, ki³ ti² nau⁴ bəi¹ lai³ dəŋ¹!

山 高 路 远 几时才 走 得 到

"山高、路远,什么时候才能走到啊!"

maŋ⁴ vəŋ¹ ŋin⁴ vui¹ lai¹ saŋ¹ lai³ tia⁴, ləu¹ na³ ja³ mən²

蛮王 认为 有森林 有山 谁 也不

kit⁷ lai³ ləu⁴ mia².

打 得 进 来

"蛮王认为有森林、有山,谁也打不进来。"

(11) 村语(侗台语,欧阳觉亚 1998): *dok²* "得"

(A) "获得"义主要动词:附录一"常用词表:dok² 得(得到)"(217 页)

402

(B) 动相补语：

    a. na⁵ vok⁴ dok².

        他 做   得

        "他做得了。"

(C) 能性补语：

    b. kə⁵ sau¹ dok².

        我 挑   得

        "我挑得动。"

     na⁵ sau¹ dok² tsi⁴ bɛk³ ken⁵.

        他 挑   得   一   百   斤

        "他能挑一百斤。"

(D) 状态/程度补语标记：

    c. khak⁵ vau⁵ dok² ȵɯn³.

        狗   跑   得 快

        "狗跑得快。"

     hɛi³ diak¹ mət² uət² dok² tθiaŋ² daŋ vɯəŋ¹.

        这 些 稻 生长得 相当   旺

        "这些稻子长得相当茂盛。"

     na⁵ zaːu⁴ dok² maːu¹ nam³ hɔ¹ lə.

        他 笑   得 流   眼泪 了

        "他笑得流眼泪了。"

(E) 能性补语标记：

    d. hɛi³ lət⁵ vau³ nɛk³ loŋ¹, kə⁵ tsi⁴ kuan⁴ ŋaːu¹ nuŋ³ op² dok² lɔi¹.

        这 个 木头 大 我 一 个 人 也 扛 得 起

        "这根大木头，我一个人也扛得起。"

kə⁵ tsi⁴ kuan⁴ ŋaːu¹ həm¹ dok² ləi¹.
我 一 个 人 抬 得 起
"我一个人能抬得起。"

(12) **勉语标敏方言**(苗瑶语,毛宗武 2004):*tu*⁵³"得"

(A)"获得"义主要动词：tu⁵³"得（到）"（见"方言土语常用词汇对照",568 页）

(B) 动相补语：

a. kəu³⁵ tsɿ⁴² nəŋ⁴² tu⁵³ ɬhu⁴² i³³ tau³¹ lai⁴².
我 只 买 得 着 一 个 （咧）
"我只买得着一个咧。"

(C) 能性补语：

b. ȵaŋ⁵³ tu⁵³　　　　　ȵaŋ⁵³ n²⁴ tu⁵³
走 得　　　　　走 不 得
"走得"　　　　　"走不得"

ȵin⁴² dʑi³¹ kəu³⁵ ȵin⁴² tu⁵³ ɬwan³³⁻⁵³ sa⁵³ jɛn⁵³.
吃 肉 我 吃 得 斤 把
"吃肉我吃得斤把。"

(D) 状态/程度补语标记：

c. məi³¹ ɬɔ³⁵ tu⁵³ hən⁵³ lɔŋ³⁵.
你 说 得 很 好
"你说得很好。"

min³¹ klan⁵³ tu⁵³ kai⁵³ təu³⁵ mun³³.
他 笑 得 肚 子 疼
"他笑得肚子疼。"

na³⁵ ka²⁴ ȵuŋ³¹ khɔ³⁵ tu⁵³ khəu³⁵.

404

这 架 牛 瘦 得 很

"这头牛瘦得很。"

(E) 能性补语标记：

d. na³⁵ da²⁴ dwai³¹ kəu³⁵ da³³ tu⁵³ təŋ⁴².

这 担 白薯 我 挑 得 动

"这担白薯我挑得起来。"

na³⁵ nɔ³³ sən³³ dəu²⁴ nin³¹ na⁵³ tu⁵³ ɖa⁴².

这 粒 花生 他 吞 得 下

"这粒花生他吞得下。"

məi³¹ ŋa⁵³ tu⁵³ jɛ³¹ kəu³⁵ taŋ³⁵ tɕjɛ³³ kəu³⁵ thhau³³ pun⁵³.

你 打 得 赢我 （的话），我 就 去

"你打得赢我的话，我就去。"

在另外一些语言里，"得"义语素未见能性补语标记用法。例如：

(13) **巴哼语**（苗瑶语，毛宗武、李云兵1997）：tʉ⁵⁵"得"

(A) "获得"义主要动词：

a. je³¹ tɦɤ³³ kɛ⁵⁵ sɔ̄⁵³ kɤ⁵³ pɿ³⁵ tə³³ ŋ⁵⁵ va³⁵ qo⁵⁵ mɦjɛ³³ tɕhɔ̃³¹ ŋ⁵⁵

一 条 街 上 也 知道 那二 老 人 自 那

tʉ⁵⁵ ŋ³¹ lɦɛ̃³³ phe⁵³ lɦio³¹.

得 这个 女儿回来

"满街都知道那两个老人从哪里得来个女儿。"

(B) 动相补语：

b. nɦʉ³¹ ŋ³¹ ɲe³⁵ nɦɿ³³ jɦɔ̃³³ ɕi⁵⁵ ɤ³¹ tʉ⁵⁵ pja³⁵ ko⁻³⁵ ntɤ³¹ Nqɦɛ³³.

他 今天去 赶 圩买得 五 斤 半 肉

"他今天去集市买了五斤半肉。"

nɦʉ³¹ ɲɦɿ³³ tʉ⁵⁵ pɤ³⁵ ɲe³⁵ pɤ³⁵ mɦa³¹ tɦɔ̃³³ Nqa⁵⁵ vɦa³¹.

他 去 得 三 天 三 夜 就 哭 了

"他去了三天三夜就哭了。"

(C) 能性补语：

c. mɦʉ³³ ja³¹ tɕi⁵³ tɕe³⁵ nɦi³³ qɦɤ³³ vo⁵⁵ tʉ⁵⁵ nɦʉ³¹.

你 要 快 点 去 才 救 得 他

"你要快些去才救得了他。"

ŋ³¹ ŋkɦɤ³¹ he³⁵ vɦɔ³¹ tɕʉ⁵⁵ tʉ⁵⁵.

这 双 鞋 我 穿 得

"这双鞋我穿得。"

ī⁵³ tɕ⁵⁵ sɤ⁵⁵ nɦɔ³³ a³¹ tʉ⁵⁵.

饭 臭 馊 吃 不 得

"饭馊了吃不得。"

(D) 状态/程度补语标记：

d. mɦʉ³³ jɦɔ³³ tʉ⁵⁵ ko³⁵ ko³⁵.

你 看 得 远 远

"你看得远远的。"

nɦʉ³¹ tɕa⁵³ tʉ⁵⁵ ma³⁵ ɡŋ³¹.

他 笑 得 痛 肚子

"他笑得肚子痛。"

(14) **回辉话**（南岛语，郑贻青 1997）: hu^{33} "得"

(A) "获得"义主要动词：

a. nau³³ na:u³² lai³³ hu³³ sien¹¹ ŋau²⁴ sa:ŋ³³?

他 去 哪 得 钱 做 房子

"他哪儿来的钱盖房子呢？"（成篇材料，227页）

(B) 动相补语:

    b. phiai^{11} hu^{33} ta^{11} piai^{33} sien^{11}.

       卖　得　许多　钱

      "卖得许多钱。"

    ziu^{11} zi^{11} ma^{24} ka:n^{33} sa^{33} kuŋ^{33} ki^{33} lok^{24} hau^{33}, ma^{24} pu^{33} hu^{33} ka:n^{33}.

    由于　捕　鱼　的工具　落后　　捕　不　得　鱼

      "由于捕鱼工具落后,捕不到鱼。"

(C) 能性补语:

    c. nan^{33} sa^{33} ta^{11} tsuŋ^{11} ʔian^{32} pu^{33} ʔbaŋ^{33} hu^{33}.

       那　的一种　菜　不　吃　得

      "那种菜不能吃。"

    nau^{33} noŋ^{33} hu^{33} ta^{11} tu^{33} kan^{33}.

      他　挑　得　一　百　斤

      "他挑得一百斤。"

(D) 状态/程度补语标记:

    d. loŋ^{11} zai^{33} ʔbu^{11} hu^{33} ma^{33} ʔda^{55} phi^{55}.

       太阳　　晒　得　田　裂　了

      "太阳晒得田都裂了。"

    nau^{33} ʔan^{33} hu^{33} ta^{11} tə^{24}.

      她　冷　得　发抖

      "她冷得发抖。"

    nau^{33} sa^{33} sien^{11} lu^{33} hu^{33} zao^{24} pu^{33} phi^{55}.

      他　的　钱　多　得　数　不　完

      "他的钱多得数不完。"

(15) **白语**（藏缅语,徐琳、赵衍荪 1984）：$tɯ^6$ "得"⑤

(A) "获得"义主要动词："词汇附录：得 $tɯ^6$"（263 页）。

(B) 动相补语：

a. $ŋɯ^4 \ tshu^1 xā^4 tɯ^6 ŋo^3 ja^6 kɯ^4.$

我的 嫂子 看见 我 回来

"我嫂子看见我回来。"

$tui^8 no^1 sɯ^4 tɯ^6 kō^4 ka^5 ŋv^2 tɕī^4.$

队 上 收 了 姜 几 万 斤

"队里收获了几万斤姜。"

(C) 能性补语：

b. $ŋo^3 tɯ^2 ta^4 jī^7 ŋɛ^7 tɯ^6.$

我 自己 去 得

"我自己能去。"

(D) 状态/程度补语标记：

c. $ɣɛ^3 \ lɯ^3 suā^4 a^3 tsɯ^3 pi^3 tsɯ^3 tsɛ^2 tɯ^6 tɕi^4.$

杏子 这 园 一棵 比 棵 结 得 多

"这园杏子一棵比一棵结得多。"

下面的表 4 是我们调查到的具有（7）所示"获得"义语素多功能模式的语言。

表 4　南方部分民族语言"获得"义语素的共时多功能模式⑥

语言	"获得"义语素	主要动词	动相补语	能性补语	状态/程度补语标记	能性补语标记	资料来源
临高语	lai³	＋	＋	＋	＋	＋	梁敏、张均如 1997

续表

语言	"获得"义语素	主要动词	动相补语	能性补语	状态/程度补语标记	能性补语标记	资料来源
拉基语	tjou^{55}	+	+	+	+	+	李云兵 2000
壮语	dai^3	+	+	+	+	+	韦庆稳、覃国生 1980
傣语	dai^3	+	+	+	+	+	喻翠容、罗美珍 1980
布依语	dai^4	+	+	+	+	+	喻翠容 1980
仫佬语	lai^3	+	+	+	+	+	王均、郑国乔 1980
水语	dai^3	+	+	+	+	+	张均如 1980
仡佬语	lai^3	+	+	+	+	+	张济民 1993
佯僙语	dai^3	+	+	+	+		薄文泽 1997
村语	dok^2	+	+	+		+	欧阳觉亚 1998
毛难语	dai^4	+	+	+	+		梁敏 1980a
侗语	li^3	+	+	+	+		梁敏 1980b
标话	li^3	+	+	+	+	+	梁敏、张均如 2002
炯奈语	tei^{35}	+	+	+	+		毛宗武、李云兵 2002
吉卫苗语	tɔ^{53}	+	+	+	+	+	向日征 1999
巴哼语	tu^{55}	+	+	+	+		毛宗武、李云兵 1997
畲语	tu^5	+	+	+	+	+	毛宗武、蒙朝吉 1986
勉语（勉方言）	tu^7	+	+	+	+	+	毛宗武等 1982
勉语（标敏方言）	tu^{53}	+	+	+	+	+	毛宗武 2004
京语	dɯək^8	+	+	+	+	+	欧阳觉亚等 1984
布央语	ʔdai^{24}	+	+		+		李锦芳 1999

续表

语言	"获得"义语素	主要动词	动相补语	能性补语	状态/程度补语标记	能性补语标记	资料来源
布庚语	ti³¹	＋	＋		＋		李云兵 2005
回辉话	hu³³	＋	＋	＋	＋		郑贻青 1997
白语	tɯ⁶	＋	＋	＋	＋		徐琳、赵衍荪 1984

既然表4所列语言里"获得"义语素的多功能模式跟汉语"得"高度平行,我们就有理由相信,这些民族语言"获得"义语素的多功能模式导源于跟汉语"得"相同的语法化过程。

南方的民族语言绝大多数没有书面文献,因此我们很难直接从历史文献窥见这些语言"获得"义语素的语法化过程。但汉语补语标记"得"的来源及演化过程已有比较成熟的研究(王力 1958, 1989;太田辰夫 1958;杨平 1989;刘坚等 1992;Lammar 2001;吴福祥 2002a,2002b)。下面根据相关的研究(杨平 1989;Lammar 2001;吴福祥 2002a,2002b)对这个语法化过程进行简单的梳理。

"得"本为"获得"义他动词:

(16) 西南得朋。(《周易·坤》) | 燕婉之求,得此戚施。(《诗经·邶风·静女》)

先秦两汉文献里,"得"也可以用于他动词之后构成连动式"V得O":

(17) 孟孙猎得麑,使秦西巴持之归,其母随之而啼。(《韩非子·说林上》) | 今臣为王却齐之兵,而攻得十城,宜以益亲。(《史记·苏秦列传》) | 宋元王之时,渔者网得神龟

焉。(《论衡·讲瑞》)

大约在魏晋六朝时期,"得"在非"得"义动词之后逐渐虚化成表示动作已实现或有结果的动相补语:[7]

(18) 值祥私起,空斫得被。(《世说新语·德行》)|(李)寄便放犬,犬就啮咋,寄从后斫得数创。(《搜神记》卷十一)|今佛道成得,无不知。(《六度集经》卷七)

降至唐代,动相补语"得"在不同的语境里开始发生"多向语法化"(polygrammaticalization),[8]其一是在"非已然"(irrealistic)语境里语法化为能性补语:

(19) 猕猴尚教得,人何不愤发。(《寒山子诗集》)|余时把著手子,忍心不得……(《游仙窟》)|卿之所师,敢得和尚已否?(《敦煌变文校注·降魔变文》)

其二是在"已然"(realistic)语境里,当"V得$_{动相补语}$"后接谓词性成分时,动相补语"得"逐渐语法化为状态/程度补语标记:[9]

(20) 已应春得细,颇觉寄来迟。(杜甫《佐还山后寄三首》之二)|生时百骨自开张,诳得浑家手脚忙。(《敦煌变文校注·父母恩重经讲经文》)|男女病来声喘喘,父娘啼得泪汪汪。(《敦煌变文校注·故圆鉴大师二十四孝押座文》)

最后,表示某种结果/状态的述补结构"V得C"在未然语境里进一步语法化为能性述补结构,与此同时,原来用作状态/程度补语标记的"得"演变为能性补语标记。例如:

(21) 若使火云烧得动,始应农器满人间。(来浩《题庐山双剑峰》)|若有人弹得破,莫来;若也无人弹得破,却还老僧。(《祖堂集》卷七)

可见,汉语"得"的语法化过程应是(参看 Lammar 2001;吴福祥 2002a，2002b)：

(22) 汉语语素"得"的语法化历程：

"获得"义动词 ⟶ 动相补语 ⟶ 状态/程度补语标记 ⟶ 能性补语标记
　　　　　　　　　　　　 ⟶ 能性补语

基于(22)，我们可以将上述民族语言"获得"义语素的语法化过程构拟如下：

(23) 中国南方部分民族语言"得"义语素的语法化历程：[10]

"获得"义动词 ⟶ 动相补语 ⟶ 状态/程度补语标记 ⟶ (能性补语标记)
　　　　　　　　　　　　 ⟶ 能性补语

我们应该怎样看待汉语和南方部分民族语言里"获得"义语素语法化过程的平行性？Enfield(2003:350)在讨论东南亚语言"ACQUIRE"义语素(包括汉语"得")多功能模式的成因时，提出三种可能的解释：(i)接触导致的"仿造"(calqing)(即这些语言使用自己的词汇成分来拷贝"源语"(sorce language)中语义对应成分所发生的功能"引申"模式)，(ii)这些语言分别独立发生的、内部因素导致的平行的语义演化，(iii)上述两种过程的交互作用。不过 Eefield 强调，最有可能的解释是(iii)。

我们大体赞成 Eefield(2003)的看法，并提出下面的证据来证明汉语和南方部分民族语言里"获得"义语素演化过程的平行性是语法复制(接触引发的语法化)的产物。

(A) 跨语言罕见的共时模式

跨语言的调查显示，类似汉语补语标记"得"的这种语法范畴在东南亚以外的语言中十分罕见，而同一个"获得"义语素具有"动相补语"、"能性补语"、"状态/程度补语标记"和"能性补语标记"等用法的共时多功能模式目前只在东南亚语言中才可以见到。[11]如果一种跨语言、跨地区罕见的语法范畴或共时模式却在同一区域的两种或两种以上的语言中出现,那么这种共享关系通常是语言接触导致的语法复制(参看 Heine & Kuteva 2005,2007)的结果。

(B)"蔟聚"式语法化过程

"蔟聚"(clustered)式语法化指的是一个语法范畴或语法标记的产生涉及两个以上互相关联而又相对独立的语法化过程。这种语法化模式有两种情形:一是"多向语法化"(polygrammaticalization):一个语源成分在不同的句法环境里(同时或先后)发生几个相对独立的语法化过程,即"A > B;A > C;A > D"(参看 Craig 1991)。另一种情形是"重复语法化"(repeated grammaticalization):一个语源成分通过语法化变成语法成分,而后者又进一步发生语法化,变成语法化程度更高的语法成分,即"A > B > C"(参看 Heine & Kuteva 2005:186)。如果两种(或两种以上)语言里对应的语法范畴或语法标记的产生过程涉及相同的多向语法化或重复语法化模式,那背后的动因通常是语言接触导致的语法复制(参看 Heine & Kuteva 2005:186)。本文上面的分析显示,汉语和南方部分民族语言里补语标记的来源涉及的是一个典型"蔟聚"式语法化模式(同时包含多向语法化和重复语法化两个模式),可见汉语和南方部分民族语言里"获得"义语素所经历的相同的语法化模式只能解释为接触引发的语法化。

(C)语言接触的历史和现状

大量的人类学、考古学、语言史和社会语言学的资料和成果显示,汉语和中国南方民族语言具有数千年的接触历史(参看

413

LaPolla 2001,Matthews 2007),特别是新中国成立后,这种接触尤其广泛而深刻。长期、密切的语言接触导致汉语与这些民族语言之间互相影响,而后者受前者的影响尤其广泛而明显。

综上所述,我们认为,汉语和南方部分民族语言"获得"义语素多功能模式的对应及其语法化过程的平行是接触引发的语法化的产物,具体说,这些民族语言"获得"义语素多功能模式的产生是复制了汉语"得"的语法化过程。这个问题我们将在 3.4 节作进一步讨论。

3.2 "拿"义动词 → 处置式标记

众所周知,汉语有一种非常能产的结构式,即处置式。在汉语普通话及多数官话方言里,这个结构式的语法标记是具有介词性质的"把";而在南方的一些汉语方言里,处置式的语法标记则有"将"(粤语、客语、闽语)、"拿"(吴语、部分湘语、客语和赣语)、"提"(徽语休宁话)、"搦"(赣语南昌话和闽语泉州话)、"帮"(部分吴语、湘语、徽语及赣语)、"共"(闽语)、"同"(客语梅县话)等不同语素形式。(参看黄伯荣 1996;李如龙、张双庆 1997;曹茜蕾 2007)

值得注意的是,南方的一些民族语言也拥有这种结构式。[12]例如:

(24) **佯僙语**(薄文泽 1997):$təi^2$"拿"

(A)"执持"义动词:

a. $təi^2\,taŋ^1\,tha{:}i^1\,jiu^2\,dəm^5\,dəm^5$.

　　拿　来　给　我　看　看

　　"拿来给我看看。"

$mən^2\,təi^2\,vi^{2?}\,me^3\,tha{:}i^2\,jiu^2$.

他 拿 火柴 给 我

"他把火柴拿给我。"

(B) 工具介词：

b. jiu² təi² pwa:p¹⁰ nak⁸ məm⁶.

我 拿 叉子 叉 鱼

"我用鱼叉叉鱼。"

ʔbəp⁷ li² thəi⁶ təi² lət⁷ ve⁴ vən¹.

犁 头是 用 铁 做 的

"犁头是用铁做的。"

(C) 处置式标记：

c. təi² to⁴ pa:i³ rəu¹ ɣa:n！

拿 毛巾 搭 上 竹竿

"把毛巾搭到竹竿上！"

ra:u¹ təi² ra:u² taŋ¹ raŋ⁶.

咱们拿 柱子来 立

"我们把柱子立起来。"

(25) **吉卫苗语**（向日征 1999）：*kə⁴⁴* "拿"

(A) "执持"义动词：

a. ʂei⁴⁴ ta³³ kə⁴⁴ ca³⁵ noŋ³¹.

辣椒 拿 炒 吃

"辣椒拿来炒着吃。"

(B) 工具介词：

b. kə⁴⁴ qɔ³⁵ ɳtɕ³⁵ Nqa⁴⁴.

拿 剪刀 剪

"用剪刀剪。"

415

(C) 处置式标记：

c. kə⁴⁴ ta³⁵ quɯ⁴⁴ tɕi⁵³ tɕi⁵³ ʂə³⁵.
把（冠词）狗　　赶　走
"把狗赶走。"

kə⁴⁴ ə⁴⁴ ntsho⁵³ tɕi⁴⁴ tɕə⁴².
把 衣 洗 （词头）干净
"把衣服洗干净。"

wu⁴⁴ kə⁴⁴ ta³⁵ nen³⁵ pə³¹ ta⁴² tɕu⁴⁴.
他 把（冠词）蛇 打 死 了
"他把蛇打死了。"

(26) **勉语标敏方言**（毛宗武 2004）：khan⁵³ "拿"

(A) "执持"义动词：

a. kəu³⁵ khan⁵³ pun⁵³ ka⁴² da³¹ dzu²⁴ tshan³³.
我 拿 去 河里 洗 一下
"我拿到河里洗一下。"

(B) 工具介词：见 "方言土语常用词汇对照：khan⁵³ 用"（615 页）。

(C) 处置式标记：

b. tiu³¹ naŋ³³ khan⁵³ nin³¹ than⁴² tai⁴² kwən⁵³.
条 蛇 把 他 咬 死 了
"蛇把他咬死了。"

hja²⁴ khan⁵³ pla³⁵ ɬhui³³ gwa³¹ kwən⁵³.
风 把 房子 吹 塌 了
"风把房子吹塌了。"

ai⁴²！a³³ tau³¹ khan⁵³ naŋ²⁴ ȵin⁴² ɬaŋ³¹ kwən⁵³.
唉 他们 把 饭 吃 完 了

"唉！他们把饭吃完了。"

(27) **傣语**（喻翠容、罗美珍 1980）：au^1 "拿"

(A) "执持"义动词：

a. $au^1 ma^2 le^5$？

　　拿　来　了吗

　　"拿来了吗？"

(B) 工具介词：

b. $au^1 ka^{?7} da:t^9 tɛm^3 to^1$.

　　用　纸　　写　字

　　"用纸写字。"

(C) 处置式标记：

c. $au^1 thi^4 dɛŋ^1 jok^8 suŋ^1 suŋ^1$.

　　把　旗　红　举　高　高

　　"把红旗举得高高的。"

(28) **布芒语**（刀洁 2007）：$dɯk^{24}$ "拿"

(A) "拿"义动词：

a. $ŋa^{55} dɯk^{24} haŋ^{51} ɛk^{21} khău^{12} ti^{33} tɛk^{21}$.

　　他　拿　　槽　猪　进　　卧室

　　"他把猪槽放到屋里。"

(B) 工具介词：

b. $dɯk^{24} keŋ^{55}$ 　$tăŋ^{12} ȵa^{55}$.

　　用　茅草　盖　房子

　　"用茅草盖房子。"

　　$dɯk^{24} ŋua^{55} la^{21} kăm^{33} ȵa^{55}$.

　　用　谷子找地　基

417

"用谷子择地基。"

(C) 处置式标记:

 c. da^{55} dɯk^{24} bua^{24} hɔi^{12} pɯk^{21} ka^{24}.

  我 拿 包 挂 上 门

  "我把包挂在门上。"

  ku^{33} dɯk^{24} sɔŋ^{51} pɯ^{24} bmŋ^{55} tɯ^{55} n̠a^{55}.

  她 拿 篮子 放 里 面 家

  "她把篮子放在屋里。"

也有一些语言的"拿"义语素可能只有主要动词和处置式标记两种功能。例如:

(29) **村语**(欧阳觉亚 1998): *bən^4* "拿"

(A) "执持"义动词:

 a. bui^2 dan^5 dɔ(i)^1 bən^4.

  拿 条 绳子 来

  "拿一条绳子来。"

(B) 处置式标记:

 b. hɔt^4 bui^2 eŋ^1 nuŋ^3 tshui^2 khɔ^5 lɛu^5.

  风 把 田 都 吹 干 了

  "风把田都吹干了。"

  bui^2 na^5 tshɔi^4 lɛu^5.

  把 它 扔 了

  "把它扔了。"

  hon^4 na^5 bui^2 eŋ^1 ba^1 tθen^1, bai^4 hiau^5 tθiu^3 hai^3 fon^1.

  今天 把 田 耙好 明天 就 下 种

  "今天把田耙好,明天就下种。"

(30) 巴哼语（毛宗武、李云兵 1997）:ɤ³¹"拿"

(A)"执持"义动词：

　　a. nɦʉ³¹ mʉ⁵⁵ ɤ³¹ lɦo³¹ pja³⁵ tɕɐ⁵⁵ lɔ̃³⁵ qo⁵⁵ qɛ³⁵.
　　　他们　　拿回来五　六　个　蛋　鸡
　　　"他们拿回来了五六个鸡蛋。"

(B)处置式标记：

　　b. ɤ³⁵! vɦɔ̃³¹ ɤ³¹ a⁴⁴ tɦɛ³¹ mpɔ⁵³ qɤ⁵⁵ vɦa³¹.
　　　噢　我　把　碗　打　破　了
　　　"噢！我把碗打破了。"

　　　mɦʉ³³ ɤ³¹ tɔ³⁵ ho³¹ n̩tɕɐ⁵⁵ tɕe³⁵.
　　　你　　把　刀　磨　利　　些
　　　"你把刀磨利些。"

下面的表5是我们观察到的具有"拿"义语素多功能模式的语言：

表5　南方部分民族语言"拿"义语素的多功能模式

语言	语素	拿义动词	工具介词	处置式标记	资料来源
佯僙语	təi²"拿"	＋	＋	＋	薄文泽 1997
傣语	au¹"拿"	＋	＋	＋	喻翠容、罗美珍 1980
拉基语	zi³⁵"拿"	＋	＋	＋	李云兵 1999
布依语	au¹"拿"	＋	＋	＋	喻翠容 1980
侗语	təi²"拿"	＋	＋	＋	梁敏 1980b
木佬语	na³¹"拿"	＋	＋	＋	薄文泽 2003
仡佬语	hɑu¹³"拿"	＋	＋	＋	张济民 1993
黎语	dew¹"拿"	＋		＋	欧阳觉亚、郑贻青 1984
村语	bui²"拿"	＋		＋	欧阳觉亚 1998

续表

语言	语素	拿义动词	工具介词	处置式标记	资料来源
壮语	dawz"拿"	+		+	张元生、覃晓航 1993
巴哼语	ɤ³¹"拿"	+		+	毛宗武、李云兵 1997
炯奈语	kjo⁵³"拿"	+	+	+	毛宗武、李云兵 2002
苗语	ta³⁵"拿"	+	+	+	王辅世 1985
吉卫苗语	kə⁴⁴"拿"	+	+	+	向日征 1999
勉语（标敏方言）	khan⁵³"拿"	+	+	+	毛宗武 2004
京语	lə̆i⁵"拿"	+	+	+	欧阳觉亚等 1984
倈语	lau⁴"拿"	+	+	+	李旭练 1999
布芒语	duɯk²⁴"拿"	+	+	+	刀洁 2007
回辉话	tu²⁴"拿"	+	+	+	郑贻青 1997

跟上述民族语言的处置式标记有所不同，汉语"把"在现代标准语里只用于处置式语法标记，不再有主要动词和工具介词用法。但汉语历史语法的研究表明，处置式语法标记"把"同样也是由"执持"义动词并且经过"工具介词"这一阶段演化而来的。根据吴福祥（1997，2003），处置式语法标记"把"的演化过程大致如下：

"把"最早是"执持"义动词（《说文·手部》："把，握也；从手巴声。"）：

（31）又陈常车，周公把大钺，召公把小钺，以夹王。（《逸周书·克殷解》）｜师行，师尚父左杖黄钺，右把白旄以誓，曰……（《史记·齐太公世家》）

六朝之后，"把"在连动式"$V_1+O_1+V_2+O_2$"中 V_1 位置上语法化为工具介词，例如：

（32）生来不读半行书，只把黄金买身贵。（李贺《啁少

年》）｜自把玉钗敲砌竹,清歌一曲月如霜。(高适《听张立本女吟》)

进一步,"把"由工具介词语法化为处置式语法标记:

(33) 若要上方膳帝释,出门轻把白榆攀。(《敦煌变文校注·双恩记》)｜师便把火著放下。(《祖堂集》卷十四)｜谁把金丝裁翦却,挂斜阳? (欧阳炯《春光好》)

由此可见,汉语处置式语法标记的语法化路径应是:

(34) "执持"义动词 → 工具介词 → 处置式语法标记

其实,在汉语某些南方方言里,处置式标记的语源及早期用法仍保留在现代口语里,这也可以证明(34)的概括符合汉语标准语"把"的演变事实。如苏州话的"拿"(刘丹青 1997):

(35) a. "执持"义动词:㑚拿好伞。(你拿着伞)

　　 b. 工具介词:俚拿大盆汰衣裳。(他拿大盆洗衣服)

　　 c. 处置式语法标记:我拿玻璃窗擦清爽哉。(我把玻璃窗擦干净了)

基于(34)对汉语处置式语法标记演化过程的概括,我们可以将上述民族语言里"拿"义语素的语法化过程构拟如下:

(36) "执持"义动词 → 工具介词 → 处置式语法标记

我们现在面临的是跟"获得"义语素语法化过程相同的问题,即应该如何解释汉语和南方部分民族语言里"执持"义语素相同的语法化模式。基于与3.1相同的证据,我们主张,"执持"义语素语法化在汉语和南方部分民族语言里所呈现的相同模式,体现的是一个接触引发的语法化的实例。

首先,跟"获得"义语素的多功能模式一样,"执持"义动词用作工具介词和处置式标记也是一种跨语言罕见的多功能模式,东南亚之外目前我们只在非洲（西非）一些语言里能见到这种模式，比如莫雷语（Mooré）的 *dika*，亚特耶语（Yatye）的 *awá*，巴米勒克语（Bamileke）的 *láh*，特维语（Twi）的 *de*，加族语（Ga）的 *kɛ*，伊多玛语（Idoma）的 *l*，阿乌图（Awutu）的 *nɛ*，努培语（Nupe）的 *lá* 以及达格班尼语（Dagbani）的 *zang* 等，都可以同时用作工具标记和受事/宾语标记，而历史上这些语法标记均来自"TAKE"义动词（参看 Lord 1973, 1993; Givón 1975; Heine & Kuteva 2002; 吴福祥 2003）。不过有两点需要说明：第一，汉语及南方民族语言的处置式标记跟这些非洲语言的受事/宾语标记有所不同：(a) 汉语及前述民族语言的处置式标记并不是典型的受事/宾语标记，因为有些能做宾语的名词性成分并不能进入处置式，比如在汉语和壮语中处置式标记后面的名词性成分都必须是有定成分（如"把那三个灯熄掉"），无定成分通常不能进入这样的结构式（如"*把三个灯熄掉"）（参看张元生、覃晓航 1993）；而上述非洲语言的受事/宾语标记未见类似的语义限制。(b) 汉语和壮语的处置式中谓语动词一般不能是光杆动词，谓语动词前后需要带上其他成分，至少是动词重叠形式（参看张元生、覃晓航 1993）；而在非洲这些语言里，受事/宾语标记所在的句子未见有这类句法限制。(c) 至少在汉语里，处置式本身有"主观性"这种独立的话语-语用功能，因而不同于一般的"提宾"结构（参看沈家煊 2002）；而在上述非洲语言里受事/宾语标记所在的句式未见有这样的话语-语用功能。由此可见，汉语和中国境内部分民族语言的处置式跟非洲语言的受事/宾语标记所在的句式虽在成分结构、语法关系和层级结构等方面有相似之处，但二者在语义、句法和话语功能上有明显差异。第二，上述具有"TAKE"义动词多功能模式的非洲语言,地理上处于同一个区域,不排除语言接触导致的区域扩散这种可能。

其次,跟"获得"义语素的语法化过程一样,汉语和上述民族语言里处置式标记的产生也包含了一个"蔟聚"式语法化(重复语法化)过程,而如前所述,"蔟聚"式语法化通常是判定语法复制(接触引发的语法化)的一个重要参数。

最后,那些具有处置式的南方民族语言跟汉语之间具有长期、密切的接触关系。

3.3 "完毕"义动词 → 体标记

现代汉语"了"除用作完整体(perfective)助词(即"了$_1$")和完成体(perfect)助词(即"了$_2$")之外还有其他一些用法,其多功能模式大体可概括如下:

(37) a. "完毕"义动词:这事儿已了(liao^3)啦。

b. 结果或动相补语:这些菜我吃不了(liao^3)啦。[13]

c. 能性傀儡补语:明天的活动我参加不了(liao^3)。[14]

d. 完整体助词(即"了$_1$"):吃了(le^0)饭再去吧。

e. 完成体助词(即"了$_2$"):他同意我去了(le^0)。

无独有偶,汉语"了"的这种多功能模式也见于回辉话(郑贻青1997)的"完毕"义语素"phi^{55}"。例如:

(38) a. "完毕"义动词:*phi*^{55} 完(做完了)(附录一:"词汇材料",199 页)

b. 结果补语/动相补语:

nau^{33} ŋau^{24} phi^{55}.

他 做 完了

"他做完了。"

nau³³ sa³³ sien¹¹ lu³³ hu³³ zao²⁴ pu³³ phi⁵⁵.
他 的 钱 多 得 数 不 完 了
"他的钱多得数不完。"

c. 能性傀儡补语

ʔa¹¹ kai³³ ha:i³³ hu³³ pha⁴³ pu³³ phi⁵⁵.
老人 累 得 走 不 了
"老人累得走不动。"

d. 完整体助词：

pia³³ phi⁵⁵ ta¹¹ mau¹¹ ko⁵⁵ saŋ³³.
种 了 一 亩 花生
"种了一亩花生。"

kau³³ kia⁴³ huai³² phi⁵⁵ kia⁵⁵ zai³³ lo³³.
我 等 白 了 半 天 了
"我白等了半天了。"

e. 完成体助词：

ʔa¹¹ pa³³ kau³³ na:n³² piu⁵⁵ ma³³ thun³³ phi⁵⁵.
父亲 我 六 十 五 岁 了
"我父亲六十五岁了。"

na²⁴ sa:n³² thaŋ¹¹ ŋu²⁴ za:i³² phi⁵⁵.
小孩 站 起来 了
"小孩站起来了。"

回辉话没有书面文献，其体标记 phi⁵⁵ 的演化过程我们不得而知。但汉语体标记"了"的来源及演化过程则有大量的研究成果（王力 1958,1989；太田辰夫 1958；梅祖麟 1978,1994；刘坚 1992；曹广顺 1995；吴福祥 1996,1998）。根据现有的研究，我们知道，

"了"本为"完毕"义动词(《广雅释诂》:"了,讫也。"),这个意义的"了"汉代始见于文献(王力 1989):

(39)人远则难绥,事总则难了。(仲长统《昌言·损益》)

南北朝时期,"了"在连动式里虚化为表示动作实现或有结果的动相补语:

(40)禾秋收了,先耕荞麦地,次耕余地。(《齐民要术·杂说》)|公留我了矣,明府不能止。(《三国志·蜀书·杨洪传》)

唐代以后,动相补语"了"开始了多向语法化过程,一是在非已然语境的"V(O)不了"/"V得了"格式中语法化为能性傀儡补语:

(41)却恐为使不了,辱着世尊……(《敦煌变文校注·维摩诘经讲经文》)|忘不了哥哥重恩,小可张千,前生分缘。(《元刊杂剧三十种·张千替杀妻》)

二是在已然语境的"V+了$_{动相补语}$+(O)"格式中语法化为完整体助词:

(42)将军破了单于阵,更把兵书仔细看。(沈传师《寄大府兄侍史》)|恰则心头托托地,放下了日多萦系。(毛滂《惜分飞》)

三是在已然语境的"V+O+了$_{动相补语}$"格式中语法化为完成体助词:

(43)国师曰:"这个是马师底,仁者作么生?"师曰:"早个呈似和尚了。"(《景德传灯录》卷七)|如诸侯祭天地,大夫祭山川,便没意思了。(《朱子语类》卷三)

这个多向语法化过程的路径可概括如下:

(44) 汉语"了"的多向语法化路径：

"完毕"义动词 ⟶ 结果补语/动相补语 ⟶ 能性傀儡补语
　　　　　　　　　　　　　　　　　　完整体助词
　　　　　　　　　　　　　　　　　　完成体助词

比照汉语"了"的语法化过程，我们可以将回辉话 phi^{55} 的语法化路径构拟如下：

(45) 回辉话 phi^{55} 的多向语法化路径：

"完毕"义动词 ⟶ 结果补语/动相补语 ⟶ 能性傀儡补语
　　　　　　　　　　　　　　　　　　完整体助词
　　　　　　　　　　　　　　　　　　完成体助词

我们现在要回答的问题是，是什么因素导致汉语"了"和回辉话 phi^{55} 共时多功能性和历时演化过程呈现相同的模式？是平行的语法演变还是接触引发的语法复制？基于下面的理由，我们认为答案是后者。

第一，像汉语和回辉话这种用同一个语素表达"'完毕'义动词、结果补语/动相补语、能性傀儡补语、完整体标记和完成体标记"的多功能模式在世界语言里极其罕见，而如前所述，两个语言假若共同具有一种跨语言罕见的语法范畴或多功能模式，那么极有可能是接触引发的语法复制的实例（参看 Heine & Kuteva 2003, 2005, 2006）。

第二，虽然"'完毕'义动词 > 完成体标记"这种语法化过程在世界语言中并不鲜见（参看 Bybee et al. 1994；Heine & Kuteva 2002），但同一个"完毕"义动词虚化为结果补语/动相补语之后又继续在不同的句法环境里语法化为能性傀儡补语、完整体标记和完成体标记，这种多向语法化模式在世界语言中则十分罕见。而如前所述，两个语言里对应的语素若具有相同的多向语法化过程或重复语法化过程，那么语法复制的可能性就可以被证实。

第三,越南境内跟回辉话同属南岛语系马来-波利尼西亚语族(Malayo-Polynesian)占语支(Chamic)的语言[如拉德语(Rade)、罗格莱语(Roglai)以及藩朗占语(Phan Rang Cham)],其"完毕"义语素的多功能模式迥异于回辉话的 phi[55],如藩朗占语的 plɔ̀h:

(46)藩朗占语 plɔ̀h 的用法(Thurgood 2006):

a. 主要动词:"完毕"('finish')

b. 小句或句子连词(用于小句之首,引出后续事件),相当于汉语的"然后":

plɔ̀h mɪʔ kədɔh məkya nam patàwʔ
finish get peel   ebony that hide

'then took the skin of the fruit and hid it.'

c. 表示一个事件或活动在另一事件或活动之前结束或完成(用于所在小句之末):

rəmiʔ mənin cəluʔ plɔ̀h ñu pà lithay naaw paʔ pìŋ...
clean bowl plate finish she take rice go at well

'After she did the dishes, she took the rice to the well...'

可见,藩朗占语 plɔ̀h 的语义演变路径应是(Thurgood 2006):

(47) 'finish' ⟶ { 'then' / PERFECTIVE

第四,回辉话跟汉语的接触已有数百年的历史,长期密切的语言接触导致回辉话在语音、词汇、形态和句法方面受到汉语广泛、深刻的影响（参看 Thurgood 1999,2006；Thurgood & Li 2003, 2007），以至 Thurgood & Li（2007）断言，这个语言已由南岛语变成了汉语的一种方言。

综上所述，我们认为 phi[55] 多功能模式的出现实际上是对汉语"了"多向语法化过程复制的产物。

3.4 语法复制方向的进一步证明

以上我们讨论了南方民族语言里三个接触引发的语法化过程，我们主张，汉语跟相关民族语言之间存在的三个对应的多功能模式，是语言接触导致的语法复制的结果，而且我们倾向于认为，在这三个语法复制过程中汉语是模式语，相关的民族语言是复制语。但这些语法复制过程有没有可能是以相反的方向进行的？换言之，汉语的补语标记"得"、体标记"了"以及处置式标记"把"有没有可能是受上述民族语言的影响而产生的？基于下面的证据，我们认为这种可能性并不存在。

（A）发生学关系的分布模式

假定 A、B 两种语言共享的范畴 F 是语法复制的产物，若跟语言 A 具有发生学关系的语言都没有 F，但跟语言 B 有发生学关系的语言则具有这种范畴，那么 F 的迁移方向一定是"语言 B ＞语言 A"（参看 Kuteva 2005,2007）。如上所述，"'完毕'义动词-动相补语-傀儡补语-完整体标记-完成体标记"这种多功能模式在我们所能见到的与回辉话发生学关系极近的占语支语言里未见报道。另一方面，这种多功能模式在汉语很多方言里都可以观察到，尽管其语素形式未必同源。

(B) 语法范畴的相对年龄

接触引发的语法化以及其他接触引发的特征迁移的一个普遍规律是,模式语里模式范畴的出现时间总是要早于复制语中对应的复制范畴,因为前者在语言接触之前即已存在,而后者在语言接触之后才得以产生。既然如此,年老的模式范畴就应具有足以显示其年龄的若干特点,比如相对于复制范畴,它表现出更高的去范畴化和语音弱化程度以及更多的不规则形态-音位行为等等(参看 Heine & Kuteva 2005,2007)。汉语"得"用作补语(状态/程度/能性)标记以及"了"用作体(完整体/完成体)助词时语音形式都发生了弱化(轻声化和元音弱化),但这种语音弱化现象并不见于前举民族语言的对应范畴。可见汉语的补语标记"得"和体标记"了"的年龄要大于民族语言的对应语素,因此前者应是模式范畴,后者当是复制范畴。

(C) 语法化的相对程度

如果 A、B 两种语言共享的某一语法范畴 F 是语法复制的结果,那么复制语中的复制范畴 F_R 的语法化程度通常要低于模式语中对应的模式范畴 F_M。(Heine & Kuteva 2005,2007)语法成分的语法化程度包含形式(语音-音系表现和形态-句法行为)语法化程度和功能(语义和语用行为)语法化程度两个方面(Bybee 1997;Bybee & Dahl 1989;Bybee et al. 1994),通常与"去范畴化"、"去语义化"和"语音弱化"等语法化参数密切相关(Heine & Kuteva 2005)。典型的情形是,一个语法成分"去范畴化"、"去语义化"和"语音弱化"程度越高,那么其语法化程度也就越高;反之亦然。如前所述,汉语"得"用作补语(状态/程度/能性)标记以及"了"用作体(完整体/完成体)标记时语音形式都发生了弱化(轻声化和元音弱化),但这种语音弱化现象并不见于前举民族语言的对应范畴。可见汉语的补语标记"得"和体标记"了"在形式语法化程度方面要高于前举民族语言的对应范畴。另一方面,也有证据显示,汉语补语标记"得"和处置式语法标记"把"的语义语法化程度也明显高于前述民族语言对应的语法标记:第一,能性补语标记是汉语"得"语法化路径的最后阶段,它不仅是补语标记"得"意义语法化程度最高的功能,而且也是现代汉语口语里补语标记"得"最基本的用法,但这样的功能只见于部分民族语言的"得"义语素。第二,汉语补语标记"得"和处置式语法标记"把"有一种语义高度虚化的用法,即表达"致使"的功能,如"一下午的课上得我口干舌燥"、"一杯烈酒喝得老王晕头转向"、"一下午的课把我累得腰酸背疼"、"偏偏又把老张给病了",而这种"致使"功能基本不见于民族语言的对应范畴。

(D) 语法范畴的分布特征

语法复制的研究显示,接触引发的语法化所产生的新的范畴通常在使用上受到限制,比如频率较低、能产性较差、限于特定语境,至少在被复制的早期阶段是如此。因此,在一个给定的语法复制的实例里,假若语言 A 的某一范畴 F 在分布上受到限制,而语言 B 对应的范畴并没有表现出这样的限制,那么可以确定,语法复制的方向是"语言 B > 语言 A",不大可能是相反的方向。(Heine & Kuteva 2007) 这个参数可以用来说明汉语和南方民族语言之间处置式的复制方向。首先,在我们所调查的南方民族语言文献里,处置式的使用频度远没有汉语的把字句来得高,而语言成分的使用频度往往跟其能产性联系在一起。[15] 其次,很多民族语言处置式的使用要受到一些限制。例如几乎所有民族语言的处置式都不能用于否定语境和助动词结构式,[16] 比如武鸣壮语的处置

式中语法标记 taw^2 之前不能加上否定词或助动词(张元生、覃晓航 1993:213),而汉语的把字句则完全没有这样的限制(如"别把衣服弄脏了/没把衣服弄脏/不把他叫回来不行","我可以/能把他找回来")。

(E) 人口统计学变量(demographic variables)

一般说来,语言接触以及由此导致的语法复制有时对某个语言社会中特定社会阶层和人口群体有更多的影响,因此这类受语言接触更多影响的人口统计学种类(demographic categories)往往能显示更为明显的语法复制的效应。在这种情况下,像年龄、性别、职业、教育程度等人口统计学变量就可以为我们识别语法复制的方向提供一些重要的线索。(Heine & Kuteva 2005,2007)比如假定语言 A 和语言 B 共享的语法范畴或语法结构 F 是语法复制的结果,若 F 在语言 A 中的使用限于知识阶层或受过教育的人群,而语言 B 中 F 的使用没有这种限制。那么,F 的迁移方向很可能是"B>A",即语言 A 中 F 的出现是对语言 B 对应模式复制的结果。由于相关的文献资料未能提供这方面的信息,我们目前还不能用这个参数来判定汉语跟上述民族语言之间语法复制的方向。不过,黎语(欧阳觉亚、郑贻青 1980)处置式的使用情况也许能提供一些间接信息:既然"黎语很少用'把字式',汉语的'把+宾语+动词+补语'的格式黎语说成'动词+宾语+补语',只是由于汉语的影响越大越大,dew^1 有被用作介词的趋势"(欧阳觉亚、郑贻青 1980);那么这些受汉语影响而使用"把字式"的群体很可能主要是受过教育的人群或者是年轻的语言使用者,而不用"把字式"的更有可能是没有受过教育或年老的人群。

(F) 平行的语法复制过程或其他特征迁移的实例

在语言接触及由此导致的语言演变中,一种特别常见的情形是,语言 A 中某一复制范畴 F 的存在并不是一种孤立的特征迁移的现象,相反,在这个语言里可能还有另外的"语言 B＞语言 A"语法复制或其他特征迁移的实例。特别是,如果这些假定的特征迁移的实例之间是互相独立并且涉及不同的迁移种类(比如语法复制、语法借用以及词汇、语音成分的借用),而相反的特征迁移实例(即"语言 A＞语言 B")未曾发现或极其罕见。那么,语言 A 中 F 的存在应该来自对语言 B 里对应范畴的复制。在本文所涉及的民族语言里均存在来自汉语的语法复制和语法借用的平行例子,最典型的是汉语正反问句"V 不 V"几乎被所有具有"处置式"结构、"得"义语素多功能模式以及"完毕"义语素多功能模式的民族语言复制成对应的"V-not-V"疑问构式;此外,本文前述的绝大多数民族语言都有很多来自汉语的语法借用成分(如比较标记"比"、结构助词"的"等)(吴福祥 2007,2008)。但相反的语法复制和语法借用过程,即汉语复制或借用上述民族语言的语法成分的实例却极其罕见。

另一个需要回答的问题是,上举南方民族语言中"'获得'义动词＞补语标记"、"'拿'义动词＞处置式标记"以及"'完毕'义动词＞体标记"这三个语法化过程属于哪类接触引发的语法化过程,是"通常性接触引发的语法化"还是"复制性语法化"？比较容易判定的是"'获得'义动词 ＞ 补语标记"和"'完毕'义动词 ＞ 体标记",既然这两个过程的语源成分、目标成分以及演变阶段在汉语和相关的民族语言里完全对应,而且在模式语(汉语)和复制语(相关民族语言)的当代口语里都得以保存,那么这两个语法化过程无疑是复制性语法化。比较难以肯定的是"'拿'义动词 ＞ 处置式标记",因为在作为模式语的汉语中,"把"的"执持"义动词和工具介词这两种功能在当代口语里已分别为动词"拿"和介词"用"所替代,所以我们很难充满信心地确定南方民族语言中"'拿'义动词 > 处置式标记"的演变是一种复制性语法化(因为共时汉语已不能提供有关处置式语法标记"把"的语源和演变过程的任何信息)。但另一方面,我们似乎也很难将南方民族语言里"'拿'义动词 > 处置式标记"视为"通常性接触引发的语法化",因为如前所述,"'拿'义动词 > 处置式标记"并不是一种跨语言常见的语法化过程。不过,有一种可能的假设或许可以证明南方民族语言里"'拿'义动词 > 处置式标记"更有可能是复制性语法化的实例:现代汉语的把字句有一类用法跟位移事件有关,比如"把被子盖在孩子身上/把书送给弟弟/把光盘放进光驱里",这类句子所表达的"物体达至终点"的位移过程通常是以另一个位移事件为先决条件,比如"被子"附着在孩子身上之前应该有一个通过"拿"的动作使被子位移到施事手中这样的位移过程,实际上这类句子里"把"的意义跟"拿"十分接近。也许那些具有处置式结构的民族语言的使用者,将汉语这类把字句中"把"理解为"拿"义动词,并推测这类"把"很可能是典型把字句(如"把饭做好了")中语法标记"把"的语源。如果这个假设能够成立,那么上述民族语言里"'拿'义动词 > 处置式标记"的演变则自然属于复制性语法化。[17]

4 结语

本文主要基于 Heine(Heine & Kuteva 2003,2005,2006; Heine 2006,2007)有关语法复制的理论模式和分析框架讨论中

国南方民族语言里三个接触引发的语法化过程。主要结论是:

(i) 南方部分民族语言里"'获得'义动词＞补语标记"和"'拿'义动词＞处置式标记"以及回辉话"'完毕'义动词＞体标记"是受汉语影响而发生的语法演变。

(ii) 这三种语法化过程都属于"复制性语法化",即这些民族语言里补语标记、处置式结构和体(完整体和完成体)标记的出现分别导源于对汉语"'获得'义动词＞补语标记"、"'执持'义动词＞处置式标记"和"'完毕'义动词＞体标记"三种语法化过程的复制。

附 注

① Enfield (2003) 概括的东南亚语言"获得"义语素多功能模式包括四种功能:(a)"获得"义主要动词,(b) 主要动词前表达"实现/能性"等体貌-情态意义,(c) 主要动词后表达"实现/能性"等情态-体貌意义,以及 (d) 主要动词后用作描写性补语标记。

② "动相补语"(phase complement)是表示动作已实现或完成的语法成分。这个概念是由赵元任(1968)最早提出的:"有少数几个补语是表示动词中的动作的'相'而不是表示动作的结果的。"有关动相补语的语法属性和语义功能,可参看吴福祥(1998)的讨论。

③ 有些民族语言里用作动相补语的"获得"义语素(包括下面两例中京语 dɯək[8] 以及后文所讨论的汉语"得"),意义高度虚化,用法接近汉语完整体标记"了1"。我们之所以仍将其分析为动相补语,是因为:(a) 这种用法的"获得"义语素未见用于"动词＋补语＋'获得'义语素＋宾语"格式的实例,而在具有述补结构的语言里"V C [ ] O"是测试完整体标记最有效的句法槽。(b) 这些语言另有比较典型的完整体标记。(c) 动相补语是"结果补语＞动相补语＞完整体标记"语法化过程中的过渡阶段,其本身虚化程度不一,有的动相补语还带有明显的"结果"义,虚化程度较低,性质近于结果补语,如汉语的"着"("打着了"),有的动相补语已完全失去"结果"义,只表示实现或完成,虚化程度甚高,性质近于完整体标记,如汉语表完结的"过"(过1:"吃过

了饭就去")。

④ 这个例子中的"得"是"成"的意思,功能相当于动相补语。

⑤ 白语 tɯ⁶ 的用法比较复杂,其多功能模式跟其他民族语言的"获得"义语素不完全一致,我们拟另文讨论。

⑥ 表4及下面表5中特定功能栏中的空缺,只是表示相关文献未提供有关该功能的信息,并不意味着这些语言的"获得"义语素和"执持"义语素一定没有这项功能。

⑦ "得"义动词指的是"买"、"收"这类具有"获得"语义特征的主要动词(杨平1989)。又,汉语史上动相补语"得"虚化为能性补语的过程,六朝已肇其端,比如下面例子里的"得"似可分析为能性补语:

田为王田,买卖不得。(《后汉书·隗嚣传》)

⑧ 关于"多向语法化",请参看 Craig (1991) 的详细分析以及下文的相关界定。

⑨ 唐宋时期,表实现的述补结构"V得C"中补语成分C可以表示结果或趋向意义,因此这类结构中"得"其实是用作结果补语标记或趋向补语标记。如:

见伊莺鹉语分明,不惜功夫养得成。(《敦煌变文校注·长兴四年中兴殿应圣节讲经文》)|投子云:"还将得剑来不?"对云:"将得来。"(《祖堂集》卷十二)

本文为讨论的方便,对这类"得"的功能不再区分,而统称状态补语标记。

⑩ (23)中"能性补语标记"加上括号,是因为表4中有些民族语言的"获得"义语素可能没有这个功能,换言之,这些语言"获得"义语素的语法化还没有进行到这个过程的终点。

⑪ 比如在 Heine & Kuteva 编著的《语法化的世界词库》(Heine & Kuteva 2002:143—149) 里,"GET"("to get","to receive","to obtain")条下列举"获得"义语素在世界语言中的九种语法化模式,但未见有"'获得'义语素>补语标记"这样的语法化过程,而且从其提供的资料里也很难发现有哪一种语言具有(22)所示的"获得"义语素多功能模式。另一方面,书中列举的跟本文讨论相关的语法化模式(如"GET>ABILITY;GET>ABLIGATION;GET>PAST;GET>PERMISSIVE;GET>POSSIBILITY;GET>SUCCEED"),主要见于汉语、高棉语、苗语、瑶语、拉祜语、缅甸语等东南亚语言。

⑫ 有些民族语言的处置式标记明显是汉语借词,这类情形不在本文讨

论之列。如木佬语（薄文泽 2003）na^{31}"拿"：

a. "执持"义动词：

pə³³ ta³³ zo⁵³ na³¹ ʑe³¹ qa²⁴ mo²⁴ lə²⁴ le⁵⁵ la³³.

老大爷　拿 蛋 鸡 来 望 孙子

"老大爷拿着鸡蛋来看孙子。"

b. 工具介词：

na³¹ mu³¹ xe³¹ na³¹ fa²⁴ tsi⁵³ lai⁵³ tho³³ la³³ tɕi³³.

用 五 头 牛 换 一 个 拖拉机

"用五头牛换一辆拖拉机。"

c. 处置式标记：

ko⁵³ na³¹ seŋ²⁴ pe²⁴ zə⁵³ li²⁴.

他 拿 钱 给　我 了

"他把钱给我了。"

mo³¹ na³¹ ɬu³¹ zau⁵³ quŋ³³ tsu⁵⁵.

你 拿 碗 放　桌子

"你把碗放到桌子上去。"

⑬ 这里的"吃不了"是"吃不完"的意思，"了"是"完"义的结果/动相补语。有些学者把"吃不完"这类"V不C"中的C看做可能补语，我们（吴福祥 2002c）已经证明，这类格式中的能性意义是由整个"V不C"结构表达的，其中的C跟"VC"格式中的C功能上并无二致。

⑭ "能性傀儡补语"（dummy potential complement）这个术语是赵元任（1968）最早提出的，赵先生说："有两个常用的补语'了'（liao）和'来'，没有什么特殊的意义，其作用在于使可能式成为可能，是一种傀儡补语。"

⑮ 比如欧阳觉亚、郑贻青（1980）在列举下面的例句（a）之后强调：黎语很少用"把字式"，汉语的"把＋宾语＋动词＋补语"格式黎语说成"动词＋宾语＋补语"，如"把碗打破"说成"tha:i² wa:u¹ pho:n³"（打碗破）。例句（a）中的 dɯɯ¹ 其实也可分析为动词"拿"，dɯɯ¹ tsɯ² hom¹ wa:u¹ tsho:n² dɯ³ tsho¹（拿一个碗放在桌子上面），这就可以看做连动句。但由于汉语的影响越来越大，dɯɯ¹ 有被用作介词的趋势，所以这里我们姑且也把它当做介词。（参看欧阳觉亚、郑贻青 1980）

dɯɯ¹ tsɯ² hom¹ wa:u¹ tsho:n² dɯ³ tsho¹.

把 一 个 碗 放 在 桌

"把一个碗放在桌子上。"

⑯ 我们发现的唯一例外是勉语标敏方言（毛宗武 2004），这个语言的处置式可以用于否定句。例如：

n²⁴ nɔŋ⁴² khan⁵³ kəu³⁵ mə⁴² tu⁵³ na⁵³ jɛn⁴² ɖa⁴² sau³⁵！
不要　把　我　看得　这样　下　哪

"不要把我看得这样下贱哪！（毛宗武 2004：277）"

⑰ 有一种可能的解释是，汉语的某些南方方言（如吴语）的处置式标记用"拿"，而且这个标记的语源成分（"持/取"义动词以及工具介词）也跟处置式标记共存（如苏州方言），因此，南方民族语言中"'拿'义动词 ＞ 工具介词 ＞ 处置式标记"的演变可能是以这些汉语方言为模式语的。我们觉得这种假设的可能性不大，因为我们没有任何证据可以证明，地域跨度如此之大、数量如此之多的民族语言都跟用"拿"做语法标记的汉语方言有过接触关系。

参考文献

薄文泽　1997　《佯僙语研究》，上海远东出版社。
——　　2003　《木佬语研究》，民族出版社。
曹广顺　1995　《近代汉语助词》，语文出版社。
曹茜蕾　2007　汉语方言的处置标记的类型，《语言学论丛》第三十六辑，商务印书馆。
刀　洁　2007　《布芒语研究》，民族出版社。
黄伯荣　1959　广州话补语宾语的次序，《中国语文》第 6 期。
——　　1996　《汉语方言语法类编》，青岛出版社。
李锦芳　1999　《布央语研究》，中央民族大学出版社。
李如龙、张双庆　1997　《动词谓语句》，暨南大学出版社。
李云兵　2000　《拉基语研究》，中央民族大学出版社。
——　　2005　《布庚语研究》，民族出版社。
梁　敏　1980a　《毛难语简志》，民族出版社。
——　　1980b　《侗语简志》，民族出版社。
梁　敏、张均如　1997　《临高语研究》，上海远东出版社。
——　　2002　《标话研究》，中央民族大学出版社。

刘丹青　1997　苏州方言的动词谓语句,载李如龙、张双庆(1997)。

刘　坚、江蓝生、白维国、曹广顺　1992　《近代汉语虚词研究》,语文出版社。

毛宗武　2004　《瑶族勉语方言研究》,民族出版社。

毛宗武、李云兵　1997　《巴哼语研究》,上海远东出版社。

——　2002　《炯奈语研究》,中央民族大学出版社。

毛宗武、蒙朝吉　1986　《畲语简志》,民族出版社。

毛宗武、蒙朝吉、郑宗泽　1982　《瑶族语言简志》,民族出版社。

梅祖麟　1981　现代汉语完成貌句式和词尾的来源,《语言研究》第1期。

——　1994　唐代、宋代共同语的语法和现代方言的语法,《中国境内语言暨语言学》第二辑。

欧阳觉亚　1998　《村语研究》,上海远东出版社。

欧阳觉亚、程　方、喻翠容　1984　《京语简志》,民族出版社。

欧阳觉亚、郑贻青　1984　《黎语简志》,民族出版社。

沈家煊　2000　如何处置"处置式"?——论把字句的主观性,《中国语文》第5期。

太田辰夫　2003[1958]　《中国语历史文法》,蒋绍愚、徐昌华修订译本,北京大学出版社。

王辅世　1985　《苗语简志》,民族出版社。

王　均、郑国乔　1980　《仫佬语简志》,民族出版社。

王　力　1980[1958]　《汉语史稿》,中华书局。

——　1989　《汉语语法史》,商务印书馆。

韦庆稳、覃国生　1980　《壮语简志》,民族出版社。

吴福祥　1996　《敦煌变文语法研究》,岳麓书社。

——　1997　唐宋处置式及其来源,*Cahiers de Linguistique Asie Orientale* 26.2

——　1998　重谈"动+了+宾"格式的来源与完成体助词"了"的产生,《中国语文》第6期。

——　2002a　南方方言里几个状态补语标记的来源(二),《方言》第1期。

——　2002b　汉语能性述补结构"V得/不C"的语法化,《中国语文》第1期。

——　2002c　能性述补结构琐议,《语言教学与研究》第5期。

——— 2003 再论处置式的来源,《语言研究》第 3 期。
——— 2007 关于语言接触引发的演变,《民族语文》第 2 期。
——— 2008 南方语言正反问句的来源,《民族语文》第 1 期。
向日征 1999 《吉卫苗语研究》,四川民族出版社。
徐　琳、赵衍荪 1984 《白语简志》,民族出版社。
杨　平 1989 "动词+得+宾语"结构的产生和发展,《中国语文》第 2 期。
喻翠容 1980 《布依语简志》,民族出版社。
喻翠容、罗美珍 1980 《傣语简志》,民族出版社。
张济民 1993 《仡佬语研究》,贵州民族出版社。
张均如 1980 《水语简志》,民族出版社。
张元生、覃晓航 1993 《现代壮汉语比较语法》,中央民族学院出版社。
赵元任 1999[1968] 《汉语口语语法》,吕叔湘译,商务印书馆。
郑贻青 1997 《回辉话研究》,上海远东出版社。

Aikhenvald, Alexandra Y.　1996　Areal diffusion in North-West Amazonia: the case of Tariana. *Anthropological Linguistics* 38, 73-116.

——— 2002 *Language Contact in Amazonia*. Oxford: Oxford University Press.

——— 2007 Grammars in contact: a cross-linguistic perspective. In Aikhenvald & Dixon (eds.). 1-66.

Aikhenvald, Alexandra Y. & R. M. W. Dixon　2001　*Areal Diffusion and Genetic Inheritance: Problems in Comparative Linguistics*. Oxford: Oxford University Press.

——— 2007 *Grammars in Contact: a Cross-Linguistic Typology*. Oxford: Oxford University Press.

Bisang, Walter 1991 Verb serialization, grammaticalization and attractor positions in Chinese, Hmong, Vietnamese, Thai and Khmer. In Hansjakob Seiler & Waldfried Pemper (eds.) *Partizpation: das Sprachliche Erfassen von Sachverhalten*. Tu_bingen: Gunter Narr Verlag. 509-562.

——— 1996 Areal typology and grammaticalization: processes of grammaticalization based on nouns and verbs in East and mainland South East Asian languages. *Studies in Language* 20.3, 519-597.

———— 1998 Grammaticalization and language contact, constructions and positions. In Anna Giacalone Ramat & Paul Hopper (eds.) *The Limits of Grammaticalization*. Amsterda/Philadelphia: Benjamins. 13-58.

———— 2001 A reality, grammaticalization and language typology: on the explanatory power of functional criteria and the status of Universal Grammar. In Walter Bisang(ed.) *Language Typology and Universals*. Berlin: Akademie-Verlag. 175 -223.

———— 2004 Grammaticalization without coevolution of form and meaning: the case of tense-aspect-modality in East and mainland Southeast Asia. In Bisang, W., N. Himmelmann & B. Wiemer (eds.) *What Makes Grammaticalization? — a Look from Its Fringes and Its Components*. Berlin: Mouton de Gruyter. 109-138.

———— (in press) Grammaticalization and the areal factor: the perspective of East and mainland Southeast Asian languages. To appear in Lopez-Couso, Maria Jose & Elena Seoane (eds.) *Proceedings of New Reflections on Grammaticalization* 3. Amsterdam & Philadelphia: John Benjamins.

Blood, Doris Walker 1978 Some aspects of Cham discourse structure. *Anthropological Linguistics* 20.3,110-132.

Bybee, Joan 1997 Semantic aspects of morphological typology. In Joan Bybee, John Haiman & Sandra A. Thompson(eds.) *Essays on Language Function and Language Type*. Amsterdam: John Benjamins Publishing Company.

Bybee, Joan & Dahl, Osten 1989 The creation of tense and aspect systems in the languages of the world. *Studies in Language* 13, 51-103.

Bybee, Joan, Revere Perkins & William Pagliuca 1994 *The Evolution of Grammar: Tense, Aspect and Modality in the Languages of the World*. Chicago: University of Chicago Press.

Campbell, Lyle 1987 Syntactic change in Pipil. *International Journal of American Linguistics* 53.3,253-80.

Clark, Marybeth 1989 Hmong and areal South-East Asian. In David Bradley (ed.) *Papers in South-East Asian Linguistics. No. 11: South-*

East Asian Syntax (*Pacific Linguistics* A-77). Australian National University. 175-230.

Corne, Chris 1995 A contact-induced and vernacularized language: how Melanesian is Tayo ? In Philip Bake (ed.) *From Contact to Creole and Beyond*. London: University of Westminster Press. 121-148.

Craig, Colette G. 1991 Ways to go in Rama: a case study in polygrammaticalization. In Elizabeth C. Traugott & Bernd Heine (eds.) *Approaches to Grammaticalization*. Vol. II. Amsterdam, Philadelphia: John Benjamins. 455-492.

Dimmendaal, Gerrit 1995 The emergence of tense marking in the Nilotic-Bantu borderland as an instance of areal adaptation. In Petr Ziina (ed.) *Time in Languages*. Prague: Institute for Advanced Studies at Charles University and the Academy of Sciences of the Czech Republic. 29-43.

Enfield, Nick J. 2001 On genetic and areal linguistics in mainland Southeast Asia: parallel polyfunctionality of "acquire". In Alexandra Y. Aikhenvald & R. M. W. Dixon (eds.) *Areal Diffusion and Genetic Inheritance*. Oxford: Oxford University Press. 255-290.

—— 2003 *Linguistic Epidemiology: Semantics and Grammar of Language Contact in Mainland Southeast Asia*. London and New York: Routledge Curzon.

—— 2004 Areal grammaticalization of postverbal "acquire" in mainland Southeast Asia. In Somsonge Burusphat (ed.) *Proceedings of the Eleventh Southeast Asia Linguistics Society Meeting*. Tempe: Arizona State University. 275-296.

—— 2005 Parallel innovation and "coincidence" in linguistic areas: on a biclausal extent / result constructions of mainland Southeast Asia. In Patrick Chew (ed.) *Proceedings of the 28th Meeting of the Berkeley Linguistics Society, 2002, Special Session on Tibeto-Burman and Southeast Asian Linguistics*. Berkeley: Berkeley Linguistics Society. 121-128.

—— 2007 Epidemiology as a model for the dynamics of language. Paper for Symposium Language Contact and the Dynamics of Language: Theory and Implications, 10-13 May 2007, MPI EvA, Leipzig.

Filppula, Markku 1986 *Some Aspects of Hiberno-English in a Functional Sentence Perspective*. Joensuu: University of Joensuu.

Giacalone Ramat, Anna 2005 Areal convergence in grammaticalization processes. Paper presented at New Reflections on Grammaticalization 3, Santiago de Compostela, 17-20 July 2005.

Givón, Talmy 1975 Serial verbs and syntactic change: Niger-Congo. In Charles N. Li (ed.) *Word Order and Word Order Change*. Austin and London: University of Texas Press.

Hansen, Björn 2005 How to measure areal convergence: a case study of contact-induced grammaticalization in the German-Hungarian-Slavonic contact area. In Hansen, B. & P. Karlik (eds.) *Modality in Slavonic Languages: New Perspectives*. München: Sagner.

Harris, Alice & Lyle Campbell 1995 *Historical Syntax in Cross-Linguistic Perspective*. Cambridge: Cambridge University Press.

Harris, John 1991 Conservatism versus substratal transfer in Irish English. In Peter Trudgill & J. K. Chambers (eds.) *Dialects of English: Studies in Grammatical Variation*. Revised edition. New York: Longman, 191-212.

Haspelmath, Martin 1998 How young is standard average European? *Language Sciences* 20.3, 271-287.

—— 2001 The European linguistic area: standard average European. In Martin Haspelmath, Ekkehard König, Wulf Oesterreicher & Wolfgang Raibe (eds.) *Language Typology and Language Universals: an International Handbook*. Volume 2. Berlin; New York: Walter de Gruyter. 1010-1028.

Heine, Bernd 2006 Contact-induced word order change without word order change. *Working Papers in Multilingualism* (Hamburg) 76, 1-24. Hamburg: Universität Hamburg.

—— 2007 *Typology and Language Contact: Word Order*. Tallinn, 21-24 March 2007.

Heine, Bernd, Christa König & Tania Kuteva 2006 Grammaticalization: the model. Paper presented at Workshop Program: Restricted Linguistic

Systems as Windows on Language Genesis, Wassenaar, Netherland, 19-20 May 2006.

Heine, Bernd & Tania Kuteva 2002 *World Lexicon of Grammaticalization*. Cambridge: Cambridge University Press.

—— 2003 On contact-induced grammaticalization. *Studies in Language* 27.3,529-572.

—— 2005 *Language Contact and Grammatical Change*. Cambridge: Cambridge University Press.

—— 2006 *The Changing Languages of Europe*. Oxford: Oxford University Press.

—— 2007 Identifying instances of contact-induced grammatical replication. Paper presented at the Symposium on Language Contact and the Dynamics of Language: Theory and Implications, Max Planck Institute for Evolutionary Anthropology, Leipzig, 10-13 May 2007.

Heine, Bernd, Ulrike Claudi & Friederike Hünnemeyer 1991 *Grammaticalization: a Conceptual Framework*. Chicago: University of Chicago Press.

Jastrow, Otto 2005 Uzbekistan Arabic: a language created by Semitic-Iranian-Turkic linguistic convergence. In Eva Agnes Csató, Bo Isaksson & Carina Jahani (eds.) *Linguistic Convergence and Areal Diffusion: Case Studies from Iranian, Semitic and Turkic*. London; New York: Routledge Curzon. 133-139.

Kuteva, Tania 1998 Large linguistic areas in grammaticalization: auxiliation in Europe. *Language Sciences* 20.3,289-311.

—— 2000 Areal grammaticalization: the case of Bantu-Nilotic borderland. *Folia Linguistica* 34.3-4, 267-283.

Lammar, Christine 2001 Verb complement constructions in Chinese dialects: types and markers. In Hilary Chappell (ed.) *Snitic Grammar: Synchronic and Diachronic Perspectives*. Oxford: Oxford University Press.

LaPolla, Randy 2001 The role of migration and language contact in the development of the Sino-Tibetan language family. In Aikhenvald & Dixon A. (eds.) 225-254.

Lord, Carol 1973 Serial verbs in transition. *Studies in African Linguis-*

tics 4.3, 269-296.

———— 1993 *Historical Change in Serial Verb Constructions*. Amsterdam; Philadelphia: John Benjamins Publishing Company.

Matisoff, James A. 1991 Areal and universal dimensions of grammatization in Lahu. In Elizabeth C. Traugott & Bernd Heine (eds.) *Approaches to Grammaticalization*. Vol. II. Amsterdam: Benjamins. 383-453.

———— 2004 Areal semantics: is there such a thing? In Anju Saxena(ed.) *Himalayan Languages, Past and Present*. The Hague: Mouton. 347-393.

Matthews, Stephen 2007 Cantonese grammar in areal perspective. In Aikhenvald & Dixon (eds.) 220-236.

Thurgood, Graham 1999 From ancient Cham to modern dialects: two thousand years of language contact and change. *Oceanic Linguistics*. Special publication. No. 28. Honolulu: University of Hawai'i Press.

———— 2006 Sociolinguistics and contact-induced language change: Hainan Cham, Anong, and Phan Rang Cham. Presented at Tenth International Conference on Austronesian Linguistics, 17-20 January 2006, Puerto Princesa City, Palawan, Philippines.

Thurgood, Graham & Fengxiang Li 2003 Contact induced variation and syntactic change in the Tsat of Hainan. In David Bradley, Randy LaPolla, Boyd Michailovsky & Graham Thurgood (eds.) *Language Variation: Papers on Variation and Change in the Sinophere and the Indosphere in Honour of James A. Matisoff*. Pacific Linguistics. Canberra: Australian National University, 285-300.

———— 2007 From Malayic to Sinitic: the restructuring of Tsat (Hainan Cham) under intense cotact. In Ratree Wayland, John Hartman & Paul Sidwell(eds.) *Seals XII: Papers from the 12th Meeting of the Southeast Asian Linguistics Society (2002)*. Canberra: Pacific Linguistics. 133-140.

Van der Auwera, J. 1998 Revisiting the Balkan and Meso-American linguistic areas. *Language Sciences* 20.3, 259-270.

Van der Auwera, Johan & Volker Gast 2007 What is 'contact-induced grammaticalization'? Evidence from Mayan and Mixe-Zoquean languages. ms., University of Antwerp, Belgium.

汉语量词的语义和结构演变及语法化[*]

邢志群

(美国西华盛顿大学)

0 引言

随着近几年国内外对语法化研究的进一步深入,我们对汉语从实词演变成虚词的过程也有了一个进一步的认识,特别是从比较语言学的角度看,我们发现虽然汉语的语言类型和语法结构跟印欧语不同,但是它的语法化进程和演变机制跟印欧语有很多相似的地方,只是在具体的某些局部跟印欧语的演变过程有所不同。换句话说,西方语言学家为语言的语法化奠定的理论基础基本上可以说明汉语语法化的现象,但是由于这些理论基础建立在印欧语的语言特点上,因此在某种程度上不能完整地说明汉语语法化的规律。本文试图通过研究汉语量词在语法化中的语义演变过程,探讨语法化和各种不同语义演变的关系,最终目的是寻求量词

---

[*] 本文的部分内容曾在 2007 年 6 月美国加利福尼亚大学洛杉矶校区举办的"国际汉语语言学篇章语法研讨会"(An International Symposium: Corpus and Discourse Approaches to Chinese Linguistics)上宣读过。笔者借此机会感谢与会的各位同仁对文章的某些论点提出的宝贵意见。

乃至汉语语义演变的规律。

过去在研究量词时,学者们多注重汉语数量结构的发展,研究的焦点在"数+量+名"是如何从"名+数+量"演变而来的(太田辰夫 1958;王力 1958;贝罗贝 1998;李明宇 2000;吴福祥等 2006)。有些国外的学者从语用、认知语言学的角度说明某些量词的语义功能(Tai & Wang 1990;Sun 1989;Tao 2006),也有一些学者从语言类型学的角度分析量词产生的原因和发展趋势(Schafer 1948;Erbaugh 1986;Ahrens 1994;Bisang 1999,2002),他们认为如果一种语言的名词没有表示"数"(number)的语法现象,就会发展出"数量"结构。本文在这些前人研究的基础上,试图通过研究汉语 14 个量词的语义演变规律,归纳总结量词从产生、发展、到消失的完整过程并论证说明量词语法化为近年来颇为西方认知语言学者关注的结构语法(construction grammar)提供了一个良好例证。

1 十四个名量词演变的过程

本文根据《现代汉语常用字频度统计》(国家语言文字工作委员会汉字处 1989),对现代汉语最常用的 14 个(名)量词[①](本、顶、封、个、根、件、节、条、头、位、张、枝/支、只)的语义发展过程进行了比较和分析,研究的重点放在这些量词的语义是通过什么演变机制而从本义引申出数量单位的用法的。过去在研究语义演变时,最常见的说法是"引申"(参阅刘世儒 1965;贾彦德 1999),而对诱发引申的原因探讨的比较少,近几年有些学者(如张志毅、张庆云 2001)试图借鉴西方语义和认知语言学研究的结果重新分析汉语各种语义演变的不同类型,但是并没有把语义演变放到语法化研究的范围内,所以很多问题(比如:哪些语义演变的诱因或机制常出现在语法化过程中?这些语义演变的规律是什么?他们跟语法化的关系是什么?)需要进一步探讨。因此在介绍汉语量词的语义演变时,我们将从量词语法化前的本义入手,比较各个量词语义变化的诱因、机制、不同阶段,以及量词语法化后的语义,目的是对量词在语法化过程中发生的语义变化作一个系统的分析。

1.1 "本":"本"语法化前的本义为"草木的根",通过隐喻(metaphor,即比较两个都具有某种特征的物体)使"本"的义位转移,引申出"根基"或"主体"义,然后通过隐喻又进一步引申出"本源"义。在这个基础上通过转喻(metonymy,即借代的方法)引申出"公文"或"书的版本"义,随后根据语用推理(pragmatic inferencing,即使用语言的人对语言符号在某个语境中的客观解读)对语义重新分析演绎出书画计量的用法,例如:

(1) a. 枝叶未有害,本实先拨。(《诗经·大雅·荡》)

　　b. 吾有大树,人谓之樗,其大本臃肿,而不中绳墨。(《庄子·逍遥游》)

　　c. 然后瓜桃枣李一本数以盆鼓。(《荀子·富国》)

　　d. 君子务本。(《论语·学而》)

　　e. 三日不读《道德经》,便觉舌本间强。(《世说新语·文学》)

　　f. 乐者,音之所由生也,其本在人心之感于物也。(《礼记·乐记》)

　　g. 一人持本,一人读析。(《太平御览·学部》,引《刘向别传》)

　　h. 一依前功德数抄写一本。(《变文》卷二)

447

i. 古人据个什摩事去却四十二本经论。(《祖堂集》卷七)

我们可以把"本"义演变的四个阶段用下面的公式来表示:

"草木的根"→"根基/主体"→"本源"→"公文/书本"→书画计量

我们看到"本"的第一、二个引申义是经过隐喻演变而来,而第三个引申义是通过转喻,第四个是通过语用的重新分析演绎而来。

1.2 "顶/顶":"顶"的本义是"人头的最上端",通过隐喻引申出"物体的最上部",然后通过主观推理(invited inferencing,即通过约定俗成产生的语义)演绎出"以头承戴"义或"支撑/承担"义,最后经过语用的重新分析,泛指头上所顶或有顶之物的计数单位。

(2) a. 过涉灭顶,凶。(《周易·大过》)

b. 今不称九天之顶,则言黄泉之底,是两末之端议。(《淮南子·修务训》)

c. 其败也抉目而折骨,其成也顶冕而垂裳。(《宋文鉴·周邦彦》)

d. 从妾顶门而入。(《变文》卷三)

e. 扫地的也是他,顶门的也是他。(《西游记》第四十四回)

f. 令良匠嵌造金冠一顶。(《三国演义》第八回)

g. 戴一顶冲天冠。(《西游记》第十一回)

h. 隐隐见一顶黄绫帐幔。(《西游记》第五十回)

"顶"的三个演变阶段:

"头顶"→"物体的上部"→"以头承戴/支撑"→头顶物计量

1.3 "封":"封"的本义指"帝王封给诸侯的土地",也指"帝王把土地或爵位赐给臣子",通过主观推理演绎出"培土/堆土"义,继而又通过隐喻引申出"密闭/密合"义,后来"封"的本义和引申义渐渐脱落,通过重新分析,用于封缄物的计量。

(3) a. 诸公之地,封疆方五百里。(《周礼·地官·大司徒》)

b. 丘也贫,无盖,于其封也,亦予之席。(《礼记·檀弓下》)

c. 古之葬者……不封不树。(《周易·系辞下》)

d. 籍吏民,封府库,而待将军。(《史记·项羽本纪》)

e. 秦将诈称二世使人遗李良书,不封。(《史记·张耳陈馀传》)

f. 吾闻子三封而三不成。(《孔子家语·屈节解》)

g. 子渊附书一封。(《洛阳伽蓝记》卷三)

"封"的三个演变阶段:

"赐给土地/爵位"→"培土/堆土"→"密合"→封缄物计量

1.4 "箇/個/个":根据刘世儒(1965)考证,"箇"、"個"和"个"这三个字可通用。"箇"的本义为"竹竿",通过语用推理和重新分析做"竹制品"的计量单位。以后又通过隐喻和主观推理,可泛指任何(由具体到抽象的)事物,甚至人的数量,这时候"箇/個/个"的本义和引申义完全消失,但是它的语法化程度变得很高。值得注意的是在没有任何语义的量词"个"经过长时间使用后,居然在现代汉语口语中可以不再使用,如例 j~l 所示。

(4) a. 杨仅入竹三万箇。(《史记三家注》卷一百二十九)

b. 却手自弓下取一个。(《仪礼·乡射礼》)

c. 国君七个,遣车七乘;大夫五个。(《礼记·檀弓下》)

449

d. 君有楚命,亦不使一个行李告于寡君。(《左传·襄公八年》)

e. 我是万乘君王,杀汝三五个之类。(《搜神记》卷三)

f. 一个众生有多少意。(《变文》卷二)

g. 佛将喻我诸菩萨,一个砂同一个人。(《变文》卷二)

h. 更见每个房中,有一天男天女。(《变文》卷三)

i. 与我书偈,某甲有一个拙见。(《祖堂集》卷二)

j. 爸爸我带你看一东西。(Tao 2006:107)

k. 我们报了一专利。(Tao 2006:107)

l. 那一美国人(Tao 2006:114)

"箇/個/个"语义发展的四个阶段:

"竹竿"→竹竿的数量单位→竹制物品的数量单位→泛指任何物体或人的数量单位→数量用法消失

1.5 "根":"根"的本义指"草木之根",通过转喻泛指有根植物,又通过语用推理和重新分析,人们把它用作有根植物的计量单位。这以后"根"的本义渐渐脱落,它的计量用法通过隐喻从特指有根植物扩大到泛指从有根植物产生的物体或根状的物体。例如:

(5) a. 若去之,则本根无所庇荫矣。(《左传·文公七年》)

b. 水集于草木,根得其度,华得其数,实得其量。(《管子·水地》)

c. 庙侧有攒柏数百根。(《水经注·沁水》)

　　d. 二尺一根不能算密。(《齐民要术·种麻》)

　　e. 北方种榆九根。(《齐民要术·种榆白杨》)

　　f. 人执一根车辐棒。(《变文》卷五)

"根"演变的三个阶段：

　　"草木之根"→"有根植物"→有根植物计量 →从有根之物产生的物体或根状的物体的计量

　　1.6 "件"："件"的本义是把物体"分开"，通过转喻引申出"分开的事物"，又通过重新分析引申出事物计量的用法。

　　(6) a. 凡为家具者，前件木，皆所宜种。(《齐民要术·槐柳楸梓梧柞》)

　　　　b. 具件阶级数，令本曹尚书以朱印印之。(《魏书·庐同传》)

　　　　c. 茂虔又求晋、赵《起居注》诸杂书数十件。(《宋书·氏胡传》)

　　　　d. 一状所犯十人以上，所断罪二十件以上，为大。(《旧唐书·刑法志》)

　　　　e. 喜有四件，忧有四般。(《变文》卷二)

　　　　f. 一件袈裟挂在身。(《变文》卷二)

"件"语义演变的两个阶段：

　　"分开"→"分开的事物"→可分事物的计量单位

　　1.7 "節/节"："节"的本义为"竹节"，通过隐喻先引申出"任何植物或骨节交接部位"，后又引申出有节段的时空概念："节日/时期"。在"交接部位"义的基础上，通过语用的重新分析引申出"有交接部位"或"有节段"物体的计量用法，而已经抽象化的"节日/时期"义本身就可以用来计量。

(7) a. 艮为山……其于木也,为坚多节。(《周易·说卦》)

b. 厥阴在泉,客胜,则大关节不利。(《素问·至真要大论》)

c. 一节见而百节知也。(《淮南子·说林训》)

d. 抚十二(月)节,卒于丑。(《史记·历书》)

e. 二十四节各有教令。(《史记·太史公自序》)

f. 今水中有此物,一节长数寸。(《颜氏家训》卷六)

g. 而绳缆多绝。今当以六十步为三节。(《梦溪笔谈》卷十一)

h. 这一节感动,始终友爱不衰。(《朱子语类》卷二十)

i. 为利固是为利,毕竟便有一节话。(《朱子语类》卷二十四)

"节"语义演变的两个阶段:

"竹节"→"植物/骨节交接处"→"时节"或者"有节段"事物的计量单位

1.8 "條/条":"条"的本义指"细长的树枝",通过隐喻使它的本义脱落,专指具有树枝一样的长条物体,此后通过进一步引申,泛指抽象的长形概念。当"条"发展出"长条"义时,通过语用推理和重新分析便可用作计量单位。

(8) a. 终南何有?有条有梅。(《诗经·秦风·终南》)

b. 群木蕃滋数大,条直以长。(《管子·地员》)

c. 百事之茎叶条枰,皆本于一根。(《淮南子·俶真训》)

d. 烂熳已万条,连绵复一色。(《谢宣城集》卷五)

e. 大辟四百九条,千八百八十二事。(《汉书·刑法志》)

f. 身上一条云作被。(《变文》卷二)

g. 何曾见有一条蛇。(《变文》卷二)

h. 佛在世制二百五十条戒又奚为?(《祖堂集》卷四)

"条"的语义演变的三个阶段:

"细长的树枝"→"长条物体"→长条物体的计量单位 →抽象的长形概念 →抽象长形概念的计量单位

1.9 "頭/头":"头"的本义指"人体的最上部"或"动物身体的最前部分",通过主观推理,它的本义消失,泛指动物,又经过语用的重新分析,演绎出动物的量词用法。

(9) a. 今有刀于此,试之人头。(《墨子·尚同下》)

b. 人有百头,头有百舌,舌解百义。(《弘明集》卷十三)

c. 获……马牛羊驴七十余万头。(《汉书·乌孙国传》)

d. 有燕数千万头。(《前汉纪》卷九)

e. 吾闻见两头蛇者死。(《新书》卷六)

f. 叔敖为婴儿之时,出游,见两头蛇,杀而埋之。(《烈女传》卷三)

g. 婢举头,见一人长三尺,有两头……婢问狗:"汝来何为?"狗云:"欲乞食尔。"……并食食讫,两头人出。(《搜神后记》卷七)

h. 有人入山射鹿,忽坠一坎……内有数头熊子。(《搜神后记》卷九)

453

i. 化出一头水牛。(《变文》卷三)

显然,六朝以前没有"数+量+名"的用法。例 e～f 中的"两头蛇"不是指"两条蛇"而是"有两个头的蛇"。这样"条"的语义演变可归纳为下面的两个阶段:

"人体最上部/动物最前部"→"动物"→动物的计量单位

1.10 "位":"位"的本义为"方位/位置",通过隐喻引申出"身份/地位"义,继而通过主观推理,专指"帝王诸侯的地位/鬼神的灵位",由此进一步推理、重新分析演绎出"人称敬辞"的计量用法。

(10) a. 君子以思不出其位。(《周易·艮》)

b. 天子一位,公一位,侯一位,伯一位……凡五等。(《孟子·万章下》)

c. 后宫之号,十有四位。(《文选·西都赋》)

d. "……寄何等位?"仙人答言:"寄因五位,乃至果位。"(《祖堂集》卷二十)

e. 其法出于黄帝遁甲,以月建前三位取之。(《颜氏家训集解·颜之推传》)

f. 不是星全不动,是个伞脑上一位子不离其所。(《朱子语类》卷二十三)

g. 老阳占了第一位。(《朱子语类》卷六十五)

h. 忌日祭,只祭一位。(《朱子语类》卷九十)

i. 祭酒者,一位之元长也。(《艺文类聚》卷四十六)

"位"的语义演变可归纳为下面三个阶段:

"方位/位置"→"身份/地位"→"帝王诸侯的地位/鬼神的灵位"→人称敬辞的计量单位

1.11 "張/张":"张"的本义为"拉紧弓弦",通过隐喻引申出"张开/拉开"义,然后又通过转喻特指能张开、有平面的物体(如:弓、琴、幕),最后经过语用推理和重新分析用作平面物体的计量。

(11) a. 既张我弓,既挟我矢。(《诗经·小雅·吉日》)

b. 琴瑟张而不均。(《荀子·礼论》)

c. 劳不坐乘,暑不张盖。(《史记·商君列传》)

d. 子产以帷幕九张行。(《左传·昭公十三年》)

e. 以书带上下络首纸者,无不裂坏;卷一两张后……(《齐民要术·杂说》)

f. 松根萝卜菹法:……细切长缕,束为把,大如十张纸卷。(《齐民要术·作菹藏生菜法》)

"张"语义演变的三个阶段:

"拉紧弓弦"→"张开/拉开"→能张开、有平面的物体 →平面物体的计量单位

1.12 "枝/支":"枝/支"虽然是两个字,但是本义很相似:"枝"表"树枝"义;"支"表"枝条"义,所以把这两个量词放在一起比较容易对比研究。这两个字,在语法化以前,通过隐喻,"枝"可泛指枝条物体或用枝条所制物(如:柳条、笔),而"支"却引申出"分支/支派"义,他们在这两种语义的基础上,经过重新分析,演绎出计量的用法。

(12) a. 枝叶益长,本根益茂。(《国语·晋语八》)

b. 文王孙子,本枝百世。(《诗经·大雅·文王》)

c. 故以枝代主,而非越也。(《荀子·儒效》)

d. 栽石榴法:……斩令长一尺半,八九枝共为一窠。(《齐民要术·安石榴》)

e. 千里温风飘绛羽,十枝炎景腰朱干。(《乐府诗集》卷六)

f. 一夜好风吹,新花一万枝。(《乐府诗集》卷五十九)

g. 太真先把一枝梅。(《乐府诗集》卷八十)

h. 口有六牙,每牙吐七枝莲花。(《变文》卷三)

(13) a. 芄兰之支,童子佩觿。(《诗经·卫风·芄兰》)

b. 从腰以上五十一骨,四支百四骨。(《阿含口解十二因缘经》)

c. 本支百世,永保厥功。(《乐府诗集》卷五十二)

d. 春芳役双眼,春色柔四支。(《乐府诗集》卷七十二)

e. 海行五月,至佛代国,有江,支流三百六十。(《新唐书·骠国传》)

f. 有一个小下女人逐水而来,中有七支莲花。(《变文》卷四)

"枝"和"支"的语义演变阶段:

枝:"树枝"→"枝条制物"→条状物体的计量单位

支:"枝条"→"人的肢体"或"家族/河流的分支"→分支物体的计量单位

1.13 "隻/只":"只"本来专指"鸟一只",通过转喻,引申出成对事物或动物的"单一"义,后又通过隐喻进一步引申,可泛指任何单一事物,经过重新分析,演绎出单一事物的计量用法。

(14) a. 老而无子曰独独只独也言无所依也。(《释名·释亲属》)

b. 便买黄雌鸡十只。(《齐民要术·养鸡》)

　　c. 会以偶日酘之,不得只日。(《齐民要术·法酒》)

　　d. 布令门侯于营门中举一只戟。(《三国志·魏书·张邈传》)

　　e. 于是载玉万只。(《穆天子传》卷二)

　　f. 唯须小船一只。(《变文》卷五)

　　g. 忆师兄,哭太煞,失却一只眼。(《祖堂集》卷四)

"只"语义演变的两个阶段:

"鸟一只"→"单一"(就"双"而言) →单一事物的计量单位

总结上面14个量词语义演变的过程,我们发现这些词的计量用法可以发生在语义演变的任何阶段:有的直接从本义演变而来,有的先引申出抽象义,然后发展出量词义;有的从名词义演变而来,有的则从动词义演绎而来;有的发展阶段多,有的少。这些不同反映了量词发展的不同特点。下面我们着重讨论量词语义演变和语法化的规律。

2　语义演变和语法化

这一节我们将讨论三个主要问题:第一,量词的本义和今义有没有关系?换句话说,我们是否能够根据量词的本义来预测它们语法化以后的量词义。第二,在量词语义演变过程中,哪些诱因或者演变机制在起作用?这些诱因和机制之间有什么关系?以及这些诱因导致的语义结果是什么?第三,量词的虚化是词汇语法化还是结构语法化?如果我们能准确地回答这些问题,那么我们对汉语语义演变的规律就有了一个比较清楚的认识。

2.1 "本义"与"今义"

从第二节的例句可以看出"本义"指的是所给词汇的"源义"。本文探讨的量词本义基本上都引用《说文解字》的说法。"今义"指的是现代汉语的用法。表1归纳了上文讨论的14个量词的本义和今义。

表1 14个量词本义和今义的对比

量词	本义	今义
本	草木的根	书画的计量单位
頂/顶	人头最上端	有顶物的计量单位
封	帝王封给诸侯的土地/帝王把土地/爵位赐给臣子	封缄物的计量单位
箇/個/个	竹竿	没有具体的意思
根	草木之根	根状物体的计量单位
件	分开	可分事物的计量单位
節/节	竹节	有节段物体/时间的计量单位
條/条	树枝	长形概念的计量单位
頭/头	人体的最上部/动物的最前部	动物的计量单位
位	方位/位置	人称敬辞的计量单位
張/张	拉紧弓弦	平面物体的计量单位
枝	树枝	条状物体的计量单位
支	枝条	分支概念的计量单位
隻/只	鸟一只	单一事物的计量单位

从表1可以看出14个量词中有7个的本义跟植物有关,三个跟人体部位或动物有关,三个描述动作,一个描述地位。有趣的是7个源于植物的量词的今义似乎没有什么类似的特点,比如:"本"和"根"的本义都是"草木之根",但是在现代汉语中,一个做"书画"的计量单位,一个做"长形根状"物体的计量单位。"条"、"支"和"枝"的本义都是"树枝",但是今义都不同。这说明一个词语法化前的本义跟语法化后的语义没有直接的关系,也就是说我们不能根据一个

词的本义来预测它的语法化以后的语义,这个结果跟 Bybee et al. (1994:12)等人的看法相符。他们认为一个词语法化以后的语义 (grammatical meaning)跟它的本义(source meaning)没有关系。本文探讨的例证清楚地表明当一个词(名词或动词)进入语法化时,经过不同演变渠道,有的语义可能增加,有的可能减少,有的甚至转义,只保留了本义或引申义的某个特征(如:"长形"物体、"平面"物体),这个特征就是它语法化后量词的语义。但是这个特征可能跟本义有关系(如:"枝"),也可能没有(如:"本"、"封"、"个")。下面我们看看语义演变和语义演变的机制是如何在量词语法化中互动的。

2.2 语义演变机制

从本文探讨的 14 个量词语义演变的过程看,我们发现每个词至少要经过两个演变阶段才演绎出量词的用法,而每一个演变阶段都是通过不同的演变机制完成的。下面我们先看看这些量词经历了什么演变机制,然后讨论这些演变机制跟量词语法化的关系。

表 2 表明"隐喻"几乎发生在每个量词的语义演变过程中,有的不止隐喻过一次,个别没有经过隐喻的量词一定经历了转喻。这说明隐喻和转喻是语义演变的基本机制。此外从第二节讨论的量词语义发展看,隐喻和转喻可以在量词语义演变的任何一个阶段(即量词义之前或之后)发生。

表 2 14 个量词所经历的演变机制

	本	顶	封	个	根	件	节	条	头	位	张	枝	支	只
隐喻	√√	√		√√	√		√√	√√		√	√	√	√	√
转喻	√	√	√√		√	√			√					√
语义重新分析	√	√	√	√	√	√	√	√	√	√	√	√	√	√
主观推理		√	√	√					√	√				

在语法化研究的文献中,"重新分析"(reanalysis)常常提到,不过这个概念一般指某个词在不同的句子中经过重新分析所产生的不同句法功能(参阅:Langacker 1977:58;Harrison & Campbell 1995:61;Hopper & Traugott 2003:50)。本文所指的"语义重新分析"(semantic reanalysis)借鉴 Eckardt(2006)的说法,认为这跟其他语义演变机制不同,是一个独立的语义演变机制。它发生在句法重新分析之后。当一个词的句法功能改变以后,它的语义功能也随之改变。例如:

(15) a. 过涉灭<u>顶</u>,凶。(《周易·大过》)

b. 其败也抉目而折骨,其成也<u>顶</u>冕而垂裳。(《宋文鉴·周邦彦》)

(16) a. 秦将诈称二世使使遗良书,不<u>封</u>。(《史记·张耳陈馀传》)

b. 子渊附书一<u>封</u>。(《洛阳伽蓝记》卷三)

(15a)中的"顶"表示"头顶"义,通过句法重新分析,它从名词变成动词,因此它的语义(15b)也通过重新分析表示"以头承顶"义。(16)中的"封"也有类似的变化。从表2可以看出所有的量词都经历了语义重新分析,因为量词的语法功能都是从名词或动词的语义演变而来的,所以可以说"语义重新分析"在量词的语法化过程中是不可缺少的一个重要机制。

除了上面谈到的三种机制以外,"主观推理"也在量词的语义演变中起决定性的作用。根据发明这个词的语言学家 Traugott(2002:35)的解释,"主观推理"指通过约定俗成演绎而来的语义,也就是说使用语言的人根据长期的语用实践形成的对某个词的习惯解析。从表2可以看出在本文研究的14个量词的演变过程中至少有5个经历过主观推理。例如：

(17) a. 我是万乘君王，杀汝三五<u>个</u>之类。(《搜神记》卷三)

b. 一<u>个</u>众生有多少意。(《变文》卷二)

(18) a. 其法出于黄帝遁甲，以月建前三<u>位</u>取之。(《颜氏家训集解·颜之推传》)

b. 忌日祭，只祭一<u>位</u>。(《朱子语类》卷九十)

(19) a. 诸公之地，<u>封</u>疆方五百里。(《周礼·地官·大司徒》)

b. 丘也贫，无盖，于其<u>封</u>也，亦予之席。(《礼记·檀弓下》)

比较(17)中"个"的用法和(18)中"位"的用法，两个都是量词，都可以用来表示人的数量，但是作者用"个"指一般的人（如："汝"、"众生"），用"位"指受尊敬的人或灵位，这种区别用法就是主观推理的结果。再如(19)中的"封"，如果"封"的施事者是"帝王"，那么"封"表"赐给"义，但是如果施事者是一般的人，那么"封"很可能表"堆土/密合"义，这种区别也是主观推理的结果。

上面讨论的是在汉语量词语法化中语义演变的机制，通过这些机制，量词的语义产生了不同的变化，有的词从表示很具体的意思发展到表示很抽象的意思，有的从"特指"发展到表"泛指"，很多词在语法化中义位减少使它的语义特殊化，也有一些转义的，还有些词虽然语法化了，但是它的语义并没有什么太大的变化。表3总结了14个量词通过各种机制语义演变的特点。

表3　14个量词在语法化中语义演变的特点

	本	顶	封	个	根	件	节	条	头	位	张	枝	支	只
泛化/抽象化	√	√		√	√	√	√	√	√	√		√	√	√
语义特点化	√	√	√		√		√	√	√	√			√	
转义	√			√		√	√		√		√		√	√
语义持久性			√	√			√	√		√		√		
动词名词化			√	√							√			

　　"泛化"或者说"抽象化"都是指一个词从表示"具体"的物体演变成表示"抽象"的概念,它常常是隐喻或者转喻的结果。从表3看,几乎所有词的语义在语法化中都泛化了。"语义特点化"指一个词从几个义位(如:"条"的本义有三个义位:树、树的部位、细长形)逐渐减少成一个义位,表示物体的某种特点(即长形)。这一特点似乎跟 Bisang(1999)所说的量词演变的特点差不多,他认为名量词发展的主要目的是为了正确地"识别"(identify)物体或者为各种物体"分类"(classify)。我们看到在本文研究的14个量词中,其中10个词(本、顶、封、根、节、条、头、位、支、张)的语义变得特点化——描述事物的某种特点,其他的也不能说完全不表示事物的特点,但是不太明显,比如:"件",我们说它用来计量"分件"事物的量词,但是什么事物可以分件,什么不可以分,就不太清楚。"只"也是一样,它的"单一"计量用法,没有明显的特点,我们可以用它来计量"动物"(如:鸡、羊、老虎、蝴蝶、青蛙),也可以计量人或动物的肢体(手、耳朵、眼睛等),还可以计量东西(如:袜子、耳环、花瓶、手表、篮子、碗)。除了"件"和"只","个"在现代汉语里显然没有任何特点,但是在它的语义演变过程中,它曾经特点化过(如:竹制品的计量单位)。相比较"枝"的语义似乎没有特点化,它仍然保留本义的义位。

"转义"指词的今义跟它的本义没有直接的关系,它常常是"转喻"或者"语义重新分析"的结果。而"语义持久性"正好跟"转义"相反,指词的今义跟本义有直接的关系,所以量词语法化以后,如果没有转义,它的语义就一定有持久性,如表3所示。另外在这14个量词中,有4个(即:顶②、封、件、张)从动词义演变出量词义,这种现象在有时态/语态和格的语言中很少见,但是汉语由于没有这种语法现象,所以动词变名词、名词变动词的现象很普遍。

这里我们看到不同的语义演变机制跟不同的语义演变特点有直接的关系。除此之外,值得探讨的另外两个问题是:量词义是怎么形成的?还有量词义跟量词的语法化是什么关系?从第2节所给的例句看,每当这些关注的词跟数词连用的时候,它们的语义就从名词或动词义转变成量词义,但是如果它们不跟数词连用,它们仍然表示原来的名词或动词义。这说明诱发量词义的关键不是它们的本义,而是跟"数+名"或者"数+动"结构有关系(参阅Bybee et al. 1994有关语义和语法结构的论述),也就是说使用这种结构的人经过重新分析使这个结构发生语法化,其结果就是"数+量"结构,因此我们说汉语量词的语法化实际上是"数+量"结构的语法化,这是过去几年历史语言学领域特别关注的"结构语法"(construction grammar)的一个例证(参阅 Bisang 1998;Croft 2001;Croft & Cruse 2004;Traugott 2006;以及即将出版的Bergs & Diewald)。

总结这一节讨论的问题,我们发现在量词的语法化过程中,经过不同的语义演变机制(隐喻、转喻、语义重新分析和主观推理)使名词或者动词的本义渐渐泛化、特点化,甚至转义,而伴随这些语义演变的是"数+量"结构的语法化。此外,本文的例证说明语义的泛化是语法化的先决条件,相比较,语义的特点化则是量词语法化的先决条件。没有这两种先决条件,就不会产生量词的语法化。

2.3 量词语义的消失

本文探讨的 14 个量词中,只有"个"完全失去了它的语义特点。在这种情况下,任何一个没有约定俗成的量词修饰的名词都可以用"数+个"来修饰。例如:"电子邮件"这个名词是从英语的 electronic mail 翻译而来的,按照它的本义,可以用"件"或"封"计量,可是由于"件"已经出现在这个词里了,"电子邮件"又不需要"封",所以这两个量词都不合适,人们常常用"个"做它的计量单位。又如学生用的"尺子"(一般是 12 英寸长),按照尺子的特点,我们应该用"条"做它的计量单位,但是好像很少听到人们说"一条尺子",较普遍的用法是"一个尺子"或"一把尺子"。这种"个"的泛用显然是它在现代汉语量词中使用频率最高的主要原因。因此,笔者认为由于"个"失去了它的语义特点,所以它的使用频率高,而这两点恰恰又为量词的消失奠定了基础。再看下面的例句:

(20) a. 爸爸我带你看一东西。(Tao 2006:107)

b. 我们报了一专利。 (Tao 2006:107)

c. 那一美国人 (Tao 2006:114)

d. 吃一桃吧。 (Tao 2006:114)

Tao (2006:97) 从音韵和心理学的角度提出,上面这些例句虽然没有用量词"个",但是在说话人的心里还是有的,而且通过"一"的变调表现了出来。笔者认为从说话人心里有没有这个量词和语音变调的角度探讨量词的语用固然可以帮助我们了解量词的某个特点,或某个发展阶段,但是更重要的是说话人有没有用量词?为什么用？为什么不用？如果用了，那我们知道是属于正常的语法、语用形式；如果没有用，说明这个词在交际中不重要，不说也可以让听话的人清楚地明白所表达的意思。也就是说诱发不用量词的机制是"经济性"（参阅 Levinson 2000 对"会话意指规律"的详细研究），大意是：如果某个语言现象不用说别人可以听得懂，就不必说。这里通过"个"，我们可以看到汉语量词是如何消失的：

(21) 量词语义特点化 → 量词语义的泛化 → 量词语义消失 → 量词使用频率高 → 量词消失

(21)表示量词消失前的四个发展阶段，箭头后所指的特点是语义演变的结果，箭头前是这个结果产生的根源。这个演变规律基本上跟西方语言语义弱化的规律相同。（参阅 Bybee et al. 1994：19—20)

3 结论

通过研究 14 个量词语义发展、消失的整个过程，我们首先可以确定的是语义演变和语法化是两个难以独立存在的研究领域：要研究语法化，就必须探讨语义演变的规律；同样的要研究历时的语义变化，就不能不涉及语法化的问题。除此以外，本文主要研究、探讨了三个问题：1) 本义和今义的关系，2) 语义演变的机制和语法化，3) 语义消失的特点。结果表明量词语法化前的本义跟语法化后的量词义没有什么关系。量词的本义一方面通过隐喻、转喻，或者主观推理使语义从特指发展到泛指，另一方面通过语义重新分析使语义转义或者特点化，然后再泛化，结果导致语义消失，最终量词消失。这个完整的语义演变过程可以用 (22) 表示：

(22) 本义（实义动/名词）→引申义（实义动/名词语义脱落）→量词语义（语义特点化/泛化）→量词义消失（使用频率提高）→量词消失

本文的一个重要观点是量词的语义演变和语法化跟"数＋名/动"结构有关：当名词跟在数词后面的时候，这个结构就进入了语法化的行列，其中名/动词经过重新分析便获得了量词义，这里与其说是量词的语法化，不如说是"数＋量"结构的语法化更准确。那么当量词消失以后（如：一桃、一美国人），"数＋量"结构就融化（fusion）成"数＋ø"形式，这是量词演变的末端，同时也有可能是发展新量词的开始。

附 注

① 本文不包括"称量词"（measure words），这14个名量词（classifiers）都是从《现代汉语常用字频度统计》中最常见的1000个汉字中选出来的。除了这14个量词，还有一些（如：把、部、项、门、驾、种、笔、包）也在最常用的1000个汉字里，但是由于它们除了名量词的用法，还有其他比较复杂的用法，就没有列入本文的研究范围。

② 上文提到"顶"最早用作名词，意思是"人头的最上端"，后来发展出动词的用法表"以头承戴"或"支撑"义，显然它的量词用法是从动词义演变而来，而不是直接从最早的名词义演变而来的。

参考文献

贝罗贝 1998 上古、中古汉语量词的历史发展，《语言学论丛》第二十一辑，商务印书馆。

刘世儒 1965 《魏晋南北朝量词研究》，中华书局。

太田辰夫 1987[1958] 《中国语历史文法》，蒋绍愚、许昌华译，北京大学出版社。

王力 1958 《汉语史稿》，中华书局。

吴福祥、冯胜利、黄正德 2006 汉语"数+量+名"格式的来源,《中国语文》第 4 期。

Ahrens, Kathleen 1994 Classifier production in normals and aphasics. *Journal of Chinese Linguistics* 22.2, 202-247.

Allen, Keith 1977 Classifiers. *Language* 53, 285-311.

Bergs, Alexander & Gabriele Diewald (forthcoming) *Construction and Language Change*. Berlin/New York: Mouton de Gruyter.

Bisang, Walter 1998 Grammaticalization and language contact, constructions, and positions. In Ramat & Hopper (eds.) *The Limit of Grammaticalization*. Amsterdam/Philadelphia: Benjamins. 13-58.

——— 1999 Classifiers in East and Southeast Asian languages. In Gvozdanovic J. (ed.) *Numeral Types and Changes Worldwide*. Berlin: Mouton de Gruyter. 112-185.

——— 2002 Classification and evolution of grammatical structures: a universal perspective. In Torsten Leuschner (ed.) *Language Evolution in a Typological Perspective*. Thematic volume in *Sprachtypologie und Universalienforschung* (STUF) 55.3, 289-308.

Bybee, Joan L. 2003 Mechanisms of change in grammaticalization: the role of frequency. In Joseph & Janda (eds.) 602-623.

Bybee, Joan L., R. D. Perkins & W. Pagliuca 1994 *The Evolution of Grammar: Tense, Aspect, and Modality in the Languages of the World*. Chicago: Chicago University Press.

Croft, William 2001 *Radical Construction: Syntactic Theory in Typological Perspective*. Oxford University Press.

Croft, William & D. Alan Cruse 2004 *Cognitive Linguistics*. Cambridge: Cambridge University Press.

Eckardt, Regine 2006 *Meaning Change in Grammaticalization*. New York: Oxford University Press.

Erbaugh, Mary S. 1986 Taking stock: the development of Chinese noun classifiers historically and in young children. In Colette Craig (ed.) *Noun Classes and Categorization*. Amsterdam/Philadelphia: Benjamins. 399-436.

Fried, Mirjam & Jan-Ola Östman 2004 *Construction Grammar in a Cross-Linguistic Perspective*. Amsterdam/Philadelphia: Benjamins.

Goldberg, Adele E. 2006 *Construction at Work: the Nature of Generalization in Language*. Oxford: Oxford University Press.

Hopper, P. & E. C. Traugott 2003 *Grammaticalization*. Cambridge: Cambridge University Press.

Joseph, Brian D. & Richard D. Janda 2003 *The Handbook of Historical Linguistics*. Malden, MA and Oxford: Blackwell.

Levinson, Stephen C. 2000 *Presumptive Meanings: the Theory of Generalized Conversational Implicature*. Cambridge, MA: MIT Press.

Schafer, Edward H. 1948 Noun classifiers in classical Chinese. *Language* 24, 408-413.

Sun, Chaofen 1994 The discourse function of the numeral classifiers in Mandarin Chinese. *Journal of Chinese Linguistics* 16.2, 298-322.

Tai, James & Lianqing Wang 1990 A semantic study of the classifier *tiao*. *Journal of the Chinese Language Teachers Association* 25.1, 35-56.

Tao, Liang 2006 Classifier loss and frozen tone in spoken Beijing Mandarin: the *yi-ge* phono-syntactic conspiracy. *Linguistics* 44, 91-133.

Traugott, E. C. 2003 Constructions in grammaticalization. In Joseph & Janda (eds.) 624-647.

—— 2006 Constructions and language change revised: constructional emergence from the perspective of grammaticalization. Paper presented at DELS, Manchester, April 6-8.

Traugott, E. C. & R. Dasher 2002 *Regularity in Semantic Change*. Cambridge: Cambridge University Press.

Xing, J. 2003 Grammaticalization of verbs in Mandarin Chinese. *Journal of Chinese Linguistics* 31.1, 101-144.

—— 2006 Mechanism of semantic change in Chinese. *Studies in Language* 30.3, 461-483.

"出现句"在近、现代汉语中的语法化

张伯江

(中国社会科学院语言研究所)

0 出现句

以往的语法研究习惯于首先确定一个形式的框架,如"NP_1+V+NP_2",作为工作范围,研究其中每个成分的特点以及成分间的搭配关系。在这样的描写比较充分了以后,再观察格式整体的表达功能。我们认为,这种方法至少有一个局限,那就是,不利于从系统的角度确定该句式的表达价值。也就是说,这种方法不能回答这样的问题:该句式是不是汉语中具有该种表达功能的唯一句式?如果不是,它与其他同样功能句式的实质差异是什么?本文将从表达功能的角度出发,探讨汉语叙事性篇章中表示"出现"的两种句式的联系和差异。

叙述中角色的引入(introducing)和追踪(tracking)是篇章语言学最重要的课题,但汉语研究中对追踪的研究较多,对"引入"的研究较少。据我们观察,现代汉语的叙述性篇章里,引出一个新出现的事物,有两种主要的句法手段。一种是"存现句",一种是"无定名词主语句"。例如:

(1) 正说话的时候,屋里跑出一个戴草帽的人来。

(2) 正说话的时候,一个戴草帽的人从屋里跑出来。

这是本文自造的一个"最小对比对"(minimal pair)。事实上,二者在现代汉语里并不具有相同的价值,即,两种句式的篇章功能不同,两句式中无定名词短语的信息性质也不完全相同。刘安春、张伯江(2003)对此作了讨论。本文重点是对二者的来历作一探讨,继而讨论相关的语法问题。

1 《水浒传》里的"无定名词主语句"和"存现句"

《水浒传》里角色较多,全书叙述方式比较一贯,是研究那个时期叙述性篇章中角色引入手段的理想语料。

1.1 在《水浒传》里,我们可以看到这样的例子:

(3) 太尉定睛看时,只见那一个道童,倒骑着一头黄牛,横吹着一管铁笛,转出山凹来。(第一回)

(4) 我正走不动,方欲再上山坡,只见松树傍边转出一个道童,骑着一头黄牛,吹着管铁笛,正过山来。(同上)

(5) 智深正使得活泛,只见墙外一个官人看见,喝采道:"端的使得好!"(第七回)

(6) 智深听得,收住了手看时,只见墙缺边立着一个官人。(同上)

(3)(4)和(5)(6)这两组句子,记录的都是同样的内容,即,同是描写某个角色的出现,例(3)和(4)是"一个道童",例(5)和(6)是"一个官人",却分别用了不同的句式:例(3)和(5)用的是"无定名词主语句",例(4)和(6)用的是"存现句"。这起码说明,在

《水浒传》那个时期,叙述中需要引入新的角色的时候,是既可以使用"无定名词主语句"也可以使用"存现句"的。

1.2 新引入的角色用"一+量+名"形式表达已是汉语研究中的定论。"存现句"和"无定名词主语句"是这种成分出现的两种典型环境,实质差异就在,一个是无定名词处在宾语位置上,一个是处在主语位置上。

《水浒传》里用存现句表示新的角色的出现,亦即新引进的角色作为宾语出现的情况,例如:

(7) 风过处,向那松树背后奔雷也似吼一声,扑地跳出一个吊睛白额锦毛大虫来。(第一回)

(8) 竹藤里抢出一条雪花大蛇来,盘做一堆,拦住去路。(同上)

(9) 鲁智深提起禅杖,却待要发作。只见庄里走出一个老人来……(第五回)

(10) 墙角边绿杨树上新添了一个老鸦巢,每日只聒到晚。(第七回)

(11) 何涛看时,只见县里走出一个吏员来。(第十八回)

(12) 船头上立着一个人,头戴青箬笠,身披绿蓑衣,手里拈着条笔管枪,口里也唱着道:……(第十九回)

(13) 只见那只船忽地搪将开去,水底下钻起一个人来,把何涛两腿只一扯,扑通地倒撞下水里去。(同上)

《水浒传》里用无定名词主语句表示新的角色的出现,亦即新引进的角色作为主语出现的情况,例如:

(14) 当时王教头来到庄前,敲门多时,只见一个庄客出来。(第二回)

471

(15) 当日因来后槽看马,只见空地上一个后生,脱膊着,刺着一身青龙,银盘也似一个面皮,约有十八九岁,拿条棒在那里使。(同上)

(16) 道犹未了,只见一个大汉大踏步竟入来,走进茶坊里。(第三回)

(17) 正想酒哩,只见远远地一个汉子,挑着一副担桶,唱上山来。(第四回)

(18) 智深离了铁匠人家,行不到三二十步,见一个酒望子挑出在房檐上。(同上)

(19) 急待回身,只听的靴履响、脚步鸣,一个人从外面入来。(第七回)

(20) 一个鬓边老大一搭朱砂记,拿着一条朴刀,望杨志跟前来。(第十六回)

(21) 没半碗饭时,只见远远地一个汉子,挑着一副担桶,唱上冈子来。(同上)

(22) 只见这边一个客人从松林里走将出来,手里拿一个瓢,便来桶里舀了一瓢酒。(同上)

(23) 店主带我去村里相赌,来到一处三叉路口,只见一个汉子挑两个桶来。(第十八回)

(24) 只见远远地一个人,独棹一只小船儿,唱将来。(第十九回)

(25) 约行了五六里水面,看见侧边岸上一个人提着把锄头走将来。(同上)

1.3 根据我们粗略的观察,用存现句的情况好像不比用无定主语句的情况多。我们又简单抽查了《金瓶梅》,情况也是类似。

是不是可以说,《水浒传》那个时代汉语的叙事语体里,表示新的角色出现的时候,是以无定名词主语句为主,而不是以存现句为主呢? 这一点至此还不能匆忙下结论。就我们所看到的以上事实来说,谨慎的结论只能是:存现句尽管已经形成,但还不是《水浒传》时期占统治地位的"出现"表达语法手段。

2 《红楼梦》里的"出现"表达

我们进而考察清代作品《红楼梦》。考察表明,《红楼梦》里,存现句已经成为表达"出现"的最常用的语法手段:

(26) 忽见那边来了一个跛足道人,疯癫落脱,麻屣鹑衣,口内念着几句言词……(第一回)

(27) 那一年我三岁时,听得说来了一个癞头和尚,说要化我去出家,我父母固是不从。(第三回)

(28) 不想如今忽然来了一个薛宝钗,年岁虽大不多,然品格端方,容貌丰美……(第五回)

(29) 歌声未息,早见那边走出一个人来,蹁跹袅娜,端的与人不同。(同上)

(30) 只听一路靴子脚响,进来了一个十七八岁的少年,面目清秀,身材俊俏,轻裘宝带,美服华冠。(第六回)

(31) 猛然从假山石后走过一个人来,向前对凤姐儿说道:"请嫂子安。"(第十一回)

(32) 正自胡猜,只见黑魆魆的来了一个人,贾瑞便意定是凤姐……(第十二回)

(33) 一睁眼,镜子从手里掉过来,仍是反面立着一个骷

髅。(同上)

也有用无定名词主语句来表达的,但相对于《水浒传》而言,比率是大大降低了:

(34)贾蓉于是同先生到外边房里床上坐下,一个婆子端了茶来。(第十回)

(35)茶未吃了,只见一个穿红绫袄青缎掐牙背心的丫鬟走来笑说道:……(第三回)

(36)心下想时,只见一群媳妇丫鬟围拥着一个人从后房门进来。(同上)

(37)想毕,拿起"风月鉴"来,向反面一照,只见一个骷髅立在里面……(第十二回)

总的来看,《红楼梦》里存现句与无定名词主语句共存的局面跟现代汉语没有太大的差别。

3 现代汉语里无定名词主语句退出"出现"表达

自从范继淹(1985)全面考察了"无定NP主语句"以后,这个句式一直是汉语语法学者的一个心结。原因就在于,主语位置上的NP是个无定形式的,无定形式在汉语里通常代表着新引进的信息,是句子的常规焦点所在;而主语位置又恰恰不能是常规焦点的位置。尽管近二十年来学者们在这个问题上作过种种努力,却始终没有解决这一矛盾。

我们认为,要想解决这个矛盾,首先是要回答这样的问题:同样是引进新的信息,汉语里同时存在着存现句(无定名词做宾语)和无定名词主语句(无定名词做主语)这两种形式,二者功能是否相同？如果不同，各自的实质性功能是什么？刘安春、张伯江（2003）为了回答这样的问题，对两种句式的篇章功能作了考察。

研究表明，汉语叙述性篇章里，起着引进新的参与者角色作用的是存现句，证据是，用存现句引入的角色，往往成为后面连续小句中最优先被反复回指的对象。以下例子显示的是存现句的典型篇章功能：

(38) 屋里走出个五十来岁的妇女$_i$，$\emptyset_i$圆脸，$\emptyset_i$元宝头，$\emptyset_i$向那五蹲了蹲身说："早来了您哪，请坐您哪！这浅屋子破房的招您笑话。"$\emptyset_i$就提起一把壶，$\emptyset_i$伸手从桌上抄起那一元钱说："我打水去。"（邓友梅《那五》）

(39) 薛嵩坐在寨中心的木板房子里……从屏风后面跑出一个女人$_i$来。她$_i$描眉画目，头上有一个歪歪倒倒的发髻，身上穿着紫花的麻纱褂子，匆匆忙忙束着腰带，脚下踏着木屐，$\emptyset_i$跑到薛嵩面前匍匐在地，$\emptyset_i$细声叫道："大人。"她$_i$愿意给薛嵩用黄泥的小炉子烧一点茶，但他拒绝了。她$_i$还愿意为薛嵩打扇，陪他坐一会儿，他也拒绝了。（王小波《万寿寺》）

而无定名词主语句里的"无定主语"，虽然也都是上文没有出现过的新事物，却不像存现句的"无定宾语"那样容易成为后文回指的对象，常常是"来得快去得也快"，属于"偶现的新信息成分"（incidental new information）。以下是无定名词主语句出现的典型篇章环境：

(40) 正说着，掌声响起来了，原来是刚才那柔柔的舞曲终了了，余音未尽，一支更狂热更奔放的乐曲轰然震响，酒吧里的男男女女仿佛被这轰响重重推了一把，不约而同地随着节拍鼓起掌来。一个女人的声音从旷远的地方隐隐传来，好像是在边走边唱,终于走入了闹市的街头。那歌词全是英语,金枝听不懂。一对男女在这歌声中跳将出来。金枝知道,这是时下时髦的霹雳舞,她看过同名的美国歌舞片,也看过街头的小伙子们聚成一堆,欢蹦乱跳。(陈建功、赵大年《皇城根》)

(41) 他们来到一个丁字形的交叉点。有几个战士坐在背阴地里擦枪和抽烟,看见他们走来,正要站起来敬礼,陈毅摆摆手叫大家坐着别动。战士们又原地坐下。有的用眼溜着军长,有的低着头,谁也不吭声。

"团长同志。"陈毅站下来,故作惊讶地问:"你怎么把我们的战士都带成这个样,打了胜仗倒像丢了二百大钱?"

团长正不知如何回答,一个矮个子、湖南口音的战士站起来说:"老总别挖苦我们了。你批评几句,我们心里倒好过些。我们吃了败仗!"

"哪个说你们吃了败仗?"陈毅说,"这倒奇怪了。前天我给你们任务,要守住这个胡桃峪。那时候你们是两营人,对面的敌人是一个团!今天我来一看,你们只留下不到一营人了,敌人增加到两个团,可你们还守在胡桃峪上!你们分出去的人又守住了另一座山头。你们完成的任务比我下达的多一倍,这是胜仗呀还是败仗?我也有点胡涂了。"

有的战士笑了。可是湖南战士固执地说:"我们撤了两条防线呢!"

"那有什么了不起?我们是军队,又不是棋盘上的小卒,只许进不许退。防线丢了再拿回来就是,那算个屁事!我今天来,就是知道你们会拿回来的。"

说到这里,一个苏北口音的战士,不好意思地问:"什么时候我们能打出去呢?"

"那要看你们了。"陈毅说,"没有你们,我就是个光杆司令!你们打得好些,我们离开沂蒙山区就快些。"说到这里,他看到周围有几个穿带勾勾头老山鞋的战士。就说:"你们沂蒙山参军的同志们,怕不急着打出去吧?"

一个满脸胡碴的战士说:"我们更急咧!打了这半年仗,山里连一间正装房子都不剩了!种庄稼也趁不上节气。老乡们把粮食省给咱们吃,自己光啃糁子榆皮煎饼,早一天打出去,乡亲们好缓口气呀!"

陈毅说:"对头!不能老拿我们的厅堂作把式场!我们也去捅他的坛坛罐罐!这样吧,你们把这个阵地给我守到半夜12点,我保证十天之内打出沂蒙山!有人会说,你这个老总说话怎么这样决断?我就是决断!哪个不信我们来打赌!"说着他伸出手作个要和谁击掌的架式,"哪个来嘛?"

说话之间,人已经围多了。教导员代表大家说:"人在阵地在,坚决守住胡桃峪。"(邓友梅《我们的军长》)

刘、张(2003)对现代汉语里同样引入新信息的存现句、"有"字句和无定名词主语句的功能分工这样概括:

存现句	"有"字句	无定 NP 句
靠空间关系定位	不必靠时空关系定位	靠时间关系定位
不是叙事中的一个环节	可做叙事中的环节	作为叙事中的一个环节
无定名词有强烈启后性	无定名词有较强启后性	无定名词启后性较弱

这里需要补充的是,无定名词主语句还有两个明显区别于存

现句的特点:

1) 在实际语篇中的出现频率远比存现句低;

2) 其中的"无定 NP"非指人名词(如例 40)远比存现句中出现得多,也就是说,存现句强烈倾向于引入人物,而无定名词主语句则没有这样的明显倾向。

4 再看《水浒传》的无定名词主语句和存现句

4.1 紧接着上面的话题,我们回过头来观察《水浒传》的语言事实,很容易发现与现代汉语的不同,即:无定名词主语句

1) 在实际语篇中的出现频率不比存现句低;

2) 其中的"无定 NP"有由指人名词充当的强烈倾向。

此外,我们还发现了《水浒传》里无定名词主语句的一个重要特点,那就是,在无定 NP 的前边,绝大多数伴有"只见"、"只听"、"看见"等词语(例见 14—25),表示叙述中人物的主观视点。

鉴于此,无定 NP 是不是也就可以看做是"见"类动词的宾语呢? 如果我们信任我们所采用版本的标点的话,例(15)(17)的标点方法似乎支持这种分析:

(15) 当日因来后槽看马,只见空地上一个后生,脱膊着,刺着一身青龙,银盘也似一个面皮,约有十八九岁,拿条棒在那里使。(第二回)

(17) 正想酒哩,只见远远地一个汉子,挑着一副担桶,唱上山来。(第四回)

但是,如果我们考察更多的事实,就会发现,不仅是无定名词主语句,明清两代的存现句也常常有"只见"一类词语出现,例见

(7)—(13),(26)—(33)。于是我们相信,"见"类动词不是仅仅作用于无定NP,而是作用于一个完整的"出现"表达,即:

[只见][庄里走出一个老人来](例9)

[只见][一个庄客出来](例14)

4.2 Tao(2007)指出,跟"见"有关的表示主观视点的词语进入存现句,是汉语存现句历史演变中的一个明显倾向,他概括为:

X ＋ 有　　　　│　+NP
　　 多/皆/饶　 │　Increasingly subjective
　　 见/睹　　　↓

但是,正如他同时指出的,使用表示存在意义的动词(如"有")是古今汉语一直存在的主流形式。现代汉语里则更是以客观的存现表达为主,包含"见"类动词的现象比较罕见。那么,如何解释近代汉语里包含"见"类动词用法的兴盛呢?

在此我们尝试提出一点个人的看法。我们认为,这个问题不应仅仅看做是时代差异,或许我们传统的语法史研究中那种以某些作品作为某个时代语言状况之代表的做法,本身就存在着问题。我们注意到,"只见"一类词语用得较多的作品,都是说讲性的作品,也就是说,是一种口头文学的书面形式。说讲性的文学,听说双方虽然并不对话,但是双方的现场交流特性显然是强于书面文学作者与读者关系的。说话人为了更紧地吸引听者,把自己置身于所讲述的情景之中是一个很好的选择。因此,说话人总是会把自己的主观视点带给听者。另一方面,口头形式的叙述表达,说话人要顾及听者的短时记忆,受话者不可能像阅读文字形式那样有比较从容的梳理故事线索和人物关系的余地,每当有新的角色引进,说话人有必要用相对固定的形式标记标明角色。这就是说讲性的文学中"只见"一类词语高频出现的原因。

因此我们认为,"只见"一类词语的"兴盛"并不是属于某个时代的语言特征,而是属于某种语体的语言特征;有没有这样的标示主观视角的形式出现,不是语言年代的差异,而是语体风格的差异。我们的现代汉语研究,大多以书面文学形式为考察对象,而近代汉语研究,则多是考察基于口头说讲性文学的书面记载。二者的差异在于,后者一定是虑及坊间说讲的可行性的,而前者未必,现代汉语的文学创作已经很少考虑能否作为说讲的底本了。例(41)是个典型的现代汉语书面叙述的样例,其中"一个矮个子、湖南口音的战士站起来说……"、"一个苏北口音的战士,不好意思地问……"、"一个满脸胡碴的战士说……"这几个句子,如果用说讲的方式表达,一般是要加上"这时/只见/只听/有"等词汇形式的。

现代汉语里无定名词主语句不能完美承担引入新角色、表达"出现"意义的功能,有其句法结构和信息结构方面的原因:无定NP是句子里代表新信息的成分,却没有出现在句子常规焦点位置上,由于这个矛盾的存在,它也只能承担有限的特殊功能(引入偶现信息,起转移情节的作用),而存现句的句法形式确实是与信息结构相吻合的,不仅汉语如此,其他语言也大多采用相似的策略(Lambrecht 1994)。问题是,这种矛盾难道在《水浒传》中就不影响表达么?也就是说,必须对《水浒传》"出现句"以无定主语句居多作出解释。对此,我们的看法是,"只见"类动词的存在是其中的关键点。虽然在§4.1的末尾我们说"见"类动词不是仅仅作用于无定NP的,但是由于它们的相邻,使得那个无定NP还不至于太突兀地直接出现在句首;或者换一种角度说,由于例(15)(17)那样的情况存在,"见"类动词也许正处于从单独作用于 NP 向作用于整个句子过渡的阶段。不管怎么说,《水浒传》里的"出现"表达,无定名词主语句并不是自立能力很强的,而无定名词做宾语的存现句,自立的现象已不罕见。可以说,无定名词主语句在《水浒传》里其实并不比存现句更成熟。

参考文献

范继淹 1985 无定 NP 主语句,《中国语文》第 5 期。

刘安春、张伯江 2004 篇章中的无定名词主语句及相关句式,*Journal of Chinese Language and Computing* 14.2, 97-105.

Chafe, Wallace 1994 *Discourse, Consciousness, and Time: the Flow and Displacement of Conscious Experience in Speaking and Writing*. Chicago: University of Chicago Press.

Lambrecht, Knud 1994 *Information Structure and Sentence Form: Topic, Focus, and the Mental Representations of Discourse Referents*. Cambridge: Cambridge University Press.

Tao, Hongyin 2007 Subjectification and the development of special-verb existential / presentative constructions. *Language and Linguistics* 8.2, 575-602.

试论连词"及其"的词汇化动因、连接方式及指代歧义*

张谊生

(上海师范大学语言所)

0 前言

0.1 迄今为止,语言学界对于"及其"的关注,可以说是微乎其微,不但很少有专门的研究,[①]就连《汉语大词典》(1991)、《现代汉语词典》(2005年第5版)也没有为"及其"立目,甚至连一些专门的虚词词典,比如《现代汉语虚词例释》(北大中文系编,1986年)、《现代汉语常用虚词词典》(曲阜师大编,1992年)、《现代汉语虚词词典》(侯学超编,1998年)、《现代汉语八百词》(吕叔湘主编,1999年增订版)和《现代汉语虚词词典》(张斌主编,2001年),也都没有将"及其"列为词条。只有《现代汉语规范词典》(2004)和《新华多功能字典》(2006)认可"及其"作为词的地位。不过后者只是提及并没有解释,倒是前者作了简短的说明:"连词,

---

* 本文曾经在第四届汉语语法化问题国际学术讨论会(北京语言大学,2007年8月)上宣读,根据与会学者的意见,会后作了较大的删节和修改。本项研究得到国家社科基金(07BYY048)和上海市哲社项目(2006BYY006)的资助。

连接名词或名词性词组,表示后者对于前者有从属关系(其:代指前面的人或事物),如:全国人大～常委会/介绍这几位作家～作品。"那么,是什么原因导致"及其"一直不受重视?为什么"及其"的词类地位难以被认可?而"及其"的性质、用法乃至成因,到底是怎么样的?在运用和理解连词"及其"的过程中,又有哪些问题值得注意,这些都是本文想要探讨的。

0.2 本文拟讨论三个方面的问题:a.如果现代汉语"及其"确实是个连词,那么,本来没有直接句法关系的两个词是怎么凝固为一个连词的,其词汇化历程是怎样的,动因又是什么;b.现代汉语"及其"是否具有同一性,作为一个兼表指代的连词,"及其"到底具有哪些连接功能;c.对于"其"的指代功能的多样性和羡余性以及引起的指代歧义,应该如何分析才能避免歧解。除了前言和结语,文章分为三个部分:首先从历时的角度探索"及其"的词汇化过程;然后从共时的角度辨析现代并存的三种同形异构的"及其";最后从理解的角度分析连词"及其"在使用中可能产生的指代歧义及消歧的思路。

0.3 本文现、当代例句大多引自北大语料库及各种文学作品、新闻报道,古代、近代例句主要检索于陕西师大编的电子版《汉籍全文检索系统》。无论古、近代的还是现、当代的,例句全部标明出处。

1 "及其"的跨层连用与词汇化动因

本节讨论从跨层连用的"及+其"到附缀连词"及其"的词汇化历程以及相关的动因。

1.1 动词＋代词与介词＋代词。"及"本是一个会意字,《说文解字》:"及,逮也。从手,从人。"徐锴注:"及前人也。"本义是"从后面抓住某人",引申为"赶上、追上"。例如:

(1) 子贡曰:"惜乎! 夫子之说君子也。驷不<u>及</u>舌。"(《论语·颜渊》)

(2) 顾反,谏怀王曰:"何不杀张仪?"怀王悔,追张仪,不<u>及</u>。(《史记·屈原贾生列传》)

而"其"是一个象形字,甲骨文像"簸箕"之形,后假借为代词、语气词,另造形声字"箕"。作为代词的"其",一开始主要表示第三人称领属关系,相当于"他/她/它(们)的"。例如:

(3) 桃之夭夭,灼灼<u>其</u>华,之子于归,宜<u>其</u>室家。(《诗经·周南·桃夭》)

(4) 诬善之人<u>其</u>辞游,失其守者<u>其</u>辞屈。(《周易·系辞下》)

从先秦到明清的很长一段时期内,"及"和"其"作为两个功能不同的词,虽然在句子的线性序列中经常会出现并列、连用的现象,但是它们在语义上并没有什么直接的关系,在句法上也不是相互的直接成分。在连词＋代词"及＋其"并存共现之前,还有另两种跨层连用式:动词＋代词、介词＋代词。

在动词"及"＋"其 X"的跨层连用中,"其"与"X"先组成偏正短语再充当"及"的宾语。例如:

(5) 既方既皁,既坚既好。不稂不莠,去其螟螣,<u>及其螽贼</u>,无害我田稚。(《诗经·小雅·大田》)

(6) 天子遍祀群神品物,诸侯祀天地、三辰<u>及其土之山川</u>,卿大夫祀<u>其礼</u>,士、庶人不过<u>其祖</u>。(《国语·楚语下》)

动词"及"主要表示"累及、达到、涉及"等义;"及"可以有否定形式。例如:

(7) 今夫天,斯昭昭之多,及其无穷也,日月星辰系焉,万物覆焉。今夫地,一撮土之多,及其广厚,载华岳而不重,振河海而不洩,万物载焉。今夫山,一卷石之多,及其广大,草木生之,禽兽居之,宝藏兴焉。今夫水,一勺之多,及其不测,鼋鼍鲛龙鱼鳖生焉,货财殖焉。(《礼记·中庸》)

(8) 过其祖,遇其妣,不及其君。遇其臣,无咎。象曰:不及其君,臣不可过也。(《周易·丰》)

在介词"及"+"其X"的跨层连用中,也是"其"与"X"先组合再充当"及"的介宾。例如:

(9) 孔子曰:君子有三戒:少之时,血气未定,戒之在色;及其壮也,血气方刚,戒之在斗;及其老也,血气既衰,戒之在得。(《论语·季氏》)

(10) 亚父是时劝项羽遂下荥阳,及其见疑,乃怒,辞老,愿赐骸骨归卒伍,未至彭城而死。(《史记·高祖本纪》)

介词"及"相当于"等到、直到、趁着"等,"及其X"一般不能单用;"及"也没有否定式。例如:

(11) 王之三公八命,其卿六命,其大夫四命;及其出封皆加一等,其国家、宫室、车旗、衣服、礼仪亦如之。(《周礼·春官·宗伯》)

(12) 彼众我寡,及其未既济也,请击之。(《左传·僖公二十二年》)

上面无论哪一种跨层连用的"及+其",都只是一种在句子表层中所呈现的连用现象,其内部的结构关系其实都是"及/其X"。

既然"及"和"其"并不是句法上的直接成分,那么,如果要分析此类"及其"的性质的话,充其量只能算一种非句法结构的临时性紧邻分布形式——跨层连用。

调查可知,自先秦之后,上述两种跨层连用体一直频繁地存在于中古汉语和近代汉语之中。例如:

(13) 墅西有飞龙山神,庭凑往祭之,将及其门百步,见一人被衣冠,折腰于庭凑。庭凑问左右,皆不见。及入庙,神乃侧坐,众皆异之。(《太平广记》卷二百二十三)

(14) 考古人为贤者立传,不妨及其生存而为之,如司马君实之于范蜀公是也。(《儿女英雄传》第三十九回)

上面是近代汉语动词+代词的"及+其"跨层连用,下面则是介词+代词的连用。例如:

(15) 方其得于天者,此性也;及其行得善者,亦此性也。(《朱子语类》卷一百零一)

(16) 丁仪字正礼,丁廙字敬礼,沛郡人,乃一时文士;及其被杀,人多惜之。(《三国演义》第七十九回)

1.2 连词+代词与连素+代素。"及"在先秦已经发展出连词的用法,大致有两种用法。一种是充当组合连词,连接词和短语,组成一个并列结构。例如:

(17) 六月食郁及薁,七月亨葵及菽,八月剥枣,十月获稻。(《诗经·豳风·七月》)

(18) 元年春,公及夫人嬴氏至自王城。(《国语·晋语四》)

再一种用法是充当关联连词,连接两个分句或句子,有递进和假设等语义关系。例如:

(19) 老子之言道德,吾有吾取焉耳;及搥(捶)提仁义,绝灭礼学,吾无取焉耳。(扬雄《法言·问道》)

(20) 吾所以有大患者,为吾有身;及吾无身,吾有何患!故贵以身为天下者,则可寄于天下;爱以身为天下者,乃可以托于天下。(《老子·十三章》)

从大量的实例调查来看,与代词"其"共现的连词"及",几乎都是组合连词。例如:

(21) 掌交,掌以节与币巡邦国之诸侯及其万民之所聚者,道王之德意志虑,使咸知王之好恶,辟行之。(《周礼·秋官·司寇》)

(22) 郑六卿公子䲔、公子发、公子嘉、公孙辄、公孙虿、公孙舍之及其大夫、门子,皆从郑伯。(《左传·襄公九年》)

由于组合连词"及"具有连接主次并列成分的独特功用,"其"后成分往往从属于"及"前成分,在连接中,还可以用指代的方式进一步说明前后成分之关系,这就是指代性连接之所以形成的基本动因。例如:

(23) 君若惠顾社稷,不忘先君之好,辱收其逋迁裔胄而建立之,以主其祭祀,且镇抚其国家及其民人,虽四邻诸侯之闻之也,其谁不儆惧于君之威,而欣喜于君之德?(《国语·晋语二》)

(24) 遣人告苍梧秦王及其诸郡县,立明王长男越妻子术阳侯建德为王。(《史记·南越列传》)

这种带有主从并列关系的连接加指代的用法,在整个近代汉语中一直是"及+其"的基本形式。再如:

(25) 秋七月戊辰,诛左丞相、咸阳王斛律光及其弟幽州

行台、荆山公丰乐。(《北齐书》卷八)

(26)遣使部徒灵、应、寰、朔四州民五万户及其吐浑、突厥三部落安庆等族八百余帐,分置于河南孟、曹、汝、洛等四处,是年冬,复攻易州。(《宋朝事实·经略幽燕》)

在此基础上,指代连接式"及+其"又开始逐渐向指代式连词"及其"演化了。那么,大约在什么时候,是什么动因导致"及其"走上词汇化道路的呢?我们觉得,在汉语这样形态不发达的语言中,一个双音节的跨层连用形式,要想演化成为一个独立的词,大致需要具备三个方面的因素。

首先,在语音上,要经历停顿转移和音步重组,进而形成一个韵律词。比如下面明代用例中的两个"及",作为一个组合连词,在读音上与"其X"都不在一个音步中,所以都不是韵律词。例如:

(27)初征时,故宋陈尚书子丁孙,及/其婿/梁奉御,苏少保子苏宝章,及赵孟信叶郎将等,俱降附。(沈德符《万历野获编·安南纳款》)

(28)却说东海王越用孙惠计,遣人结连幽州都督王浚及荆州/刺史/及其弟/东嬴公/司马腾/等,各起兵讨颖。(杨尔增《两晋秘史》第五十三回)

然而,与此同时代的另一些作品中,有些"及其"已组成了一个音步,形成了韵律词的雏形。例如:

(29)徐氏复传请戴员赴宴,员入府来,至堂中,亦被孙、傅二将所杀,一面使人诛戮二贼/家小/及其/余党。(《三国演义》第三十八回)

(30)吴汉大喜,令岑前引,一齐拥入城去。汉即传令,着唐邯夷述家属。邯得令,领军一千搜入宫中。将述妻、子/及

其/族人/等,尽皆诛戮。(《东汉秘史》第五十一回)

毫无疑问,这后两个"及其"虽然仍是各自独立的词,不过,随着这样的音步组合日益增多,使用日渐频繁,就会出现定型化趋势,于是,韵律词"及其"也就慢慢形成了。比如晚清和民国的用例:

(31) 曾在中国传教之雏魏林、理雅格、丹拿等三人,曾在中国为商之马特生,及其/国中/富商/文士,共六十五人,于伦敦倡设劝禁鸦片会。(李圭《鸦片事略》)

(32) 既将中国人的/艺术/及其/生活/予以全盘的观察,吾人总将信服中国人确为过去生活艺术的大家。(林语堂《人生的归宿》)

上面两句的音步只能是"及其/国中/富商/文士"、"艺术/及其/生活",而不能读成"及/其国中/富商/文士"、"艺术/及/其生活"。毫无疑问,"及其"读音上的组合会在一定程度上影响其结构关系。

其次,在结构上,还要经历内部凝固渐趋定型的过程。比如,在近、现代汉语的一些表述中,"及其"内部关系已经相当紧密,已接近于或者说凝固成一个语法词②了,不宜随意拆开、提取。如果提取"其","及 X"不但在语义上不够清楚,在结构上也会显得不够匀称和稳定。例如:

(33) 华登如楚借兵,楚平王使蘧越师师来救华氏。伍员闻楚师将到,曰:"宋不可居矣!"乃与太子建及其母、子(?及母、子),西奔郑国。(《东周列国志》第七十二回)

(34) 希特拉先生不许德国境内有别的党,连屈服了的国权党也难以幸存,这似乎颇感动了我们的有些英雄们,已在称赞其"大刀阔斧"。但其实这不过是他老先生及其/之流(?

489

及之流)的一面。(鲁迅《准风月谈·华德保粹优劣论》))

再比如,有些语法词"及其"由于内部已经凝固,已不能用"和其"随意替换了。例如:

(35) 只有新近秦理斋夫人及其(？和其)子女一家四口的自杀,却起过不少的回声,后来还出了一个怀着这一段新闻记事的自杀者,更可见其影响之大了。(鲁迅《花边文学·论秦理斋夫人事》)

(36) 因为任何家族系统的力量,是有赖于那个娶入家门的女人及其(？和其)所供给的血液的。(林语堂《人生的盛宴·中国人的家族理想》)

这种情况在20世纪上半叶现代汉语进入蓬勃发展期之后明显增多。当然,语音上的结合和结构上的凝固,还不能说"及其"作为一个双音节连词的词汇化过程已经完成了。

最后,在语义上,两个成分互相融合,或者一方逐渐弱化、虚化。就"及其"而言,就是"其"的指代对象开始由相对清晰、单一逐渐走向比较模糊乃至消失。例如:

(37) 正想出门拜客,父亲老朋友本县省立中学吕校长来了,约方氏父子三人明晨茶馆吃早点,吃毕请鸿渐向暑期学校学生演讲"西洋文化在中国历史上之影响及其检讨"。(钱锺书《围城》)

(38) 这是最可痛恨的。但其实,黑人的诗也走出"英国语的圈子"去了。美国富翁和他的女婿及其鹰犬也是奈何它不得的。(鲁迅《准风月谈·谈监狱》)

前"其"是指"西洋文化"还是"西洋文化在中国历史上之影响",有点模糊;后"其"指代"美国富翁的"还是"他的女婿的"似乎都可以,也可以认为已无所指。随着"其"的指代功能逐步模糊、退化,"及其"的语义也渐渐偏向了"及"。需要指出的是,"及其"意义的词汇化不是走向互相融合,而是"其"逐渐羡余化,最终转化为类后缀。当然,这一变化的正式完成已经是附缀连词阶段了。

总之,韵律词、语法词、词汇词,这三者在双音节跨层组合词汇化的进程中,发展进度上是不一致的:大约从明清已经开始,许多结构上尚未凝固、语义上也没融合的"及+其",在读音上却已结合了起来,形成了一个个双音节韵律词;进入现代汉语后,部分"及+其"在结构上也开始趋向凝固,但这一过程至今尚未完成,这也正是为什么绝大多数辞书不把"及其"作为词的原因。[③]

1.3 指代连词与附缀连词。就在"及其"由跨层连用向指代连词发展的过程中,一部分指代连词又开始向"及其"词汇化的最后阶段附缀连词转化了。[④]导致指代连词向附缀连词转化的原因,都跟"及其"的"其"有关。主要有三点:意义的羡余化、指称的复叠化、读音的轻声化。下面分别论证。

a. 意义的羡余化。有些句子中相关的指代信息可以从上文直接获取,"其"的语义就显得多余。例如:

(39) 有人要谈民族文学也可以,但是夸张轻狂,不自检省,终必灭亡;最要紧是研究我们的弱点何在,及其弱点之来源。(林语堂《中国人的国民性》)

(40) 四十大约是人生过程中最大的一个关键;这个关键的重要性及其特殊刺激性,大概是古今中外的人士同样特别感觉着的。(袁昌英《行年四十》)

当"X"是联合短语的后项时,前面共有的定语在语义上已经涵盖了"其",从而使得"其"在语义上显得多余。比如上面两例,前面已出现"我们的"、"关键的",后面再用"其"表示"我们的"、"关键的"就会显得重复而没有必要。随着这种信息多余、语义羡余的表达方式经常地出现,"其"在语义上就转向真正的羡余化,在性质上也会逐渐趋向词缀化,变成一个有形有音但无义的类后缀。⑤

b. 指称的复叠化。由于"及其"内部逐渐凝固融合,"其"的指代功能渐趋弱化,使得有些人对"其"的指代作用已经不甚了解,所以就会有意无意地在"及其"后面再加上一个代词,从而构成了指称的复叠形式——词内指称再加上词外指称,这样在形式上进一步确定了"其"的后缀性质。例如:

(41) 今天的威尼斯商人,不再像他们的"商祖"一样靠卖船只和渔业产品赚钱,也不再像夏洛克一样靠高利贷赚钱。而是靠文艺复兴时期的文学艺术家<u>及其他们的</u>艺术成果。(邢世嘉《今日威尼斯商人》)

(42) 尽管442或者352等阵型<u>及其它们的</u>变异阵型早已经成为世界的主流,但一直都非常闭塞的朝鲜队还是更偏爱532这一纯粹的防守反击阵型。(唐延松《国足四强赛夺冠秘籍 最后一战打破朝鲜零失球》)

比较下面两例,可以看得更加清楚,后句的"其"已经彻底丧失了指代功能,成了一个类后缀。例如:

(43) 在"哈一机"的"炮轰派"总部,常常派出"别动队"为自己的战士<u>及其家属子女们</u>搞粮食、煤、木柴、医药、蔬菜、孩子们的读书文具。(梁晓声《一个红卫兵的自白》)

(44) 然而,全市产业工人特别是矿区的职工,在为社会主义革命和建设做出重大贡献的同时,他们的居住条件还十分简陋。占市区人口17%共24万产业工人<u>及其他们的</u>家

属,仍然居住在日伪时期和建国初期形成的棚户区。(徐永军《辽宁省抚顺市各级政协为棚户区改造献策出力纪实》)

c. 读音的轻声化。代词"其"的读音本来就不很稳定,可以加重,也可以略轻。在指代连词"及其"当中,由于"及"和"其"都承担着一定的表义功用,所以,尽管两个音节已经融合构成一个音步,但"其"通常并不读轻声。然而,发展到附缀连词"及其",由于"其"本身已不再承担传递信息的任务,在功能上已经成了一个附着成分,在表达上也已变得无足轻重,因此,在读音上也已经开始逐渐地向经常读轻声的方向发展,尤其在后面另有其他代词时,这种倾向更为明显。例如:

(45)研讨会以解放区柳青、丁玲、赵树理、周立波、刘白羽、贺敬之、草明、函子、胡可、魏巍等10位作家及其他们的作品《创业史》、《太阳照在桑干河上》、《暴风骤雨》等为实例,深入论证深入生活的必要性,呼唤作家贴近实际,贴近生活,贴近群众,创作出优秀作品。(蔡文《书海涛声》)

(46)社会的存在与发展,无非是满足人类的吃、喝、玩、乐、衣、食、住、行的基本需求及其这些基本需求的高层次升级。(刘茂才《关于世界文明的几个问题》)

上面三个方面的因素是交织在一起的,既互为前提,又互相影响,最终导致了单纯表连接功能的双音节组合连词"及其"的形成。从另一个角度看,发展到这一阶段"及其"已彻底完成了词汇化过程。

2 "及其"的异构性质与连接功能

虽然现代汉语"及其"已经虚化为一个附缀连词,但是,从语言进化的基本规律来看,新形式的产生并不会导致旧形式的彻底消亡,所以,即使发展到21世纪的今天,现代汉语中仍然存在三种不同性质的"及其"——跨层连用的"及其$_1$"、指代式连词"及其$_2$"和附缀式连词"及其$_3$"。

2.1 跨层式组合"及其$_1$"。凡是由动词性语素、介词、连词"及"与指示代词"其"因共现连用而形成的非句法结构"及+其",都是"及其$_1$"。可以细分为动素+其、介词+其、连词+其三个小类。

现代汉语中,动词"及"+代词"其"的形式已基本消失了,因为绝大多数动词"及"已作为语素与前一动素融合为"X及"动词了。[6]这类"X及"与"其X"的连用式还较常见。例如:

(47) 不久,有学友来访,<u>谈及其</u>目睹一奇事:有一个体户走运之时添一"千金",合家喜庆,大肆张罗,发请帖、报喜讯,邀约亲朋戚友登门吃"满月酒"。(《人民日报》1993年)

(48) 建文帝出走,下落不明,朱棣多方寻找,"三宝太监下西洋"的起因也为此,最后竟<u>罪及其</u>幼儿。将他那年方两岁的小侄孙朱文圭,以建庶人的号,幽囚在中都广安官。(《不走运的一生》)

"罪及"还没完全成词,处于两可状态。此外,否定词"不/未"+"及"也早已词汇化了。例如:

(49) 杜甫诗云"干惟画肉不画骨,忍使骅骝气凋丧",似乎韩所画马<u>不及其</u>师远甚。(苏雪林《山窗读画记》)

(50) 上山约六小时,而下山<u>未及其</u>半,于二时半动身,四时半已在坦途,仍小憩云步桥石亭中,从原路下山。(俞平伯《癸酉年南归日记》)

严格地讲,上面的"及"和"其",甚至跨层连用也算不上,因为"及"本身已经语素化、黏着化了。

介词"及"+代词"其"的形式,现代汉语虽然已经不多见,但还是确实存在的。⑦例如:

(51) 小孩子抢糕饼吃不算作恶,及其长大,抢他人的财物不算为善。(俞平伯《教育论》)

(52) 当其隐于深山大泽,不可见其痕迹,及其际会风云,若诸葛亮者,则叱咤煊赫,震惊一世。(林语堂《官家令》)

介词"及"的一个重要的特点是,其介词宾语往往是一个指称化的谓词性成分或小句形式。

"及"做组合连词,"其 X"是"及"所连接的两个或几个并列成分中的后项成分。例如:

(53) 这一点便足以破观音起源于婆罗门教孪生小马驹之邪说,若说观音起源于印度婆罗门教小马驹,那么在这一前提下的观音其人及其事无疑是一个虚构的神话,并不是确有其人了,这是不符合佛家教义的。(陈士东《漫谈观音的示现》)

(54) 最后,其父母及其同来的亲戚不得不强行把她扛上警车,由民警驱车送上火车站站台,然后又由其父母强行把她扛上了列车。(《山区父亲苦寻传销女儿 安源警方来解救》)

前面已经指出,与"和、跟、与、同"等相比,组合连词"及"的特点是:虽然在句法上也是连接两个并列的成分,但语义上常连接具有前主后次关系的两项或多项。所以,连词"及"后连接成分,常常是前述成分的某个附属成分,因此,被代词"其"指代的频率,要比"和、跟、与、同"高得多。

2.2 指代式连词"及其$_2$"。前面指出,指代式连词"及其"是由连接性语素"及"和指代性语素"其"凝固而成的、具有双重功能的双音节语法词。"及其$_2$"在现、当代书面语中使用非常普遍。例如:

(55) 孙冶方同志<u>及其</u>文章的命运,不是一个人<u>及其</u>观点遭受磨难与挫折的问题,它反映一个国家受到的磨难与挫折;这不是一些文章的是非颠倒的问题,它反映了一个时期里许多的是非颠倒。(《读书》)

(56) 我们在审视这部史诗诞生的那段历程时发现,周恩来为《东方红》耗费的心血<u>及其</u>包含的意义,远非一般纯粹艺术上的"总导演"这个职衔所能容纳得了的。(陈扬勇《大型音乐舞蹈史诗〈东方红〉的"总导演"》)

由于"及其$_2$"是由"及其$_1$"凝固发展而来的,凝固化本身是一个渐进的连续统,而汉语的连词在形态上又没有明显的标志,加之二者的表达功能又基本一致,所以,某个"及其"究竟是"及其$_1$"还是已经凝固为语法词的"及其$_2$",在形式上确实很难区别。那么,应该根据哪些标准加以区别呢?从形式和内容相对应的角度讲,下面三种分布中的"及其",显然还是尚未凝固的连接性"及其$_1$"。

其一,在读音上凡是"其X"自成音步,而"及"与"其"还没有构成一个韵律词的。例如:

(57) 那么,于丹现象中无谓的争端,——"十博士联名"抵制于丹,使于丹热上加热的同时,十博士<u>其人/及/其事</u>也为社会所熟知。(凡夫俗子《透视于丹现象》)

(58) 今日,我并不得惮其所谓的因与果,我坚信人的理想信念、思想道德,是紧系<u>其人/及/其国</u>之命运的,望后世学

人能早日看悟其理,使"出头人地"、"光宗耀祖"一类词净化,使全人类进化。(《谈科举有感》)

其二,在分布上凡是"及"+"其X"前面另有"其X"连用的。例如:

(59)敬完长辈级人物及客人后,轮到敬弟兄和朋友们,王魁林晃到<u>其兄弟及其朋友</u>的面前,带着酒意道:"弟兄们、朋友们,我敬你们,感谢大家。"(《新民晚报》2005年)

(60)譬如美国高乐斯的《佛陀的纶音》,日本中村元的《瞿昙佛陀传》,副岛正光的《<u>释迦其人及其思想</u>》,都是各擅特色的作品,都值得读者参阅。(《释迦车尼佛传》)

其三,在配合上凡是"及"+"其X"前后另有"和其X"对举的。例如:

(61)涉及"台开"内线交易弊案的陈水扁女婿<u>赵建铭和其父母赵玉柱、简水绵及其弟赵建勋夫妇</u>,24日被检调部门以嫌疑人身份约谈。(《陈水扁女婿赵建铭和其父母赵玉柱、母亲简水绵及其弟赵建勋夫妇被羁押》)

(62)该买家的朋友之前就在我这里买过资料,当时欠下100块钱,对于这点,<u>买家和其朋友</u>都承认了。由于我与<u>买家及其朋友</u>聊得都挺不错,也不愿意为了那100元钱伤了和气,……就算了。(引自"支付宝社区论坛")

上面三种情况也是互相联系的。其实,只要"及"和"其"在韵律上或结构上还没有完全结合在一起,就只能分析为跨层组合。此外,"及其"到底是否已凝固为语法词,有时还跟语体风格有关。凡是书面化色彩较浓的,该"及其"往往还是跨层组合。比如下面两例分析为"及其$_1$"可能更符合语言实际:

(63)本来魏晋时,对于父母之礼是很繁多的。比方想去访一个人,那么,在未访之前,必先打听他父母及其祖父母的名字,以便避讳。(鲁迅《而已集·魏晋风度及文章与药及酒之关系》)

(64)中国的艺术本身,它的诗意的幻象及其对樵夫和渔父的简朴生活的赞颂,是不能脱离这种哲学而存在的。(林语堂《人生的盛宴·玩世,愚钝,潜隐:老子》)

2.3 附缀式连词"及其$_3$"。如前所述,附缀式连词"及其$_3$"已经完全词汇化,"其"的指代功能已彻底消失,成了一个表示音节的羡余性类后缀。作为一个纯粹的组合连词,"及其$_3$"只有连接功能没有指代功能,在语义上等于"及"或者"以及"。所以,凡是"及其$_3$"都可以跟"以及"自由替换。例如:

(65)江泽民、乔石、李瑞环、刘华清、胡锦涛与中共中央政治局、书记处和国务院的领导同志一起,饶有兴味地听取了华东政法学院39岁的教授曹建明的第一讲:国际商贸法律制度及其(以及)关贸总协定。(《人民日报》1994年)

(66)有些大学生一进大学不久就交上异性朋友,成天生活在两个人的小天地里,无论当事者本人,及其(以及)旁观者都产生一个共同的问题:恋爱似乎是两个人卿卿我我地自我封闭起来,没有必要再接触其他异性同学了。(王登峰、张伯源《大学生心理卫生与咨询》)

区分"及其$_2$"和"及其$_3$"的关键就是"及其"的"其"是否还有指代性,比如上面两例的"其"显然不是指代"国际商贸法律制度"和"当事者"的。除了根据指代性有无作语义分析外,还可以根据"及其"后面是否出现其他指代成分,从形式上加以认定。一种是"其"后另有各种人称代词。例如：

(67) 他甚至还蛮横无理地要求我们使用无线电台把这些谣言尽快传播给您……但是,<u>我及其我</u>周围的一班人却牢记您的英明指示:1941年希特勒不会进攻我们的。(《二战全景纪实》)

(68) 随着经济学的高度发展,诞生了许多投资方法和数理模型,有从事宏观经济分析的,他们很注重利率、通胀、失业率<u>及其它们</u>的运转规律,根据这些规律去探求经济景气度,从而预测股市未来发展方向,在西方已将股市当作经济晴雨表。(《国际金融报》2000年)

再一种是"其"后面另有各种指示代词或者出现与前面相同、相近的复指成分。例如：

(69) 可见,面对中国大陆适时反击"台独"分裂活动的坚定决心和可信能力,"台独"分裂分子们的"永固小组"<u>及其那些</u>配套的"永固专案"并不怎么"永固"！(《"台独"言行:"法理不容、道义不允"的历史性逆动》)

(70) 八十寒暑等闲度,年轮的更替使得大多数国人早已忘却了邵君献出的<u>生命及其这生命</u>的价值,即便是"业内人士"中,知晓邵飘萍者也是多乎哉,不多也。(《我以我血荐轩辕》)

总之,如果有重复指代,肯定是"及其$_3$",没有重复指代,再看"其"的指代语义是否有着落、能讲通。

2.4 连接方式与前加停顿。从结构单位和基本性质看,现代汉语中确实存在表层形式相似、实际性质不同的三种"及其",但是,就连接方式来看,却只有两种:指代连接和单纯连接。根据是否前加停顿,这两种连接式又都可以分为连续式与断续式两类。

首先,凡是由连词"及"+代词"其"构成的"及其$_1$"和由连素"及"+代素"其"构成的"及其$_2$",都可以在连接的同时兼表指代。例如:

(71) 若未成年人登陆本网站,其父母及其监护人应告知他们如何使用互联网以及如何向网站披露信息。(《隐私保护》)

(72) 乾隆时期,中国统一的多民族国家得到巩固和发展,疆域北接西伯利亚,东临太平洋,东南到台湾及其附属岛屿,南到南海诸岛,西至葱岭,东北至外兴安岭、库页岛,成为亚洲东部最大的国家。(《中国儿童百科全书》)

这两个"及其"虽然构造、性质不同,但连接功能是一致的,都是既有连接又有指代。

其次,附缀词"及其$_3$"只有连接功能没有指代功能,也就是只有单一的连接功能。例如:

(73) 虽说在众多的MP3中,其款式并无特别的亮点,但清新的外壳及其那被咬了一口的苹果品牌已经极具魅力,这是很多时尚人士无法抵挡的。(《eNet硅谷动力》)

(74) 10月31号下午4点,满载着330户阜新下岗矿工和家属及其他们全部家当的车队驰进辽南小镇——瓦房店市炮台镇,如此大规模的异地搬迁在我省尚属首次。(《一位人大代表和他的承诺》)

另外,无论是指代式还是组合式,都有"及其"与前述成分紧邻的连续式和"及其"前有停顿的断续式两种。比如下面分别是指代式和单纯式,两个"及其"前的逗号都是可有可无的:

(75) 刘恒的《冬之门》、池莉的《预谋杀人》则在确定的历史背景上,在各种"偶然性"的"合力"中展露了其中欲望的心理动力,尤凤伟的《泱泱水》《金龟》以象征的方式表达人性的善和恶(,)及其失去规范后所产生的盲目破坏力量,历史生活内容和演化过程都体现出一种深刻的"自我相关性"。(《人性的表现》)

(76)四十多年来的中共中央机关报《人民日报》(,)及其以前的中共中央华北局机关报《人民日报》、中共晋冀鲁豫边区机关报《人民日报》,已由本社新闻信息中心缩微部摄制成 92 个缩微胶卷,并公开出售。(《人民日报》1993 年)

尽管可以自由替换,但总的说来,凡是连接成分比较长的,连接的项数比较多的,倾向于使用断续式。

附缀连词的断续式在用法上与关联连词"以及"较为接近,不过,"及其$_3$"至今还是一个组合连词,即使前面有停顿,也仍然只能连接指称性的词和短语,而"以及"还可以关联小句和句子。例如:

(77)会议最重要的成果是,通过了由哈萨克斯坦总统纳扎尔巴耶夫提出的《关于维持独联体和平与和谐的备忘录》,及其(以及)《关于共同纪念伟大卫国战争胜利 50 周年活动的协议》等重要文件。(《人民日报》1995 年)

(78)林星想,何不把这一切疑问,包括文丽去了哪儿、阿欣怎么死的、刘文庆为什么被杀、为什么需要她去作那样一个与细节不符的证词,以及(*及其)在这短短十来天里,为什么发生了那么多莫名其妙的事,去当面地、直截了当地,和她的公公好好谈谈呢?(海岩《你的生命如此多情》)

"及其$_3$"只能连接词和短语,不能连接小句和句子,表明"其"虽然已经后缀化,但原词的语义积淀还在制约着它的功能,同时也说明"及其$_3$"的连接功能还不够完备,其连词化进程还将继续。

比较而言,在现代汉语中,动+代式和介+代式"及其$_1$"因用频极低且无连接性,基本可以忽略不计;而严格意义上的连+代"及其$_1$",也已经不多了;附缀式连词"及其$_3$"作为一种还在不断发展、形成中的新形式,目前用频还不高,数量也不多;只有处于中间状态的指代式连词"及其$_2$",才是现代汉语"及其"最基本、最常见的形式,在所收集到的全部25400多条现代汉语"及其"用例中,"及其$_2$"占到92%以上。因此,从现代汉语"及其"的基本功能来看,主要就是表示各种指代连接式。

3 "及其"的连接方式与指代歧义

作为现代汉语中非常独特的兼有连接和指代功能的连词,"及其"的表达方式有着一系列值得关注和探讨的特点。本节主要讨论"及其$_2$"所具有的多种指代方式以及由此引起的歧义现象。[⑧]根据"其"与指代成分的关系以及所体现的指代歧义,我们觉得,值得注意的问题,主要是以下四个方面。

3.1 实指与虚指。从"其"的指代效果看,可以分为实指与虚指。凡是在相关语境中"及其"的"其"的语义有所指的,是实指;反之,无所指的,是虚指。例如:

(79) 就在1996年总统大选前的两党初选活动的时候,一本以美国现任总统克林顿及其夫人希拉里为主角的新书《血腥运动:总统与对手》令白宫十分紧张。(《作家斯图尔特揭露克林顿夫妇隐情》)

(80) 他记得死不愿同他离婚的妻子及其与妻子双位一体的那位岳母,在终于不得不面对严酷的现实时,所提出的那

两项要求:"一要留下儿子,二要留下羊脂玉佛。"(刘心武《一窗灯火》)

前句的"其"就是指代"克林顿的",后句的"其"可以认为是指代"他的",也可以分析为无所指。一般说来,凡是实指的"其"就是"及其$_2$",虚指的就是"及其$_3$",只要结合前文语境辨析,是不会混淆的。但是,有些语境提示不明确的句子,实指、虚指两种理解都可以,这就会引起歧义。例如:

(81)不论什么会,他在开头总要讲几句"重要性"啦,"什么的意义及其价值"啦,光他讲讲这些我就回来了!(赵树理《李有才板话》)

(82)经过多方努力,终于同美国施贵宝药厂建立了西药及其原料在中国的销售总代理的关系。(《卢绪章——"与魔鬼打交道的人"》)

前句是表示"意义和意义的价值"还是"意义和价值",后句是表示"西药和西药的原料"还是"西药和原料",似乎都成立。不过,结合语境仔细辨析,前句当是虚指,而后句才是实指。区分实指和虚指的关键是,把"其"的语义代出,再用该成分替代入句,看看在语义上是否重叠,是否合理。

3.2 统指与特指。从"其"的指代范围看,可以分为统指与特指。所指代的对象包括"及其"前面整个表述的,是统指;所指代的对象只是"及其"前面某个成分的,是特指。例如:

(83)自然资源、人文资源、社会资源为原材料,以行、游、住、食、娱、购及其全过程的服务为零部件,依据旅游者的不同需求组合而成。(《报刊精选》1994年)

(84)你用了那么多的篇幅去描写雀儿寨的多种爱情、婚

姻结构及其产生的变化,然而,却没有一个浪漫的爱情故事。(《读书》)

前句的"其"指代"行、游、住、食、娱、购"六个方面,而后句的"其"只指代"雀儿寨的婚姻结构",并不涉及"雀儿寨的多种爱情"。总的说来,统指多指代前面整个短语,而特指多指代前面某一个定语。然而,遇到两种分析都可以讲通时,就会出现不同的理解。例如:

(85) 我们相信,通过经济活动的日益规范化及其透明度的提高,将进一步加强中国同世界各国相互间的依赖关系,并增加更多新的贸易机会。(《WTO与中国》)

(86) 所谓历法,正是测算年、月、日的长度及其相互关系,并排定实用的历月、历年以至世纪的法则。(《中国儿童百科全书》)

前"其"是指代"经济活动"还是指代"经济活动的日益规范化",后"其"指代"年、月、日"还是指代"年、月、日的长度",好像都可以接受。不过,根据常识和语境来判断,前句应该只指"经济活动",是特指;后句则指代整个短语"年、月、日的长度",应该是统指。大多数情况下,统指是优先选择,如果统指语义上讲不通,很可能是特指,如果两种理解都行,就必须重新审视、揣摩上下文。

3.3 近指与远指。从"其"的指代距离看,同样是指代"及其"前面的某个非紧邻的成分时,可以有近和远之分。所指代对象跟"及其"较为靠近的,是近指;跟"及其"隔开较远的,是远指。例如:

(87) 中国是民用化工大国,对可用于生产化学武器的化学品及其技术和设备的出口持慎重、负责的态度,不出口以制造化学武器为目的的化学品及其技术和设备。(《中国的军备控制与裁军》)

(88)《静静的顿河》共有四部八卷,生动地描写了从第一次世界大战到国内战争结束这个动荡的历史年代中,顿河哥萨克人的生活和斗争,表现了<u>苏维埃政权</u>在哥萨克地区建立和巩固的艰苦过程<u>及其</u>强大的生命力,揭示了一切反动落后势力必然灭亡的命运。(《中国儿童百科全书》)

前"及其"与所指对象相对较近,"其"就是指代"生产化学武器的",后"及其"与所指对象"苏维埃政权"隔开较远。上面两句,无论是近指还是远指,语义关系上基本是清楚的。然而,在有些句子中,"其"究竟是近指还是远指,存在着模棱两可的现象,也会引起歧义。例如:

(89)<u>七舅舅</u>大约是在离开南昌后的第三年或第四年在上海又与<u>我爷爷及其</u>年轻的爱人重逢的,想来他一定向他们坦白了他在那个夜晚的人生抉择。(刘心武《七舅舅》)

(90)将于8月6日于上海首演的该剧,讲述了<u>四位移居美国的中国母亲</u>,与她们生长在美国的女儿之间的文化差异和代沟问题,生动刻画了<u>海外华人</u>无法割舍的中国根,<u>及其</u>克服逆境、拼搏进取的精神风貌。(《人民日报》1993年)

从指代关系上看,前句的"年轻的爱人"究竟是指"七舅舅的"还是"我爷爷的",理论上都能成立;后句的"其"到底是指"四位移居美国的中国母亲"还是"海外华人",好像也都能讲通。不过,依据一定的常识,并且仔细分析上下文,应该可知,前句是前指用法,指"七舅舅的年轻的爱人",后句是后指用法,指"海外华人的精神风貌"。大体说来,近指是优先选择,但是如果语义上讲不通,很可能是远指,如果两种理解都行,那就必须重新揣摩、分析上下文语义。

3.4 前指与后指。从"其"的指代位置看,在一个特定的句子中,"其"所指代的对象在"及其"前面某个位置出现的,是前指;在"及其"后面某个位置出现的,是后指。例如:

(91) 我们只有一个宗旨,一个惟一的不可改变的宗旨,我们决心要毁灭希特勒及其纳粹制度的一切痕迹。(《丘吉尔》)

(92) 奇怪的是,在《我的奋斗》一书中,及其早年的演讲中,希特勒这个最具有民族主义思想的日耳曼人,却未给它以多少篇幅。(《从乞丐到元首》)

两个"其"都是指"希特勒",但一个是前指,一个是后指。前指的"及其"与所指成分可以紧邻也可以分离,后指的"及其"与所指成分通常是分离的。所指对象出现在"及其"前面的,是通用的基本格式,出现在后面的则是变通的特殊格式。问题是有些使用"及其"的句子,脱离语境看,虽然前面没有明确的指代对象,后面确实出现了某个可指对象,但还是存在歧义——既可以认为所指对象在后面,是后指,也可以认为所指对象在本句外的前面,仍然是前指,从而引起了不同的理解。例如:

(93) 由于这一变故和采取的措施将严重地涉及到他本人的形象及其整个家庭的声誉,故临时委员会决定不在办公室而在别列佐夫斯基的别墅对他实行拘押。(《前苏联记事》)

(94) 这些文章的作者多是其生前的师友与学生,读者可借此了解其人品、风格及其学术成就,也可以了解一些近代的学术掌故、逸闻趣事乃至黄氏在文字学、音韵学、训诂学方面的治学经验。(《新民晚报》2005年)

前句的"其"是否就是指"别列佐夫斯基",单就这个句子看,当然可以是,但是如果文章在前面已经交代过"他"是"季米诺夫斯基"或者谁,那么,"其"只能指代其他人。后句的"其"是不是就指"黄氏的",正常情况下当然是,但也可以不是,而是与黄氏有学术关系的某个人。由此可见,"及其"的指代对象基本上是承前的,只有在前文确实没有所指对象的情况下,才可能是后指的。

3.5 "及其"指代歧义的理解。上面从四个角度分析了"及其"在使用中可能引起的歧解。实际言语中,结合上下文语境和基本常识,大多是不会有歧义的。大致上说,当一些使用指代式连词"及其"的句子出现可以两解甚至多解的歧义时,要想理解"其"的指代关系以及句子的确切语义,基本的辨析思路应该是:首先算复指成分,其次看相关提示,再次凭基本常识,最后查篇章语境。例如:

(95) 马启智要求对羊绒、枸杞、马铃薯及其这些产品的深加工等特色产业,品牌企业,填补我区工业空白、成长性好的企业进行梳理,整合资金,扶持企业做大做强。(《马启智宁夏灵武市调研:个性线路演绎亮点》)

(96) 我们生活的这个时代里,人们总是更多地根据领导人声嘶力竭的言词及其政治色彩来对他们进行判断,而不是根据其政策的成功与否来判断。(《领袖与领导艺术》)

(97) 他对每一种草药,从产地、形态、栽培,到根、茎、叶、花、果的品性及其功能等,都进行了深入细致的调查研究,还多次冒着生命危险吞服药物,用自己的身体来鉴定药物的性质。(《中国儿童百科全书》)

(98) 从《大国崛起》一书中,可以了解到强国的兴起发展、鼎盛强大及其承重的负担和衰弱的过程,还能进一步体会

到西方列强在崛起时政治家的野心、外交家的精明、科学家的执著、军事家的冒进,以及普通百姓的艰辛。(《读书札记》)

首句"及其"后面已经另有"这些产品"复指"羊绒、枸杞、马铃薯","其"应该是虚指的。次句的"其"指"领导人的政治色彩"与"领导人的言词政治色彩",似乎都可以,但根据相关提示,后面出现了代词"他们",显然只能是"领导人"。三句的"其"是前指"草药的",还是后指"根、茎、叶、花、果的",好像都可以讲通,但根据中草药选材的常识,一般不会选取全部,而是只选其中有药效的某个部分,所以,显然是近指"根、茎、叶、花、果的功能"。最后一句的"其"好像是后指"列强",但到底是只指西方的荷兰、西班牙、英国,还是指所有曾经的世界性强国,则必须仔细核查文章的上下文。

总之,由于"及其"的指代功能具有多样性和羡余性的特点,所以,在理解那些使用了指代式连词"及其"的短语或句子时,除了考虑其连接的句法关系外,还应该特别注意其指代关系的差异。

4 结语和余论

综上所述,本文可以归纳如下:一、"及其"由跨层连用到附缀连词,经历了三个阶段,历时两千多年。指代式连词的形成,存在相互联系的三个层面的动因——音节上构成韵律词、结构上形成语法词、语义上融为词汇词;而附缀式连词的形成,则体现为意义的羡余化、指称的复叠化、读音的轻声化三个方面。二、现代汉语中,实际存在同形异构的三种不同性质的"及其",其中指代式连词是"及其"的主体。认定"及其"仍然是连接性跨层组合的三项标准是:连用、对举和音步。三、由于指代性"及其"在表连接时还能兼表指代,而"其"的指代功能又是变化多样,且正在退化之中,所以,在具体使用中会出现一系列可能的歧义,基本的辨析思路依次为:复指成分、相关提示、基本常识、篇章语境。

Hopper & Traugott(1993)把连词的语法化称为跨句的语法化(grammaticalization across clauses)。就汉语连词来看,其中有一类连词的语法化比较特殊,那就是代词归入式连词。代词由于其特有的指称功能,在双音化的过程中,常常会作为一个指代成分参与双音节连词的词汇化。比如"于是、是以、因是、因此、以此、由此、为此"等,都是由介词和代词宾语一起虚化而成的连词;而"总之、反之、任他、管他"等,也是动词加代词宾语因代词虚化正在向连词演化(王慧兰2007)。其实,"X其"类代词跨层连用虚化为连词的现象,也不是只有"及其"一个,比如"尤其、与其、乃其"等都已经或曾经是汉语的连词。由此可见,结合代词的虚化,探索汉语连词的语法化和词汇化这一课题还是值得进一步研究的。

迄今为止,语言学界绝大多数的学者,之所以不愿承认"及其"的连词地位,是因为:一方面,由于汉语的短语和词的界限本来就十分模糊,而"及其"又具有双重的连接-指代功能,所以,对正在凝固中的"及其"的词类地位,自然会出现不同的认识。其实,汉语中词义没有融合、结构已经凝固的双音节语法词大量存在,承认它们的词类地位,并且对其进行分析和解释,显然有助于对相关语法现象和规律的说明和揭示。另一方面,由于人们对已经虚化的语言现象——附缀式连词"及其"的产生,没有来得及重新分析,或者说既缺乏敏锐的语感,也没有广泛深入调查,因而还是用老眼光来看待已经变化和正在变化的语言现象。毫无疑问,语言事实的发展变化,永远要比语法学家和词典编纂者的主观认识来得快,而且有些新产生的现象也无须编入词典。不过,对于那些代表着词语未来发展方向的重要的新变化,在一些编写详尽的,或者以反映新兴用法为主的辞书中,我们还是应该尽可能地描写、归纳出来。

附 注

① 我们查阅了近30年来所有与"及其"相关的专题研究,只检索到李宗江(1988)一篇论文。

② 语法词是指正在形成中的、介于短语和词的一种尚未完全定型的结构单位,也有人称为短语词。

③ 迄今为止,几乎所有已出版的辞书,都不承认兼有连接和指代功能的"及其"是一个词,只有《现代汉语规范词典》(2004)和《新华多功能字典》(2006)认可了指代性"及其"的连词地位。其实,即使不承认指代连词"及其"是一个词,可附缀连词"及其",作为词的身份也是绝对无可怀疑的。

④ 至今还没有任何一项研究成果,提到过"及其"可以作为附缀连词,可以在没有指代的情况下表示连接。

⑤ 汉语中,其他的一些虚词"极其、尤其、更其、何其、与其"等,也都是因"其"的后缀化而形成的。

⑥ 现代汉语已经成词的"V及"主要有:"遍及、波及、比及、齿及、顾及、祸及、惠及、累及、料及、论及、念及、普及、旁及、企及、涉及、谈及、提及、推及、危及";"不及、无及、又及、以及"。此外"罪及、想及"等也有成词化倾向。

⑦ 当前通行的语文词典,如《现代汉语词典》、《现代汉语虚词例释》、《现代汉语常用虚词词典》、《现代汉语虚词词典》(侯学超编)、《现代汉语八百词》、《现代汉语虚词词典》(张斌主编)都没提到"及"有介词用法。

⑧ 指代式语法词"及其$_2$"是"及其"的主体,所以,本节主要讨论"及其$_2$",有时也会涉及"及其$_3$"和"及其$_1$"。由于连+代的"及其$_1$"与指代式"及其$_2$"在表达上具有相近的连接功能,因此,下面的分析包括所有的指代性"及其"。

参考文献

董秀芳 2002 《词汇化:汉语双音词的衍生和发展》,四川民族出版社。

方　梅　2005　认证义谓宾动词的虚化——从谓宾动词到语用标记,《中国语文》第 5 期。

李宗江　1988　浅说"及其",《教学研究》(《解放军外国语学院学报》)第 1 期。

刘丹青　2005　汉语关系从句标记类型初探,《中国语文》第 2 期。

沈家煊　1994　"语法化"研究综观,《外语教学与研究》第 4 期。

王灿龙　2005　词汇化二例——兼谈词汇化和语法化的关系,《当代语言学》第 3 期。

王慧兰　2007　"于是"的词汇化——兼谈连词词汇化过程中的代词并入现象,《语法化与语法研究》(三),商务印书馆。

吴福祥　2005　汉语语法化演变的几个类型学特征,《中国语文》第 6 期。

张谊生　2007　从间接的跨层连用到典型的程度副词——"极其"词汇化和副词化的演化历程和成熟标记,《古汉语研究》第 4 期。

朱　彦　2004　《汉语复合词的语义构词法研究》,北京大学出版社。

Heine, B., U. Claudi & F. Hünnemeyer　1991　*Metaphorical and Cultural Aspects of Semantic Structure*. Cambridge: Cambridge University Press.

Hopper, Paul J. & Elizabeth Closs Traugott　1993　*Grammaticalization*. Cambridge: Cambridge University Press. (《语法化学说》,外语教学与研究出版社,2001 年)

Traugott, E. C. & B. Heine　1991　*Approaches to Grammaticalization*. Amsterdam: John Benjamins.

后　记

2007年8月20日至22日，第四届汉语语法化问题国际学术研讨会在北京语言大学举行。此次会议由中国社会科学院语言研究所和北京语言大学联合举办，北京语言大学人文学院承办，商务印书馆协办。来自美国、法国、日本、新加坡及中国内地、台湾、香港等地的70余名代表出席会议，会议收到论文64篇。

现将部分会议论文辑成《语法化与语法研究》（四）。收入本集的论文都在这次会议上宣读过，会后又经过作者认真修改。由于各种原因，还有一些会议论文未能收入本集，这是我们引以为憾的。

本论文集的编辑和出版得到商务印书馆的大力支持，谨致谢忱。

《语法化与语法研究》（四）编委会
2009年元月

图书在版编目(CIP)数据

语法化与语法研究. 4/吴福祥,崔希亮主编. —北京:商务印书馆,2009
ISBN 978-7-100-06629-7

I. 语… II. ①吴…②崔… III. 汉语—语法—国际学术会议—文集 IV. H14-53

中国版本图书馆 CIP 数据核字(2009)第 051076 号

所有权利保留。
未经许可,不得以任何方式使用。

YǓFǍHUÀ YǓ YǓFǍ YÁNJIŪ
语法化与语法研究
(四)
吴福祥 崔希亮 主编

商 务 印 书 馆 出 版
(北京王府井大街36号 邮政编码100710)
商 务 印 书 馆 发 行
北 京 龙 兴 印 刷 厂 印 刷
ISBN 978-7-100-06629-7

2009年8月第1版　　开本 850×1168 1/32
2009年8月北京第1次印刷　印张 16 1/4

定价:31.00元